个人所得税
实务操作
与
汇算清缴

彭怀文◎著

中国铁道出版社有限公司

CHINA RAILWAY PUBLISHING HOUSE CO., LTD.

图书在版编目（CIP）数据

个人所得税实务操作与汇算清缴／彭怀文著．—北京：中国
铁道出版社有限公司，2020.6（2021.3 重印）
ISBN 978-7-113-26761-2

Ⅰ．①个… Ⅱ．①彭… Ⅲ．①个人所得税 - 基本知识 - 中国
Ⅳ．① F812.424

中国版本图书馆 CIP 数据核字（2020）第 055467 号

书　　名：个人所得税实务操作与汇算清缴
　　　　　GEREN SUODESHUI SHIWU CAOZUO YU HUISUAN QINGJIAO
作　　者：彭怀文

责任编辑：王　佩　　编辑部电话：(010)51873022　　邮箱：505733396@qq.com
封面设计：仙境
责任印制：赵星辰

出版发行：中国铁道出版社有限公司（100054，北京市西城区右安门西街 8 号）
印　　刷：北京富资园科技发展有限公司
版　　次：2020 年 6 月第 1 版　2021 年 3 月第 2 次印刷
开　　本：787 mm×1 092 mm　1/16　印张：21　字数：443 千
书　　号：ISBN 978-7-113-26761-2
定　　价：88.00 元

中共十八届三中全会通过的《中共中央关于全面深化改革若干重大问题的决定》明确，要"逐步建立综合与分类相结合的个人所得税制"。2018年《政府工作报告》进一步指出，要改革个人所得税，"提高个人所得税起征点，增加子女教育、大病医疗等专项费用扣除，合理减负，鼓励人民群众通过劳动增加收入、迈向富裕"。

2018年8月31日，第十三届全国人大常委会第五次会议表决通过《关于修改〈中华人民共和国个人所得税法〉的决定》，决定自2019年1月1日起施行，但"起征点"提高至每月5000元等部分减税政策，从2018年10月1日起先行实施。

2019年1月1日，新修改的《个人所得税法》全面实施。这次个人所得税改革，除提高"起征点"和增加六项专项附加扣除外，还在我国历史上首次建立了综合与分类相结合的个人所得税制。这样有利于平衡不同所得税负，能更好发挥个人所得税收入分配调节作用。

综合税制，通俗讲就是"合并全年收入，按年计算税款"，这与我国原先一直实行的分类税制相比，个人所得税的计算方法发生了改变。也就是在平时已预缴税款的基础上"查遗补漏，汇总收支，按年算账，多退少补"，这也是国际通行做法。

随着金税三期的实施，以及综合与分类相结合的税制模式带来了税收征纳关系的巨大转变，个人逐渐全面纳入税务管理视野。基于税务机关对大数据应用分析，企业和个人的涉税信息收集与掌握越来越容易，税务管理部门的征管手段变得越来越多。因此，税务局将会越来越"懂你"，知道你的每一笔收入、每一笔支出。了解你的资产和银行流水，清楚你生了几个娃和你的父母是否健在等信息。

因此，个人所得税知识在日常生活中变得更加重要，不但需要财税专业人士掌握，普通人也需要了解。否则，一不小心被金税三期系统给列为"可疑人"，税务局就可能对你进行盘问。了解并掌握个人所得税相关知识，就能防患于未然。

为帮助广大纳税人和财税人员做好历史上第一次个人所得税综合所得汇算清缴工作，本书立足于理论加实务操作，尽可能通俗易懂地介绍理论知识、政策规定和实务操作，让读者能够按图索骥做好平时的个人所得税涉税工作以及汇算清缴工作。

本书共分九章，主要内容：

第一章，是对个人所得税法基本要素的简单介绍，方便后面章节的理解。

第二章，属于本书重点内容之一，比较全面地介绍了综合所得征税范围、扣除项目、特殊一次性收入等以及综合所得的预扣预缴。

第三章，介绍股权激励所得和促进科技成果的个人所得税，属于综合所得比较特别的内容。

第四章，介绍经营所得的个人所得税范围、计算与预缴等。

第五章，介绍财产性收入所得和偶然所得的个人所得税，分别介绍各项目的征税范围、计税方法以及代扣代缴等。

第六章，介绍无住所个人所得的个人所得税，主要介绍无住所个人的区别、计税方法等。

第七章，介绍个人所得税的优惠政策。虽然在各项目章节有涉及到税收优惠政策，但是个人所得税优惠政策较多，故单独分门别类介绍，方便读者查找和掌握。

第八章，简要介绍境外已纳税额抵免与反避税条款。

第九章，主要介绍个人所得税的征收管理，属于本书重点内容之一，涉及代扣代缴、自行申报、汇算清缴等内容。

囿于时间和本人水平有限，不足之处在所难免，希望读者不吝指正。读者可以通过邮件或 QQ 的方式与本人进行沟通与探讨。邮箱：phw321@vip.qq.com，QQ 号码：406679148。

彭怀文

2020 年元月

Contents

目 录

实务操作案例索引

第一章

个人所得税基本要素

2018 年 8 月 31 日下午，备受社会关注的《关于修改〈中华人民共和国个人所得税法〉的决定》经十三届全国人大常委会第五次会议表决通过。至此，第七次大修后的新个税法正式亮相，并于 2019 年 1 月 1 日起正式生效。

我国现行的《中华人民共和国个人所得税法》（以下简称《个人所得税法》）是 1980 年 9 月 10 日第五届全国人民代表大会第三次会议通过的，前后已经经过七次修改。

第一节　个人所得税的纳税义务人和扣缴义务人

纳税义务人，亦称"纳税主体"，简称"纳税人"，是指税法规定直接负有纳税义务、直接向政府缴纳税款的单位与个人，是税收制度的基本构成要素之一，每一种税都规定有相应的纳税人。

中国个人所得税的纳税义务人，包括中国公民、个体工商户、个人独资企业、合伙企业投资者，在中国有所得的外籍人员（包括无国籍人员，下同）和香港、澳门、台湾同胞。上述纳税义务人依据住所和居住时间两个标准，区分为居民个人和非居民个人，分别承担不同的纳税义务。

一、个人所得税纳税人的分类

我国个人所得税的纳税人，按照最新的《个人所得税法》（以下如无特别说明均指 2018 版）规定划分为居民纳税人（居民个人）和非居民纳税人（非居民个人），行使不同的税收管辖权。该分类做法与国际通行做法相同，是国家主权的表现形式之一。

（一）税法相关规定

《个人所得税法》第一条规定：在中国境内有住所，或者无住所而一个纳税年度内在中国境内居住累计满一百八十三天的个人，为居民个人。居民个人从中国境内和境外取得的所得，依照本法规定缴纳个人所得税。

在中国境内无住所又不居住，或者无住所而一个纳税年度内在中国境内居住累计不满一百八十三天的个人，为非居民个人。非居民个人从中国境内取得的所得，依照本法规定缴纳个人所得税。

纳税年度，自公历一月一日起至十二月三十一日止。

（二）个人所得税纳税人分类的判定

（1）通过对《个人所得税法》及其实施条例的梳理，对纳税人分类判定整理归纳见下表。

个人所得税纳税人分类表

纳税人类别	承担的纳税义务	判定标准
居民个人	完全纳税	1.住所标准：是指因户籍、家庭、经济利益关系而在中国境内习惯性居住； 2.居住时间标准：一个纳税年度内在中国境内居住累计满一百八十三天的。 上述两个标准，只要具备其中一个就成为居民纳税人
非居民个人	有限纳税	非居民纳税人的判定，下面两个条件同时具备，才能成为非居民个人： 1.在我国无住所； 2.在我国不居住或居住不满一百八十三天的

说明：《中华人民共和国个人所得税法实施条例》（2018版，以下如无特别说明均指2018版）第四条规定，在中国境内无住所的个人，在中国境内居住累计满183天的年度连续不满六年的，经向主管税务机关备案，其来源于中国境外且由境外单位或者个人支付的所得，免予缴纳个人所得税；在中国境内居住累计满183天的任一年度中有一次离境超过30天的，其在中国境内居住累计满183天的年度的连续年限重新起算。

（2）纳税人分类的判定程序。

根据对法律法规的总结，我们可以按照下图所示程序对纳税人身份进行判定。

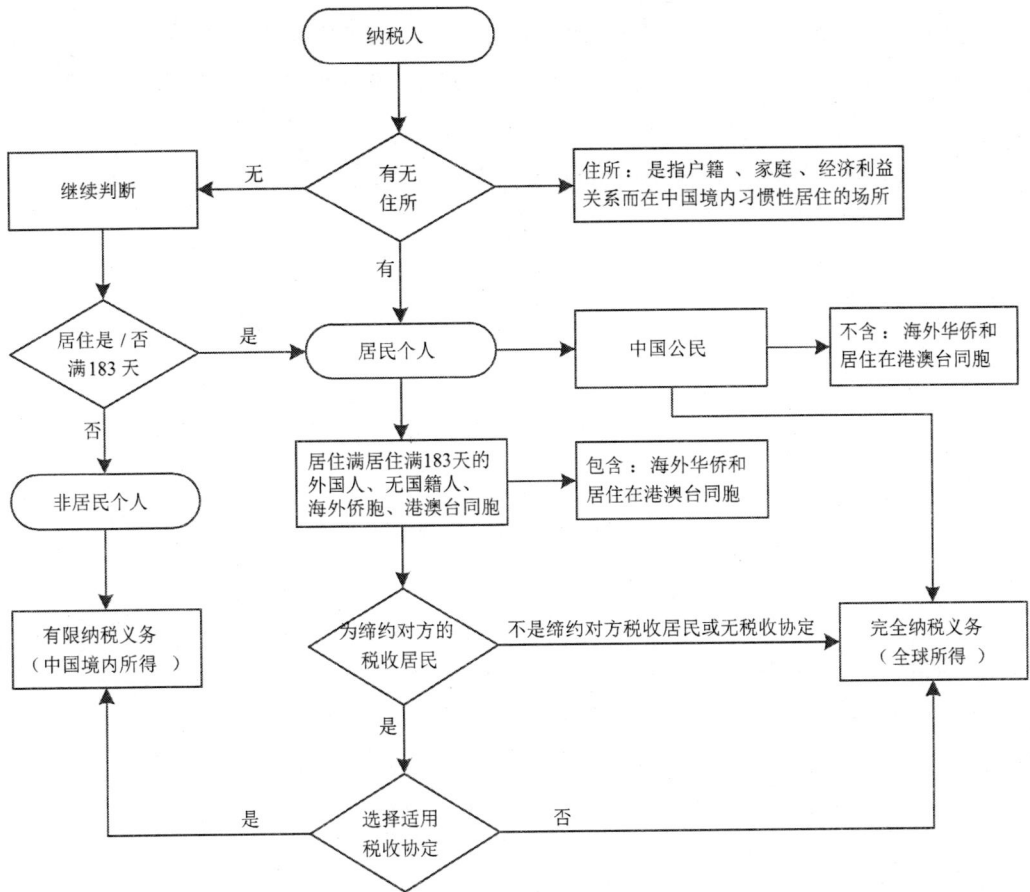

纳税人分类的判定流程图

对上图中所涉及的更多规定，接下来将分别说明。

二、居民个人

《个人所得税法》第一条第一款规定：在中国境内有住所，或者无住所而一个纳税年度内在中国境内居住累计满一百八十三天的个人，为居民个人。居民个人从中国境内和境外取得的所得，依照本法规定缴纳个人所得税。

依据《中华人民共和国个人所得税法实施条例》（以下简称《个人所得税法实施条例》）第二条规定，个人所得税法所称"在中国境内有住所"，是指因户籍、家庭、经济利益关系而在中国境内习惯性居住。

因此，在界定某一纳税人是否是居民身份时，必须准确理解和掌握住所、户籍、经济利益关系以及习惯性居住等关键概念。

（一）住所

住所是一个法律概念，而非人们通常所理解的住房。

中国《民法通则》第 15 条规定："公民以他的户籍所在地的居住地为住所，经常居住地与住所不一致的，经常居住地视为住所。"可以从以下几个方面来理解这条法律：

（1）住所唯一原则，即自然人的住所，依法只有一个。

因此，当自然人住所有多处居所，或户籍所在地与经常居住地不一致时，应依法确定其中一处作为法律上的住所。

（2）在一般情况下，自然人的住所就是他的户籍所在地的居住地。

在最高人民法院《关于适用〈中华人民共和国民事诉讼法〉若干问题的意见》第 4 条规定："公民的住所地是公民的户籍所在地。"

户籍，早在中国古代就有，发展到今天已经比较完备了。中国现在的户籍是指登记居民户口的册籍，就是"户籍登记簿"。它实际上是一种法律文件，主要是用来确定一个人的法律地位。一个人的法律地位在这里是指国家赋予他参加从事民事活动的各种基本权利。而且中国的户籍还确定一个人在其他活动中的权利。

（3）在实际生活中，自然人可能会因各种原因而居住在户籍所在地之外的其他处所。

在这种情况下，自然人的经常居住地与其住所地就发生了不一致。这时的经常居住地即视为住所。最高人民法院《关于适用〈中华人民共和国民事诉讼法〉若干问题的意见》第 5 条规定："公民的经常居住地是指公民离开住所地至起诉时已连续居住一年以上的地方。但公民住院就医的地方除外。"

（二）户籍

户籍，又称户口，是指国家主管户政的行政机关所制作的，用以记载和留存住户人口的基本信息的法律文书，也是中国每个公民的身份证明。

户籍是对自然人按户进行登记并予以出证的公共证明簿，记载的事项有自然人的姓名、出生日期、亲属、结婚、离婚、收养、死亡等。它是确定自然人作为民事主体法律地位的基本法律文件。其中住址一项，在无相反证明的情况下，即为住所。

（三）习惯性居住

根据《国家税务总局关于印发〈征收个人所得税若干问题的规定〉的通知》（国税发〔1994〕89 号）规定，在中国境内有住所的个人，是指因户籍、家庭、经济利益关系而在中国境内习惯性居住的个人。所谓习惯性居住，是判定纳税义务人是居民或非居民的一个法律意义上的标准，不是指实际居住或在某一个特定时期内的居住地。如因学习、工作、探亲、旅游等而在中国境外居住的，在其原因消除之后，必须回到中国境内居住的个人，则中国即为该纳税人习惯性居住地。

习惯性居住是判断纳税人属于居民纳税人还是非居民纳税人的一个重要原则。

因此，《个人所得税法》第一条规定，在中国境内无住所而一个纳税年度内在中国境内居住累计满一百八十三天的个人，为居民个人。

（四）居民纳税人的分类

根据《个人所得税法》的规定，可以把居民个人分为两类：

第一类：中国公民和在中国境内定居的外国侨民，但是不包括虽然具有中国国籍，却并没有在中国内地定居，而是侨居海外的华侨和居住在香港、澳门、台湾的同胞。

第二类：从公历年 1 月 1 日至 12 月 31 日止，在中国境内居住累计满一百八十三天的外国人（含无国籍人），海外侨胞和香港、澳门、台湾同胞。

对于居民纳税人的分类需要特别注意以下两点：

第一，居民个人可能转化为非居民个人。

根据《国家税务总局关于发布〈非居民纳税人享受协定待遇管理办法〉的公告》（国家税务总局公告 2019 年第 35 号）第四条规定，如果纳税人是来自于与我国签订有税收协定国家（或地区）的居民，按照我国个人所得税法和缔约对方法律都属于税收居民的，但按照税收协定居民条款规定应为缔约对方税收居民的纳税人，可以享受协定待遇，按照非居民纳税人待遇纳税。对于这种情况，采取"自行判断、申报享受、相关资料留存备查"的方式办理，如果纳税人放弃办理则仍然适用居民纳税人的相关规定。

第二，中国现行税法中关于"中国境内"的概念，是指中国内地地区，目前暂不包含香港特别行政区、澳门特别行政区和台湾地区。

【案例 1-1】纳税人的身份判定

一名外籍人员 A 从 2019 年 3 月 1 日到中国境内的跨国公司任职，直到 2019 年 12 月 31 日仍然在中国境内任职。该外籍人员在 2019 年 7 月 15 日到 7 月 25 日离开中国回总公司作半年工作报告，2019 年 12 月 22 日到 12 月 27 日离开中国回母国过圣诞节。该外籍人员在 2019 纳税年度中，在中国境内居住时间累计超过 183 天，因此该外籍人员 A 在 2019 年纳税年度中应该为居民纳税人。

（五）居民个人的纳税义务

根据《个人所得税法》第一条第一款规定，居民个人从中国境内和境外取得的所得，依照本法规定缴纳个人所得税。也就是说，居民纳税人负有无限纳税义务，应该就来源于全球的所得向中国政府缴纳个人所得税。

但是，《个人所得税法实施条例》第四条对于"在中国境内无住所的个人"规定了一个优惠政策：在中国境内居住累计满 183 天的年度连续不满六年的，经向主管税务机关备案，其来源于中国境外且由境外单位或者个人支付的所得，免予缴纳个人所得税。

三、非居民个人

（一）税法规定及判定

1.法律直接规定为非居民个人

《个人所得税法》第一条第二款规定：在中国境内无住所又不居住，或者无住所而一个纳税年度内在中国境内居住累计不满一百八十三天的个人，为非居民个人。

现实生活中，在中国境内无住所又不居住，或者无住所而一个纳税年度在中国境内居住累计不满一百八十三天的个人，只有外籍人员、华侨或者香港、澳门和台湾同胞。因此，非居民纳税人，实际上只能是在一个纳税年度中，没有在中国境内居住，或者在中国境内居住但是居住时间累计不超过183天的外籍人员、华侨或香港、澳门、台湾同胞。

自2019年1月1日起，《财政部 税务总局关于在中国境内无住所的个人居住时间判定标准的公告》（财政部 税务总局公告2019年第34号）对中国境内无住所的个人居住时间规定如下：

一、无住所个人一个纳税年度在中国境内累计居住满183天的，如果此前六年在中国境内每年累计居住天数都满183天而且没有任何一年单次离境超过30天，该纳税年度来源于中国境内、境外所得应当缴纳个人所得税；如果此前六年的任一年在中国境内累计居住天数不满183天或者单次离境超过30天，该纳税年度来源于中国境外且由境外单位或者个人支付的所得，免予缴纳个人所得税。

前款所称此前六年，是指该纳税年度的前一年至前六年的连续六个年度，此前六年的起始年度自2019年（含）以后年度开始计算。

二、无住所个人一个纳税年度内在中国境内累计居住天数，按照个人在中国境内累计停留的天数计算。在中国境内停留的当天满24小时的，计入中国境内居住天数，在中国境内停留的当天不足24小时的，不计入中国境内居住天数。

【案例1-2】非居民纳税人身份的判定（一）

某外籍人员B受公司安排到中国境内为其客户提供技术服务，2019年3月2日入境，2019年5月30日离境，中途一直没有离开过中国境内。离境后到2019年12月31日未再返回中国境内。该外籍人员在2019年纳税年度中在中国境内居住时间累计没有超过183天，因此该外籍人员B在2019年纳税年度中应为非居民纳税人。

【案例1-3】非居民纳税人身份的判定（二）

李先生为香港居民，在深圳工作，每周一早上来深圳上班，周五晚上回香港。周一和周五当天停留都不足24小时，因此不计入境内居住天数，再加上周六、周日2天也不计入，这样，每周可计入的天数仅为3天。按全年52周计算，李先生全年在境内居住天数为156天，未超过183天，不构成居民个人。李先生取得的全部境外所得，就可以免缴个人所得税。

2. 享受税收协定转化为非居民个人

《国家税务总局关于发布〈非居民纳税人享受协定待遇管理办法〉的公告》（国家税务总局公告 2019 年第 35 号）第四条规定：本办法所称非居民纳税人，是指按照税收协定居民条款规定应为缔约对方税收居民的纳税人。

因此，如果纳税人是来自于与中国签订有税收协定的国家（或地区），按照中国个人所得税法规定属于居民个人，但同时按照缔约对方法律规定也属于税收居民的，可以依法享受税收协定待遇，按照非居民纳税人纳税。

（二）非居民个人的纳税义务

《个人所得税法》第一条第二款规定：非居民个人从中国境内取得的所得，依照本法规定缴纳个人所得税。也就是说，非居民纳税人只负有限纳税义务，仅就来源于中国境内的所得向中国缴纳个人所得税。

按照《财政部 税务总局关于在中国境内无住所的个人居住时间判定标准的公告》（财政部税务总局公告 2019 年第 34 号）规定，在境内居住累计满 183 天的年度连续"满六年"的起点，是自 2019 年（含）以后年度开始计算，2018 年（含）之前已经居住的年度一律"清零"，不计算在内。按此规定，2024 年（含）之前，所有无住所个人在境内居住年限都不满六年，其取得境外支付的境外所得都能享受免税优惠。此外，自 2019 年起任一年度如果有单次离境超过 30 天的情形，此前连续年限"清零"，重新计算。

【案例 1-4】无住所个人连续居住时间计算与纳税义务

张先生为香港居民，2013 年 1 月 1 日来深圳工作，2026 年 8 月 30 日回到香港工作，在此期间，除 2025 年 2 月 1 日至 3 月 15 日临时回香港处理公务外，其余时间一直停留在深圳。

张先生在境内居住累计满 183 天的年度，如果从 2013 年开始计算，实际上已经满六年。但是由于 2018 年之前的年限一律"清零"，自 2019 年开始计算。因此，2019—2024 年期间，张先生在境内居住累计满 183 天的年度连续不满六年，其取得的境外支付的境外所得，就可以免缴个人所得税。

2025 年，张先生在境内居住满 183 天，且从 2019 年开始计算，他在境内居住累计满 183 天的年度已经连续满六年（2019—2024 年），且没有单次离境超过 30 天的情形。2025 年，张先生应就在境内和境外取得的所得缴纳个人所得税。

2026 年，由于张先生 2025 年有单次离境超过 30 天的情形（2025 年 2 月 1 日至 3 月 15 日），其在内地居住累计满 183 天的连续年限清零，重新起算。2026 年当年张先生取得的境外支付的境外所得，可以免缴个人所得税。

四、扣缴义务人

根据《中华人民共和国税收征收管理法》规定，法律、行政法规规定负有代扣代缴、代收代缴税款义务的单位和个人为扣缴义务人。

《个人所得税法》第九条规定：个人所得税以所得人为纳税人，以支付所得的单位或者个人为扣缴义务人。

第二节　个人所得税的征税对象、计税依据与税率

一、征税对象概述

征税对象又称课税对象、征税客体，是指税法规定的对什么征税，是征纳税双方权利义务共同指向的客体或标的物，是区别一种税与另一种税的重要标志。例如，消费税的征税对象是消费税条例所列举的应税消费品，房产税的征税对象是房屋等。

征税对象是税法最基本的要素，因为它体现着征税的最基本界限，决定着某一种税的基本征税范围。征税对象按其性质的不同，通常可划分为流转额、所得额、财产特定行为等四大类，通常也因此将税收分为相应的四大类，即流转税或称商品和劳务税、所得税、财产税、行为税。

在实际工作中也笼统地称为征税范围，它是指税收法律关系中权利义务所指向的对象，即对什么征税。征税对象包括物或行为，不同的征税对象是区别不同税种的主要标志。

个人所得税，顾名思义，就是对个人的"所得"征税，但是并不是个人所有的"所得"项目都是征税对象。

二、个人所得税的征税对象

根据《个人所得税法》第二条规定，下列各项个人所得，应当缴纳个人所得税：

（一）工资、薪金所得；

（二）劳务报酬所得；

（三）稿酬所得；

（四）特许权使用费所得；

（五）经营所得；

（六）利息、股息、红利所得；

（七）财产租赁所得；

（八）财产转让所得；

（九）偶然所得。

居民个人取得前款第一项至第四项所得（以下称综合所得），按纳税年度合并计算个人所得税；非居民个人取得前款第一项至第四项所得，按月或者按次分项计算个人所得税。纳税人取得前款第五项至第九项所得，依照本法规定分别计算个人所得税。

三、个人所得税的税率

（一）税率概述

税率，是对征税对象的征收比例或征收额度。税率是计算税额的尺度，也是衡量税负轻重与否的重要标志，是税收制度的核心和灵魂。

税率在实际应用中可分为两种形式：一种是按照绝对量形式规定的固定征收额度，即定额税率，它适用于从量计征的税种；另一种是按照相对量形式规定的征收比例，包括比例税率和累进税率，适用于从价计征的税种。

中国现行的税率主要有比例税率、累进税率、定额税率。

1. 比例税率

比例税率，是指对同一征税对象，不分数额大小，规定相同的征税比例，都按照相同比例征税，税额与课税对象成正比例关系。

中国现行的增值税、城市维护建设税、企业所得税等采用的是比例税率。

比例税率在适用中又可分为三种具体形式：单一比例税率、差别比例税率、幅度比例税率。

（1）单一比例税率，是指对同一征税对象的所有纳税人都适用同一比例税率。企业所得税规定的税率为25%就是单一比例税率，对于小微企业、高新技术企业等实际执行税率低于25%属于税收政策优惠。

（2）差别比例税率，是指对同一征税对象的不同纳税人适用不同的比例征税。具体又分为以下三种形式：

产品差别比例税率：即对不同产品分别适用不同的比例税率，同一产品采用同一比例税率，如消费税、关税、增值税等。

行业差别比例税率：即按不同行业分别适用不同的比例税率，同一行业采用同一比例税率。例如，曾经的营业税，对不同行业采用不同的税率。

地区差别比例税率：即区分不同的地区分别适用不同的比例税率，同一地区采用同一比例税率。如城市维护建设税，根据纳税人所处区域不同，分别适用7%、5%和1%三档税率。

（3）幅度比例税率，是指对同一征税对象，税法只规定最低税率和最高税率，各地区在该幅度内确定具体的使用税率。例如契税，税法规定税率为3%～5%，具体适用税率由省、自治区、直辖市人民政府在前款法规的幅度内按照本地区的实际情况确定，并报财政部和国家税务总局备案。

2. 累进税率

累进税率，是指按征税对象数额的大小，划分若干等级，每个等级由低到高规定相应的税率，征税对象数额越大税率越高，数额越小税率越低。累进税率因计算方法和依据的不同，又分为以下几种。

（1）全额累进税率。

全额累进税率，是指对征税对象的金额按照与之相适应等级的税率计算税额。在征税对象提高到一个级距时，对征税对象金额都按高一级的税率征税。

全额累进税率存在两个特点：一是对具体纳税人来说，在应纳税所得额确定以后，就是按比例税率计征，计算简便；二是税收负担不合理，在各级征税对象数额分界处税收负担悬殊，甚至会出现增加的税额超过课税对象增加数额的情况。

（2）全率累进税率。

全率累进税率与全额累进税率的原理相同，只是税率累进的依据不同。全额累进税率的依据是征税对象的数额，而全率累进税率的依据是征税对象的某种比率，如销售利润率、资金利润率等。

（3）超额累进税率。

超额累进税率是把征税对象的数额划分为若干等级，对每个等级部分的数额分别规定相应税率，分别计算税额，各级税额之和为应纳税额。超额累进税率的"超"字，是指征税对象数额超过某一等级时，仅就超过部分，按高一级税率计算征税。

超额累进税率有以下三个特点：

一是计算方法比较复杂，征税对象越大，包括等级越来越多，计算就越复杂。

二是累进幅度比较缓和，税收负担较为合理。特别是征税对象级次分界上下，指就超过部分按高一级税率计算，一般不会发生增加部分的税率超过增加的征税对象数额的不合理现象。有利于鼓励纳税人增产增收。

三是边际税率和平均税率不一致，税收负担透明度差。

在实际工作中，为了解决超额累进税率计算税款这一比较复杂的问题，采取了"速算扣除法"。超额累进税率是各国普遍采用的一种税率。

目前，我国的个人所得税法对于综合所得和经营所得就是采用超额累进税率进行计征的。

（4）超率累进税率。

超率累进税率与超额累进税率的原理相同，只是税率累进的依据不是征税对象的数额而是征税对象的某种比率。目前我国的土地增值税采用的就是超率累进税率。

在以上几种不同形式的税率中，全额累进税率和全率累进税率的优点是计算简便，但在两个级距的临界点税负不合理。超额累进税率和超率累进税率的计算比较复杂，但累进程度缓和，税收负担较为合理。

3. 定额税率

定额税率亦称"固定税额"。按征税对象的数量单位，直接规定的征税数额。它是税率的一种特殊形式，一般适用于从量征收的税种。

定额税率具体又可分为地区差别税额、幅度税额、分类分级税额等多种形式。

（二）速算扣除数

速算扣除数是指为解决超额累进税率分级计算税额的复杂技术问题，而预先计算出的一个数据。超额累进税率的计税特点，是把全部应税金额分成若干等级部分，每个等级部分分别按相应的税率计征，税额计算比较复杂。简便的计算方法是先将全部应税金额按其适用的最高税率计税，然后再减去速算扣除数，其余额就为按超额累进税率计算的税额。速算扣除数是按全额累进税率计算的税额和按超额累进税率计算的税额相减后的一个差数。

本级速算扣除额＝上一级最高应纳税所得额×（本级税率－上一级税率）＋上一级速算扣除数

应纳税额＝应纳税所得额×适用税率－速算扣除数

（三）最新的个人所得税税率

2018 年度修订后的《个人所得税法》实行分类和综合所得的征税方法，对不同的收入项目和综合所得规定了不同的税率。

四、计税依据

（一）计税依据概述

计税依据又称税基，是指据以计算征税对象应纳税款的直接数量依据，它解决对征税对象课税的计算问题，是对课税对象的量的规定。计税依据按照计量单位的性质划分，有两种基本形态：价值形态和物理形态。价值形态包括应纳税所得额、销售收入、营业收入等；物理形态包括面积、体积、容积、重量等。以价值形态作为税基，又称为从价计征，即按征税对象的货币价值计算。另一种是从量计征，即直接按征税对象的自然单位计算。

计税依据是课税对象的量的表现。计税依据的数额同税额成正比例，计税依据的数额越多，应纳税额也越多。课税对象同计税依据有密切的关系。前者是从质的方面对征税的规定，即对什么征税；后者则是从量的方面对征税的规定，即如何计量。

（二）个人所得税的计税依据

个人所得税属于从价计征的税种，其计税依据是纳税人取得的应纳税所得额。应纳税所得额是个人取得的各项收入减去税法规定的扣除项目后的余额。正确计算应纳税所得额，是依法计征个人所得税的前提和基础。

《个人所得税法》第六条规定了个人所得税应纳税所得额计算的几种具体情形。但是，把几种应纳税所得额计算方法归纳整理，除继续延期执行的全年一次性奖金等特殊政策的应纳税所得额计算外，其他的个人所得税应纳税所得额计算公式如下：

应纳税所得额＝收入额－免税额－允许扣除的税费－允许扣除的费用－准予扣除的捐赠额－其他依法可扣除额

（三）收入的形式

《个人所得税法实施条例》第八条规定：个人所得的形式，包括现金、实物、有价证券和其他形式的经济利益；所得为实物的，应当按照取得的凭证上所注明的价格计算应纳税所得额，无凭证的实物或者凭证上所注明的价格明显偏低的，参照市场价格核定应纳税所得额；所得为有价证券的，根据票面价格和市场价格核定应纳税所得额；所得为其他形式的经济利益的，参照市场价格核定应纳税所得额。

（四）费用的扣除

在计算个人所得税应纳税所得额时，除特殊项目外，一般允许从个人的应税收入中减去税法规定的扣除项目或扣除金额，包括为取得收入所支出的必要成本或税费。因为在取得收入的过程中，大多数个人需要支付必要的成本或税费。

根据《个人所得税法》第六条规定，我国个人所得税的税费扣除分为六种情况：

1. 居民个人的综合所得

居民个人的综合所得，根据税法规定可扣除：

（1）费用6万元/纳税年度；

（2）专项扣除；

（3）专项附加扣除；

（4）依法确定的其他扣除额，如综合所得中包括劳务报酬所得、特许权使用费所得，则可以扣除收入额的20%等情况。

2. 非居民个人的工资、薪金所得和劳务报酬所得、稿酬所得、特许权使用费所得

（1）非居民个人的工资、薪金所得：可以扣除费用0.50万元/月；

（2）劳务报酬所得、特许权使用费所得：可以扣除收入额的20%；

（3）稿酬所得：可以扣除收入额的30%。

3. 经营所得

经营所得，可减除经营过程中发生的成本、费用以及损失。

该处所称成本、费用，是指生产、经营活动中发生的各项直接支出和分配计入成本的间接费用以及销售费用、管理费用、财务费用；所称损失，是指生产、经营活动中发生的固定

资产和存货的盘亏、毁损、报废损失，转让财产损失，坏账损失，自然灾害等不可抗力因素造成的损失以及其他损失。

取得经营所得的个人，没有综合所得的，计算其每一纳税年度的应纳税所得额时，应当减除费用 6.00 万元、专项扣除、专项附加扣除以及依法确定的其他扣除。专项附加扣除在办理汇算清缴时减除。

4. 财产租赁所得

每次收入不超过 4 000.00 元的，减除费用 800.00 元；4 000.00 元以上的，减除 20% 的费用，其余额为应纳税所得额。

5. 财产转让所得

以转让财产的收入额减除财产原值和合理费用后的余额，为应纳税所得额。

6. 利息、股息、红利所得和偶然所得

以每次收入额为应纳税所得额，不扣除任何费用。

特别说明：《个人所得税法》第六条第三款规定，个人将其所得对教育、扶贫、济困等公益慈善事业进行捐赠，捐赠额未超过纳税人申报的应纳税所得额 30% 的部分，可以从其应纳税所得额中扣除；国务院规定对公益慈善事业捐赠实行全额税前扣除的，从其规定。

（五）外币折算

由于我国的税收计算和缴纳都是以人民币为单位，个人所得税的费用扣除以及应纳税所得额的计算都是以人民币为单位。因此，《个人所得税法》第十六条规定："各项所得的计算，以人民币为单位。所得为人民币以外的货币的，按照人民币汇率中间价折合成人民币缴纳税款。"

对于如何按照人民币汇率中间价折合成人民币缴纳税款，《个人所得税法实施条例》第三十二条具体规定："所得为人民币以外货币的，按照办理纳税申报或者扣缴申报的上一月最后一日人民币汇率中间价，折合成人民币计算应纳税所得额。年度终了后办理汇算清缴的，对已经按月、按季或者按次预缴税款的人民币以外货币所得，不再重新折算；对应当补缴税款的所得部分，按照上一纳税年度最后一日人民币汇率中间价，折合成人民币计算应纳税所得额。"

第三节　个人所得税的纳税期限

纳税期限，是指税法规定的关于税款缴纳时间方面的限定。

一、纳税期限概述

纳税期限是负有纳税义务的纳税人向国家缴纳税款的最后时间限制。它是税收强制性、固定性在时间上的体现。任何纳税人都必须如期纳税，否则就是违反税法，将受到法律制裁。比如，企业所得税在月份或者季度终了后 15 日内预缴，年度终了后 5 个月内汇算清缴，多退少补。

税法关于纳税期限的规定包括三点：一是纳税义务发生时间；二是纳税期限；三是缴库期限。

确定纳税期限，包含两方面的含义：

一是确定结算应纳税款的期限，即多长时间纳一次税。一般有 1 天、3 天、5 天、10 天、15 天、一个月等几种。

二是确定缴纳税款的期限，即纳税期满后税款多长时间必须入库。

二、个人所得税纳税期限

根据新修订的《个人所得税法》，个人所得税的纳税期限分为以下几种情况。

（一）汇算清缴的期限

《个人所得税法》对于综合所得和经营所得的相关规定都是按年度计算的，为了保证税款及时、均衡入库，在实际工作中，一般采取分月或分季预缴税款，年终汇算清缴，多退少补的征收办法。分月或分季预缴，一般按纳税人本季度（月）的课税依据计算应纳税款，与全年计算的课税依据往往很难完全一致，所以在年度终了后，必须依据纳税人的财务决算进行汇总计算，清缴税款，对已预交的税款实行多退少补。

（1）居民个人取得综合所得，汇算清缴的时间为次年的 3 月 1 日至 6 月 30 日。

（2）纳税人取得经营所得，除按规定在月度或季度终了后 15 日内申报并预缴税款外，应在次年 3 月 31 日前进行汇算清缴。

（二）代扣代缴的期限

扣缴义务人在代扣税款的次月 15 日内，向主管税务机关报送其支付所得的所有个人的有关信息、支付所得数额、扣除事项和数额、扣缴税款的具体数额和总额以及其他相关涉税信息资料。

（三）自行申报的期限

（1）纳税人取得应税所得没有扣缴义务人的，应当在取得所得的次月 15 日内向税务机关报送纳税申报表，并缴纳税款。

（2）纳税人取得应税所得，扣缴义务人未扣缴税款的，纳税人应当在取得所得的次年 6 月 30 日前，缴纳税款；税务机关通知限期缴纳的，纳税人应当按照期限缴纳税款。

（3）居民个人从中国境外取得所得的，应当在取得所得的次年 3 月 1 日至 6 月 30 日内申报纳税。

（4）非居民个人在中国境内从两处以上取得工资、薪金所得的，应当在取得所得的次月 15 日内申报纳税。

（5）纳税人因移居境外注销中国户籍的，应当在注销中国户籍前办理税款清算。

第二章

综合所得个人所得税的预扣预缴计算

根据《个人所得税法》第二条规定，综合所得是指居民个人取得以下四项所得：

（一）工资、薪金所得

（二）劳务报酬所得

（三）稿酬所得

（四）特许权使用费所得

第一节　综合所得的征税范围

一、工资、薪金所得的征税范围

根据《个人所得税法实施条例》第六条规定，工资、薪金所得，是指个人因任职或者受雇取得的工资、薪金、奖金、年终加薪、劳动分红、津贴、补贴以及与任职或者受雇有关的其他所得。

通常情况下，工资、薪金所得属于非独立个人劳动所得。这里所称非独立个人劳动，是指个人所从事的是由他人安排或指定并接受管理的劳动，工作或服务于公司、工厂、政府机关、事业单位的人员（个体私营企业主除外）均为非独立劳动者。

除工资、薪金外，奖金、年终加薪、劳动分红、津贴、补贴也被确定为工资、薪金范畴。其中，年终加薪、劳动分红不分种类和取得情况，一律按工资、薪金所得课税。奖金是指所有具有工资性质的奖金，免税奖金的范围在税法中有单独的规定。

此外，还有一些所得的被视为取得工资、薪金所得。例如，公司职工取得的用于购买国有股权的劳动分红，按"工资、薪金所得"项目计征个人所得税；出租汽车经营单位对出租车驾驶员采取单车承包或承租方式经营，出租车驾驶员从事客货营运取得的收入，按"工资、薪金所得"征税。

但是，并不是所有的奖金和津贴、补贴、福利费等都需要纳税，部分符合税法规定的是可以免征个人所得税的。另外，在实际的经济活动中，有些个人所得并不一定以工资、薪金的形式呈现出来，为避免税款的流失和税收公平，税法对一些特殊项目专门规定应属于工资、薪金所得。

（一）免税的奖金

《个人所得税法》第四条规定，由以下政府机构、部门或组织颁发的奖金免税：

省级人民政府、国务院部委和中国人民解放军军以上单位，以及外国组织、国际组织颁发的科学、教育、技术、文化、卫生、体育、环境保护等方面的奖金。

（二）免税的津贴、补贴

《个人所得税法》第四条规定，"按照国家统一规定发给的补贴、津贴"免税。

对于此处所称的"津贴、补贴"，《个人所得税法实施条例》明确规定：按照国家统一规定发给的补贴、津贴，是指按照国务院规定发给的政府特殊津贴、院士津贴，以及国务院规定免予缴纳个人所得税的其他补贴、津贴。

另外，一些专门文件还有一些补贴、津贴，比如：

1. 军队干部取得的补贴、津贴有8项，不计入工资、薪金所得项目征税

（1）政府特殊津贴；

（2）福利补助；

（3）夫妻分居补助费；

（4）随军家属无工作生活困难补助；

（5）独生子女保健费；

（6）子女保教补助费；

（7）机关在职军以上干部公勤费（保姆费）；

（8）军粮差价补贴。

2. 军队干部取得以下5项补贴、津贴，暂不征税：

（1）军人职业津贴；

（2）军队设立的艰苦地区补助；

（3）专业性补助；

（4）基层军官岗位津贴（营连排长岗位津贴）；

（5）伙食补贴。

3. 外国来华留学生领取津贴、奖学金

外国来华留学生领取的生活津贴费、奖学金，不属于工资、薪金范畴，不征收个人所得

税（财税字〔1980〕189 号规定）。

（三）免税的福利费、抚恤金、救济金

《个人所得税法》第四条规定的免税项目包括"福利费、抚恤金、救济金"。

《个人所得税法实施条例》第十一条规定：个人所得税法第四条第一款第四项所称福利费，是指根据国家有关规定，从企业、事业单位、国家机关、社会组织提留的福利费或者工会经费中支付给个人的生活补助费；所称救济金，是指各级人民政府民政部门支付给个人的生活困难补助费。

对于从福利费或者工会经费中支付给个人的生活补助费，由于缺乏明确的范围，在实际执行中难以具体界定，因此，《国家税务总局关于生活补助费范围确定问题的通知》（国税发〔1998〕155 号）规定：

（1）上述所称生活补助费，是指由于某些特定事件或原因而给纳税人或其家庭的正常生活造成一定困难，其任职单位按国家规定从提留的福利费或者工会经费中向其支付的临时性生活困难补助。

（2）下列收入不属于免税的福利费范围，应当并入纳税人的工资、薪金收入计征个人所得税：①从超出国家规定的比例或基数计提的福利费、工会经费中支付给个人的各种补贴、补助；②从福利费和工会经费中支付给单位职工的人人有份的补贴、补助；③单位为个人购买汽车、住房、电子计算机等不属于临时性生活困难补助性质的支出。

（3）以上规定从 1998 年 11 月 1 日起执行。

特别说明：虽然《个人所得税法》重新进行了修订，但是国税发〔1998〕155 号至今依然有效。作为企业财务人员，需要特别注意的是，虽然从福利费和工会经费中发给企业职工的人人有份的补贴、补助，符合《中华人民共和国企业所得税法》及其相关规定，但是在没有国家统一规定的情况下仍然属于个人所得税的"工资、薪金所得"，需要与当月的工资、薪金所得合并计征个人所得税。最典型的案例就是曾经在媒体上炒得沸沸扬扬的"月饼税"，"粽子税"等。

但是，根据国家税务总局有关官员多次在线访谈回答网友提问或者季度政策解读时，都明确回答了对于那种虽然人人有份，但是没有具体量化到个人的补贴或补助，暂不征收个人所得税，比如，工厂给上班的工人提供免费的工作餐等。

（四）不属于工资、薪金性质的补贴、津贴

税法规定，对按照国务院法规发给的政府特殊津贴和国务院法规免纳个人所得税的补贴、津贴，免予征收个人所得税。其他各种补贴、津贴均应计入工资、薪金所得项目征税。

但是，《国家税务总局关于印发〈征收个人所得税若干问题的规定〉的通知》（国税发〔1994〕89 号）第二条第（二）款规定，下列不属于工资、薪金性质的补贴、津贴或者不属于

纳税人本人工资、薪金所得项目的收入，不征税：

1. 独生子女补贴；

2. 执行公务员工资制度未纳入基本工资总额的补贴、津贴差额和家属成员的副食品补贴；

3. 托儿补助费；

4. 差旅费津贴、误餐补助。

说明：国税发〔1994〕89 号文只是部分条款失效，上述条款的规定依然有效。

针对有些单位滥用"午餐补助"不征税规定的情况，《财政部 国家税务总局关于误餐补助范围确定问题的通知》（财税〔1995〕82 号）补充规定：国税发〔1994〕89 号文件规定不征税的误餐补助，是指按财政部门规定，个人因公在城区、郊区工作，不能在工作单位或返回就餐，确实需要在外就餐的，根据实际误餐顿数，按规定的标准领取的误餐费。因此，一些单位以误餐补助名义发给职工的补贴、津贴，应当并入当月工资、薪金所得计征个人所得税。

（五）属于工资、薪金性质的免费旅游

《财政部 国家税务总局关于企业以免费旅游方式提供对营销人员个人奖励有关个人所得税政策的通知》（财税〔2004〕11 号）规定，自 2004 年 1 月 20 日起，对商品营销活动中，企业和单位对营销业绩突出人员以培训班、研讨会、工作考察等名义组织旅游活动，通过免收差旅费、旅游费对个人实行的营销业绩奖励（包括实物、有价证券等），应根据所发生费用全额计入营销人员应税所得，依法征收个人所得税，并由提供上述费用的企业和单位代扣代缴。其中，对企业雇员享受的此类奖励，应与当期的工资薪金合并，按照"工资、薪金所得"项目征收个人所得税；对其他人员享受的此类奖励，应作为当期的劳务收入，按照"劳务报酬所得"项目征收个人所得税。

企业雇员享受的免费旅游等形式奖励，性质上属于工资、薪金所得。

根据上述规定，单位为本单位职工承担或支付了旅游费，应并入当月工资、薪金计征个人所得税。

（六）企业为员工购买商业保险属于工资、薪金所得

根据《国家税务总局关于单位为员工支付有关保险缴纳个人所得税问题的批复》（国税函〔2005〕318 号）规定，对企业为员工支付各项免税之外的保险金，应在企业向保险公司缴付时（即该保险落到被保险人的保险账户）并入员工当期的工资收入，按"工资、薪金所得"项目计征个人所得税，税款由企业负责代扣代缴。

（七）从股权激励中取得的股票增值所得和限制性股票差额所得属于工资、薪金所得

（1）《国家税务总局关于股权激励有关个人所得税问题的通知》（国税函〔2009〕461 号）规定：根据个人所得税法及其实施条例和财税〔2009〕5 号文件等规定，个人因任职、受雇从上市公司取得的股票增值权所得和限制性股票所得，由上市公司或其境内机构按照"工资、

薪金所得"项目和股票期权所得个人所得税计税方法，依法扣缴其个人所得税。

（2）《国家税务总局关于个人股票期权所得缴纳个人所得税有关问题的补充通知》（国税函〔2006〕902号）规定，员工接受雇主（含上市公司和非上市公司）授予的股票期权，凡该股票期权指定的股票为上市公司（含境内、外上市公司）股票的，均应按照财税〔2005〕35号文件进行税务处理。

《财政部 国家税务总局关于个人股票期权所得征收个人所得税问题的通知》（财税〔2005〕35号）规定，员工行权时，其从企业取得股票的实际购买价（施权价）低于购买日公平市场价（指该股票当日的收盘价，下同）的差额，是因员工在企业的表现和业绩情况而取得的与任职、受雇有关的所得，应按"工资、薪金所得"适用的规定计算缴纳个人所得税。对因特殊情况，员工在行权日之前将股票期权转让的，以股票期权的转让净收入，作为工资薪金所得征收个人所得税。

（八）现金发放的住房补贴和医疗补助费属于工资、薪金所得

《财政部 国家税务总局关于住房公积金、医疗保险金、养老保险金征收个人所得税问题的通知》（财税字〔1997〕144号）规定，企业以现金形式发给个人的住房补贴、医疗补助费，应全额计入领取人的当期工资、薪金收入计征个人所得税。

但对外籍个人以实报实销形式取得的住房补贴，仍按照《财政部 国家税务总局关于个人所得税若干政策问题的通知》（财税字〔1994〕20号）的法规，暂免征收个人所得税。

（九）公务用车补贴和公务交通补贴、通信补贴可能需要并入工资、薪金项目征税

1. 公务用车补贴的规定

《国家税务总局关于个人因公务用车制度改革取得补贴收入征收个人所得税问题的通知》（国税函〔2006〕245号）规定，对公务用车制度改革后各种形式的补贴收入征收个人所得税问题明确如下：

一、因公务用车制度改革而以现金、报销等形式向职工个人支付的收入，均应视为个人取得公务用车补贴收入，按照"工资、薪金所得"项目计征个人所得税。

二、具体计征方法，按《国家税务总局关于个人所得税有关政策问题的通知》（国税发〔1999〕58号）第二条"关于个人取得公务交通、通信补贴收入征税问题"的有关规定执行。

2. 公务交通补贴、通信补贴的规定

《国家税务总局关于个人所得税有关政策问题的通知》（国税发〔1999〕58号）第二条"关于个人取得公务交通、通信补贴收入征税问题"规定：

个人因公务用车和通信制度改革而取得的公务用车、通信补贴收入，扣除一定标准的公务费用后，按照"工资、薪金"所得项目计征个人所得税。按月发放的，并入当月"工资、薪金"所得计征个人所得税；不按月发放的，分解到所属月份并与该月份"工资、薪金"所

得合并后计征个人所得税。

公务费用的扣除标准，由省级地方税务局根据纳税人公务交通、通信费用的实际发生情况调查测算，报经省级人民政府批准后确定，并报国家税务总局备案。

虽然有上述两个文件规定，但是现实中遇到的问题是，很多省份根本就没有颁布"公务费用的扣除标准"，从而使得这部分补贴收入需要计入工资、薪金计征个人所得税。

纳税人或代扣代缴义务人需要查询当地是否已经颁布有"公务费用的扣除标准"，如果有就可以在税前扣除，从而避免多交税。

（十）驾驶员取得承包或承租方式运营出租车所得按工资、薪金所得项目征税

《国家税务总局关于印发〈机动出租车驾驶员个人所得税征收管理暂行办法〉的通知》（国税发〔1995〕50号）第六条第（一）款规定：出租汽车经营单位对出租车驾驶员采取单车承包或承租方式运营，出租车驾驶员从事客货运营取得的收入，按工资、薪金所得项目征税。

（十一）取得用于购买企业国有股权的劳动分红按工资、薪金所得项目征税

《国家税务总局关于联想集团改制员工取得的用于购买企业国有股权的劳动分红征收个人所得税问题的通知》（国税函〔2001〕832号）规定，职工取得的用于购买企业国有股权的劳动分红，应按"工资、薪金所得"项目计征个人所得税。

（十二）退休（含离休）、内部退养和提前退休取得部分所得可能需要按工资、薪金所得征税

具体比较情况，见下表。

法定退休、内部退养与提前退休的区别与对比

项目	适用范围	特点	征税情况
法定退休（离休）	各类人员	属于达到法定退休年龄的正式退休	按照国家统一规定发放的退休工资、离休工资和离休生活补助费免税，除此之外，离退休人员从原任职单位取得的各类补贴、奖金、实物，按"工资、薪金所得"应税项目征税（满足条件的延长，离退休高级专家除外）
内部退养	企业减员增效和行政事业单位、社会团体在机构改革过程中实行内部退养办法人员	属于非正式退休。因未达到法定退休年龄，由单位发给基本生活费，等达到法定退休年龄时正式办理退休手续	办理内部退养手续后从原任职单位取得的一次性收入和至法定离退休年龄之间取得的基本生活费均应按工资、薪金所得征税
提前退休	机关、企事业单位人员	属于正式退休。按规定部分特殊工种等人员可享受此待遇	取得按照统一标准发放的一次性补贴收入应按工资薪金所得征税，取得按照国家统一规定发放的退休工资免税

【案例2-1】按照工资、薪金所得项目的征收情况

（多项选择题）下列各项中，应当按照工资、薪金所得项目征收个人所得税的有（　　　　）。

A. 劳动分红

B. 独生子女补贴

C. 差旅费津贴

D. 超过规定标准的误餐费

【解析】BC 选项属于不列入工资、薪金所得项目，不征税个人所得税。

【答案】AD

（十三）远洋船员的工资薪金减按 50% 计入应纳税所得额

二、劳务报酬所得的征税范围

《个人所得税法实施条例》第六条规定：劳务报酬所得，是指个人从事劳务取得的所得，包括从事设计、装潢、安装、制图、化验、测试、医疗、法律、会计、咨询、讲学、翻译、审稿、书画、雕刻、影视、录音、录像、演出、表演、广告、展览、技术服务、介绍服务、经纪服务、代办服务以及其他劳务取得的所得。

（一）工资、薪金所得与劳务报酬所得的区分

有人以为《个人所得税法》修订以后，工资、薪金所得和劳务报酬所得都属于综合所得，需要合并计算个人所得税，二者是否严格区分意义不大。

如果这样理解的话就错了，根据《个人所得税法》第六条规定："劳务报酬所得、稿酬所得、特许权使用费所得以收入减除百分之二十的费用后的余额为收入额。"因此，是否界定为"劳务报酬所得"直接关系到是否能够在其收入额上减除 20% 的费用问题。

劳务报酬所得与工资、薪金所得等非独立个人劳动取得的报酬是有区别的，根据《国家税务总局关于印发〈征收个人所得税若干问题的规定〉的通知》（国税发〔1994〕89 号）第十九条规定：

工资、薪金所得是属于非独立个人劳务活动，即在机关、团体、学校、部队、企事业单位及其他组织中任职、受雇而得到的报酬；劳务报酬所得则是个人独立从事各种技艺、提供各项劳务取得的报酬。两者的主要区别在于，前者存在雇佣与被雇佣关系，后者则不存在这种关系。

因此，判断劳务报酬所得的关键词是"独立"和"非雇佣"，而工资、薪金所得的关键词是"非独立"和"雇佣"。通常情况下，劳务报酬是独立个人从事自由职业取得的所得。

（二）退休人员再任职取得的收入可能属于劳务报酬所得

虽然《国家税务总局关于个人兼职和退休人员再任职取得收入如何计算征收个人所得税问题的批复》（国税函〔2005〕382 号）规定，退休人员再任职取得的收入，在减除按个人所得税法规定的费用扣除标准后，按"工资、薪金所得"应税项目缴纳个人所得税。

但是，《国家税务总局关于离退休人员再任职界定问题的批复》(国税函〔2006〕526 号)
对于"退休再任职"人员的范围做了非常严格的限制性规定，要求必须同时达到四项规定才
能按照"工资、薪金所得"应税项目缴纳个人所得税，否则只能按照"劳务报酬所得"计算：

1. 受雇人员与用人单位签订一年以上（含一年）劳动合同（协议），存在长期或连续的雇
用与被雇用关系；

2. 受雇人员因事假、病假、休假等原因不能正常出勤时，仍享受固定或基本工资收入；

3. 受雇人员与单位其他正式职工享受同等福利、培训及其他待遇；

4. 受雇人员的职务晋升、职称评定等工作由用人单位负责组织。

根据《中华人民共和国劳动合同法》第四十四条规定："劳动者开始依法享受基本养老保
险待遇的，劳动合同终止。"

《中华人民共和国劳动合同法实施条例》第二十一条规定："劳动者达到法定退休年龄的，
劳动合同终止。"

根据上述规定和人社部的解释，开始依法享受基本养老保险待遇的劳动者，劳动合同终
止；而且劳动者达到法定退休年龄的，劳动合同终止，不能再与用人单位签署劳动合同。因
此，退休人员不可能再与用人单位签署劳动合同，只能签署雇佣协议。

所以，聘用的退休人员只有严格满足税法的条件才需要按"工资、薪金所得"计算缴纳个
人所得税，否则应按"劳务报酬所得"计算缴纳个人所得税。

在《个人所得税法》修订后，按两种不同项目计税差别在于：按"工资、薪金所得"每
月可以扣除 5 000.00 元的费用，但是收入额不能扣除 20%；按"劳务报酬所得"每月不能扣
除 5 000.00 元费用，但是收入额可以打八折，如果次年再按照综合所得进行汇算的话，比按
"工资、薪金所得"税负还低。

（三）董事费收入

《国家税务总局关于印发〈征收个人所得税若干问题的规定〉的通知》(国税发〔1994〕
89 号)第八条规定：个人由于担任董事职务所取得的董事费收入，属于劳务报酬所得性质，
按照劳务报酬所得项目征收个人所得税。

依据《国家税务总局关于明确个人所得税若干政策执行问题的通知》(国税发〔2009〕
121 号)第八条规定的董事费按劳务报酬所得项目征税方法，仅适用于个人担任公司董事、监
事，且不在公司任职、受雇的情形。个人在公司（包括关联公司）任职、受雇，同时兼任董
事、监事的，应将董事费、监事费与个人工资收入合并，统一按工资、薪金所得项目缴纳个
人所得税。

（四）个人举办各类学习班取得的收入

《国家税务总局关于个人举办各类学习班取得的收入征收个人所得税问题的批复》(国税

函〔1996〕658号）规定：个人无须经政府有关部门批准并取得执照举办学习班、培训班的，其取得的办班收入属于"劳务报酬所得"应税项目，应按税法规定计征个人所得税。其中，办班者每次收入按以下方法确定：一次收取学费的，以一期取得的收入为一次；分次收取学费的，以每月取得的收入为一次。

【案例2-2】个人举办各类学习班取得的收入属于劳务报酬所得吗

某中学音乐老师周某利用自己会民族乐器演奏的特长，利用业余时间周末在家举办了笛子、二胡等培训，每学期招收五个有兴趣的同学，每月收取500.00元／人的学费。

【解析】案例中的周老师举办的学习班，就属于无须政府部门批准并取得执照的培训班，其取得的办班收入属于"劳务报酬所得"应税项目，由于是分次收取学费，以每月取得的收入为一次。

（五）非有形商品推销、代理等服务收入和商品营销中非货币性奖励

《财政部 国家税务总局关于提供非有形商品推销、代理等服务取得收入征收营业税和个人所得税有关问题的通知》（财税字〔1997〕103号）规定，非本企业雇员为企业提供非有形商品推销、代理等服务活动取得的佣金、奖励和劳务费等名目的收入，应计入个人的劳务报酬所得，按照《中华人民共和国个人所得税法》及其实施条例和其他有关法规计算征收个人所得税。

《财政部 国家税务总局关于企业以免费旅游方式提供对营销人员个人奖励有关个人所得税政策的通知》（财税〔2004〕11号）规定，自2004年1月20日起，对商品营销活动中，企业和单位对营销业绩突出人员以培训班、研讨会、工作考察等名义组织旅游活动，通过免收差旅费、旅游费对个人实行的营销业绩奖励（包括实物、有价证券等），应根据所发生费用全额计入营销人员应税所得，依法征收个人所得税，并由提供上述费用的企业和单位代扣代缴。其中，对企业雇员享受的此类奖励，应与当期的工资薪金合并，按照"工资、薪金所得"项目征收个人所得税；对其他人员享受的此类奖励，应作为当期的劳务收入，按照"劳务报酬所得"项目征收个人所得税。

（六）影视演职人员所得

《国家税务总局关于影视演职人员个人所得税问题的批复》（国税函〔1997〕385号）规定，凡与单位存在工资、人事方面关系的人员，其为本单位工作所取得的报酬，属于"工资、薪金所得"应税项目征税范围；而其因某一特定事项临时为外单位工作所取得报酬，不属于税法中所说的"受雇"，应是"劳务报酬所得"应税项目征税范围。因此，对电影制片厂导演、演职人员参加本单位的影视拍摄所取得的报酬，应按"工资、薪金所得"应税项目计征个人所得税。对电影制片厂为了拍摄影视片而临时聘请非本厂导演、演职人员，其所取得的报酬，应按"劳务报酬所得"应税项目计征个人所得税。

（七）保险营销员、证券经纪人佣金收入

根据《财政部关于个人所得税法修改后有关优惠政策衔接问题的通知》（财税〔2018〕164号）第三条规定：保险营销员、证券经纪人取得的佣金收入，属于劳务报酬所得，以不含增值税的收入减除20%的费用后的余额为收入额，收入额减去展业成本以及附加税费后，并入当年综合所得，计算缴纳个人所得税。保险营销员、证券经纪人展业成本按照收入额的25%计算。

（八）广告市场取得的收入

根据《国家税务总局关于印发〈广告市场个人所得税征收管理暂行办法〉的通知》（国税发〔1996〕148号）第五条规定：

纳税人在广告设计、制作、发布过程中提供名义、形象而取得的所得，应按劳务报酬所得项目计算纳税。

纳税人在广告设计、制作、发布过程中提供其他劳务取得的所得，视其情况分别按照税法规定的劳务报酬所得、稿酬所得、特许权使用费所得等应税项目计算纳税。

扣缴人的本单位人员在广告设计、制作、发布过程中取得的由本单位支付的所得，按工资、薪金所得项目计算纳税。

（九）个人兼职取得的收入

依据《个人所得税法实施条例》第六条关于"工资、薪金所得"强调"任职或者受雇"的限制，以及《国家税务总局关于个人兼职和退休人员再任职取得收入如何计算征收个人所得税问题的批复》（国税函〔2005〕382号）规定，在税法没有明确规定的情况下，个人兼职取得的收入应按照"劳务报酬所得"应税项目缴纳个人所得税。

【案例2-3】"劳务报酬所得"项目范围的判定

（多选题）下列各项中，应按"劳务报酬所得"项目计征个人所得税的有（　　　）。

A. 独立董事的董事费收入

B. 个人业余兼职收入

C. 某高校在职教授为某企业讲课取得的收入

D. 个人举办书法展取得的收入

【解析】独立董事来自于公司外部且与企业不存在关联关系，其取得的董事费收入应按"劳务报酬所得"计征个人所得税；个人业余兼职收入、高校教授为企业讲课收入、个人举办书法展收入，都属于劳务报酬所得，应按"劳务报酬所得"计征个人所得税。

【答案】ABCD

三、稿酬所得的征税范围

《个人所得税法实施条例》第六条规定：稿酬所得，是指个人因其作品以图书、报刊等形式出版、发表而取得的所得。

特别说明：与 2011 版的《个人所得税法实施条例》相比，新修订后的"稿酬所得"范围与原来相比在"图书、报刊"后加了个"等"字，包括在征求意见稿里是没有加的，正式修订版加了，主要还是给网络稿酬留了空间。这一改变是比较合理的，随着时代的变化与发展，传统纸质媒体和书籍的大量消失，取而代之的是新型的网络媒体或电子书籍等。在《个人所得税法》修订前，个人在网络上发表作品取得的稿酬收入，因为税法规定的原因而不能按照"稿酬所得"计算个人所得税，而只能按照"劳务报酬所得"计算，这显然是不合理的。

稿酬所得强调作品的"出版、发表"，否则不能适用。比如，某人擅长写作，业余时间为某公司创作撰写了与该公司产品相关的文学故事，取得的报酬就不能按照"稿酬所得"计税，而只能按照"劳务报酬所得"计税。如果该人把这些文学故事投稿在报刊上发表，取得收入就可以按"稿酬所得"计税。

《国家税务总局关于印发〈征收个人所得税若干问题的规定〉的通知》（国税发〔1994〕89 号）第四条第（三）款规定：作者去世后，对取得其遗作稿酬的个人，按稿酬所得征收个人所得税。

（一）关于报刊、杂志、出版等单位的职员在本单位的刊物上发表作品、出版图书取得所得征税的问题

《国家税务总局关于个人所得税若干业务问题的批复》（国税函〔2002〕146 号）第三条规定：

1. 任职、受雇于报刊、杂志等单位的记者、编辑等专业人员，因在本单位的报刊、杂志上发表作品取得的所得，属于因任职、受雇而取得的所得，应与其当月工资收入合并，按"工资、薪金所得"项目征收个人所得税。

除上述专业人员以外，其他人员在本单位的报刊、杂志上发表作品取得的所得，应按"稿酬所得"项目征收个人所得税。

2. 出版社的专业作者撰写、编写或翻译的作品，由本社以图书形式出版而取得的稿费收入，应按"稿酬所得"项目计算缴纳个人所得税。

（二）剧本使用费不再按稿酬所得征税

曾经《国家税务总局关于影视演职人员个人所得税问题的批复》（国税函〔1997〕385 号）规定，电影制片厂买断已出版的作品或向作者征稿而支付给作者的报酬，属于提供著作权的使用权而取得的所得，应按"特许权使用费所得"应税项目计征个人所得税；如电影文学剧本以图书、报刊形式出版、发表面取得的所得，应按"稿酬所得"应税项目计征个人所得税。

但是《国家税务总局关于剧本使用费征收个人所得税问题的通知》（国税发〔2002〕52 号）

规定：自 2002 年 5 月 1 日起，对于剧本作者从电影、电视剧的制作单位取得的剧本使用费，不再区分剧本的使用方是否为其任职单位，统一按特许权使用费所得项目计征个人所得税。《国家税务总局关于影视演职人员个人所得税问题的批复》（国税函〔1997〕385 号）中与本通知精神不符的规定，同时废止。

因此，从 2002 年 5 月 1 日起，电影、电视的剧本使用费所得不再存在按稿酬所得计征个人所得税，统一按特许权使用费所得项目计征个人所得税。

【案例 2-4】稿酬所得项目范围的判定

（多选题）下列属于应按照稿酬所得计税的项目是（　　）。

A. 记者在本单位刊物上发表文章取得的报酬

B. 提供著作权的使用权而取得的报酬

C. 将国外的文学作品翻译出版取得的报酬

D. 书画家出席笔会现场书写作品的出场费收入

E. 张某在网站连载小说取得的报酬

F. 李某将其创作的剧本交由某影视公司使用收取的剧本使用费

【解析】 记者在本单位刊物上发表文章取得的报酬，属于工资、薪金所得；提供著作权的使用权而取得的报酬，属于特许权使用费所得；书画家出席笔会现场书写作品的出场费收入，属于劳务报酬所得；取得的影视剧本使用费，应按特许权使用费所得项目计税。

翻译作品取得报酬，属于稿酬所得；网站发表小说，属于公开发表作品，按修订后的税法规定，应属于稿酬所得。

【答案】 CE

四、特许权使用费所得的征税范围

《个人所得税法实施条例》第六条规定：特许权使用费所得，是指个人提供专利权、商标权、著作权、非专利技术以及其他特许权的使用权取得的所得；提供著作权的使用权取得的所得，不包括稿酬所得。

（一）专利权

专利权是指专利权人在法律规定的范围内独占使用、收益、处分其发明创造，并排除他人干涉的权利。专利权具有时间性、地域性及排他性。

专利权人可以将自己拥有的专利权许可他人使用，其取得的使用费收入，属于税法规定的特许权使用费所得。

（二）商标权

商标权，是指商标所有人对其商标所享有的独占的、排他的权利。在我国由于商标权的取得实行注册原则，因此，商标权实际上是因商标所有人申请、经国家商标局确认的专有权利，即因商标注册而产生的专有权。商标是用以区别商品和服务不同来源的商业性标志，由文字、图形、字母、数字、三维标志、颜色组合、声音或者上述要素的组合构成。

商标权是一种无形资产，具有经济价值，既可以依法转让，也可以依法授权他人使用。如果授权他人使用收取的使用费就属于税法规定的特许权使用费所得。

（三）著作权

著作权又称版权，是指文学、艺术和科学作品的作者及其相关主体依法对作品所享有的人身权利和财产权利。

1. 影视剧本使用费的应税项目归属问题

《国家税务总局关于剧本使用费征收个人所得税问题的通知》（国税发〔2002〕52号）规定：自2002年5月1日起，对于剧本作者从电影、电视剧的制作单位取得的剧本使用费，不再区分剧本的使用方是否为其任职单位，统一按特许权使用费所得项目计征个人所得税。

2. 文字作品手稿原件或复印件拍卖所得

《国家税务总局关于印发〈征收个人所得税若干问题的规定〉的通知》（国税发〔1994〕89号）第五条关于拍卖文稿所得的征税问题明确规定：作者将自己的文字作品手稿原件或复印件公开拍卖（竞价）取得的所得，应按特许权使用费所得项目征收个人所得税。

《国家税务总局关于加强和规范个人取得拍卖收入征收个人所得税有关问题的通知》（国税发〔2007〕38号）进一步明确：

（一）根据《国家税务总局关于印发〈征收个人所得税若干问题的规定〉的通知》（国税发〔1994〕89号），作者将自己的文字作品手稿原件或复印件拍卖取得的所得，应以其转让收入额减除800.00元（转让收入额4 000.00元以下）或者20%（转让收入额4 000.00元以上）后的余额为应纳税所得额，按照"特许权使用费"所得项目适用20%税率缴纳个人所得税。

（二）个人拍卖除文字作品原稿及复印件外的其他财产，应以其转让收入额减除财产原值和合理费用后的余额为应纳税所得额，按照"财产转让所得"项目适用20%税率缴纳个人所得税。

（四）非专利技术

非专利技术又称专有技术，是指不为外界所知、在生产经营活动中已采用了的、不享有法律保护的、可以带来经济效益的各种技术和诀窍。非专利技术一般包括工业专有技术、商业贸易专有技术、管理专有技术等。

《国家税务总局关于企业员工向本企业提供非专利技术取得收入征收个人所得税问题的批复》（国税函〔2004〕952号）规定：个人在其工资福利待遇与其工作大致相当及与企业其他员工相比没有异常的情况下，由于向本企业提供所需相关技术而取得本企业支付的按不超过

20% 全部可分配利润的这部分收入，与其任职、受雇无关，而与其提供有关技术直接相关，属于非专利技术所得，根据《中华人民共和国个人所得税法实施条例》第八条第（六）款"特许权使用费所得，是指个人提供⋯⋯非专利技术以及其他特许权的使用权取得的所得"的规定，上述收入，应按"特许权使用费所得"项目缴纳个人所得税，税款由该企业在支付时代扣代缴。

【案例 2-5】特许权使用费所得项目的判定

（多选题）下列个人收入，属于应按"特许权使用费所得"项目计税的有（　　　）。

A. 个人提供著作权的使用权取得的收入

B. 某知名作家公开拍卖自己的文字作品手稿复印件的收入

C. 某知名作家公开拍卖自己写作时用过的钢笔收入

D. 电视剧编剧从某影视公司取得的剧本使用费收入

【解析】ABD 选项均属于"特许权使用费所得"；C 选项应按"财产转让所得"项目计征个人所得税。

【答案】ABD

第二节　居民个人工资、薪金所得的预扣预缴

国家税务总局于 2018 年 12 月先后发布了《国家税务总局关于全面实施新个人所得税法若干征管衔接问题的公告》（国家税务总局公告 2018 年第 56 号，以下简称 56 号公告）和《国家税务总局关于发布〈个人所得税扣缴申报管理办法（试行）〉的公告》（国家税务总局公告 2018 年第 61 号，以下简称 61 号公告），确定了工资、薪金所得等个人所得税预扣预缴的计算方法等，自 2019 年 1 月 1 日起施行。

一、预扣预缴的计算方法

56 号公告和 61 号公告均要求扣缴义务人支付工资、薪金所得时，必须按照规定的方法预扣预缴税款，具体规定如下：

扣缴义务人向居民个人支付工资、薪金所得时，应当按照累计预扣法计算预扣税款，并按月办理全员全额扣缴申报。具体计算公式如下：

本期应预扣预缴税额 =（累计预扣预缴应纳税所得额 × 预扣率 − 速算扣除数）− 累计减免税额 − 累计已预扣预缴税额

累计预扣预缴应纳税所得额 = 累计收入 − 累计免税收入 − 累计减除费用 − 累计专项扣除 − 累计专项附加扣除 − 累计依法确定的其他扣除

其中：累计减除费用，按照 5 000.00 元 / 月乘以纳税人当年截至本月在本单位的任职受雇

月份数计算。

上述公式中，计算居民个人工资、薪金所得预扣预缴税额的预扣率、速算扣除数，按《个人所得税预扣率表一》（见下表）执行。

个人所得税税率表一

（居民个人工资、薪金所得预扣预缴适用）

级数	累计预扣预缴应纳税所得额	预扣率（%）	速算扣除数
1	不超过36 000.00元的	3	——
2	超过36 000.00元至144 000.00元的部分	10	2 520.00
3	超过144 000.00元至300 000.00元的部分	20	16 920.00
4	超过300 000.00元至420 000.00元的部分	25	31 920.00
5	超过420 000.00元至660 000.00元的部分	30	52 920.00
6	超过660 000.00元至960 000.00元的部分	35	85 920.00
7	超过960 000.00元的部分	45	181 920.00

二、免税收入

56号和61号公告中给出的计算"累计预扣预缴应纳税所得额"公式中的"累计免税收入"，是指按照国务院规定发给的政府特殊津贴、院士津贴和国务院规定免予缴纳个人所得税的其他补贴、津贴等，以及不属于工资薪金性质的补贴、津贴和暂不征税的补贴、津贴。

具体请参阅本章第一节的"工资、薪金所得的征税范围"的相关内容。

三、减除费用

预扣预缴时累计减除费用，按照5 000.00元/月乘以纳税人当年截至本月在本单位的任职受雇月份数计算。

如果新入职的员工在入职本单位前存在本纳税年度内有未减除费用的月份的，本单位不能也没有义务代为累计扣除，因此而造成多交税款的，应由本人通过汇算清缴而申请退税。

四、专项扣除

根据《个人所得税法》第六条规定，专项扣除，是指居民个人按照国家规定的范围和标准缴纳的基本养老保险、基本医疗保险、失业保险等社会保险费和住房公积金等。

五、专项附加扣除

根据《个人所得税法》第六条规定，专项附加扣除，包括子女教育、继续教育、大病医疗、住房贷款利息或者住房租金、赡养老人等支出，具体范围、标准和实施步骤由国务院确定，并报全国人民代表大会常务委员会备案。

专项附加扣除是 2018 版《个人所得税法》修订的亮点，也是新版《个人所得税法》主要新增的内容。

根据《个人所得税法》的规定，国务院为此专门发布了《国务院关于印发〈个人所得税专项附加扣除暂行办法〉的通知》（国发〔2018〕41 号，以下简称"专项附加扣除办法"），对个人所得税法规定的子女教育、继续教育、大病医疗、住房贷款利息或者住房租金、赡养老人等 6 项专项附加扣除进行了明确的规定。

（一）子女教育

《专项附加扣除办法》规定：

1. 扣除标准

按照纳税人每个子女每月 1 000.00 元的标准定额扣除。

2. 教育阶段

纳税人子女接受的是全日制学历教育和学前教育。

学历教育包括义务教育（小学、初中教育）、高中阶段教育（普通高中、中等职业、技工教育）、高等教育（大学专科、大学本科、硕士研究生、博士研究生教育）。

学前教育是指子女年满 3 岁至小学入学前的教育阶段。

3. 扣除方法

可以有两种扣除方法供纳税人选择：

（1）父母可以选择由其中一方按扣除标准的 100% 扣除；

（2）也可以选择由双方分别按扣除标准的 50% 扣除。

说明：具体扣除方式在一个纳税年度内不能变更。

4. 子女境外留学的扣除

纳税人子女在中国境外接受教育的，其子女教育附加扣除与境内接受教育扣除方法和标准一致，但是纳税人应当留存境外学校录取通知书、留学签证等相关教育的证明资料备查。

5. 子女教育附加扣除具体问题解答

（1）谁能扣？

答：孩子的父母，包括亲生父母、养父母、继父母。

（2）怎么扣？

答：父母亲其中一方每月扣 1 000.00 元，或者父母亲双方各扣 500.00 元。

（3）扣多久？

答：从孩子年满 3 岁（不论是否入园），直到博士研究生毕业期间都可以扣。

（4）未满三岁的子女，是否可以扣除？

答：不可以。3 岁以前是婴幼儿的抚养阶段。这个阶段重在抚养而不是教育。

（5）在境外或民办学校接受教育，是否可以扣？

答：可以扣，不论是在境内或是境外接受教育；不论接受的是公办教育还是民办教育，都可以按照规定扣除。

（6）在孩子不同教育阶段的寒暑假期间能否扣除？

答：寒暑假期间可以继续扣除。

（7）孩子因病休学期间能否继续扣除呢？

答：休学期间只要学籍保留，就可以继续扣除。

（8）父母离异，孩子归母亲，实际出钱抚养是父亲，谁来享受政策？

答：孩子的父亲和母亲双方协商后，按照现有政策扣除。

（9）注意事项

父母双方的扣除方式一经选定，一个年度内不得变更。

特别说明：

税法规定的"子女教育"费用扣除标准是每个孩子每月扣除1 000.00元，因此，一个孩子夫妻双方共扣除1 000.00元，两个孩子夫妻双方共扣除2 000.00元，三个孩子夫妻双方共扣除3 000.00元，依此类推。

子女教育费扣除与子女的出生是否曾经违反国家计划生育政策无关。

（二）继续教育

1.扣除标准及扣除时长

扣除标准分为学历（学位）教育和继续教育两种标准：

（1）学历（学位）教育。按照每月400.00元定额扣除，同一学历（学位）最长可以扣除48个月；

（2）职业资格继续教育，在取得相关证书的当年，按照3 600.00元定额扣除。

2.转移父母扣除

个人接受本科及以下学历（学位）继续教育，符合规定扣除条件的，可以选择由其父母扣除，也可以选择由本人扣除。

3.资料备查

纳税人接受技能人员职业资格继续教育、专业技术人员职业资格继续教育的，应当留存相关证书等资料备查。

4.继续教育费附加扣除具体问题解答

（1）谁能扣？

答：自己能扣所有符合条件的继续教育学历（学位）教育、技能人员职业资格和专业技术人员职业资格继续教育的支出。本科（含）以下继续教育学历（学位）支出可以选择让父母按照子女教育扣除。如果选择父母按照子女教育支出扣，自己就不能同时再按照继续教育学历（学位）支出扣了，两者只能选其一。

（2）怎么扣?

答：学历（学位）继续教育的支出，在学历（学位）教育期间按照每月400.00元定额扣；技能人员职业资格和专业技术人员职业资格继续教育支出，在取得相关证书的当年一次性定额扣3 600.00元（预扣预缴时可以扣除）。

（3）扣多久?

答：学历（学位）继续教育支出最长扣4年（48个月）；技能人员职业资格和专业技术人员职业资格继续教育的支出在取得证书的当年扣一次。

（4）如何判断哪些属于技能人员职业资格和专业技术人员职业资格继续教育?

答：具体范围见《人力资源社会保障部关于公布国家职业资格目录的通知》（人社部发〔2017〕68号）。

（5）如果一个学历继续教育毕业后，换了个专业再读，还能再扣除吗?

答：可以。但是如果同时参加两个学历继续教育，当年只能享受一个扣除。

（6）如果一年同时取得两个符合条件的职业资格继续教育证书，可以享受双倍扣除3 600.00元吗?

答：不可以。一年只能享受一个职业资格继续教育扣除。但是你可以在下一年再取得一个符合条件的证书，这样就可以在下一年再享受一次扣除3 600.00元。

（三）大病医疗

1. 扣除标准

在一个纳税年度内，纳税人发生的与基本医保相关的医药费用支出，扣除医保报销后个人负担（指医保目录范围内的自付部分）累计超过15 000.00元的部分，在80 000.00元限额内据实扣除。

2. 扣除时间

在年度汇算清缴时扣除，预扣预缴时暂不能扣。

3. 扣除方式

纳税人发生的医药费用支出可以选择由本人或者其配偶扣除；未成年子女发生的医药费用支出可以选择由其父母一方扣除。

纳税人及其配偶、未成年子女发生的医药费用支出，按规定分别计算扣除额。

4. 大病医疗的范围

没有范围界定，如果住院治疗发生的与基本医疗相关的医药费用，在医保报销后的医保目录范围内自己负担的超过15 000.00元，就可以扣除。

5. 资料备查

纳税人应当留存医药服务收费及医保报销相关票据原件（或者复印件）等资料备查。医疗保障部门应当向患者提供在医疗保障信息系统记录的本人年度医药费用信息查询服务。

6. 大病医疗费附加扣除的具体问题解答

（1）谁能扣？

答：自己能扣自己的，也可以扣除配偶和子女的符合条件的大病医疗支出。

（2）什么时候扣？

答：在年度汇算清缴时扣除，预扣预缴时暂不能扣。

（3）扣多少？

答：一个年度内发生的与基本医保相关的医药费用支出，扣除医保报销后，在医保目录范围内自付的累计超过 15 000.00 元的部分，在 80 000.00 元限额内据实扣除。

（4）一个年度内纳税人自己、配偶和子女的大病医疗支出是否可以累加扣除？

答：不可以累加扣除，应当分别计算范围内自付部分的扣除额。

（5）孩子的大病医疗支出能否在父母双方分摊扣除？

答：不可以分摊扣除，只能选择父母一方依法扣除。

（四）住房贷款利息

1. 扣除标准

纳税人本人或者配偶单独或者共同使用商业银行或者住房公积金个人住房贷款为本人或者其配偶购买中国境内住房，发生的首套住房贷款利息支出，在实际发生贷款利息的年度，按照每月 1 000.00 元的标准定额扣除。

2. 扣除期限

扣除期限最长不超过 240 个月。纳税人只能享受一次首套住房贷款的利息扣除。

3. 扣除方式

（1）经夫妻双方约定，可以选择由其中一方扣除，具体扣除方式在一个纳税年度内不能变更。

（2）夫妻双方婚前分别购买住房发生的首套住房贷款，其贷款利息支出，婚后可以选择其中一套购买的住房，由购买方按扣除标准的 100% 扣除（即 1 000.00 元），也可以由夫妻双方对各自购买的住房分别按扣除标准的 50% 扣除（即各自 500.00 元），具体扣除方式在一个纳税年度内不能变更。

4. 资料备查

纳税人应当留存住房贷款合同、贷款还款支出凭证备查。

5. 住房贷款利息附加扣除的具体问题解答

（1）谁能扣？

答：夫妻双方自行约定，选择其中一方扣。

（2）怎么扣？

答：每月定额扣除 1 000.00 元。并且夫妻两人只能扣一次首套住房贷款的利息。

（3）扣多久？

按照实际贷款期限，最长不能超过 20 年（240 个月）。

（4）怎么确定首套房贷款？

答：是指享受首套住房贷款利率的住房贷款，不论实际该住房是不是家庭的首套住房。

（5）如果夫妻婚前分别购买住房发生的首套住房贷款，婚后如何扣除？

答：婚后可以选择其中一套，由购买方每月扣 1 000.00 元；也可以由夫妻双方分别各自扣自己购买的住房贷款利息 500.00 元。

（6）首套商业公寓贷款能享受贷款利息扣除吗？

答：商业公寓不属于住房，也不能享受首套住房贷款利率贷款，所以不能享受贷款利息扣除。

（7）首套住房贷款利率有固定的标准吗？

答：没有固定的标准。无论实际利率是多高，只要是贷款银行或者公积金贷款合同上注明是首套住房贷款利率，就可以享受住房贷款利息扣除。

（五）住房租金

1. 扣除标准

根据《附加扣除办法》规定，住房租金扣除标准分为三类：

（1）直辖市、省会（首府）城市、计划单列市以及国务院确定的其他城市，扣除标准为每月 1 500 元；

（2）除第一项所列城市以外，市辖区户籍人口超过 100 万的城市，扣除标准为每月 1 100 元；

（3）市辖区户籍人口不超过 100 万的城市，扣除标准为每月 800.00 元。

纳税人的配偶在纳税人的主要工作城市有自有住房的，视同纳税人在主要工作城市有自有住房，不得扣除住房租金。

上述标准中市辖区户籍人口，以国家统计局公布的数据为准。

2. 扣除对象

在主要工作城市没有自有住房，而租赁住房的承租人。

夫妻双方主要工作城市相同的，只能由一方扣除住房租金支出。

纳税人及其配偶在一个纳税年度内不能同时分别享受住房贷款利息和住房租金专项附加

扣除。

3. 资料备查

纳税人应当留存住房租赁合同、协议等有关资料备查。

4. 住房租金附加扣除的具体问题解答

（1）谁能扣？

答：在主要工作城市没有自有住房，而租赁住房的承租人。

（2）怎么扣？

答：根据主要工作城市类型不同分为 1 500.00 元、1 100.00 元、800.00 元三档适用扣除。

（3）夫妻双方在同一城市工作，能不能分别同时按照标准扣？

答：夫妻双方在同一城市工作，两个人只能选择一个人按照标准扣。如果夫妻不在同一城市工作，两人可以分别按照标准扣。

（4）如果在北京市三环附近工作，但是房子是在通州租的，能不能扣？

答：可以扣。城市的范围包括全部行政区域范围。但是假如纳税人工作在北京市，在河北燕郊租房，就不符合扣除条件。

（5）如果纳税人在北京工作并在北京租房，在上海老家有住房，并且享受首套住房贷款利率贷款，能不能让配偶享受贷款利息扣除，自己享受住房租金扣除？

答：不能。纳税人和配偶只能选择按照租金或者是贷款利息中的一项来扣除。

（6）租房租金必须取得租赁发票才能扣除吗？

答：没有取得租赁发票也能享受租金扣除。

（7）如果租房实际支付的房租低于扣除标准，能按照办法规定的标准扣除吗？

答：可以按照主要工作城市对应的标准扣除。

（六）赡养老人

1. 扣除标准

纳税人赡养一位及以上被赡养人的赡养支出，统一按照以下标准定额扣除：

（1）纳税人为独生子女的，按照每月 2 000.00 元的标准定额扣除；

（2）纳税人为非独生子女的，由其与兄弟姐妹分摊每月 2 000.00 元的扣除额度，每人分摊的额度不能超过每月 1 000.00 元。可以由赡养人均摊或者约定分摊，也可以由被赡养人指定分摊。约定或者指定分摊的须签订书面分摊协议，指定分摊优先于约定分摊。具体分摊方式和额度在一个纳税年度内不能变更。

2. 被赡养老人的范围

被赡养人是指年满 60 岁的父母，以及子女均已去世的年满 60 岁的祖父母、外祖父母。

3. 赡养老人附加扣除的具体问题解答

（1）谁能扣？

被赡养人年满 60 周岁，赡养人可以扣。

（2）怎么扣？

答：独生子女每月扣 2 000.00 元，非独生子女分摊合计扣除 2 000.00 元。

（3）扣多久？

在被赡养人其中一人年满 60 周岁的当月开始，到赡养义务终止的年末。

（4）多位赡养人分摊扣除的方式有几种？

答：多位赡养人可以平均分摊，也可以约定分摊或者由老人指定分摊。指定分摊优先于约定分摊。

（5）如果我有一个弟弟，我每月给老人赡养费 2 000.00 元，我弟弟不赡养老人。我能不能每月扣 2 000.00 元，我弟弟不扣除？

答：不可以。多位赡养人的，每人最多扣除不超过 1 000.00 元。

（6）我妻子能不能和我一起分摊扣除我父母的赡养老人支出？

答：不能。纳税人自己只能扣除自己亲生父母、养父母或者继父母的赡养老人支出。同样，女婿也不能扣除岳父母的赡养老人支出。

（7）如果我同时有亲生父母，还有养父母，能不能叠加享受扣除 4 000.00 元 / 月？

答：不可以。赡养老人支出扣除不以被赡养的老人倍数加倍享受扣除。

（七）专项附加扣除总结

为方便读者查阅和记忆，前述的专项附加扣除相关内容简要总结见下表。

专项附加扣除汇总表

序号	项目名称	扣除标准	扣除方式	说明
1	子女教育	1 000.00元/月/子女	1.父母其中选择一方扣1 000.00元/月/子女； 2.父母双方各扣500.00元/月/子女	1.子女接受的是全日制学历教育和学前教育 2.扣除方式一旦选定，一年内不得变更
2	继续教育	1.学历（学位）教育：400.00元/月 2.职业资格：3 600.00元/年	1.学历教育：分月扣除，最长48个月； 2.职业资格：取得证书的当年	个人接受本科及以下学历（学位）继续教育，符合规定扣除条件的，可以选择由其父母扣除，也可以选择由本人扣除。二者只能选择其一
3	大病医疗	医保目录范围内的自付部分累计超过15 000.00元的部分，在80 000.00元限额内据实扣除	1.可选择本人或配偶扣除； 2.未成年子女选择父母一方扣除（不可分摊）	1.在年度汇算清缴时扣除，预扣预缴时暂不能扣； 2.纳税人、配偶和未成年子女医药费支出分别计算扣除额
4	住房贷款利息	1 000.00元/月	1.夫妻其中一方扣除1 000.00元/月； 2.夫妻分别扣除500.00元/月	1.只能享受一次首套住房贷款的利息扣除； 2.扣除方式一旦选定，一年内不得变更

序号	项目名称	扣除标准	扣除方式	说明
5	住房租金	根据城市类型：分别按每月1 500.00元、1 100.00元和800元扣除	每月定额扣除	1.工作城市有自有住房的，不得扣除（配偶的视同自有）； 2.与住房贷款利息，只能扣除其中一项； 3.夫妻双方工作城市相同的，只能由一人扣除
6	赡养老人	1.独生子女：2 000.00元/月； 2.非独生子女：分摊2 000.00元/月，个人最高可分摊1 000.00元/月	每月定额扣除	被赡养人是指年满60岁的父母，以及子女均已去世的年满60岁的祖父母、外祖父母

特别说明：
1.上述扣除项目，除"大病医疗"只能在年度汇算清缴时扣除外，其余均可月度预缴时扣除；
2."住房贷款利息"与"住房租金"，只能扣除其中一项，不能两项同时扣除。

（八）不能享受专项附加扣除的情形

（1）纳税人当期综合所得收入未达到5 000.00元标准的，专项附加扣除费用不得扣除。

（2）纳税人子女未满3周岁的，子女教育的专项支出（每月1 000.00元）不得扣除。

（3）纳税人的父母或其他法定被赡养人未满60周岁的，赡养老人的专项支出（每月2 000.00元）不得扣除。

（4）纳税人的非首套住房贷款利息支出，住房贷款利息的专项支出每月1 000.00元不得扣除。

（5）纳税人首套贷款年限已经超过20年的，住房贷款利息的专项支出每月1 000.00元不得扣除。

（6）纳税人在一个纳税年度内，其在医保目录范围内的自付部分累计没有超过15 000.00元医药费用的支出，不属于大病医疗支出，不得扣除。

（7）纳税人接受继续教育，但没有取得相关证书的，3 600.00元的职业资格继续教育专项支出不得扣除。

（8）纳税人接受某专业学历继续教育，但已经超出48个月的，每年4 800.00元的继续教育专项支出不得扣除。

（9）纳税人本人及配偶在纳税人的主要工作城市有住房的，住房租金的专项支出每月1 500.00元、每月1 100.00元、每月800.00元不得扣除。

（10）一个纳税年度内，纳税人本人及配偶已选择了住房租金扣除，其发生的每月1 000.00元住房贷款利息专项支出，不得扣除。

（九）专项附加扣除的特别规定

（1）所有的专项附加扣除额本年度扣除不完的，不能结转以后年度。

（2）子女教育支出、贷款利息支出：具体扣除方式在一个纳税年度内不能变更。

（3）赡养老人支出：具体分摊方式和额度在一个纳税年度内不能变更。

（4）纳税人年度内没有工资薪金所得，预扣预缴时暂不能扣除，待年度汇算清缴时再申报扣除。

（5）纳税人同时从两处以上取得工资、薪金所得，并由扣缴义务人办理专项附加扣除的，对同一专项附加扣除项目，只能选择从其中一处扣除。但是不同的专项附加扣除项目可以选择在不同的扣缴地分别扣除。

（十）专项附加扣除信息存在明显错误的处理

《财政部 税务总局关于个人所得税综合所得汇算清缴涉及有关政策问题的公告》（财政部 税务总局公告 2019 年第 94 号）第三条规定：居民个人填报专项附加扣除信息存在明显错误，经税务机关通知，居民个人拒不更正或者不说明情况的，税务机关可暂停纳税人享受专项附加扣除。居民个人按规定更正相关信息或者说明情况后，经税务机关确认，居民个人可继续享受专项附加扣除，以前月份未享受扣除的，可按规定追补扣除。

处理步骤如下图所示：

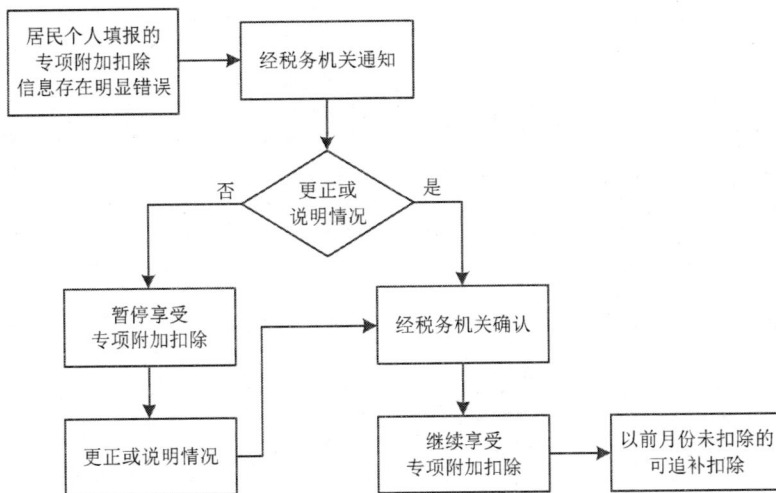

专项附加扣除信息存在明显错误的处理流程图

（十一）专项附加扣除信息采集与报送

1. 报送方式

根据《国家税务总局关于发布〈个人所得税专项附加扣除操作办法（试行）〉的公告》

（2018年第60号）规定：纳税人可以通过远程办税端、电子或者纸质报表等方式，向扣缴义务人或者主管税务机关报送个人专项附加扣除信息。

通俗地说就是，纳税人有三种方式报送自己的专项附加扣除方式：远程办税端、填写电子或纸质《扣除信息表》。

（1）远程办税端

具体步骤如下：

第一步，实名注册。

税务机关于2019年1月1日正式发布远程办税端，远程办税端主要包括国家税务总局发布的手机APP"个人所得税"和各省电子局网站。纳税人只需下载这些远程办税端"个人所得税"APP，通过实名注册，获取登录用户名和密码，进入软件操作界面，即可看到专项附加扣除信息的填报界面。

第二步，填写个人所得税专项附加扣除信息表。

当您完成"个人所得税"APP实名注册后，您可以按照如下步骤填报专项附加扣除信息。

① 首页选择"我要申报专项附加扣除"；

② 填写或确认基本信息；

③ 填写专项扣除信息；

④ 填写其他信息。

第三步，选择申报方式并提交个人所得税专项附加扣除信息。

申报方式包括综合所得年度自行申报、通过扣缴义务人申报。

① 纳税人选择申报方式为"综合所得年度自行申报"，则直接向税务机关提交信息，在年度自行申报时才能享受扣除，扣缴单位无法获取该种申报方式的专项附加扣除信息；

② 纳税人选择申报方式为"通过扣缴义务人申报"，则单位在使用扣缴端软件时，在"专项附加扣除信息采集"模块，选择需要同步的专项项目，单击【更新】按钮，可以获取选择企业扣缴申报的员工的专项附加扣除信息；这种方式下，纳税人可以在预扣预缴期间享受扣除。

（2）电子《扣除信息表》

纳税人自行到国家税务总局或各省税务局网站，下载《个人所得税专项附加扣除采集表（电子模板）》，然后按照填写要求进行填写，并按规定报送给扣减义务人或者税务机关。

（3）纸质《扣除信息表》

各税务机关办税大厅有纸质的《个人所得税专项附加扣除信息表》提供，纳税人可以根据需要填写并提交给税务机关或扣缴义务人。

2. 年度内办理专项附加扣除的规定

纳税人选择纳税年度内由扣缴义务人办理专项附加扣除的，按下列规定办理：

（1）纳税人通过远程办税端选择扣缴义务人并报送专项附加扣除信息的，扣缴义务人根据接收的扣除信息办理扣除。

（2）纳税人通过填写电子或者纸质《扣除信息表》直接报送扣缴义务人的，扣缴义务人将相关信息导入或者录入扣缴端软件，并在次月办理扣缴申报时提交给主管税务机关。

《扣除信息表》应当一式两份，纳税人和扣缴义务人签字（章）后分别留存备查。

3. 年度终了后享受专项附加扣除的规定

纳税人选择年度终了后办理汇算清缴申报时享受专项附加扣除的，既可以通过远程办税端报送专项附加扣除信息，也可以将电子或者纸质《扣除信息表》（一式两份）报送给汇缴地主管税务机关。

报送电子《扣除信息表》的，主管税务机关受理打印，交由纳税人签字后，一份由纳税人留存备查，一份由税务机关留存；报送纸质《扣除信息表》的，纳税人签字确认、主管税务机关受理签章后，一份退还纳税人留存备查，一份由税务机关留存。

六、依法确定的其他扣除项

《个人所得税法实施条例》第十三条明确规定，个人所得税法第六条第一款第一项所称依法确定的其他扣除，包括个人缴付符合国家规定的企业年金、职业年金，个人购买符合国家规定的商业健康保险、税收递延型商业养老保险的支出，以及国务院规定可以扣除的其他项目。

（一）职业年金和企业年金

我国养老保险体系主要包括基本养老保险、补充养老保险和个人储蓄养老保险三部分组成。其中，补充养老保险包括企业年金和职业年金。

职业年金，是指机关事业单位及其工作人员在参加机关事业单位基本养老保险的基础上，建立的补充养老保险制度。

企业年金，是指企业及其职工在依法参加基本养老保险的基础上，自主建立的补充养老保险制度。

《国务院办公厅关于印发机关事业单位职业年金办法的通知》（国办发〔2015〕18 号）明确规定，职业年金所需费用由单位和工作人员个人共同承担，全部的缴费都计入本人职业年金个人账户。单位缴费和个人缴费都计入本人职业年金个人账户。职业年金基金投资运营收益，按规定计入职业年金个人账户。

《企业年金办法》（人力资源和社会保障部、财政部令第 36 号）规定，企业年金所需费用由企业和职工个人共同缴纳。企业年金基金实行完全积累，为每个参加企业年金的职工建立个人账户，按照国家有关规定投资运营。企业年金基金投资运营收益并入企业年金基金。

职业年金的缴费比例是固定的，单位按缴费基数的8%，个人按缴费基数的4%；而企业年金的缴费比例是弹性的，由企业和职工在规定的范围内协商确定，其中企业缴费每年不超过本企业职工工资总额的8%。企业和职工个人缴费合计不超过本企业职工工资总额的12%。

1. 补充养老保险的个人所得税处理

《财政部、国家税务总局关于个人所得税有关问题的批复》（财税〔2005〕94号）规定：单位为职工个人购买商业性补充养老保险等，在办理投保手续时应作为个人所得税的"工资、薪金所得"项目，按税法规定缴纳个人所得税；因各种原因退保，个人未取得实际收入的，已缴纳的个人所得税应予以退回。

2. 年金递延纳税政策

年金递延纳税，是指在年金缴费环节和年金基金投资收益环节暂不征收个人所得税，将纳税义务递延到个人实际领取年金的环节。

2013年12月份，为促进我国多层次养老保险体系的发展，在研究借鉴发达国家通行做法的基础上，根据《个人所得税法》相关规定，财政部、国家税务总局、人力资源和社会保障部联合印发了《关于企业年金职业年金个人所得税有关问题的通知》（财税〔2013〕103号），出台了企业年金、职业年金个人所得税递延纳税政策。2018年12月，根据新修订的《个人所得税法》相关规定，《财政部关于个人所得税法修改后有关优惠政策衔接问题的通知》（财税〔2018〕164号）对个人实际领取时的个人所得税政策做了适当的调整。

（1）企业年金和职业年金缴纳时的个人所得税处理

① 企业和事业单位（以下统称单位）根据国家有关政策规定的办法和标准，为在本单位任职或者受雇的全体职工缴付的企业年金或职业年金（以下统称年金）单位缴费部分，在计入个人账户时，个人暂不缴纳个人所得税。

② 个人根据国家有关政策规定缴付的年金个人缴费部分，在不超过本人缴费工资计税基数的4%标准内的部分，暂从个人当期的应纳税所得额中扣除。

③ 超过上述第①项和第②项规定的标准缴付的年金单位缴费和个人缴费部分，应并入个人当期的工资、薪金所得，依法计征个人所得税。税款由建立年金的单位代扣代缴，并向主管税务机关申报解缴。

④ 企业年金个人缴费工资计税基数为本人上一年度月平均工资。月平均工资按国家统计局规定列入工资总额统计的项目计算。月平均工资超过职工工作地所在设区城市上一年度职工月平均工资300%以上的部分，不计入个人缴费工资计税基数。

职业年金个人缴费工资计税基数为职工岗位工资和薪级工资之和。职工岗位工资和薪级工资之和超过职工工作地所在设区城市上一年度职工月平均工资300%以上的部分，不计入个人缴费工资计税基数。

特别说明：

新《个人所得税法实施条例》第十三条明确规定，《个人所得税法》规定居民个人综合所得收入额中可以扣除的"依法确定的其他扣除"，包括个人缴付符合国家规定的企业年金、职业年金。因此有人认为，自 2019 年 1 月 1 日起，对于个人依照《企业年金办法》《机关事业单位职业年金办法》缴付的企业年金、职业年金，可以在综合所得计缴个人所得税时，在收入额中可以全额扣除。不再受《关于企业年金职业年金个人所得税有关问题的通知》（财税〔2013〕103 号）规定，只能在收入额中扣除"不超过本人缴费工资计税基数的 4% 标准内的部分"。

但是，《财政部关于个人所得税法修改后有关优惠政策衔接问题的通知》（财税〔2018〕164 号）中并没有对这一条规定作出明确的调整，建议纳税人和扣减义务人多注意后期这方面的后续调整规定。

（2）年金基金投资运营收益的个人所得税处理

年金基金投资运营收益分配计入个人账户时，个人暂不缴纳个人所得税。即在年金投资环节，企业年金或职业年金基金投资运营收益分配计入个人账户时，暂不征收个人所得税。

（3）领取年金的个人所得税处理

依据《财政部关于个人所得税法修改后有关优惠政策衔接问题的通知》（财税〔2018〕164 号）规定，2019 年 1 月 1 日后，领取年金的个人所得税处理如下：

① 达到退休年龄正常领取。

个人达到国家规定的退休年龄，领取的企业年金、职业年金，符合《财政部 人力资源社会保障部 国家税务总局关于企业年金职业年金个人所得税有关问题的通知》（财税〔2013〕103 号）规定的，不并入综合所得，全额单独计算应纳税款。其中按月领取的，适用月度税率表计算纳税；按季领取的，平均分摊计入各月，按每月领取额适用月度税率表计算纳税；按年领取的，适用综合所得税率表计算纳税。

不再执行财税〔2013〕103 号文件规定的平均分摊入月计税的方法。

② 出境定居等依法提前领取年金。

个人虽未到退休年龄办理退休手续，但是出境定居的，其职业年金或企业年金个人账户资金，可根据本人要求一次性支付给本人。工作人员在职期间死亡，或者职工或者退休人员死亡后，其职业年金、企业年金个人账户余额可以继承。

对于个人因出境定居而一次性领取的年金个人账户资金，或个人死亡后，其指定的受益人或法定继承人一次性领取的年金个人账户余额，适用综合所得税率表计算纳税。

③ 其他原因一次性领取年金

对个人除上述特殊原因外一次性领取年金个人账户资金或余额的，适用月度税率表计算纳税。

④ 个人领取年金时，其应纳税款由受托人代表委托人委托托管人代扣代缴。年金账户管理人应及时向托管人提供个人年金缴费及对应的个人所得税纳税明细。托管人根据受托人指令及账户管理人提供的资料，按照规定计算扣缴个人当期领取年金待遇的应纳税款，并向托管人所在地主管税务机关申报解缴。

⑤ 建立年金计划的单位、年金托管人，应按照个人所得税法和税收征收管理法的有关规定，实行全员全额扣缴明细申报。受托人有责任协调相关管理人依法向税务机关办理扣缴申报、提供相关资料。

（二）商业健康保险

为贯彻落实《国务院关于促进健康服务业发展的若干意见》（国发〔2013〕40号）精神，经国务院批准，《财政部 国家税务总局 保监会关于开展商业健康保险个人所得税政策试点工作的通知》（财税〔2015〕56号）、《财政部 国家税务总局 保监会关于实施商业健康保险个人所得税政策试点的通知》（财税〔2015〕126号）规定，自2016年1月1日起，在全国31个试点城市的个人购买符合规定的商业健康保险支出，允许其在一定额度内进行税前扣除。

《财政部 国家税务总局 保监会关于将商业健康保险个人所得税试点政策推广到全国范围实施的通知》（财税〔2017〕39号）规定，自2017年7月1日起，将商业健康保险个人所得税试点政策推广到全国范围实施。

1. 税前扣除限额

对个人购买符合规定的商业健康保险产品的支出，允许在当年（月）计算应纳税所得额时予以税前扣除，扣除限额为2 400.00元/年（200.00元/月）。单位统一为员工购买符合规定的商业健康保险产品的支出，应分别计入员工个人工资薪金，视同个人购买，按上述限额予以扣除。

2 400.00元/年（200.00元/月）的限额扣除为个人所得税法规定减除费用标准之外的扣除。

2. 适用对象

适用商业健康保险税收优惠政策的纳税人，是指取得工资薪金所得、连续性劳务报酬所得的个人，以及取得个体工商户生产经营所得、对企事业单位的承包承租经营所得的个体工商户业主、个人独资企业投资者、合伙企业合伙人和承包承租经营者。

3. 关于商业健康保险产品的规范和条件

符合规定的商业健康保险产品，是指保险公司参照个人税收优惠型健康保险产品指引框架及示范条款（见财税〔2017〕39号文附件）开发的、符合下列条件的健康保险产品：

（1）健康保险产品采取具有保障功能并设立有最低保证收益账户的万能险方式，包含医疗保险和个人账户积累两项责任。被保险人个人账户由其所投保的保险公司负责管理维护。

（2）被保险人为 16 周岁以上、未满法定退休年龄的纳税人群。保险公司不得因被保险人既往病史拒保，并保证续保。

（3）医疗保险保障责任范围包括被保险人医保所在地基本医疗保险基金支付范围内的自付费用及部分基本医疗保险基金支付范围外的费用，费用的报销范围、比例和额度由各保险公司根据具体产品特点自行确定。

（4）同一款健康保险产品，可依据被保险人的不同情况，设置不同的保险金额，具体保险金额下限由保监会规定。

（5）健康保险产品坚持"保本微利"原则，对医疗保险部分的简单赔付率低于规定比例的，保险公司要将实际赔付率与规定比例之间的差额部分返还到被保险人的个人账户。

根据目标人群已有保障项目和保障需求的不同，符合规定的健康保险产品共有三类，分别适用于：①对公费医疗或基本医疗保险报销后个人负担的医疗费用有报销意愿的人群；②对公费医疗或基本医疗保险报销后个人负担的特定大额医疗费用有报销意愿的人群；③未参加公费医疗或基本医疗保险，对个人负担的医疗费用有报销意愿的人群。

符合上述条件的个人税收优惠型健康保险产品，保险公司应按《中华人民共和国保险法》规定程序上报保监会审批。

4. 税收征管

（1）单位统一组织为员工购买或者单位和个人共同负担购买符合规定的商业健康保险产品，单位负担部分应当实名计入个人工资薪金明细清单，视同个人购买，并自购买产品次月起，在不超过 200.00 元/月的标准内按月扣除。一年内保费金额超过 2 400.00 元的部分，不得税前扣除。以后年度续保时，按上述规定执行。个人自行退保时，应及时告知扣缴单位。个人相关退保信息保险公司应及时传递给税务机关。

（2）取得工资薪金所得或连续性劳务报酬所得的个人，自行购买符合规定的商业健康保险产品的，应当及时向代扣代缴单位提供保单凭证。扣缴单位自个人提交保单凭证的次月起，在不超过 200.00 元/月的标准内按月扣除。一年内保费金额超过 2 400.00 元的部分，不得税前扣除。以后年度续保时，按上述规定执行。个人自行退保时，应及时告知扣缴义务人。

（3）个体工商户业主、企事业单位承包承租经营者、个人独资和合伙企业投资者自行购买符合条件的商业健康保险产品的，在不超过 2 400.00 元/年的标准内据实扣除。一年内保费金额超过 2 400.00 元的部分，不得税前扣除。以后年度续保时，按上述规定执行。

（三）税收递延型商业养老保险

为贯彻落实党的十九大精神，推进多层次养老保险体系建设，对养老保险第三支柱进行有益探索，国家在部分城市开展个人税收递延型商业养老保险试点。

《财政部 税务总局关于开展个人税收递延型商业养老保险试点的通知》（财税〔2018〕

22 号）对试点中涉及的税收政策作出规定。

1. 试点地区及时间

自 2018 年 5 月 1 日起，在上海市、福建省（含厦门市）和苏州工业园区实施个人税收递延型商业养老保险试点。试点期限暂定一年。

纳税人需要关注的是，试点政策到期后是否能顺利地推向全国。

2. 试点政策内容

对试点地区个人通过个人商业养老资金账户购买符合规定的商业养老保险产品的支出，允许在一定标准内税前扣除；计入个人商业养老资金账户的投资收益，暂不征收个人所得税；个人领取商业养老金时再征收个人所得税。具体规定如下：

①个人缴费税前扣除标准。

取得工资薪金、连续性劳务报酬所得的个人，其缴纳的保费准予在申报扣除当月计算应纳税所得额时予以限额据实扣除，扣除限额按照当月工资薪金、连续性劳务报酬收入的 6% 和 1 000.00 元孰低办法确定。取得个体工商户生产经营所得、对企事业单位的承包承租经营所得的个体工商户业主、个人独资企业投资者、合伙企业自然人合伙人和承包承租经营者，其缴纳的保费准予在申报扣除当年计算应纳税所得额时予以限额据实扣除，扣除限额按照不超过当年应税收入的 6% 和 12 000.00 元孰低办法确定。

②账户资金收益暂不征税。

计入个人商业养老资金账户的投资收益，在缴费期间暂不征收个人所得税。

③个人领取商业养老金征税。

个人达到国家规定的退休年龄时，可按月或按年领取商业养老金，领取期限原则上为终身或不少于 15 年。个人身故、发生保险合同约定的全残或罹患重大疾病的，可以一次性领取商业养老金。

《财政部 税务总局关于个人取得有关收入适用个人所得税应税所得项目的公告》（财政部税务总局公告 2019 年第 74 号）第四条规定：个人按照《财政部 税务总局 人力资源社会保障部 中国银行保险监督管理委员会 证监会关于开展个人税收递延型商业养老保险试点的通知》（财税〔2018〕22 号）的规定，领取的税收递延型商业养老保险的养老金收入，其中 25% 部分予以免税，其余 75% 部分按照 10% 的比例税率计算缴纳个人所得税，税款计入"工资、薪金所得"项目，由保险机构代扣代缴后，在个人购买税延养老保险的机构所在地办理全员全额扣缴申报。

3. 试点政策适用对象

适用试点税收政策的纳税人，是指在试点地区取得工资薪金、连续性劳务报酬所得的个人，以及取得个体工商户生产经营所得、对企事业单位的承包承租经营所得的个体工商户业主、个人独资企业投资者、合伙企业自然人合伙人和承包承租经营者，其工资薪金、连续性劳务报酬的个人所得税扣缴单位，或者个体工商户、承包承租单位、个人独资企业、合伙企业的实际经营地均位于试点地区内。

取得连续性劳务报酬所得，是指纳税人连续6个月以上（含6个月）为同一单位提供劳务而取得的所得。

4. 试点期间税收征管

① 关于缴费税前扣除。

个人购买符合规定的商业养老保险产品、享受递延纳税优惠时，以中保信平台出具的税延养老扣除凭据为扣税凭据。取得工资、薪金所得和连续性劳务报酬所得的个人，应及时将相关凭证提供给扣缴单位。扣缴单位应按照本通知有关要求，认真落实个人税收递延型商业养老保险试点政策，为纳税人办理税前扣除有关事项。

个人在试点地区范围内从两处或者两处以上取得所得的，只能选择在其中一处享受试点政策。

② 关于领取商业养老金时的税款征收。

个人按规定领取商业养老金时，由保险公司代扣代缴其应缴的个人所得税。

（四）公务交通、通讯补贴费用扣除

《国家税务总局关于个人所得税有关政策问题的通知》（国税发〔1999〕58号）规定：个人因公务用车和通讯制度改革而取得的公务用车、通讯补贴收入，扣除一定标准的公务费用后，按照"工资、薪金"所得项目计征个人所得税。按月发放的，并入当月"工资、薪金"所得计征个人所得税；不按月发放的，分解到所属月份并与该月份"工资、薪金"所得合并后计征个人所得税。公务费用的扣除标准，由省级地方税务局根据纳税人公务交通、通讯费用的实际发生情况调查测算，报经省级人民政府批准后确定，并报国家税务总局备案。

《关于个人因公务用车制度改革取得补贴收入征收个人所得税问题的通知》（国税函〔2006〕245号）进一步明确规定，因公务用车制度改革而以现金、报销等形式向职工个人支付的收入，均应视为个人取得公务用车补贴收入，按照"工资、薪金所得"项目计征个人所得税。所谓的"以现金、报销等形式向职工个人支付的收入"包括：直接以现金形式发放，在限额内据实报销用车支出，单位反租职工个人的车辆支付车辆租赁费（"私车公用"），单位向用车人支付车辆使用过程中的有关费用等。

《国家税务总局关于中国海洋石油总公司系统深化用工薪酬制度改革有关个人所得税问题的通知》（国税函〔2003〕330号）规定：中油公司系统公务用车、通讯制度改革后，其发放给职工的公务用车、通讯补贴收入，根据《国家税务总局关于个人所得税有关政策问题的通知》（国税发〔1999〕58号）第二条的规定，可按公司所在省级政府统一规定或批准的公务费用扣除标准扣除公务费用后，计入职工个人工资、薪金所得计算缴纳个人所得税。凡中油公

司系统各公司所在省级政府尚未规定扣除标准的，可暂按各公司 2002 年公务费用实际发生数为扣除基数；超过扣除基数的补贴，应计入个人所得征税；具体扣除基数，由各公司报所在地海洋石油税务局核备。

需要特别注意的是，国税发〔1999〕58 号到目前依然有效，但是只有部分省（自治区、直辖市）出台了公务费用的扣除标准，很多省份在该文件出台已经达十年之久依然没有扣除标准并报国家税务总局备案。因此，纳税人和扣缴义务人在想税前扣除公务费用时，需要先查询所在地区是否已经出台了扣除标准，不能随便套用其他省份的标准。

七、工资薪金所得预扣预缴总结

将前述工资薪金所得预扣预缴的相关内容归纳总结如下图所示。

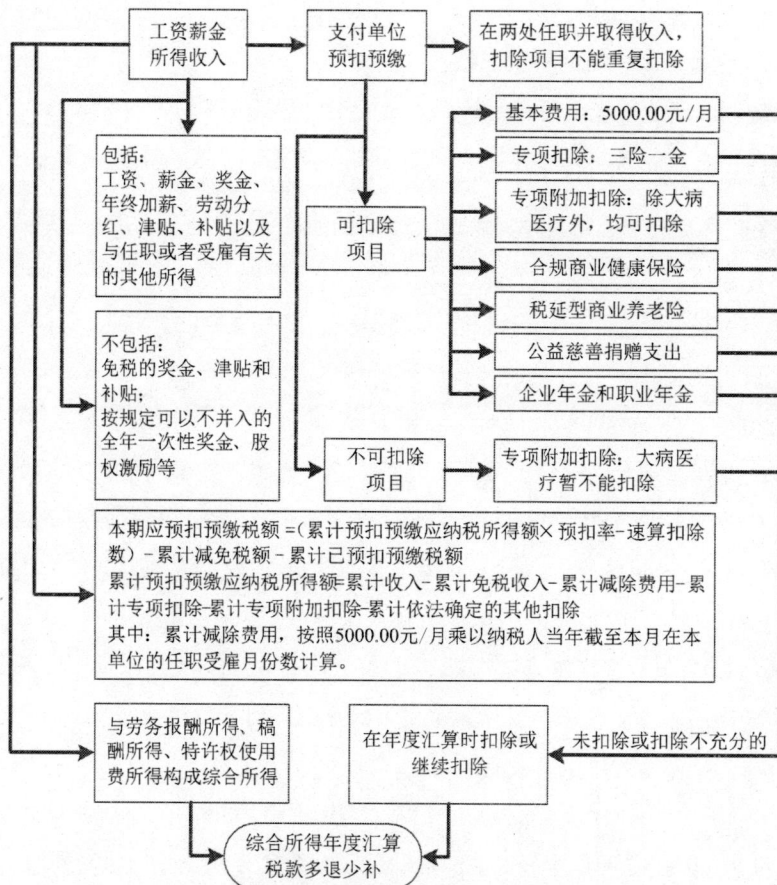

工资薪金所得收入 → 支付单位预扣预缴 → 在两处任职并取得收入，扣除项目不能重复扣除

包括：
工资、薪金、奖金、年终加薪、劳动分红、津贴、补贴以及与任职或者受雇有关的其他所得

不包括：
免税的奖金、津贴和补贴；
按规定可以不并入的全年一次性奖金、股权激励等

可扣除项目：
- 基本费用：5000.00 元/月
- 专项扣除：三险一金
- 专项附加扣除：除大病医疗外，均可扣除
- 合规商业健康保险
- 税延型商业养老险
- 公益慈善捐赠支出
- 企业年金和职业年金

不可扣除项目 → 专项附加扣除：大病医疗暂不能扣除

本期应预扣预缴税额＝（累计预扣预缴应纳税所得额×预扣率-速算扣除数）-累计减免税额-累计已预扣预缴税额
累计预扣预缴应纳税所得额=累计收入-累计免税收入-累计减除费用-累计专项扣除-累计专项附加扣除-累计依法确定的其他扣除
其中：累计减除费用，按照5000.00元/月乘以纳税人当年截至本月在本单位的任职受雇月份数计算。

与劳务报酬所得、稿酬所得、特许权使用费所得构成综合所得

在年度汇算时扣除或继续扣除 ← 未扣除或扣除不充分的

综合所得年度汇算税款多退少补

工资薪金所得月度预扣预缴个人所得税流程图

八、居民个人工资、薪金所得预扣预缴案例

【案例2-6】工资薪金所得月度预扣预缴个人所得税的计算

假定周某是甲公司员工，2019年度1～6月的收入及相关扣除信息如下。

1. 收入项目见下表所示

甲公司周某1～6月的收入统计表

时间	税前收入总额（元）	包含：免税收入（元）
1月	15 000.00	5.00
2月	20 000.00	5 005.00
3月	14 500.00	5.00
4月	15 500.00	5.00
5月	15 000.00	5.00
6月	15 000.00	5.00
小计	95 000.00	5 030.00

2. 专项扣除和专项附加扣除项目，见下表所示

甲公司周某1～6月的扣除项统计表

时间	专项扣除	专项附加扣除	备注
1月	850.00	3 400.00	专项扣除符合规定
2月	850.00	3 400.00	
3月	850.00	3 400.00	
4月	850.00	3 400.00	
5月	850.00	13 400.00	包含配偶大病医疗的1万元
6月	850.00	3 400.00	
小计	5 100.00	30 400.00	

说明：专项附加扣除金额3 400.00元的组成：子女教育1 000.00元＋继续教育400.00元＋住房贷款利息1 000.00元＋赡养老人1 000.00元。假定专项扣除金额均符合国家规定。

3. 其他支出

周某响应号召，在2019年3月份通过当地市慈善总会向贫困地区捐款1 000.00元，取得市慈善总会开具的捐赠票据。

假定周某无减免税的情况。

问题：分别计算周某1月和6月应预扣预缴的个人所得税是多少？

【解析】对于员工申报的专项附加扣除，扣缴义务人不做实质审查，只做形式审查，纳税人对所提交信息的真实性、准确性、完整性负责。经审查，周某提交的大病医疗扣除项目，不能在月度预扣预缴个人所得税时扣除，只能在办理年度汇算清缴时扣除。

周某 3 月份的公益捐赠，按照税法可以按照捐赠额的 30% 在税前扣除。

因此，按照 56 号公告提供的计算公式进行计算如下：

（1）1 月份税额计算

由于 1 月份的当月数与累计数一致，因此可以直接使用公式计算。

1 月份应预扣预缴税额 =（15 000.00-5.00-5 000.00-850.00-3 400.00）× 预扣率 - 速算扣除数 =5 745.00× 预扣率 - 速算扣除数

经过查询税率表可得知：应纳税所得额对应的预扣率为 3%，速算扣除数为 0.00，所以，1 月份应预扣预缴税额 =5 745.00×3%-0.00=172.35 元。

（2）6 月份税额计算

由于 6 月份要通过计算累计数来计算，因此需要分步计算。

第一步，计算前 5 个月累计已预扣预缴税额。

5 月累计预扣预缴应纳税所得额 =80 000.00-5 025.00-5 000.00×5-850.00×5-3 400.00×5-1 000.00×30%=28 425.00 元

5 月累计已预扣预缴税额 = 累计预扣预缴应纳税所得额 × 预扣率 - 速算扣除数

$$=28\ 425.00×3\%-0.00=852.75\ 元$$

第二步，计算到 6 月份应累计预扣预缴税额。

计算方式与前面计算 5 月份的类似，不再赘述。

6 月应累计预扣预缴税额 =34 470.00×3%-0.00=1 034.10 元

第三步，计算 6 月当月应预扣预缴税额 =1 034.10-852.75=181.35 元。

上述计算过程，通过文字表述显得比较复杂，在实务工作中使用 Excel、Access 等工具来计算就轻松多了。

第三节　居民个人劳务报酬所得、稿酬所得、特许权使用费所得的预扣预缴

一、居民个人劳务报酬所得、稿酬所得、特许权使用费所得的预扣预缴方法

56 号公告和 61 号公告规定，扣缴义务人向居民个人支付劳务报酬所得、稿酬所得、特许权使用费所得，按次或者按月预扣预缴个人所得税。具体预扣预缴方法如下。

（一）收入额的确定

劳务报酬所得、稿酬所得、特许权使用费所得以收入减除费用后的余额为收入额。

其中，稿酬所得的收入额减按 70% 计算（与修订前一样，继续保持对稿酬所得的优惠政策）。

说明：此处的"收入额"已经是《个人所得税预扣率表二》的"预扣预缴应纳税所得额"。

（二）减除费用标准

劳务报酬所得、稿酬所得、特许权使用费所得每次收入不超过 4 000.00 元的，减除费用按 800.00 元计算；每次收入 4 000.00 元以上的，减除费用按 20% 计算。

【案例 2-7】劳务报酬所得和稿酬所得收入额及扣除费用的计算

王某是某大学的教授，2019 年 11 月，取得如下收入（均为税前金额，不考虑流转税）：

1. 出版了一本学术专著，出版社应支付稿酬 50 000.00 元；

2. 给某企业提供技术咨询，取得报酬 10 000.00 元。

【解析】因为两笔收入都超过 4 000.00 元，所以减除费用的标准按照 20% 计算；另外稿酬所得的收入额还要享受减按 70% 计算的优惠政策。

稿酬所得的应税收入额 =50 000.00×（1-20%）×70%=28 000.00 元

劳务报酬所得的应税收入额 =10 000.00×（1-20%）=8 000.00 元

（三）预扣率和预扣预缴税额计算公式

应纳税所得额：劳务报酬所得、稿酬所得、特许权使用费所得，以每次收入额为预扣预缴应纳税所得额。

劳务报酬所得适用 20%~40% 的超额累进预扣率（见《个人所得税预扣率表二》，见下表），稿酬所得、特许权使用费所得适用 20% 的比例预扣率。

个人所得税预扣率表二
（居民个人劳务报酬所得预扣预缴适用）

级数	预扣预缴应纳税所得额	预扣率（%）	速算扣除数
1	不超过20 000.00元的	20	0.00
2	超过20 000.00元至50 000.00元的部分	30	2 000.00
3	超过50 000.00元的部分	40	7 000.00

劳务报酬所得应预扣预缴税额 = 预扣预缴应纳税所得额 × 预扣率 - 速算扣除数

稿酬所得、特许权使用费所得应预扣预缴税额 = 预扣预缴应纳税所得额 ×20%

说明：此处的预扣率及预扣预缴税额计算公式不适用于保险营销员、证券经纪人的佣金收入计税。

二、居民个人劳务报酬所得、稿酬所得、特许权使用费所得每次的确定

（一）税务规定

《个人所得税法实施条例》第十四条第（一）项规定：劳务报酬所得、稿酬所得、特许权

使用费所得，属于一次性收入的，以取得该项收入为一次；属于同一项目连续性收入的，以一个月内取得的收入为一次。

（二）劳务报酬所得"同一项目"所得规定

《国家税务总局关于印发〈征收个人所得税若干问题的规定〉的通知》（国税发〔1994〕89号）目前只是部分条款失效，其中的"关于个人取得不同项目劳务报酬所得的征税问题"依然有效。"同一项目"，是指劳务报酬所得列举具体劳务项目中的某一单项，个人兼有不同的劳务报酬所得，应当分别减除费用，计算缴纳个人所得税。

《国家税务总局关于个人所得税偷税案件查处中有关问题的补充通知》（国税函发〔1996〕602号）规定：关于劳务报酬所得"次"的法规个人所得税法实施条例第二十一条法规"属于同一项目连续性收入的，以一个月内取得的收入为一次"，考虑属地管辖与时间划定有交叉的特殊情况，统一法规以县（含县级市、区）为一地，其管辖内的一个月内的劳务服务为一次；当月跨县地域的，则应分别计算。

上述规定在新《个人所得税》实施后，并未明确规定失效，其在实际税收征管中必然发挥效力，在没有新规定出台前必然会得到税务机关及基层税务人员的认可与执行。

【案例2-8】劳务报酬所得和稿酬所得预扣税计算

张某是某财经大学的教授，在2019年10月从事兼职工作取得如下报酬：

（1）从事财税咨询工作，从东城区甲公司取得报酬2 000.00元，从西城县乙公司取得报酬3 000.00元；

（2）为某出版社审核稿件取得报酬5 000.00元；

（3）参加某中介机构举办的财税培训讲座，取得讲课报酬30 000.00元；

问题：张某在2019年10月取得的上述收入应预扣预缴的个人所得税（假定不考虑流转税的问题）。

【解析】张某在2019年3月从事的兼职工作包括咨询、审稿和讲课，按税法规定属于劳务报酬所得，应由支付报酬的单位按照劳务报酬所得预扣预缴个人所得税。

（1）张某取得咨询工作报酬应按照劳务报酬所得计算预扣预缴的个人所得税，且甲公司和乙公司属于不同的两个区（县）的两家单位，应分别计算。

① 从东城区甲公司取得劳务报酬所得应预扣预缴税额＝预扣预缴应纳税所得额×预扣率－速算扣除数＝（2 000.00-800.00）×20%-0=240.00元

② 从西城县乙公司取得劳务报酬应预扣预缴税额＝预扣预缴应纳税所得额×预扣率－速算扣除数＝（3 000.00-800.00）×20%-0=440.00元

（2）审核稿件取得报酬

劳务报酬所得应预扣预缴税额＝预扣预缴应纳税所得额×预扣率－速算扣除数

=5 000.00×（1-20%）×20%-0=800.00元

（3）讲课报酬

劳务报酬所得应预扣预缴税额＝预扣预缴应纳税所得额×预扣率－速算扣除数＝30 000.00×（1-20%）×30%-2 000.00=24 000.00×30%-2 000=5 200.00元

【案例2-9】广告代言劳务报酬所得的个人所得税计算

演员朱某为甲公司饮品代言，参与了其广告的拍摄。根据双方协议约定，代言费用分两次支付。在拍摄前，2019年3月1日，甲公司向该演员支付了第一笔代言费200.00万元；拍摄完成后，在广告正式投放前的2019年3月30日支付了剩下的300.00万元代言费。

问题：甲公司该如何预扣预缴该演员的个人所得税（假定不考虑流转税的问题）

【解析】根据国税发〔1996〕148号规定，朱某在给提供代言和广告拍摄的过程中取得的报酬属于劳务报酬所得。虽然是分成了两笔支付，但是应合并为一次所得计算纳税。

2019年3月应预扣预缴的个人所得税＝预扣预缴应纳税所得额×预扣率－速算扣除数＝（200.00万元+300.00万元）×（1-20%）×40%-0.70万元=159.30万元

思考：如果第二笔代言费不是在同一个月支付的，而是分别在两个月支付的，企业预扣预缴的个人所得税该怎么计算呢？

如果出现分成在不同月份支付的，就构成了"属于同一项目连续性收入的"情况，按照61号公告规定，"以一个月内取得的收入为一次"。因此，企业只需要合并同一个月份中分笔支付的费用计算应预扣预缴的税额即可，并不需要把不同月份分笔支付的费用合并计算。

细心的读者会发现，国税发〔1996〕148号和61号公告对于处理案例中的劳务报酬所得有差异，因为不合并计算，会少扣个人所得税。有人就会担心，税务局会不会找扣缴义务人的麻烦呢？

其实，大家不用担心，在法律上有个原则叫"从新"，即新法优于旧法原则（前提是层次一致），企业作为扣缴义务人适用最新规定是理所当然的。

另外，纳税人也不会就因此而少缴税，因为根据《个人所得税法实施条例》第二十五条规定，"取得劳务报酬所得、稿酬所得、特许权使用费所得中一项或者多项所得，且综合所得年收入额减除专项扣除的余额超过6万元"，和"纳税年度内预缴税额低于应纳税额"，都是属于需要办理汇算清缴的。案例中的朱某已经达到必须办理年度汇算清缴的条件，如果他不去办理汇算清缴而导致少缴税款，责任属于纳税人自己，而不属于支付劳务报酬的甲公司。

（三）关于稿酬所得的征税问题

《国家税务总局关于印发〈征收个人所得税若干问题的规定〉的通知》（国税发〔1994〕89号）第四条规定：

1.个人每次以图书、报刊方式出版、发表同一作品（文字作品、书画作品、摄影作品以及其他作品），不论出版单位是预付还是分笔支付稿酬，或者加印该作品后再付稿酬，均应合并其稿酬所得按一次计征个人所得税。在两处或两处以上出版、发表或再版同一作品而取得稿酬所得，则可分别各处取得的所得或再版所得按分次所得计征个人所得税。

2. 个人的同一作品在报刊上连载，应合并其因连载而取得的所有稿酬所得为一次，按税法规定计征个人所得税。在其连载之后又出书取得稿酬所得，或先出书后连载取得稿酬所得，应视同再版稿酬分次计征个人所得税。

3. 作者去世后，对取得其遗作稿酬的个人，按稿酬所得征收个人所得税。

注意，上述国税发〔1994〕89号规定虽然没有失效，但是明显已经与61号公告规定有差异，同样存在跨月合并的问题。对于跨月分笔支付稿酬，企业现在只需要按照61号公告规定来处理即可，理由详见【案例2-7】中的"思考"，此处不再赘述。

【案例2-10】稿酬所得的预扣个人所得税计算

张某是一位作家，2019年11月取得如下稿酬（税前金额）：

（1）张某是某门户网站小说专栏的签约作者，11月在该网站上连载三部小说分别取得读者付费分成收入：小说A分成45 000.00元，小说B分成20 000.00元，小说C分成8 000.00元，合计73 000.00元；

（2）在本市晚报上从2019年10月起连载小说A，每月稿酬3 000.00元；

（3）某出版社出版小说A，出版协议约定在2019年11月份支付第一笔稿酬50 000.00元。

问题：上述各扣缴义务人应各自预扣张某多少个人所得税？

【解析】张某在小说网站发表文学作品取得报酬，在税法修订后，应属于"稿酬所得"。

张某在同一家网站取得的读者付费分成收入，属于稿酬所得，虽然是分别来自于三个不同的作品，但是仍然属于61号公告规定的，属于"属于同一项目连续性收入的，以一个月内取得的收入为一次"。因此，网站在计算预扣税金时，不需要分别计算；但是，支付稿酬的三家不同的单位，需要各自分别计算并代扣代缴：

网站应扣税金=73 000.00×（1-20%）×70%×20%=8 176.00元

报社应扣税金=（3 000.00-800.00）×70%×20%=308.00元

出版社应扣税金=50 000.00×（1-20%）×70%×20%=5 600.00元

三、保险营销员、证券经纪人佣金收入的特殊算法

（一）税务规定

财税〔2018〕164号第三条规定，保险营销员、证券经纪人取得的佣金收入，属于劳务报酬所得，以不含增值税的收入减除20%的费用后的余额为收入额，收入额减去展业成本以及附加税费后，并入当年综合所得，计算缴纳个人所得税。保险营销员、证券经纪人展业成本

按照收入额的 25% 计算。

扣缴义务人向保险营销员、证券经纪人支付佣金收入时，应按照《个人所得税扣缴申报管理办法（试行）》（国家税务总局公告 2018 年第 61 号）规定的累计预扣法计算预扣税款。

【说明】之所以说"保险营销员、证券经纪人佣金收入的特殊算法"，因为特殊点在于：

财税〔2018〕164 号第三条第二款规定的预扣预缴方法是——"累计预扣法"！明显不同于 56 号公告第一条第（二）款和 61 号公告第八条中对于"劳务报酬所得"规定的预扣方法。

也就是说，对保险营销员、证券经纪人取得的佣金收入，虽然属于"劳务报酬所得"项目，但是采用的是与居民个人"工资薪金所得"项目一样的预扣方法——累计预扣法。

（二）以一个月内取得的收入为一次

对于劳务报酬、稿酬、特许权使用费等三项所得，61 号公告规定实行按次预扣税款，对于保险营销员、证券经纪人取得的佣金的劳务报酬所得，鉴于保险营销和证券经纪业务的连续性，属于同一项目连续性收入的，应以一个月内取得的收入为一次。

（三）收入额的确定

保险营销员、证券经纪人取得的佣金收入，以不含增值税的收入减除 20% 的费用后的余额为收入额。即

收入额 = 不含增值税的佣金收入 ×（1-20%）

（四）展业成本的计算

保险营销员、证券经纪人展业成本按照收入额的 25% 计算。即

展业成本 = 不含增值税的佣金收入 ×（1-20%）×25%

（五）附加税费的计算

按照营改增相关税收政策规定，保险营销员、证券经纪人属于小规模纳税人，应按照简易计税方法计税，销售额不包括其应纳增值税税额，采用销售额和应纳税额合并定价方法的，按照"含税销售额 ÷（1+ 征收率）"的公式计算销售额。

保险营销员、证券经纪人应按提供经纪代理服务按 3% 的征收率缴纳增值税以及附征城市维护建设税、教育费附加、地方教育附加。

说明：《财政部 税务总局关于实施小微企业普惠性税收减免政策的通知》财税〔2019〕13 号第一条规定，自 2019 年 1 月 1 日至 2021 年 12 月 31 日，对月销售额 10.00 万元以下（含本数）的增值税小规模纳税人，免征增值税。保险代理人、证券经纪人月佣金收入未超过 10.00 万元的，可以享受免征增值税优惠政策，城市维护建设税、教育费附加、地方教育附加、水利建设基金等也可以依法免征。

（六）按累计预扣法预扣预缴个人所得税

根据财税〔2018〕164号第三条第二款规定，扣缴义务人向保险营销员、证券经纪人支付佣金收入时，应按照《个人所得税扣缴申报管理办法（试行）》（国家税务总局公告2018年第61号）规定的累计预扣法计算预扣税款。

因此，预扣计算公式如下：

本期应预扣预缴税额＝（累计预扣预缴应纳税所得额 × 预扣率 − 速算扣除数）− 累计减免税额 − 累计已预扣预缴税额（公式①）

累计预扣预缴应纳税所得额＝累计收入 − 累计减除费用 − 累计依法确定的其他扣除（公式②）

说明：

（1）上述公式②中，与"工资薪金所得"预扣公式相比，少了"累计免税收入"、"累计专项扣除"和"累计专项附加扣除"项目。原因是，目前针对此类收入还没有免税政策；对于"专项附加扣除"，根据61号公告第七条规定，仅限于针对"工资薪金所得"项目预扣预缴时可以扣除，在年度中每月预扣预缴环节暂不能扣除，待年度终了后纳税人汇算清缴申报时办理扣除事项。

公式②在理论上可以有"累计专项扣除"，但是实际中基本上是不存在的，因为纳税人既然是佣金收入，说明与保险公司、证券公司等是不存在劳动合同关系的，保险营销员、证券经纪人多为自己缴付"三险一金"，支付佣金单位较难掌握这些情况并为其办理扣除；同时，部分保险营销员、证券经纪人还有任职受雇单位，由支付佣金单位办理可能出现重复扣除。

（2）累计收入额按照不含增值税的累计收入减除20%费用后的余额计算。

（3）累计减除费用按照5 000.00元/月乘以纳税人当年截至本月在本单位的从业月份数计算。

（4）累计其他扣除按照展业成本、附加税费和依法确定的其他扣除之和计算。

（5）上述公式①中的预扣率、速算扣除数，比照《个人所得税扣缴申报管理办法（试行）》所附的《个人所得税预扣率表一》执行。

（6）在一个纳税年度内，保险营销员、证券经纪人的某月应预扣预缴税额为负值时，暂不退税；纳税年度终了后余额仍为负值时，由纳税人通过办理综合所得年度汇算清缴，税款多退少补。

将前述的内容归纳总结见下图。

保险营销员
证券经纪人
佣金收入 → 以一月取得收入为一次 → 含税收入/1.03 ≤10万元 —否→

是↓

免征增值税 ← 征收增值税 ←

收入额=含税收入×（1-20%）

收入额=含税收入×（1-20%）/1.03

月度预扣方法：累计预扣法 → 适用税率：综合所得税率表

可扣除项目：
- 展业成本=收入额×25%
- 税金及附加
- 基本费用：5000.00元/月　扣除不充分
- 合规商业健康保险　扣除不充分
- 税收递延型商业养老险　扣除不充分

不可扣除项目：
- 专项扣除：社保、三险、一金
- 专项附加扣除
- 公益慈善捐赠支出

本期应预扣预缴税额 =（累计应纳税所得额 ×预扣率-速算扣除数）-累计已预扣预缴税额
累计应纳税所得额 = 累计收入额-累计减除费用-累计依法确定的其他扣除
累计减除费用 = 5000.00元 ×从事工作月份数
累计依法确定的其他扣除 =（展业成本+税金及附加+商业健康险+税延商业养老险）的累计数

并入综合所得进行年度汇算 ← 在年度汇算时扣除或继续扣除

↓
汇算结果
多退少补

备注：
公益慈善捐赠支出，如果纳税人当月有分类所得、工资薪金所得、经营所得的话，也可以在这些所得项目预扣预缴个税时扣除，不一定必须等到年度汇算才扣除。

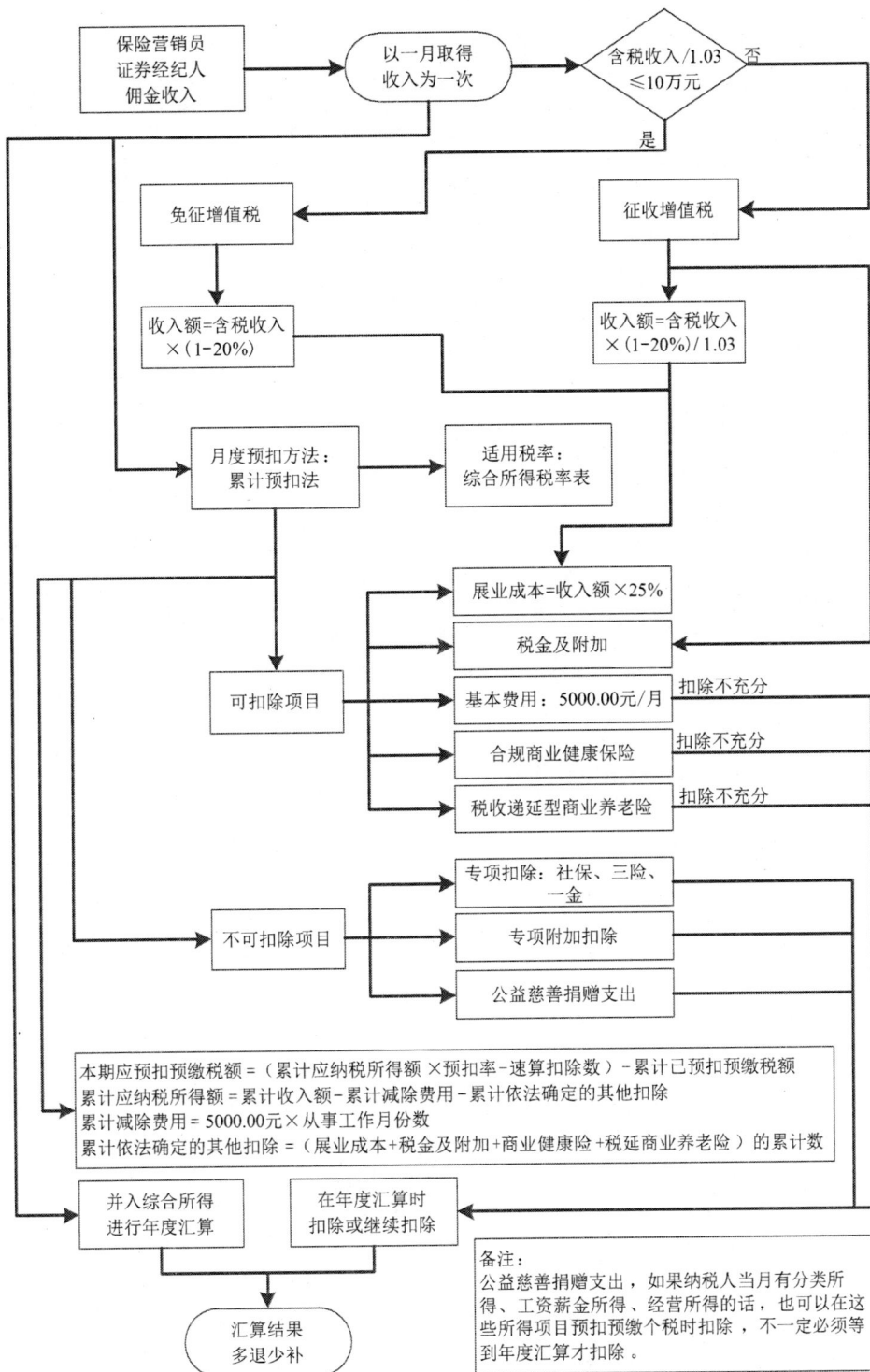

保险营销员、证券经纪人佣金收入预扣预缴个人所得税计算的流程

【案例 2-11】保险营销员佣金收入的个人所得税计算

基本情况：甲某长期在某市保险企业做营销员，2019 年 1 月、5 月、9 月、11 月取得佣金收入分别为 50 000.00 元、4 000.00 元、103 000.00 元、154 500.00 元，其余月份未取得佣金收入。甲某每月自行缴付"三险一金"4 000 元，还每月自行购买符合规定的商业健康保险费 200.00 元，每月符合条件的子女教育、赡养老人、住房贷款利息支出等专项附加扣除合计 3 000.00 元。

保险企业接受税务机关委托代征（代扣）税（费）款。假定甲某所在地的城市维护建设税税率为 7%，教育费附加、地方教育附加征收率分别为 3%、2%，且符合省政府规定对这几项税费额按 50% 的幅度减征的条件。

问题：甲某取得佣金收入时，计算各月应纳增值税及附加和个人所得税是多少？

【解析】

1. 2019 年 1 月税费的计算

保险企业的个人营销员甲某，2019 年 1 月取得佣金收入 50 000.00 元，其应纳增值税及附加和个人所得税计算如下：

（1）企业代征增值税及附加税费：

根据《财政部、税务总局关于实施小微企业普惠性税收减免政策的通知》（财税〔2019〕13 号）第一条规定："对月销售额 10 万元以下（含本数）的增值税小规模纳税人，免征增值税。"保险营销员属于按月计算销售额的小规模纳税人，甲某月销售额未超过 10 万元，免征增值税。

因此，1 月份应代征甲某的增值税及附加税为 0.00 元。

（2）计算 1 月份应预扣预缴甲某的个人所得税：

①应税收入额 =50 000.00 ×（1-20%）=40 000.00 元；

②基本减除费用 5 000.00 元；

③展业成本 =40 000.00 × 25%=10 000.00 元

依法确定的其他扣除：税收优惠型健康保险费依据财税〔2017〕39 号规定，可以税前扣除 200.00 元。

其他扣除 = 展业成本 + 附加税费 + 依法确定的其他扣除 =10 000.00+0.00+200.00=10 200.00 元

（3）1 月份应纳税所得额 =40 000.00-5 000.00-10 200.00=24 800.00 元

（4）1 月份实际预扣预缴个人所得税 =24 800.00 × 3%=744.00 元

2. 2019 年 5 月份税费的计算

保险企业的个人营销员甲某，2019 年 5 月取得佣金收入 4 000.00 元，其应纳增值税及附加和个人所得税计算如下：

（1）企业代征增值税及附加税费：

5月份甲某佣金收入未超过10.00万元，免征增值税。应代征甲某增值税及附加税费为0.00元。

（2）计算5月份应预扣预缴甲某的个人所得税：

①5月份的应税佣金收入为4 000.00元

②截至5月份个人所得税累计应税收入额为43 200.00元：

累计应税佣金收入 =50 000.00+4 000.00=54 000.00元

累计应税收入额 =54 000.00×（1-20%）=43 200.00元

③截至5月份个人所得税累计扣除项目：

累计减除费用 5 000.00×5=25 000.00元

累计展业成本 43 200.00×25%=10 800.00元

附加税费 0.00元、累计依法确定的其他扣除 200×5=1 000.00元

合计 =25 000.00+10 800.00+1 000.00=36 800.00元

④5月份累计应纳税所得额 =43 200.00-36 800.00=6 400.00元

⑤5月份累计应预扣预缴个人所得税 =6 400.00×3%=192.00元

⑥5月份应预扣预缴个人所得税 =192.00-744.00=-552.00元

5月份应预扣预缴税额为负值（-552.00元），本月暂不退税，实际预扣预缴0.00元。纳税年度终了后余额仍为负值时，由纳税人通过办理综合所得年度汇算清缴，税款多退少补。

3. 2019年9月税费的计算

保险企业的个人营销员甲某，2019年9月取得佣金收入103 000.00元，其应纳增值税及附加和个人所得税计算如下：

（1）企业代征增值税及附加税：

佣金收入换算为不含增值税佣金收入：103 000.00÷（1+3%）=100 000.00元。

9月份甲某取得的佣金收入未超过10.00万元，免征增值税。

因此，9月份应代征甲某的增值税及附加税为0.00元。

（2）计算9月份应预扣预缴甲某的个人所得税：

①9月份的应税佣金收入为103 000.00元

②截至9月份个人所得税累计应税收入额为125 600.00元：

累计应税佣金收入 =50 000.00+4 000.00+103 000.00=157 000.00元

累计应税收入额 =157 000.00×（1-20%）=125 600.00元

③截至9月份个人所得税累计扣除项目：

累计减除费用 5 000.00×9=45 000.00元

累计展业成本 =125 600.00×25%=31 400.00元

附加税费 0.00 元、累计依法确定的其他扣除 200.00×9=1 800.00 元

合计 =45 000.00+31 400.00+1 800.00=78 200.00 元

④ 9 月份累计应纳税所得额 =125 600.00-78 200.00=47 400.00 元

⑤ 9 月份累计应预扣预缴个人所得税 =47 400.00×10%-2 520.00=2 220.00 元

⑥ 9 月份实际预扣预缴个人所得税 =2 220.00-744.00=1 476.00 元

4. 2019 年 11 月税费的计算

保险企业的个人营销员甲某，2019 年 11 月取得佣金收入 154 500.00 元，其应纳增值税及附加和个人所得税计算如下：

（1）企业代征增值税及附加税：

佣金收入换算为不含增值税佣金收入：154 500.00÷（1+3%）=150 000.00 元

①增值税

企业代征增值税 =150 000.00×3%=4 500.00 元

②附加税费

企业按原规定应代征城市维护建设税、教育费附加、地方教育附加合计：4 500.00×（7%+3%+2%）=540.00 元

甲某可享受按 50% 的税额幅度减征城市维护建设税和教育费附加、地方教育附加的优惠政策。因此，企业实际应代征城市维护建设税、教育费附加、地方教育附加合计：540×50%=270.00 元

（2）计算 11 月份应预扣预缴甲某的个人所得税：

① 11 月份的应税佣金收入 =150 000.00 元

②截至 11 月份个人所得税累计应税收入额 245 600.00 元：

累计应税佣金收入 =50 000.00+4 000.00+103 000.00+150 000.00=307 000.00 元

累计应税收入额 =307 000.00×（1-20%）=245 600.00 元

③截至 11 月份个人所得税累计扣除项目合计 118 870.00 元：

累计减除费用 =5 000.00×11=55 000.00 元

累计展业成本 =245 600.00×25%=61 400.00 元

附加税费 270.00 元、累计依法确定的其他扣除 =200.00×11=2 200.00 元

合计 =55 000.00+61 400.00+270.00+2 200.00=63 870.00 元

④ 11 月份累计应纳税所得额 =245 600.00-118 870.00=126 730.00 元：

⑤ 11 月份累计应预扣预缴个人所得税 =126 730.00×10%-2 520.00=10 153.00 元：

⑥ 11 月份实际预扣预缴个人所得税 =10 153.00-744.00-1 476.00=7 933.00 元

5. 全年个人所得税计算

假定个人营销员甲某除在该保险企业取得前述佣金收入外，无其他项目的应税所得。

居民个人办理年度综合所得汇算清缴时，应当依法计算劳务报酬所得、稿酬所得、特许权使用费所得的收入额，并入年度综合所得计算应纳税款，税款多退少补。保险营销员取得的佣金收入属于劳务报酬所得，因此甲某 2019 年取得的佣金收入计入综合所得。

2019 年甲某每月自行缴付"三险一金"4 000.00 元，每月自行支付的商业健康保险费 200.00 元，每月符合条件的专项附加扣除合计 3 000.00 元。

计算甲某 2019 年度综合所得在次年汇算清缴时应补（退）个人所得税：

（1）全年应税佣金收入 =50 000.00+4 000.00+103 000.00+150 000.00=307 000.00 元

（2）综合所得应税收入额 =307 000.00×（1-20%）=245 600.00 元：

（3）展业成本 =245 600.00×25%=61 400.00 元

（4）附加税费 270.00 元

（5）全年基本减除费用 =5 000.00×12=60 000.00 元：

（6）全年专项扣除 =4 000.00×12=48 000.00 元：

（7）全年专项附加扣除 =3 000.00×12=36 000.00 元：

（8）全年依法确定的其他扣除 =200.00×12=2 400.00 元：

（9）全年个人所得税应纳税所得额 =245 600.00-61 400.00-270.00-60 000.00-48 000.00-36 000.00-2 400.00=37 530.00 元

（10）全年应缴纳个人所得税 =37 530.00×10%-2 520.00=1 233.00 元

（11）全年已预扣预缴个人所得税 =744.00+1 476.00+7 933.00=10 153.00 元

（12）2019 年个人所得税应退税额 =1 233.00-10 153.00=-8 920.00 元

综上，甲某 2019 年度取得的综合所得在次年汇算清缴时应退个人所得税 8 920.00 元。

四、关于取得收入时实际发生的税费扣除问题

纳税人在取得劳务报酬和特许权使用费的时候，根据税法规定，可能会发生增值税以及附加税费。

《国家税务总局关于修订个人所得税申报表的公告》（国家税务总局公告 2019 年第 7 号）的附件 3《个人所得税自行纳税申报表（A 表）》中的填写说明：第 12 列"允许扣除的税费"：填写按规定可以在税前扣除的税费。

①纳税人取得劳务报酬所得时，填写劳务发生过程中实际缴纳的可依法扣除的税费。

②纳税人取得特许权使用费所得时，填写提供特许权过程中发生的中介费和实际缴纳的可依法扣除的税费。

因此，个人取得劳务报酬所得、特许权使用费所得等时实际缴纳的税费可依法税前扣除。

同时，在《国家税务总局关于修订部分个人所得税申报表的公告》（国家税务总局公告 2019 年第 46 号）附件 1 中《个人所得税年度自行纳税申报表》（A 表）（简易版）（问答版）

也有类似说明。

由于在计算劳务报酬所得和特许权使用费所得的收入额时，使用的是不含税收入扣除20%费用，因此实际缴纳的增值税已经扣除，不能重复扣除。

第四节　公益慈善捐赠的税前扣除

为鼓励自然人和企业等支持公益与慈善事业，国家先后出台了多项法律法规，对自然人或企业等进行公益慈善的行为进行税收优惠。

特别说明：作为个人进行公益慈善捐赠，无论是居民个人还是非居民个人，其公益慈善捐赠都可以享受税法规定的税前扣除政策。本文为了编写和讲解的方便，放在了讲解居民个人综合所得项目下面，但是其相关内容是适用于所有的个人所得税纳税人和应税项目的。

一、基本规定

《中华人民共和国公益事业捐赠法》第二十五条规定：自然人和个体工商户依照本法的规定捐赠财产用于公益事业，依照法律、行政法规的规定享受个人所得税方面的优惠。

《中华人民共和国慈善法》（以下简称《慈善法》）第八十条规定：自然人、法人和其他组织捐赠财产用于慈善活动的，依法享受税收优惠。企业慈善捐赠支出超过法律规定的准予在计算企业所得税应纳税所得额时扣除的部分，允许结转以后三年内在计算应纳税所得额时当年扣除。

《个人所得税法》第六条规定：个人将其所得对教育、扶贫、济困等公益慈善事业进行捐赠，捐赠额未超过纳税人申报的应纳税所得额百分之三十的部分，可以从其应纳税所得额中扣除；国务院规定对公益慈善事业捐赠实行全额税前扣除的，从其规定。

《个人所得税法实施条例》第十九条规定：个人所得税法第六条第三款所称个人将其所得对教育、扶贫、济困等公益慈善事业进行捐赠，是指个人将其所得通过中国境内的公益性社会组织、国家机关向教育、扶贫、济困等公益慈善事业的捐赠；所称应纳税所得额，是指计算扣除捐赠额之前的应纳税所得额。

二、公益慈善捐赠途径的规定

《财政部 税务总局关于公益慈善事业捐赠个人所得税政策的公告》（财政部 税务总局公告2019年第99号，以下简称99号公告）第一条规定：

个人通过中华人民共和国境内公益性社会组织、县级以上人民政府及其部门等国家机关，向教育、扶贫、济困等公益慈善事业的捐赠（以下简称公益捐赠），发生的公益捐赠支出，可以按照个人所得税法有关规定在计算应纳税所得额时扣除。

前款所称境内公益性社会组织，包括依法设立或登记并按规定条件和程序取得公益性捐赠税前扣除资格的慈善组织、其他社会组织和群众团体。

按照《财政部 国家税务总局 民政部关于公益性捐赠税前扣除有关问题的通知》（财税〔2008〕160号）和《财政部 国家税务总局 民政部关于公益性捐赠税前扣除资格确认审批有关调整事项的通知》（财税〔2015〕141号）相关规定，由财政、税务、民政等部门结合社会组织登记注册、公益活动情况联合确认公益性捐赠税前扣除资格，并以公告形式发布名单。

具体分工是：在民政部登记注册的公益性社会组织，由财政部、国家税务总局、民政部负责联合确认公益性捐赠税前扣除资格，并以公告形式发布名单；在省级和省级以下民政部门登记注册的公益性社会组织，由省级相关部门负责确认公益性捐赠税前扣除资格，并以公告形式发布名单。

纳税人在需要进行公益捐赠扣除时只要查询最近年度的公益性捐赠税前扣除资格公告就可以，此处就不再占用大量篇幅来列举具有公益性捐赠扣除资格的名单，而且名单也是动态的。

因此，公益慈善捐赠（以下简称捐赠）必须通过合法的途径捐赠，才能在税前扣除；个人直接向受助对象捐赠或通过不具有合法资格机构捐赠，不能在税前扣除。

三、限额扣除（扣除比例30%）

限额扣除，是指纳税人进行公益慈善事业捐赠，捐赠额未超过纳税人申报的应纳税所得额30%的部分，可以从其应纳税所得额中扣除。

（一）个人捐赠住房作为公共租赁住房

《财政部 税务总局关于公共租赁住房税收优惠政策的公告》（财政部 税务总局公告2019年第61号）第五条第二款规定：个人捐赠住房作为公租房，符合税收法律法规规定的，对其公益性捐赠支出未超过其申报的应纳税所得额30%的部分，准予从其应纳税所得额中扣除（执行期限为2019年1月1日至2020年12月31日）。

（二）对宣传文化事业的捐赠

《国务院关于支持文化事业发展若干经济政策的通知》（国发〔2000〕41号）第七条规定：继续鼓励对宣传文化事业的捐赠。社会力量通过国家批准成立的非营利性的公益组织或国家机关对下列宣传文化事业的捐赠，纳入公益性捐赠范围，经税务机关审核后，纳税人缴纳企业所得税时，在年度应纳税所得额10%以内的部分，可在计算应纳税所得额时予以扣除；纳税人缴纳个人所得税时，捐赠额未超过纳税人申报的应纳税所得额30%的部分，可从其应纳税所得额中扣除。

（1）对国家重点交响乐团、芭蕾舞团、歌剧团、京剧团和其他民族艺术表演团体的捐赠。

（2）对公益性的图书馆、博物馆、科技馆、美术馆、革命历史纪念馆的捐赠。

（3）对重点文物保护单位的捐赠。

（4）对文化行政管理部门所属的非生产经营性的文化馆或群众艺术馆接受的社会公益性活动、项目和文化设施等方面的捐赠。

（三）通过中国境内的公益性社会组织、国家机关向教育、扶贫、济困等公益慈善事业的捐赠

《个人所得税法》第六条规定：个人将其所得对教育、扶贫、济困等公益慈善事业进行捐赠，捐赠额未超过纳税人申报的应纳税所得额百分之三十的部分，可以从其应纳税所得额中扣除。

《个人所得税法实施条例》第十九条具体解释，个人将其所得对教育、扶贫、济困等公益慈善事业进行捐赠，是指个人将其所得通过中国境内的公益性社会组织、国家机关向教育、扶贫、济困等公益慈善事业的捐赠。

涉及教育、扶贫、济困等公益慈善事业的捐赠限额扣除30%的具体政策规定有如下文件：

（1）纳税人将其应纳税所得通过光华科技基金会向教育、民政部门以及遭受自然灾害地区、贫困地区的公益、救济性捐赠，个人在应纳税所得额30%以内的部分，准予在个人所得税前扣除。（国税函〔2001〕164号）

（2）纳税人向中国人口福利基金会的公益、救济性捐赠，个人在申报应纳税所得额30%以内的部分，准予在个人所得税前扣除。（国税发〔2001〕214号）

（3）根据《中华人民共和国个人所得税法》的有关规定，对纳税人通过中国妇女发展基金会的公益救济性捐赠，个人所得税纳税人在应纳税所得额30%以内的部分，允许在税前扣除。（国税函〔2002〕973号）

（4）对纳税人通过中国光彩事业促进会的公益救济性捐赠，纳税人在应纳税所得额30%以内的部分，允许在缴纳个人所得税前扣除。（国税函〔2003〕78号）

（5）按照《中华人民共和国个人所得税法》的规定，纳税人向中国法律援助基金会的捐赠，并用于法律援助事业的，可按税收法律、法规规定的比例在所得税前扣除。（国税函〔2003〕722号）

（6）对纳税人向中华环境保护基金会的捐赠，可纳入公益救济性捐赠范围，个人所得税纳税人捐赠额不超过应纳税所得额30%的部分，允许在税前扣除。（国税函〔2003〕762号）

（7）对纳税人通过中国初级卫生保健基金会的捐赠，个人不超过应纳税所得额30%的部分，允许在个人所得税前扣除。（国税函〔2003〕763号）

（8）纳税人通过阎宝航教育基金会的公益救济性捐赠，个人在申报应纳税所得额30%以内部分，准予在个人所得税前扣除。（国税函〔2004〕341号）

（9）根据《中华人民共和国个人所得税法》及其实施条例的有关规定，对纳税人向中国高级检察官教育基金会的捐赠，捐赠额在申报的个人所得税应纳税所得额 30% 以内的部分，准予税前扣除。（国税函〔2005〕952 号）

（10）根据《中华人民共和国个人所得税法》及其实施条例的有关规定，对纳税人向民政部紧急救援促进中心的捐赠，捐赠额在申报的个人所得税应纳税所得额 30% 以内的部分，准予税前扣除。（国税函〔2005〕953 号）

（11）对个人通过中国金融教育发展基金会、中国国际民间组织合作促进会、中国社会工作协会孤残儿童救助基金管理委员会、中国发展研究基金会、陈嘉庚科学奖基金会、中国友好和平发展基金会、中华文学基金会、中华农业科教基金会、中国少年儿童文化艺术基金会和中国公安英烈基金会用于公益救济性捐赠，个人在申报应纳税所得额 30% 以内的部分，准予在计算缴纳个人所得税前扣除。（财税〔2006〕73 号）

（12）对个人通过非营利的社会团体和国家机关用于艾滋病防治事业的公益救济性捐赠，个人在申报个人所得税应纳税所得额 30% 以内的部分，准予在税前扣除。（财税〔2006〕84 号）

（13）根据《中华人民共和国个人所得税法》及其实施条例的规定，对纳税人通过香江社会救助基金会的公益、救济性捐赠，在未超过申报的个人所得税应纳税所得额 30% 的部分，准予在个人所得税前据实扣除。（国税函〔2006〕324 号）

（14）根据《中华人民共和国个人所得税法》及其实施条例的规定，对纳税人通过中国经济改革研究基金会的公益、救济性捐赠，在未超过申报的个人所得税应纳税所得额 30% 的部分，准予在个人所得税前据实扣除。（国税函〔2006〕326 号）

（15）根据《中华人民共和国个人所得税法》的有关规定，对纳税人通过中国国际问题研究和学术交流基金会的公益、救济性捐赠，在未超过申报的个人所得税应纳税所得额 30% 的部分，准予在个人所得税前据实扣除。（国税函〔2006〕447 号）

（16）对纳税人通过中国禁毒基金会的公益、救济性捐赠，在未超过申报的个人所得税应纳税所得额 30% 的部分，准予在缴纳个人所得税前扣除。（国税函〔2006〕1253 号）

（17）对个人通过中国华侨经济文化基金会、中国少数民族文化艺术基金会、中国文物保护基金会和北京大学教育基金会用于公益救济性的捐赠，个人在申报应纳税所得额 30% 以内的部分，准予在计算缴纳个人所得税时实行税前扣除。（财税〔2006〕164 号）

（18）对个人通过公益性的社会团体和国家机关向科技部科技型中小企业技术创新基金管理中心用于科技型中小企业技术创新基金的捐赠，在申报个人所得税应纳税所得额 30% 以内的部分，准予在税前扣除。（财税〔2006〕171 号）

（19）自 2007 年 1 月 1 日起，对个人通过中国青少年社会教育基金会、中国职工发展基金会、中国西部人才开发基金会、中远慈善基金会、张学良基金会、周培源基金会、中国孔子基金会、中华思源工程扶贫基金会、中国交响乐发展基金会、中国肝炎防治基金会、中国电影基金会、中华环保联合会、中国社会工作协会、中国麻风防治协会、中国扶贫开发协会和中国国际战略研究基金会等16家单位用于公益救济性的捐赠，个人在申报应纳税所得额30%以内的部分，准予在计算个人所得税税前扣除。（财税〔2007〕112号）

（四）订阅捐赠党报党刊的费用支出可视同公益救济捐赠

《财政部 国家税务总局关于工商企业订阅党报党刊有关所得税税前扣除问题的通知》（财税〔2003〕224号）规定，对工商企业订阅《人民日报》、《求是》杂志捐赠给贫困地区的费用支出，视同公益救济性捐赠，在缴纳企业所得税和个人所得税时予以税前扣除。

（五）捐赠税前扣除限额的计算

公益慈善捐赠税前扣除限额的具体计算程序如下。

1. 调整所得额

将捐赠额从计算所得额中剔除，计算没有扣除捐赠之前的应纳税所得额。

2. 计算扣除限额

将调整后的所得额乘以30%，得到扣除限额。

3. 计算扣除额

将实际捐赠额与计算出来的扣除限额进行比较，以孰低确定可以税前扣除的额度。也就是说，个人当期实际发生的公益慈善捐赠不足所得额的30%的，据实扣除；超过30%扣除限额的，按照30%限额扣除。

【案例2-12】公益慈善捐赠的税前扣除限额计算

张某是一位专职作家，居民个人，2019年取得稿酬所得1 000 000.00元，无其他所得，专项扣除、专项附加扣除等（不含公益慈善捐赠）全年合计70 000.00元。张某在2019年通过某慈善基金会在某贫困地区小学捐赠图书馆一座，捐赠金额200 000.00元，收到该慈善基金会开出的合规捐赠票据。该基金会具有公益性捐赠税前扣除资格，捐赠额未超过应纳税所得额30%的部分，准予在个人所得税前据实扣除。

问题：计算张某的捐赠税前扣除额及全年应纳税额

【解析】张某取得的所得属于"稿酬所得"，其应税收入额=1 000 000.00万元×（1-20%）×70%=560 000.00元。

张某的应税所得额=560 000.00元-基本费用60 000.00元-专项扣除等70 000.00元=430 000.00元。

张某公益慈善捐赠扣除限额=430 000.00元×30%=129 000.00元，低于实际捐赠额200 000.00元，因此只能扣除129 000.00元。

张某全年应纳税额=（430 000.00元-129 000.00元）×适用税率-速算扣除数=301 000.00×25%-31 920.00=43 330.00元。

四、全额扣除（扣除比例100%）

（一）对公益性青少年活动场所的捐赠

《财政部 国家税务总局关于对青少年活动场所、电子游戏厅有关所得税和营业税政策问题的通知》（财税〔2000〕21号）第一条规定，对个人通过非营利性的社会团体和国家机关对公益性青少年活动场所（其中包括新建）的捐赠，在缴纳个人所得税前准予全额扣除。

（二）向红十字事业的捐赠

《财政部 国家税务总局关于企业等社会力量向红十字事业捐赠有关所得税政策问题的通知》（财税〔2000〕30号）规定，个人通过非营利性的社会团体和国家机关（包括中国红十字会）向红十字事业的捐赠，在计算缴纳个人所得税时准予全额扣除。

《财政部 国家税务总局关于企业等社会力量向红十字事业捐赠有关问题的通知》（财税〔2001〕28号）进一步明确：

县级以上（含县级）红十字会的管理体制及办事机构、编制经同级编制部门核定，由同级政府领导联系者为完全具有受赠者、转赠者资格的红十字会。捐赠给这些红十字会及其"红十字事业"，捐赠者准予享受在计算缴纳个人所得税时全额扣除的优惠政策。

由政府某部门代管或挂靠在政府某一部门的县级以上（含县级）红十字会为部分具有受赠者、转赠者资格的红十字会。这些红十字会及其"红十字事业"，只有在中国红十字会总会号召开展重大活动（以总会文件为准）时接受的捐赠和转赠，捐赠者方可享受在计算缴纳个人所得税时全额扣除的优惠政策。除此之外，接受定向捐赠或转赠，必须经中国红十字会总会认可，捐赠者方可享受在计算缴纳个人所得税时全额扣除的优惠政策。

（三）对老年服务机构的捐赠

《财政部 国家税务总局关于对老年服务机构有关税收政策问题的通知》（财税〔2000〕97号）第二条规定，对个人通过非营利性的社会团体和政府部门向福利性、非营利性的老年服务机构的捐赠，在缴纳个人所得税前准予全额扣除。

（四）向农村义务教育或教育事业的捐赠

《财政部 国家税务总局关于纳税人向农村义务教育捐赠有关所得税政策的通知》（财税〔2001〕103号）第一条规定，个人通过非营利的社会团体和国家机关向农村义务教育的捐赠，准予在个人所得税前的所得额中全额扣除。

《财政部 国家税务总局关于教育税收政策的通知》（财税〔2004〕39号）第一条第8项规定，纳税人通过中国境内非营利的社会团体、国家机关向教育事业的捐赠，准予在个人所得税前全额扣除。

（五）对中华健康快车基金会等 5 家单位的捐赠

《财政部、国家税务总局关于向中华健康快车基金会等 5 家单位的捐赠所得税税前扣除问题的通知》（财税〔2003〕204 号）规定，对个人向中华健康快车基金会和孙冶方经济科学基金会、中华慈善总会、中国法律援助基金会和中华见义勇为基金会的捐赠，准予在个人所得税前全额扣除。

（六）向宋庆龄基金会等 6 家单位的捐赠

《财政部 国家税务总局关于向宋庆龄基金会等 6 家单位捐赠所得税政策问题的通知》（财税〔2004〕172 号）规定，对个人通过宋庆龄基金会、中国福利会、中国残疾人福利基金会、中国扶贫基金会、中国煤矿尘肺病治疗基金会、中华环境保护基金会用于公益救济性的捐赠，准予在个人所得税前全额扣除。

（七）向中国老龄事业发展基金会等 8 家单位的捐赠

《财政部、国家税务总局关于中国老龄事业发展基金会等 8 家单位捐赠所得税政策问题》（财税〔2006〕66 号）规定，对个人通过中国老龄事业发展基金会、中国华文教育基金会、中国绿化基金会、中国妇女发展基金会、中国关心下一代健康体育基金会、中国生物多样性保护基金会、中国儿童少年基金会和中国光彩事业基金会用于公益救济性捐赠，准予在个人所得税前全额扣除。

（八）对中国医药卫生事业发展基金会的捐赠

《财政部、国家税务总局关于中国医药卫生事业发展基金会捐赠所得税政策问题的通知》（财税〔2006〕67 号）规定，对个人通过中国医药卫生事业发展基金会用于公益救济性捐赠，准予在缴纳个人所得税前全额扣除。

（九）对中国教育发展基金会的捐赠

《财政部、国家税务总局关于中国教育发展基金会捐赠所得税政策问题的通知》（财税〔2006〕68 号）规定，对个人通过中国教育发展基金会用于公益救济性捐赠，准予在缴纳个人所得税前全额扣除。

（十）应对新冠肺炎疫情的捐赠

《关于支持新型冠状病毒感染的肺炎疫情防控有关捐赠税收政策的公告》（财政部 税务总局公告 2020 年第 9 号）规定：企业和个人通过公益性社会组织或者县级以上人民政府及其部门等国家机关，捐赠用于应对新型冠状病毒感染的肺炎疫情的现金和物品，允许在计算应纳税所得额时全额扣除。

五、扣除金额的确定

根据 99 号公告第二条规定，个人发生的公益捐赠支出扣除金额，按照以下规定确定：

（1）捐赠货币性资产的，按照实际捐赠金额确定；

（2）捐赠股权、房产的，按照个人持有股权、房产的财产原值确定；

（3）捐赠除股权、房产以外的其他非货币性资产的，按照非货币性资产的市场价格确定。

六、个人可自主决定公益扣除的所得项目及其顺序

根据 99 号公告第三条和第八条规定，居民个人按照以下规定扣除公益捐赠支出：

1. 居民个人发生的公益捐赠支出可以在财产租赁所得、财产转让所得、利息股息红利所得、偶然所得（以下统称分类所得）、综合所得或者经营所得中扣除。在当期一个所得项目扣除不完的公益捐赠支出，可以按规定在其他所得项目中继续扣除。

2. 居民个人根据各项所得的收入、公益捐赠支出、适用税率等情况，自行决定在综合所得、分类所得、经营所得中扣除的公益捐赠支出的顺序。

3. 个人同时发生按百分之三十扣除和全额扣除的公益捐赠支出，自行选择扣除次序。

【案例 2-13】公益捐赠支出税前扣除自行选择扣除项目及顺序资料

李某，居民个人，企业高管。2019 年 12 月，李某随手购买的一张彩票，喜中 500.00 万元。兑付奖金后，李某高兴之余非常爽快的通过合格基金会捐款 100.00 万元给贫困地区学校，收到基金会开具的正式捐赠票据（该捐赠可扣除比例 30%）。

李某每月工资 6.00 万元，全年专项扣除和专项附加扣除 8.00 万元。12 月份李某还领取了年终奖 50.00 万元。除此之外，2019 年度李某再无其他收入和扣除项目。

李某听闻 99 号公告公布后，就在纠结：他公益捐赠支出到底该怎么进行税前扣除才最合理？

【解析】对李某最合理的扣除，肯定就是在他税负最高的所得项目中进行扣除，所以我们需要先分析他所得项目的税负情况。

李某 2019 年度所得项目主要是三项：1. 工资薪金所得；2. 偶然所得；3. 全年一次性奖金（不考虑公益捐赠支出的情况下，李某会选择不并入综合所得计税）。

1. 工资薪金所得

综合所得应纳税所得额 =6.00 万元 ×12- 基本费用 6.00 万元 - 专项扣除等 8.00 万元 =58.00 万元。

可以扣除的公益捐赠支出最高限额 =58.00 万元 ×30%=17.40 万元。

查综合所得税率表，可知最高税率处于 30% 的区间，对应的所得额 =58.00 万元 -42.00 万元（该区间最低额）=16.00 万元；接下来的税率是 25%，对应的应纳税所得额 =42.00 万

元-30.00万元=12.00万元；二者合计28.00万元，可以满足17.40万元的公益捐赠支出的扣除。

因此，如果在综合所得扣除17.40万元的公益捐赠支出，则李某全年应交税额=（580 000.00元-174 000.00元）×适用税率-速算扣除数=406 000.00×25%-31 920.00=69 580.00元。

李某如果不在综合所得中扣除公益捐赠支出，则李某全年应交税额=580 000.00元×适用税率-速算扣除数=580 000.00×30%-52 920.00=121 080.00元。

扣除公益捐赠支出少交税款=121 080.00-69 580.00=51 500.00元，少交税款与扣除捐赠支出17.40万元的比例为29.6%（税负）。

2.偶然所得

偶然所得适用的是20%的比例税率，不减除任何费用，因此在扣除公益捐赠支出前的应纳税所得额为500.00万元，可扣除公益捐赠支出最高限额=500.00万元×30%=150.00万元。

因此，李某如果不愿在其他所得项目扣除的话，可以在偶然所得中全部扣除，少交税款为20万元（1 000 000.00×20%，税负20%）。

3.年终奖

（1）不并入综合所得计税

由于年终奖会选择不并入综合所得计税，就不会有扣除项目，应纳税所得额就是年终奖金额50.00万元，可以扣除的公益捐赠支出最高限额=50.00万元×30%=15.00万元。

因此，如果扣除公益捐赠支出后，李某的年终奖应纳税额计算：（50.00万元-15.00万元）÷12对应的税率是25%，速算扣除数是2660.00元；应纳税额=350 000.00×25%-2 660.00=84 840.00元。

如果不扣除捐赠支出，李某的年终奖应纳税额计算：50.00万元÷12对应的税率30%，速算扣除数为4 410.00元；应纳税额=500 000.00×30%-4 410.00=145 590.00元。

应纳税额差异=145 590.00-84 840.00=60 750.00元，税负40.5%。

（2）并入综合所得计税

不扣除公益捐赠支出前的应纳税所得额=58.00万元+50.00万元=108.00万元；公益捐赠支出扣除最高限额=108.00万元×30%=32.40万元。

因此，假如年终奖并入综合所得并扣除公益捐赠支出，全年综合所得时应纳税额=（1 080 000.00元-324 000.00元）×适用税率-速算扣除数=756 000.00×35%-85 920.00=178 680.00元。由于即便是扣除公益捐赠支出后的最高税率仍然是35%，远高于偶然所得20%，该方案是不用考虑了。

4.扣除方式的选择

通过上述计算，我们可以发现李某对公益捐赠支出扣除方式：

（1）全部在偶然所得扣除；

（2）在年终奖扣除17.40万元+在工资薪金所得扣除15.00万元+偶然所得扣除67.40万元。

最优方案就是李某所有所得项目最终交税最少的方式。通过前面计算可以发现，由于工资薪金和年终奖适用税率都高于偶然所得税率20%，所以应优先选择扣除，但是由于有限额扣除不完，剩下的部分就在偶然所得扣除，也就是组合扣除对李某最有利。

如果李某的公益捐赠未在2019年12月扣除的，根据99号公告规定可以在2020年1月31日前通过扣缴义务人向征收税款的税务机关提出追补扣除申请，税务机关应当按规定予以办理。

案例中李某捐赠的金额是100.00万元，似乎有点看不出在所得项目扣除的先后顺序。假设李某捐赠的金额是10.00万元，其他条件不变，我们再看看。

全部在偶然所得扣除，可以少交税款10.00万元×20%=2.00万元；

全部在工资薪金所得扣除，可少交税款=121 080.00-（（580 000.00-100 000.00）×适用税率-速算扣除数）=121 080.00-（480 000.00×30%-52 920.00）=30 000.00元；

全部在年终奖（不并入综合所得）中扣除，可少交税款=145 590.00-（（400 000.00÷12）×适用税率-速算扣除数）=145 590.00-（400 000.00×25%-2 660.00）=48 250.00元。

因此，通过上述结算，我们发现针对案例中的李某，公益捐赠支出扣除顺序应该是全年一次性奖金→工资薪金所得→偶然所得。

七、扣除时间和时点规定

（一）扣除时间：捐赠当年扣除

《个人所得税法实施条例》第十三条规定，专项扣除、专项附加扣除和依法确定的其他扣除，以居民个人一个纳税年度的应纳税所得额为限额；一个纳税年度扣除不完的，不结转以后年度扣除。

公益捐赠支出属于上述规定的"依法确定的其他扣除"，因此只能在捐赠发生的当年扣除，当年扣除不完的，不能结转以后年度扣除。

《慈善法》第七十六条只是明确规定了在计算企业所得税应纳税所得额的公益捐赠限额扣除时，超出当年的部分允许结转以后三年内在计算应纳税所得额时扣除。该规定只是针对企业所得税，并不能套用到个人所得税上来。

（二）扣除时点的规定

根据99号公告规定，对捐赠扣除时点归纳总结见下表。

公益慈善捐赠税前扣除的时点规定

项目大类	所得项目	预缴/代缴环节	年度汇算环节	备注
综合所得	工资薪金	可扣除	可扣除	预缴未扣或扣除不完的，年度汇算扣；工资薪金预缴未扣或扣除不完的，可转移至其他项目所得扣
	劳务报酬	不能扣	可扣除	
	稿酬			
	特许权使用费			
	全年一次性奖金等不并入综合所得的收入			
分类所得	财产租赁	可扣除	不需要汇算	扣除不完的，可转移其他所得项目继续扣除，或年度汇算扣除
	财产转让			
	利息股息红利			
	偶然所得			
经营所得	个体工商户	可扣除	可扣除	查账征收可扣除，核定征收不扣除
	独资企业			
	合伙企业			

（三）在分类所得追补扣除的时间规定

根据99号公告第五条规定，居民个人发生的公益捐赠支出，可在捐赠当月取得的分类所得中扣除。当月分类所得应扣除未扣除的公益捐赠支出，可以按照以下规定追补扣除，见下表。

公益慈善捐赠在分类所得中的追补扣除

情形	提出追补扣除的时限	追补扣除的结果
扣缴义务人已经代扣但尚未解缴税款	扣缴义务人解缴税款前	扣缴义务人退还已扣税款
扣缴义务人已经代扣且解缴税款	在公益捐赠之日起90日内	税务机关和扣缴义务人应当予以办理
自行申报纳税的	在公益捐赠之日起90日内	税务机关应当予以办理

说明：居民个人捐赠当月有多项多次分类所得的，应先在其中一项一次分类所得中扣除。已经在分类所得中扣除的公益捐赠支出，不再调整到其他所得中扣除。

非居民个人按规定可以在应纳税所得额中扣除公益捐赠支出而未实际扣除的，可按照上述规定追补扣除。

八、在经营所得中扣除的问题

（一）个体工商户

99号公告第六条（一）款规定，个体工商户发生的公益捐赠支出，在其经营所得中扣除。

结合99号公告其他条款和《个体工商户个人所得税计税办法》（国家税务总局令第35号，以下简称《计税办法》）、经营所得申报表填表说明等规定，笔者对该规定理解如下：

（1）以个体工商户名义发生的公益捐赠支出，只能在个体工商户经营所得中进行税前扣除，不能在个人的综合所得和分类所得项目中扣除；

（2）以个人名义发生的公益捐赠支出可以个体工商户经营所得中扣除，但是应与以个体工商户名义捐赠支出合并，合计扣除不能超出限额。

由于财税部门目前暂时没有明确解读和规定，笔者的理解仅供读者参考，需要关注财税部门关于该问题的动态并以权威部门解读或规定为准。

对于上述理解，归纳总结见下表。

个体工商户业主公益慈善捐赠在各所得项目之间扣除与转移扣除

主体	所得项目	企业名义捐赠	个人名义捐赠	说明
个体工商户	经营所得	可扣除	可转移至经营所得扣除	合计扣除不超限额
居民个人	综合所得分类所得	不可扣除	可扣除	个体工商户未扣完不能转移来扣除

（二）独资企业和合伙企业

99号公告第六条（二）款规定，个人独资企业、合伙企业发生的公益捐赠支出，其个人投资者应当按照捐赠年度合伙企业的分配比例（个人独资企业分配比例为百分之百），计算归属于每一个人投资者的公益捐赠支出，个人投资者应将其归属的个人独资企业、合伙企业公益捐赠支出和本人需要在经营所得扣除的其他公益捐赠支出合并，在其经营所得中扣除。

对于这一条规定，笔者是这样理解的：

（1）以个人独资企业、合伙企业（以下简称企业）名义发生的公益捐赠支出，在企业分配前不能扣除，按比例分配利润的同时也按比例分配公益捐赠支出；

（2）从企业分配的公益捐赠支出和本人需要在经营所得扣除的其他以个人名义公益捐赠支出合并，再从企业分配的经营所得（利润）中进行扣除，合计扣除不能超出限额；

（3）以企业名义发生的公益捐赠支出，不能转移至综合所得和分类所得扣除，只能在从企业分配的经营所得中扣除。

同样，由于目前财税部门暂时没有明确解读和规定，笔者的理解仅供读者参考，需要关注财税部门关于该问题的动态并以权威部门解读或规定为准。

对于上述理解，归纳总结见下表。

个人独资企业业主和合伙企业合伙人捐赠在各所得项目之间扣除与转移扣除

主体	所得项目	企业名义捐赠	个人名义捐赠	说明
个独资企业 合伙企业	经营所得	不扣除，按分配比例分配给个人	可转移至经营所得扣除	合计扣除不超限额
居民个人	综合所得分类所得	不可扣除	可扣除	企业未扣完不能转移来扣

（三）核定征收不可扣除

99 号公告第六条（四）款规定，经营所得采取核定征收方式的，不扣除公益捐赠支出。

九、非居民个人捐赠扣除的规定

根据 99 号公告规定，非居民个人发生公益捐赠支出，可在发生当月的工资薪金所得、劳务报酬所得等应纳税所得额中扣除。扣除不完的，可在经营所得中继续扣除。

非居民个人按规定可以在应纳税所得额中扣除公益捐赠支出而未实际扣除的，可按照居民个人在分类所得追补扣除规定进行追补扣除。

需要说明的是，非居民个人不需要办理综合所得的年度汇算，所以发生捐赠支出当月可以在劳务报酬所得、稿酬所得、特许权使用费所得中扣除。另外，经营所得年度汇算不区分居民个人和非居民个人，所以非居民个人捐赠支出扣除不完的，可以在经营所得税预缴时扣除，也可在年度汇算时扣除。

十、捐赠凭据的规定

（一）合规的捐赠票据才能税前扣除

《财政部 国家税务总局 民政部关于公益性捐赠税前扣除有关问题的补充通知》（财税〔2010〕45 号）第五条第一款规定：对于通过公益性社会团体发生的公益性捐赠支出，企业或个人应提供省级以上（含省级）财政部门印制并加盖接受捐赠单位印章的公益性捐赠票据，或加盖接受捐赠单位印章的《非税收入一般缴款书》收据联，方可按规定进行税前扣除。

（二）取得捐赠票据的时限

99 号公告第九条第二款规定，个人发生公益捐赠时不能及时取得捐赠票据的，可以暂时凭公益捐赠银行支付凭证扣除，并向扣缴义务人提供公益捐赠银行支付凭证复印件。个人应在捐赠之日起 90 日内向扣缴义务人补充提供捐赠票据，如果个人未按规定提供捐赠票据的，扣缴义务人应在 30 日内向主管税务机关报告。

（三）向扣缴义务人出示捐赠扣除凭据

99 号公告第十条第一款规定，个人通过扣缴义务人享受公益捐赠扣除政策，应当告知扣缴义务人符合条件可扣除的公益捐赠支出金额，并提供捐赠票据的复印件，其中捐赠股权、房产的还应出示财产原值证明。扣缴义务人应当按照规定在预扣预缴、代扣代缴税款时予扣除，并将公益捐赠扣除金额告知纳税人。

（四）捐赠票据留存时限

99 号公告第十条第二款规定，个人应留存捐赠票据，留存期限为五年。

十一、个人公益慈善捐赠支出税前扣除政策总结

为方便读者理解和记忆，笔者总结的个人公益慈善捐赠税前扣除政策流程如下图所示。

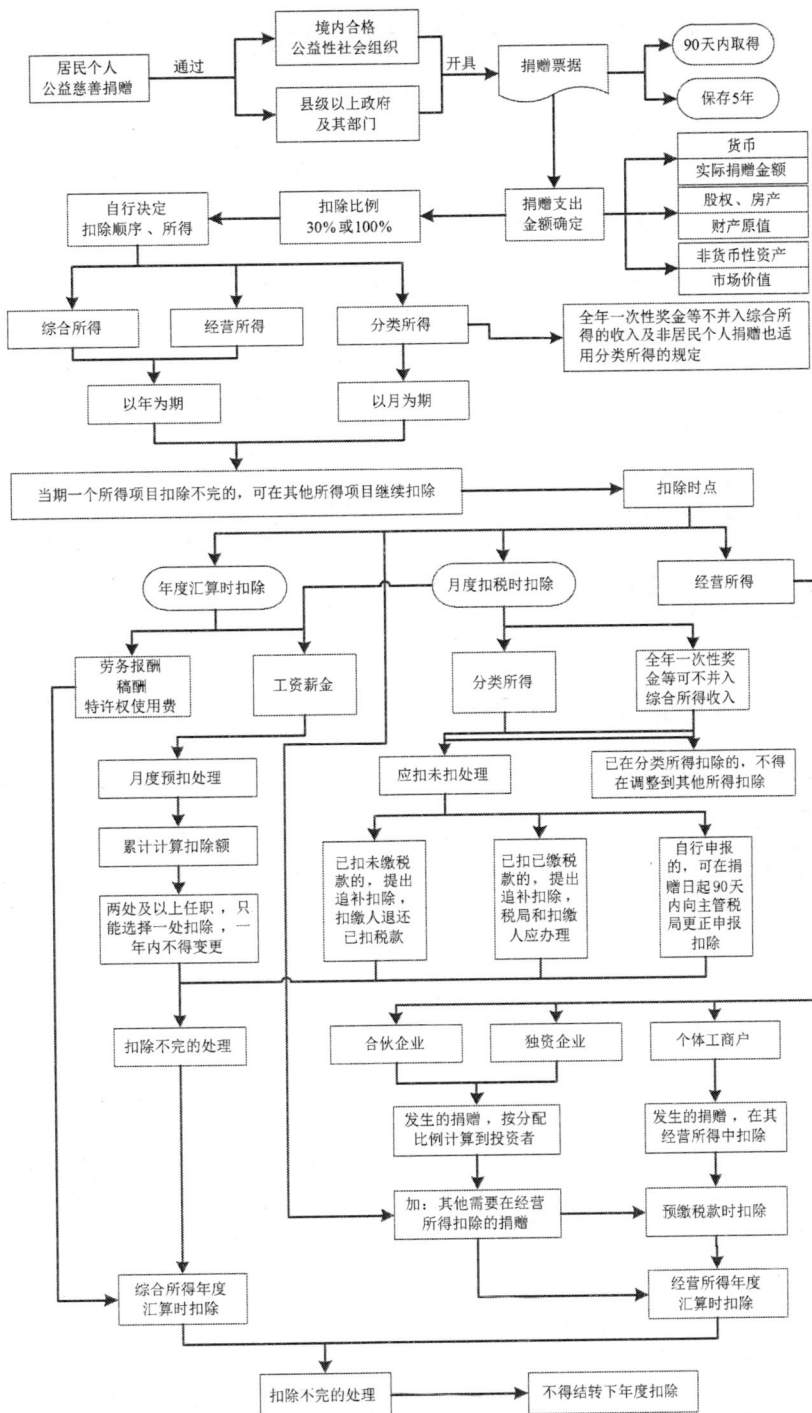

个人公益慈善捐赠支出税前扣除流程图

第五节　特殊性质的工资、薪金所得的个人所得税

本书之所以把这部分收入称为"特殊性质的工资、薪金所得"，是因为从收入类别上划分，税法规定仍然属于"工资、薪金所得"，但是因为性质特殊，税法规定可以不合并入综合所得计算而允许单独计算个人所得税。

一、全年一次性奖金

按照中国的传统，大多数单位有全年一次性发放奖金的习惯。在《个人所得税法》2018年修订前，由于对"工资、薪金所得"没有需要汇算清缴的制度规定，导致在发放全年一次性奖金的月份如果按照一般的"工资、薪金所得"计算个人所得税的话，由于累进税率的原因就会导致当月税额变得畸高，从而带来税负不公平的现象。为了改变这种不合理的情况，国家税务总局出台了《关于调整个人取得全年一次性奖金等计算征收个人所得税方法问题的通知》（国税发〔2005〕9号），对于个人取得全年一次性奖金给予了比较优惠的政策。

本来按照新修订后的《个人所得税法》及其实施条例等规定，因为综合所得通过汇算清缴可以自动平衡，个人领取全年的奖金后就不会存在个人所得税计缴不合理的现象。但是，国家考虑到让纳税人对税法改革有获得感，《财政部 税务总局关于个人所得税法修改后有关优惠政策衔接问题的通知》（财税〔2018〕164号，以下简称财税〔2018〕164号）中暂时保留了这一税收优惠政策，给出了3年的宽限期。

（一）全年一次性奖金的范围

1. 范围

根据《国家税务总局关于调整个人取得全年一次性奖金等计算征收个人所得税方法问题的通知》（国税发〔2005〕9号）规定，全年一次性奖金是指行政机关、企事业单位等扣缴义务人根据其全年经济效益和对雇员全年工作业绩的综合考核情况，向雇员发放的一次性奖金。

上述一次性奖金也包括年终加薪、实行年薪制和绩效工资办法的单位根据考核情况兑现的年薪和绩效工资。

财税〔2018〕164号规定，中央企业负责人取得年度绩效薪金延期兑现收入和任期奖励，符合《国家税务总局关于中央企业负责人年度绩效薪金延期兑现收入和任期奖励征收个人所得税问题的通知》（国税发〔2007〕118号）规定的，也可采用一次性奖金的政策计算个人所得税。

2. 采用次数的限制

在一个纳税年度内，对每一个纳税人，该计税办法只允许采用一次。

3. 其他名目奖金的税务处理

雇员取得除全年一次性奖金以外的其他各种名目奖金，如半年奖、季度奖、加班奖、先

进奖、考勤奖等，一律与当月工资、薪金收入合并，按税法规定缴纳个人所得税。

4.非居民个人和无住所个人取得奖金不能适用

对于非居民个人和无住所个人取得国税发〔2005〕9号文所述的各种名目奖金，应按照《财政部 国家税务总局关于非居民个人和无住所居民个人有关个人所得税政策的公告》（财政部 税务总局公告2019年第35号）计算纳税，而不能适用国税发〔2005〕9号文的规定，因为财税〔2018〕164号在第一条第（一）款开始限定的就是"居民个人"。

（二）优惠政策的宽限时间

自2022年1月1日起，居民个人取得全年一次性奖金，应并入当年综合所得计算缴纳个人所得税。

也就是说，全年一次性奖金的税收优惠政策只有三年的宽限时间。

（三）全年一次性奖金的税务处理

1.纳税人具有选择权

财税〔2018〕164号明确规定，居民个人取得全年一次性奖金，可以选择按照不并入综合所得的计算纳税，也可以选择并入当年综合所得计算纳税。

2.全年一次性奖金不并入综合所得的税务处理

财税〔2018〕164号规定，居民个人取得全年一次性奖金，符合《国家税务总局关于调整个人取得全年一次性奖金等计算征收个人所得税方法问题的通知》（国税发〔2005〕9号）规定的，在2021年12月31日前，不并入当年综合所得，以全年一次性奖金收入除以12个月得到的数额，按照按月换算后的综合所得税率表（以下简称月度税率表，见下表），确定适用税率和速算扣除数，单独计算纳税。计算公式为：

应纳税额 = 全年一次性奖金收入 × 适用税率 − 速算扣除数

月度税率表

级数	全月应纳税所得额	税率（%）	速算扣除数
1	不超过3 000.00元的	3	0.00
2	超过3 000.00元至12 000.00元的部分	10	210.00
3	超过12 000.00元至25 000.00元的部分	20	1 410.00
4	超过25 000.00元至35 000.00元的部分	25	2 660.00
5	超过35 000.00元至55 000.00元的部分	30	4 410.00
6	超过55 000.00元至80 000.00元的部分	35	7 160.00
7	超过80 000.00元的部分	45	15 160.00

说明：既然财税〔2018〕164号规定全年一次性奖金选择不并入综合所得，那么纳税人在次年进行汇算清缴时综合所得就不再纳入该部分收入。

上述相关内容归纳总结如下图所示。

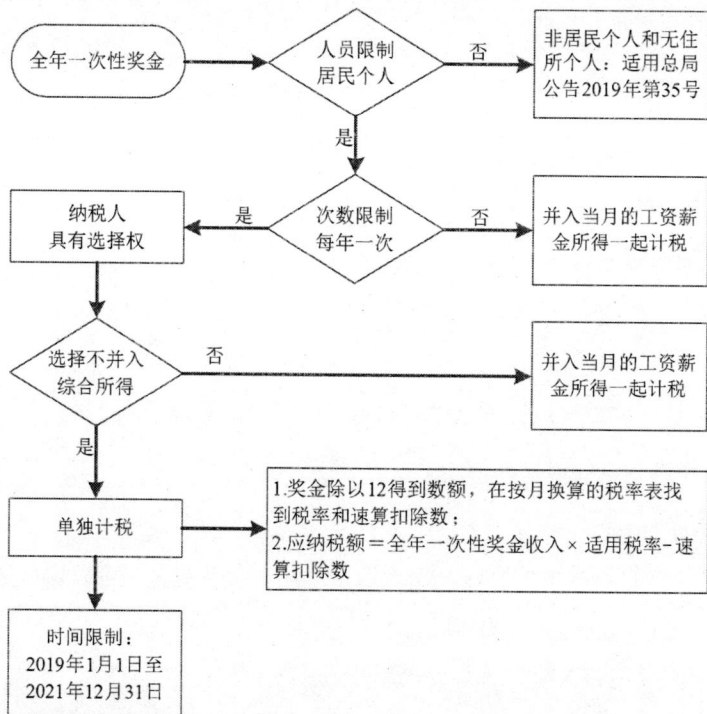

居民个人全年一次性奖金（年终奖）个人所得税计算流程图

【案例2-14】全年一次性奖金个人所得税的计算

刘某2019年12月份去的单位发的全年一次性奖金100 000.00元。刘某当月的工资为8 000.00元，专项扣除、专项附加扣除和其他依法可扣除项合计为4 000.00元。

假定刘某2019年度内还未曾采用过全年一次性奖金优惠政策计算纳税，且刘某本人自愿选择不并入当年综合所得。

问题：计算单位应代扣代缴的个人所得税。

【解析】全年一次性奖金 ÷12=100 000.00÷12=8 333.33元

因此，因选择的适用税率是10%，速算扣除数是210.00。

应纳税额＝全年一次性奖金收入 × 适用税率－速算扣除数

=100 000.00×10%-210.00=9 790.00元。

特别说明：财税〔2018〕164号规定，纳税人在选择全年一次性奖金不并入综合所得时，其计算个人所得税时，不得再减除当月未扣除完的费用（5 000元）、专项扣除、专项附加扣除和其他可依法扣除额。这是与国税发〔2005〕9号的不同之处，纳税人及扣缴义务人需要注意。

比如上述案例中的刘某，他12月份的工资只有8 000.00元，但是依法可以扣除费用等却是 9 000.00 元（5 000.00 元 +4 000.00 元），其实际扣除了 8 000.00 元，还剩余 1 000.00 元没有得到扣除，但是在采用全年一次性奖金优惠政策时却不能再预先扣除，而国税发〔2005〕9号却可以先扣除当月未扣除完的费用。

3. 全年一次性奖金并入综合所得的税务处理

如果纳税人选择将全年一次性奖金并入综合所得，那么取得的奖金就应该与当月的工资、薪金所得合并计算纳税。然后，等到次年的 3 月 1 日至 6 月 30 日进行综合所得的汇算清缴，如果多缴税了，再按规定申请退税。

（四）全年一次性奖金是否并入综合所得的选择

对于全年一次性奖金是否并入综合所得的选择看似非常简单，因为从个人利益的角度出发肯定会选择少交税的方式。但是，真正面临选择时却并不简单，不但需要复杂的计算，而且还要考虑很多与之相关的问题。

笔者为了准确地计算出两种不同选择方式下，全年一次性奖金各自需要缴纳的个人所得税，专门在 Excel 中建立了一个模板，读者可以按照以下方式自己在电脑中制作一个以备使用（也可按照本节前言中提供的渠道向笔者获取，下同）。

1. 测算全年一次性奖金是否并入综合所得的模板一：

Excel 模板格式见下表所示。

全年一次性年终奖是否并入的测算模板（一）

	A	B	C	D	E	F
1	级数	月所得区间	年所得区间	税率（%）	月速算扣除数	年速算扣除数
2	1	0.00	0.00	3	0.00	0.00
3	2	3 000.00	36 000.00	10	210.00	2 520.00
4	3	12 000.00	144 000.00	20	1 410.00	16 920.00
5	4	25 000.00	300 000.00	25	2 660.00	31 920.00
6	5	35 000.00	420 000.00	30	4 410.00	52 920.00
7	6	55 000.00	660 000.00	35	7 160.00	85 920.00
8	7	80 000.00	960 000.00	45	15 160.00	181 920.00
9	并入综合所得应补缴的税额				不并入综合所得应缴的税额	
10	行次	一、收入项目		164 000.00		
11	1		工资、薪金	132 000.00		
12	2		劳务报酬			
13	3		稿酬			
14	4		特许权使用费			
15	5		一次性奖金	32 000.00	一次性奖金	32 000.00
16	6	二、扣除项目		132 000.00		

	A	B	C	D	E	F
17	7		减除费用	60 000.00		
18	8		专项扣除	12 000.00		
19	9		专项附加扣除	48 000.00		
20	10		其他扣除额	12 000.00		
21	11	三、全年应纳税所得额		32 000.00	除以12后的数额	2 666.67
22	12	四、全年应适用税率		3%	应适用的月税率	3%
23	13	五、全年应适用速算扣除数		—	应适用的月速算扣除数	—
24	14	六、全年应缴税额		960.00		
25	15	七、全年已预缴税额		—	全年一次性奖金应交税额	960.00
26	16	八、全年应补缴税额		960.00		
27	17	结论		都一样!		

模板使用说明：

（1）上半部分是将综合所得的月度税率表和年度税率表稍加变形处理后结合在一起，"月所得区间"就是"全月应纳税所得额"，只是把文字表述内容变成税率表中最低额的数值。"年所得区间"也是如此，税率、月速算扣除数、年速算扣除数就是完全照搬税率表。

（2）下半部分就是分别对全年一次性奖金分为选择是否并入综合所得计算出应缴税额或补缴税额。

上表中的数值是笔者测试时，随手填写的，下面分别详细说明各单元格的公式或如何填写。

（3）模板项目填报说明

①"一、收入项目"

左边"并入综合所得应补缴的税额"中的"一、收入项目"需要分明细据实填写，不能有错误，所有的收入项目均是指全年一次性奖金实际取得年度的实际收入，如2019年12月收到的奖金，其他的收入项目也必须是2019年的。如果2020年2月份才收到2019年度的奖金，而如果又想测算是否并入综合所得的话，其他收入项目只能纳税人自己去预测一个比较靠谱的数据。

需要注意的是，劳务报酬所得、特许权使用费所得以原收入乘以80%为收入额，稿酬所得以原收入乘以56%为收入额（80%×70%）。

"一、收入项目"单元格D10需要输入一个函数公式"=SUM（D11：D15）"。

②"二、扣除项目"

与"收入项目"一样，均是如实填写依法可以税前扣除的项目金额。在单元格D16中输入函数公式"=SUM（D17：D20）"。

③ "三、全年应纳税所得额"

在单元格 D21 中输入函数公式 "=IF（D10-D16<0，0，D10-D16）"。

④ "四、全年应适用税率"

在单元格 D22 中输入函数公式 "=LOOKUP（D21，C2：C8，D2：D8）/100"。

⑤ "五、全年应适用速算扣除数"

在单元格 D23 中输入函数公式 "=LOOKUP（D21，C2：C8，F2：F8）"。

⑥ "六、全年应缴税额"

在单元格 D23 中输入函数公式 "=D21×D22-D23"。

⑦ "七、全年已预缴税额"

填写纳税人实际已经预缴或者应该预缴的税额。

⑧ "八、全年应补缴税额"

在单元格 D23 中输入函数公式 "=D24-D25"。

⑨ "E9:F9" 后输入 "不并入综合所得应缴的税额" 方的 "一次性奖金"

在单元格 F15 中输入函数公式 "=D15"，确保两方的金额一致并减少输入。

⑩ "E12" 输出 "除以 12 后的数额"

在单元格 F21 中输入函数公式 "=ROUND（F15/12，12）"。

⑪ "E22" 输入 "应适用的月税率"

在单元格 F22 中输入函数公式 "=LOOKUP（F21-0.000 833，B2：B8，D2：D8）/100"。

⑫ "E23:E24" 后输入 "应适用的月速算扣除数"

在单元格 F23 中输入函数公式 "=LOOKUP（F21-0.000 833，B2：B8，E2：E8）"。

⑬ 合并 "E25:E26" 后输入 "全年一次性奖金应交税额"

在单元格 F25 中输入函数公式 "=F15×F22-F23"。

⑭ "B27" 中输入 "结论"

单元格 F27 输入函数公式 "=IF（D26=F25，"都一样！"，IF（D26>F25，"不并入！"，"并入！"））"。

（4）数据的获取

为了计算准确，对于工资薪金等收入金额和扣除项目金额，建议根据年底电子税务局提供的纳税记录金额为准。

2.测算全年一次性奖金是否并入综合所得的模板二：

上述模板一，显得似乎有点不方便。为此，笔者又专门设计了模板二，利用税务局纳税记录可以提供的预缴税金金额来测算，尤其是扣除充分的情况下会更加的快捷，见下表。

全年一次性年终奖是否并入的测算模板（二）

	A	C	D	E	F	G	H	I	J
1									
2				个人所得税预扣率表（综合所得适用）					
3	级数	年度税率表	应纳税所得额		税率（%）	月度	年度	应纳税额	
4		全年应纳税所得额	下限	上限		速算扣除数	速算扣除数	下限	上限
5	1	不超过36 000.00元的	0	36 000.00	3	0	0	0	1 080.00
6	2	超过36 000.00元至144 000.00元的部分	36 000.00	144 000.00	10	210.00	2 520.00	1 080.00	11 880.00
7	3	超过144 000.00元至300 000.00元的部分	144 000.00	300 000.00	20	1 410.00	16 920.00	11 880.00	43 080.00
8	4	超过300 000元至420 000元的部分	300 000.00	420 000.00	25	2 660.00	31 920.00	43 080.00	73 080.00
9	5	超过420 000.00元至660 000.00元的部分	420 000.00	660 000.00	30	4 410.00	52 920.00	73 080.00	14 508.000
10	6	超过660 000.00元至960 000.00元的部分	660 000.00	960 000.00	35	7 160.00	85 920.00	145 080.00	250 080.00
11	7	超过960 000.00元的部分	960 000.00		45	15 160.00	181 920.00	250 080.00	
12			只需要在阴影单元格输入数字即可得出结论						
13	不并入年终奖前已预缴税额		10 000.00	年终奖金额				10 000.00	
14	不并入年终奖前预缴适用的税率		10%	年度汇算除年终奖还要并入的综合所得收入额				10 000	
15	不并入年终奖前预缴适用的速算扣除数		2 520.00	选择并入年终奖应补缴税额（负数为退税）				-7 000	
16	不并入年终奖前预缴的应纳税所得额		125 200.00	选择不并入年终奖应纳税额				300.00	
17	年度汇算还可以扣除的金额		80 000.00	结论				可并入	

Excel 表说明：

（1）上半部（A1:J12）完全是综合所得税率表的变形，读者只要稍微思考一下就会明白，此处不多解释。

（2）下半部就是模板，只要在单元格 D13、D17、I13、I14 根据实际情况输入数字就可以得出结论。

单元格 D14 输入函数公式：=IF(D13>0,LOOKUP($D$13,$I$5:$I$11,$H$5:$H$11),0)；

单元格 D15 输入函数公式：=IF(D13>0,LOOKUP($D$13,$I$5:$I$11,$H$5:$H$11),0)；

单元格 D16 输入函数公式：=IF(D13>0,(D13+D15)/D14,0)；

单元格 I15 输入函数公式：

=(D16+I13-D17)*LOOKUP($D$16+$I$13,$D$5:$D$11,$F$5:$F$11)/100-LOOKUP($D$16+$I$13,$D$5:$D$11,$H$5:$H$11)-D13；

单元格 I16 输入函数公式：

=I13*LOOKUP(I13,D5:D11,F5:F11)/100-LOOKUP(I13,D5:D11,G5:G11)。

3. 进行全年一次性奖金计税方式选择时应考虑的事项

（1）中国国情决定了绝大数单位的全年一次性奖金都是在次年发放，因此在考虑选择计税方式时，需要对实际收到奖金的当年进行合理预测，其相关数据并不能完全照搬上年度相关数据。

（2）考虑货币的资金成本和纳税成本。如果选择合并计入综合所得，就意味着取得奖金收入的当月纳税所得额会大幅度增加，可能导致税负增加而多缴税款，虽然在次年可以通过预算清缴申请退税，但是却会让纳税人的资金被白白的占用一年，另外进行汇算清缴时也需要成本的。因此，纳税人需要进行权衡，在两种方式税额相差不大时，建议还是直接选择不并入综合所得计税。

（3）现有个人所得税申报机制，全年一次性年终奖预先选择了并不入综合所得计税的，可以在综合所得年度汇算时反悔，允许再改为并入的方式计税；但是，预先选择了并入综合所得计税的，在年度汇算时不能反悔再选择不并入。因此，对于自己不能确定那种方式更加有利的情况下，建议先选择不并入综合所得而单独计税。

4. 测试结论

经过笔者测试后，得出如下结论：

（1）只有在扣除项目平时每月已经得到充分扣除并且预缴过税款的情况下，或者汇算时充分扣除后仍然需要交税的，才应该考虑选择不并入综合所得计税，但需要测算。

（2）在扣除项目平时每月没有得到充分扣除，或者汇算时也不能充分扣除的，选择并入综合所得计税可以少交税。

（3）虽然得到充分扣除但是并没有税额产生也就是收入额刚好与扣除额完全相等的极端情况下，奖金超过 3.6 万元的选择并入综合所得计税可以少交税。

（4）平时每月收入忽高忽低的，并不影响全年一次性奖金选择计税方式，因为在累计预扣法下忽高忽低不会导致的多缴税款。

（五）全年一次性奖金的"陷阱"

全年一次性奖金存在着"多发一元奖金，可能多交上千元税金"，而导致纳税人名义上多领了奖金但实际到手却少了的可能，笔者把这一区间称为"陷阱"或"雷区"。在《个人所得税法》修订前一直就存在，税法修订后，纳税人如果还是选择不并入综合所得计税，则这种情况还是存在的，只有在选择了并入综合所得计税才会消失。

对于这种情况，笔者曾经用 Excel 做出过专门的分析，此处就不再赘述分析过程，直接给出结论，见下表。

一次性奖金的"陷阱"区间表

级数	全年一次性奖金区间	税率（%）	月速算扣除数	年终奖雷区（税前）	
				下限	上限
1	不超过36 000.00元的	3	0.00	—	
2	超过36 000.00元至144 000.00元的部分	10	210.00	36 000.00	38 566.67
3	超过144 000.00元至300 000.00元的部分	20	1 410.00	144 000.00	160 500.00
4	超过300 000.00元至420 000.00元的部分	25	2 660.00	300 000.00	318 333.33
5	超过420 000.00元至660 000.00元的部分	30	4 410.00	420 000.00	447 500.00
6	超过660 000.00元至960 000.00元的部分	35	7 160.00	660 000.00	706 538.46
7	超过960 000.00元的部分	45	15 160.00	960 000.00	1 120 000.00

说明：上表中"年终奖陷阱（税前）"的含义是指，当全年一次性奖金税前税额在该区间内时纳税人如果选择不并入综合所得计税，就会导致其奖金的税后金额低于该级"下限"（也就是第一档税率的上限）的税后金额。

因此，单位在发放奖金时，如果纳税人要选择不并入综合所得的计税方式时，应避开上述的"陷阱"。

二、解除劳动关系取得的一次性补偿收入

（一）税法规定

财税〔2018〕164号规定：个人与用人单位解除劳动关系取得一次性补偿收入（包括用人单位发放的经济补偿金、生活补助费和其他补助费），在当地上年职工平均工资3倍数额以内的部分，免征个人所得税；超过3倍数额的部分，不并入当年综合所得，单独适用综合所得税率表，计算纳税。

【案例2-15】解除劳动关系取得的一次性补偿收入的个人所得税计算

王师傅在某公司工作了近20年，2019年9月，因病治疗后，不能从事原工作，也不能从事由用人单位另行安排的其他工作，劳动能力鉴定5级，按照《劳动合同法》的规定，依法与公司解除劳动关系。公司一次性支付王师傅经济补偿金12.00万元、医疗补偿金10.00万元。王师傅离职前12个月平均工资为6 000.00元/月，当地上年度职工年平均工资50 000.00元。

问：王师傅应纳多少个人所得税？

【解析】王师傅实际获得一次性补偿收入 =12.00 万元 +10.00 万元 =22.00 万元

当地上年度职工平均工资 3 倍 =50 000.00×3=150 000.00 元

超过 3 倍数额的部分 =220 000.00-150 000.00=70 000.00 元

超出 3 倍部分不并入当年综合所得，应单独适用综合所得税率计算纳税，因此：

一次性补偿收入超额部分应交个人所得税 =70 000.00×10%-2 520.00=4 480.00 元。

（二）注意事项

财税〔2018〕164 号规定，一次性补偿收入包括用人单位发放的经济补偿金、生活补助费和其他补助费，在实务中有可能具体叫法不一样，但是只要性质属于个人与用人单位解除劳动关系取得的经济补偿都可以归入其中，因为所谓的"其他补助费"就是一个"筐"，专门用来"装"税法规定中不能完全列举的补偿或补助费名称的。

对于用人单位发放的一次性经济补偿标准高于《劳动合同法》第四十七条规定标准的，有人认为该部分补偿不符合法律规定，对超出法律规定补偿的部分，无论是否超出"当地上年职工平均工资3倍数额"，均不得免征个人所得税。这属于擅自对税法规定进行扩大性解释，因为财税〔2018〕164 号并无这样的明文规定，而且税法并无权利去判断经济事项是否合法。财税〔2018〕164 号中专门有"其他补助费"，而《中华人民共和国劳动合同法》（以下简称《劳动合同法》）中并无"其他补助费"的规定，可见税收规定并无限定的意思。

"当地上年职工平均工资"，按照《劳动合同法》规定，为直辖市或设区的市政府公布的"本地区上年度职工月平均工资"，即至少是地级市"上年社平工资"。

三、提前退休取得的一次性收入

（一）税法规定

财税〔2018〕164 号规定：个人办理提前退休手续而取得的一次性补贴收入，应按照办理提前退休手续至法定离退休年龄之间实际年度数平均分摊，确定适用税率和速算扣除数，单独适用综合所得税率表，计算纳税。计算公式：

应纳税额 ={[（一次性补贴收入 ÷ 办理提前退休手续至法定退休年龄的实际年度数）-费用扣除标准]× 适用税率 - 速算扣除数 }× 办理提前退休手续至法定退休年龄的实际年度数

（二）提前退休的界定

《国务院关于工人退休、退职的暂行办法》（国发〔1978〕104 号）规定符合下列条件之一的，应该退休：

1. 男年满六十周岁，女年满五十周岁，连续工龄满十年的。

2. 从事井下、高空、高温、特别繁重体力劳动或者其他有害身体健康的工作，男年满五十五周岁、女年满四十五周岁，连续工龄满十年的。

本项规定也适用于工作条件与工人相同的基层干部。

3. 男年满五十周岁，女年满四十五周岁，连续工龄满十年，由医院证明，并经劳动鉴定委员会确认，完全丧失劳动能力的。

4. 因工致残，由医院证明，并经劳动鉴定委员会确认，完全丧失劳动能力的。

《劳动和社会保障部办公厅关于企业职工"法定退休年龄"涵义的复函》（劳社厅函〔2001〕125 号）规定：国家法定的企业职工退休年龄，是指国家法律规定的正常退休年龄，即：男年满 60 周岁，女工人年满 50 周岁，女干部年满 55 周岁。

因此，财税〔2018〕164 号所称的"个人办理提前退休手续"是指纳税人在法定退休年龄之前就按照规定办理了退休手续的情况，具体包括国发〔1978〕104 号列举的 4 种可以办理退休情况中的后三种情况，也就是人们常说的特殊工种、因病、因公致残三种提前退休的情况。

特别需要注意内部退养的区别，办理提前退休就意味着得到了社保部门的批准并且可以从社保部门领取基本养老金等，而内部退养仅仅是单位内部的处理办法，虽然职工跟退休一样离开了工作岗位，但是并没有获得社保部门的批准，其内部退养人员也暂时没有在社保部门领取基本养老金的资格。

【案例 2-16】提前退休取得一次性收入的个人所得税计算

2019 年 3 月，工作了 35 年的老张提前办理了退休手续。老张正常退休时间应该是 2022 年 10 月。公司按照内部规定，给予老张提前退休一次性补贴 15 万元。

问：老张提前退休的一次补贴该如何征税？

【解析】老张正常退休时间是 2022 年 10 月，而提前退休时间是 2019 年 3 月，两者之间相差 3 年 7 个月，因此，办理提前退休手续至法定退休年龄的实际年度数应该是 3.58。

一次性补贴收入 ÷3.58=15.00 万元 ÷3.58=4.19 万元，小于费用扣除标准 6.00 万元，应纳税所得额等于 0，应纳税额为 0，应进行 0 申报。

四、内部退养取得的一次性收入

（一）税法规定

（1）财税〔2018〕164 号规定：个人办理内部退养手续而取得的一次性补贴收入，按照《国家税务总局关于个人所得税有关政策问题的通知》（国税发〔1999〕58 号）规定计算纳税。

（2）《国家税务总局关于个人所得税有关政策问题的通知》（国税发〔1999〕58 号）"关于企业减员增效和行政、事业单位、社会团体在机构改革过程中实行内部退养办法人员取得收入征税问题"规定：

实行内部退养的个人在其办理内部退养手续后至法定离退休年龄之间从原任职单位取得

的工资、薪金，不属于离退休工资，应按"工资、薪金所得"项目计征个人所得税。

个人在办理内部退养手续后从原任职单位取得的一次性收入，应按办理内部退养手续后至法定离退休年龄之间的所属月份进行平均，并与领取当月的"工资、薪金"所得合并后减除当月费用扣除标准，以余额为基数确定适用税率，再将当月工资、薪金加上取得的一次性收入，减去费用扣除标准，按适用税率计征个人所得税。

个人在办理内部退养手续后至法定离退休年龄之间重新就业取得的"工资、薪金"所得，应与其从原任职单位取得的同一月份的"工资、薪金"所得合并，并依法自行向主管税务机关申报缴纳个人所得税。

备注：按照最新规定，居民个人从中国境内两处及以上取得工资薪金所得的，月度不再需要自行申报，但是扣除项目不得重复扣除，且综合所得年收入额减除专项扣除后的余额超过6.00万元应进行年度汇算。

（二）内部退养与提前退休的区别

1.两者与原单位的关系不同

内部退养只是单位内部一种用工改革的过渡形式，办理了内部退养手续的职工依然与原单位保留有劳动合同关系，仍然属于原单位职工，原单位仍然需要按照规定为其缴纳社会保险费用和住房公积金等。

提前退休，也是一种退休形式，只是比法定退休时间提前而已。职工依法办理了退休手续后，与原单位的劳动合同关系就自然终止。

2.办理手续后两者领取资金性质不同

办理提前退休后，职工有权从社保部门领取规定的基本养老金等，个人所得税方面属于免税。

而办理内部退养后，职工可能还会从原单位领取基本的生活费（或称基本工资等）直到法定退休时间为止，这部分收入不属于离退休工资，应按"工资、薪金所得"项目计征个人所得税。

3.办理手续后再就业取得收入性质不同

办理提前退休后，个人再就业取得收入属于"劳务报酬所得"，也仅就再就业收入计征个人所得税，其从社保部门取得的基本养老金不需要与再就业收入合并计税。

个人在办理内部退养手续后至法定离退休年龄之间重新就业取得的"工资、薪金"所得，应与其从原任职单位取得的同一月份的"工资、薪金"所得合并，并依法自行向主管税务机关申报缴纳个人所得税。

【案例2-17】内部退养取得一次性收入的个人所得税计算

2019年3月，工作了30年的老张按照单位规定办理了内部退养手续。老张正常退休时间应该是 2024 年 2 月。单位按照内部规定，给予老张内部退养一次性补贴 25.00 万元。

办理内部退养手续后，单位内部规定依然为老张缴纳社会保险费和住房公积金，老张每月能够从单位实际领到 4 000.00 元的基本生活保障费（已扣除社会保险费和住房公积金个人承担部分）因此，老张在 2019 年 3 月实际领到：内部退养一次性补贴 15.00 万元和 3 月份基本生活保障 4 000.00 元。

假定老张利用自己擅长电工维修的技能，在某物业公司找到一份再就业的工作，从 2019 年 4 月 1 日开始上班，每月工资 5 000.00 元。

假定不考虑老张 2019 年 3 月的专项附加扣除和其他依法扣除项等。

问：老张 2019 年 3 月应交多少个人所得税？老张再就业后应如何纳税？

【解析】老张办理内部退养手续时间是 2019 年 3 月，法定退休时间是 2024 年 2 月，两者之间相差 60 个月。

老张内部退养一次性收入所属月份平均 =150 000.00 元 ÷60 个月 =2 500.00 元，加上老张 3 月份收入 4 000.00 元，月应纳税所得额 =2 500.00+4 000.00-5 000.00=1 500.00，适用税率是 3%，速算扣除数是 0。

故老张 2019 年 3 月应交税额 =（150 000.00+4 000.00-5 000.00）×3%=4 470.00 元

五、单位低价向职工售房

财税〔2018〕164 号规定：单位按低于购置或建造成本价格出售住房给职工，职工因此而少支出的差价部分，符合《财政部 国家税务总局关于单位低价向职工售房有关个人所得税问题的通知》（财税〔2007〕13 号）第二条规定的，不并入当年综合所得，以差价收入除以 12 个月得到的数额，按照月度税率表确定适用税率和速算扣除数，单独计算纳税。计算公式为：

应纳税额 = 职工实际支付的购房价款低于该房屋的购置或建造成本价格的差额 × 适用税率 - 速算扣除数

财税〔2007〕13 号第二条规定：除本通知第一条规定情形外，根据《中华人民共和国个人所得税法》及其实施条例的有关规定，单位按低于购置或建造成本价格出售住房给职工，职工因此而少支出的差价部分，属于个人所得税应税所得，应按照"工资、薪金所得"项目缴纳个人所得税。前款所称差价部分，是指职工实际支付的购房价款低于该房屋的购置或建造成本价格的差额。

【案例 2-18】单位低价向职工售房差价部分的个人所得税计算

2019 年 3 月，吴某作为高科技研发人才被甲公司引入，作为双方合作协议的一部分，甲公司将购置价 100.00 万元的一套住房以 70.00 万元的价格出售给吴某以作为安家之用。

问：吴某取得该住房应缴纳的个人所得税是多少？

根据财税〔2018〕164号规定，吴某所在单位低价向其出售住房满足财税〔2007〕13号第二条规定，吴某因此而少支出的差价部分，不并入当年综合所得，以差价收入除以12个月得到的数额，按照月度税率表确定适用税率和速算扣除数，单独计算纳税。

差价＝100.00万元－70.00万元＝30.00万元

差价除以12＝30.00万元÷12＝2.50万元，应按照月度税率表确定适用税率是20%，速算扣除数是1 410.00元。

故吴某取得低价房屋应纳税额＝300 000.00×20%－1 410.00＝58 590.00元。

六、上市公司股权激励所得

财税〔2018〕164号规定，居民个人取得股票期权、股票增值权、限制性股票、股权奖励等股权激励，满足相关条件的，在2021年12月31日前，不并入当年综合所得，全额单独适用综合所得税率表，计算纳税。

由于涉及股权激励的个人所得税计算比较复杂，本书将在第三章单独讲解，详情请查阅第三章的内容。

七、个人领取企业年金、职业年金的政策

财税〔2018〕164号规定，个人达到国家规定的退休年龄，领取的企业年金、职业年金，符合规定的，不并入综合所得，全额单独计算应纳税款。

有关企业年金和职业年金的相关政策，本书已在本章第二节"六、依法确定的其他扣除项"下的"企业年金和职业年金"中有详细讲解，此处不再赘述。

八、部分特殊收入个税政策汇总（免税，或不并入综合所得）

为了便于读者比较和查询部分特殊收入的个税政策，笔者专门将部分免税或可不并入综合所得的整理见下表。

部分特殊收入的个税政策汇总

项目	是否并入综合所得	计税公式	适用期限	法规出处
全年一次性奖金	可不并入	应纳税额＝收入×适用税率－速算扣除数	截至2021年12月31日	财税〔2018〕164号
上市公司股权激励	不并入			
企业年金职业年金	不并入	缴纳时与取得收益，暂不交税； 月/季领取：用月度税率表； 年领取：用综合所得税率表	无限制	财税〔2013〕103号 财税〔2018〕164号

续上表

项目	是否并入综合所得	计税公式	适用期限	法规出处
解除劳动关系一次性经济补偿	不并入	当地上年社平工资3倍以内，免税；超过部分适用综合所得税率计税	无限制	财税〔2018〕164号
提前退休一次性经济补偿	不并入	应纳税额={〔（一次性补贴收入÷办理提前退休手续至法定退休年龄的实际年度数）-费用扣除标准〕×适用税率-速算扣除数}×办理提前退休手续至法定退休年龄的实际年度数	无限制	
内部退养一次性经济补偿	并入	1.一次性经济补偿/内部退养月份数+当月收入-扣除，在综合所得税率找对应的税率和速算扣除； 2.应纳税额=(一次性经济补偿+当月收入-扣除)×适用税率-速算扣除	无限制	财税〔2018〕164号 国税发〔1999〕58号
破产企业一次性安置费	不并入	免税	无限制	财税〔2001〕157号
单位低价向职工售房	不并入	以差价收入除以12个月得到的数额，按照月度税率表确定适用税率和速算扣除数，单独计算纳税。计算公式为：应纳税额=职工实际支付的购房价款低于该房屋的购置或建造成本价格的差额×适用税率-速算扣除数	无限制	财税〔2018〕164号 财税〔2007〕13号
工伤保险待遇	不并入	免税	无限制	财税〔2012〕40号
生育津贴生育医疗费	不并入	免税	无限制	财税〔2008〕8号
实际领取三险一金	不并入	免税	无限制	财税〔2006〕10号

第六节　不含税收入涉及的个人所得税计算

在实务中，有些雇主跟雇员协商后确定为雇员负担全部或部分税款等，也有影视演员出席某些商业活动时，要求主办单位或邀请单位支付的报酬必须是税后金额的情况。

在这种情况下，无论是当月的预扣预缴税款计算，还是次年的综合所得汇算清缴，都不能直接以不含税收入来直接计算。

目前，没有涉及这方面的新规定，只有时间比较久远的《国家税务总局关于印发〈征收个人所得税若干问题的规定〉的通知》（国税发〔1994〕89号）第十四条。该条规定，虽然目前还未失效，但也不是完全适应当前的计算，读者需要特别注意。

一、雇主为雇员负担全额税款

（一）税法规定

《国家税务总局关于印发〈征收个人所得税若干问题的规定〉的通知》（国税发〔1994〕89号）第十四条"关于单位或个人为纳税义务人负担税款的计征办法问题"规定：

单位或个人为纳税义务人负担个人所得税税款，应将纳税义务人取得的不含税收入换算为应纳税所得额，计算征收个人所得税。计算公式如下：

（一）应纳税所得额＝（不含税收入额－费用扣除标准－速算扣除数）÷（1－税率）

（二）应纳税额＝应纳税所得额×适用税率－速算扣除数

虽然国税发〔1994〕89号第十四条依然有效，但是国税发〔1994〕89号所附的税率表在目前都是属于已经失效的，但是目前国家税务总局还暂时没有颁布类似不含税税率表，所以文件中所列公式中的税率必须换成现在有效的税率。

（二）不含税的工资、薪金所得的预扣税款计算

在《个人所得税法》修订后，税前扣除增加了专项附加扣除等项目后，如果雇主还是为雇员承担全额税款，其计算过程就比较复杂，在国家税务总局没有出台新的计算公式之前，国税发〔1994〕89号也可以适用，只是需要在其中的"费用扣除标准"上加上当月可以税前扣除的"专项扣除"和"专项附加扣除"；同时，扣缴义务人可以通过方程式或者在Excel表格中利用函数公式来解决这个问题。

【案例2-19】雇主为雇员全额承担税款的工资薪金所得预扣税款计算

李某与乙公司签署的劳动合同约定，乙公司每月向李某支付税后工资20 000.00元。假定李某2019年1月可税前扣除的专项扣除、专项附加扣除和其他可依法扣除额总计4 000.00元。

问：乙公司2019年1月应该为李某申报预扣预缴的个人所得税是多少？

【解析】按照国税发〔1994〕89号所附税率表的办法，我们也可以将《个人所得税率表一》稍微处理一下，把"累计预扣预缴应纳税所得额"换算为不含税的，见下表。

个人所得税税率表一

（居民个人工资、薪金所得预扣预缴适用）

级数	累计预扣预缴不含税所得额		预扣率（%）	速算扣除数
	下限	上限		
1	0.00	34 920.00	3	0.00
2	34 920.00	132 120.00	10	2 520.00
3	132 120.00	256 920.00	20	16 920.00
4	256 920.00	346 920.00	25	31 920.00
5	346 920.00	514 920.00	30	52 920.00
6	514 920.00	709 920.00	35	85 920.00
7	709 920.00		45	181 920.00

案例中李某税后工资为20 000.00元，可税前扣除的专项扣除、专项附加扣除和其他可依法扣除额总计4 000.00元，那么李某不含税所得额=20 000.00-4 000.00-5 000.00=11 000.00元。

因此，按照我们处理后的不含税月税率表可以找到应适用税率为3%，速算扣除数为0。

按照国税发〔1994〕89号第十四条给出的公式：

应纳税所得额＝（不含税收入额－费用扣除标准－速算扣除数）÷（1－税率）＝

（20 000.00-4 000.00-5 000.00-0.00）÷（1-3%）=9 278.35 元

应预扣预缴税额＝应纳税所得额 × 适用税率 - 速算扣除数 =9 278.35×3%-0=278.35 元

检验计算结果：

含税的工资薪金所得 =20 000.00+340.21=20 340.21 元；

应纳税所得额 =20 340.21-5 000.00-4 000.00=11 340.21 元；

应纳税额 =11 340.21×3%-0=340.21 元。

建议各位读者，在计算时一定要检验一下您自己计算的结果，确保不出错误。

我们也可以利用解方程来计算，计算结果也会一样的。

为了简洁，此处案例计算的是 1 月份预扣预缴税额，2 月至 12 月如果同样是雇主承担雇员"工资薪金所得"的全额税款，则需要先计算累计数，然后再倒算本月的应预扣预缴金额，与居民个人的"工资薪金所得"预扣预缴个人所得税计算步骤是一样的，此处不再赘述。

至于利用 Excel 表格适用函数公式来计算，有兴趣的读者可以试试，也是非常的方便，此处就不再深入讲解。

（三）不含税的劳务报酬所得预扣预缴税款的计算

如果纳税人取得的劳务报酬所得是税后金额，也需要把收入换算成含个税收入计算税额，不能直接以不含个税金额计算。因此，为了计算不含个税的劳务报酬所得应预扣预缴的税额，我们同样需要先将含税的税率表处理成不含个税的税率表见下表。

个人所得税预扣率表二

（居民个人劳务报酬所得预扣预缴适用）

级数	预扣预缴不含个税所得额	预扣率（%）	速算扣除数
1	不超过16 000.00元的	20	0.00
2	超过16 000.00元至37 000.00元的部分	30	2 000.00
3	超过37 000.00元的部分	40	7 000.00

【案例 2-20】支付报酬方承担全额税款的劳务报酬所得预扣税款计算

2019 年 5 月，丙公司邀请影视明星范某出席该公司举行的招商会，与明星经纪人谈妥的出场费是税后金额 100.00 万元。

假定出场费的增值税按照 3% 代扣代缴，附加税费按照实际缴纳的增值税的 10% 代扣代缴。

问：丙公司应为范某申报预扣预缴的个人所得税是多少？代扣代缴的增值税及附加税费是多少？

【解析】除财税〔2018〕164 号明确"保险营销员、证券经纪人取得的佣金收入"可以税前扣除"附加税费"外，其余的劳务报酬收入和特许权使用费收入还未见到类似规定，因此此处不能擅自扣除"附加税费"。

由于税后金额高达 100.00 万元，适用税率为最高档的 40%，速算扣除数为 7 000.00 元。

范某包含增值税的含税收入为 A，则有：

不含增值税收入：A ÷ 1.03

增值税及附加税费：A × 3% × 1.1 ÷ 1.03

A − A × 3% × 1.1 ÷ 1.03 − ((A ÷ 1.03) × (1−20%) × 40%−7 000.00) = 1 000 000.00 元

解方程式得出：A = 1 510 768.09 元

应代扣代缴的的增值税 = 1 510 768.09 × 3% ÷ (1+3%) = 44 002.95 元

应代扣代缴的附加税费 = 44 002.95 × 10% = 4 400.30 元

应预扣预缴个人所得税 = (1 510 768.09 ÷ (1+3%)) × (1−20%) × 40%−7 000.00 = 462 364.84 元

上述计算过程，可以通过结果按照税法规定进行验算其正确性。

说明：

1. 由于案例中支付方不但承担了个人所得税，还承担了增值税及附加税费，就不能简单地直接套用国税发〔1994〕89 号第十四条给出的公式，而只能通过解方程式等方法计算。

2. 由于范某仅此丙公司一笔的收入已经满足必须进行汇算清缴的情形，那么范某在汇算清缴时必须将"劳务报酬所得"的不含税收入换算为包含个人所得税后的金额。

（四）不含税年终奖税款的计算

由于全年一次性奖金，个人可以选择并入综合所得时，也可以不并入，如果选择并入的话，请参看前述的"不含的工资、薪金所得的预扣税款计算"，此处分析不并入综合所得时的税款计算。

按照财税〔2018〕164 号规定，在选择不并入的情况下，应先将奖金除以 12，以得到的商数去综合所得月度税率表找适用的税率和速算扣除，然后按照如下公式计算：

应纳税额 = 全年一次性奖金收入 × 适用税率 − 速算扣除数

同样，我们也可以对月度税率表经过处理变形为不含税的见下表：

个人所得税税率表（月度税率表）

（全年一次性奖金不并入适用）

级数	全年一次性奖金应纳税所得额(不含税)		税率（%）	速算扣除数
	下限	上限		
1	0.00	34 920.00	3	0.00
2	32 610.00	129 810.00	10	210.00
3	116 610.00	241 410.00	20	1 410.00

级数	全年一次性奖金应纳税所得额(不含税)		税率（%）	速算扣除数
	下限	上限		
4	227 660.00	317 660.00	25	2 660.00
5	298 410.00	466 410.00	30	4 410.00
6	436 160.00	631 160.00	35	7 160.00
7	543 160.00		45	15 160.00

有了这张不含税的税率表，无论是我们采用公式法还是解方程来计算，都会变得非常的方便。

【案例 2-21】不含税年终奖不并入综合所得的税款计算

假如钱某由于在 2019 年度给公司拉来一个大单，为公司立下了重大功勋，老板特批年终时给予 20.00 万元的现金奖励，而且由公司承担个人所得税。钱某综合考虑，觉得还是不并入综合所得比较划算，因此选择不并入的计税方式。

问题：对于钱某的奖励，该公司应该为其申报缴纳多少个人所得税？

【解析】通过在表 2-6-3 中找对应的税率和速算扣除数，可以找到不含税 20 万元时，对应的税率为 20%，速算扣除数为 1 410.00 元。

因此，我们可以假设钱某年终奖含税金额为 B，则有方程式：

B-(B×20%-1 410.00)=200 000.00 元

解方程，可以得出：B=248 237.50 元。

应纳税额 =248 237.50×20%-1 410.00=48 237.50 元。

同样，也可以利用公式计算：应纳税所得额 =（不含税收入额 - 依法可税前扣除额 - 速算扣除数）÷（1- 税率）。只是，在计算全年一次性奖金时，就没有"依法可税前扣除额"了。

应纳税所得额 =（200 000.00-1 410.00）÷（1-20%）=248 237.50 元

两种计算结果一样，同样也可以在 Excel 表格中使用函数公式计算。

二、雇主为雇员定额负担部分税款

《国家税务总局关于雇主为其雇员负担个人所得税税款计征问题的通知》（国税发〔1996〕199 号）规定：雇主为其雇员定额负担税款的，应将雇员取得的工资、薪金所得换算成应纳税所得税后，计算征收个人所得税。工资薪金收入换算成应纳税所得额的计算公式为：

应纳税所得额 = 雇员取得的工资 + 雇主代雇员负担的税款 - 费用扣除标准

说明：根据新个税法，"费用扣除标准"应改为"可以依法税前扣除额"。

【案例 2-22】雇主为雇员承担定额税款后个人所得税的计算

A 公司为员工刘某每月定额负担 200.00 元的个人所得税。2019 年 1 月刘某工资为 18 000.00 元。

假定刘某在该月的专项扣除、专项附加扣除和其他可依法扣除合计为 5 000.00 元。

问：2019 年 1 月 A 公司为刘某申报预扣预缴的个人所得税是多少？

【解析】应纳税所得额 =18 000.00+200.00-（5 000.00+5 000.00）=8 200.00

应预扣预缴税额 =8 200.00×3%=246.00 元

刘某还应承担的个人所得税 =246.00-200.00=46.00 元

因此，A 公司应该为刘某申报预扣预缴的个人所得税为 246.00 元，工资、薪金所得收入额为 18 200.00 元。

同样的原因，如果雇主承担雇员的"工资薪金所得"定额税款涉及多个月份的，也需要先计算累计数。

如果是"劳务报酬所得"项目，支付报酬方也是定额承担部分税款，也可以比照上面的方式进行计算。

三、雇主为雇员按比例负担部分税款

雇主为其雇员负担一定比例的工资应纳的税款或者负担一定比例的实际应纳税款的，应将国税发〔1994〕89 号文件第十四条法规的不含税收入额计算应纳税所得额的公式中"不含税收入额"替换为"未含雇主负担的税款的收入额"，同时将速算扣除数和税率两项分别乘以上述的"负担比例"，按此调整后的公式，以其未含雇主负担的税款的收入额换算成应纳税所得额，并计算应纳税款。

即：应纳税所得额 =（未含雇主负担的税款的收入额 - 费用扣除标准 - 速算扣除数 × 负担比例）÷（1- 税率 × 负担比例）。

【案例 2-23】雇主为雇员按比例承担部分税款的个人所得税计算

B 公司与员工王某签署的劳动合同约定，公司为其承担 30% 的个人所得税。2019 年 1 月王某取得工资收入 18 000.00 元，其专项扣除和专项附加扣除等合计假定为 4 000.00 元。

问：B 公司应为王某申报预扣预缴的个人所得税是多少？

【解析】根据王某的收入以及可扣除项金额，可以判定应适用的税率为 3%，适用税率为 0.

应纳税所得额 =〔18 000.00-（5 000.00+4 000.00）-0×30%〕÷（1-3%×30%）=9 081.74 元

预扣预缴税额 =9 081.74×3%-0=272.45 元

其中，单位承担 30% 税款为 81.74 元，个人承担 70% 税款为 190.71 元。

同样的，对于负担部分比例的税款计算，也可以采用解方程或在 Excel 中使用函数公式进行。

第三章

股权激励所得和促进科技成果的个人所得税

股权激励是一种通过经营者获得公司股权形式，使他们能够以股东的身份参与企业决策、分享利润、承担风险，从而勤勉尽责地为公司的长期发展服务的一种激励方法。现阶段，股权激励模式主要有：股票期权模式、限制性股票模式、股票增值权模式、业绩股票激励模式和虚拟股票模式等。

为促进科技成果转化，国家对于科研院所在科技成果转化过程中对科技人员给予股权激励或技术入股等都实施了一系列的个人所得税优惠政策。

大部分的股权激励所得属于"工资、薪金所得"，在适用"工资、薪金所得"相关规定的同时，也要遵从相关单独规定，故将其内容单独为本章。

第一节　上市公司股权激励所得

《上市公司股权激励管理办法（试行）》（证监公司字〔2005〕151号）是为了贯彻落实《国务院关于推进资本市场改革开放和稳定发展的若干意见》（国发〔2004〕3号）和《国务院批转证监会〈关于提高上市公司质量意见〉的通知》（国发〔2005〕34号），进一步完善上市公司治理结构，促进上市公司规范运作与持续发展而制定的法规。

《上市公司股权激励管理办法（试行）》（证监公司字〔2005〕151号）自2016年8月13日起施行。

上市公司实施股权激励后，让上市公司部分"董监高"和核心骨干人员获得了价值不菲的股票期权等，财政部、国家税务总局也及时配套出台了个人所得税的相关规定。

《个人所得税法》修订后，《财政部 税务总局关于个人所得税法修改后有关优惠政策衔接问题的通知》（财税〔2018〕164号）对上市公司股权激励的政策做出了过渡安排。

一、股票期权所得

根据《财政部、国家税务总局关于个人股票期权所得征收个人所得税问题的通知》（财税〔2005〕35号）规定，企业员工股票期权（以下简称股票期权）是指上市公司按照规定的程序授予本公司及其控股企业员工的一项权利，该权利允许被授权员工在未来时间内以某一特定价格购买本公司一定数量的股票。

上述"某一特定价格"被称为"授予价"或"施权价"，即根据股票期权计划可以购买股票的价格，一般为股票期权授予日的市场价格或该价格的折扣价格，也可以是按照事先设定的计算方法约定的价格；"授予日"也称"授权日"，是指公司授予员工上述权利的日期；"行权"也称"执行"，是指员工根据股票期权计划选择购买股票的过程；员工行使上述权利的当日为"行权日"，也称"购买日"。

对于股票期权所得，分不同情况和不同阶段规定是否征税。

（一）不可公开交易的股票期权

1. 授予时不征税

财税〔2005〕35号规定，员工接受实施股票期权计划企业授予的股票期权时，除另有规定外，一般不作为应税所得征税。

2. 行权日前转让按"工资、薪金所得"征税

对因特殊情况，员工在行权日之前将股票期权转让的，以股票期权的转让净收入，作为工资薪金所得征收个人所得税。

《国家税务总局关于个人股票期权所得缴纳个人所得税有关问题的补充通知》（国税函〔2006〕902号）规定，"股票期权的转让净收入"，一般是指股票期权转让收入。如果员工以折价购入方式取得股票期权的，可以股票期权转让收入扣除折价购入股票期权时实际支付的价款后的余额，作为股票期权的转让净收入。

3. 行权时按"工资、薪金所得"征税

员工行权时，其从企业取得股票的实际购买价（施权价）低于购买日公平市场价（指该股票当日的收盘价，下同）的差额，是因员工在企业的表现和业绩情况而取得的与任职、受雇有关的所得，应按"工资、薪金所得"适用的规定计算缴纳个人所得税。

4. 行权后转让或持有收益的税务处理

员工将行权后的股票再转让时获得的高于购买日公平市场价的差额，是因个人在证券二级市场上转让股票等有价证券而获得的所得，应按照"财产转让所得"适用的征免规定计算缴纳个人所得税。

员工因拥有股权而参与企业税后利润分配取得的所得，应按照"利息、股息、红利所得"适用的规定计算缴纳个人所得税。

5.行权日股票期权工资薪金所得应纳税所得额计算

员工行权日所在期间的工资薪金所得,应按下列公式计算工资薪金应纳税所得额:

股票期权形式的工资薪金应纳税所得额＝(行权股票的每股市场价－员工取得该股票期权支付的每股施权价)×股票数量

6.应纳税款的计算

财税〔2018〕164号规定:居民个人取得股票期权、股票增值权、限制性股票、股权奖励等股权激励(以下简称股权激励),符合相关条件的,在2021年12月31日前,不并入当年综合所得,全额单独适用综合所得税率表,计算纳税。计算公式为:

应纳税额＝股权激励收入×适用税率－速算扣除数

注意事项:

(1)上述规定属于过渡性安排,有效期限从2019年1月1日至2021年12月31日(与取得全年一次性奖金优惠期限一致),纳税人需要及时关注国家对股权激励在2022年1月1日之后的后续规定;

(2)居民个人一个纳税年度内取得两次以上(含两次)股权激励的,应合并在一起计算纳税,但是在2021年12月31日前还是不用并入综合所得。

【案例3-1】不可公开交易股权期权所得的个人所得税计算

李某2018年1月取得某上市公司授予的不可公开交易股票期权10 000股,授予日股票价格为10.00元,授予期权价格为8.00元,规定可在2019年2月份行权。假定李某2019年2月28日前行权,且行权当天股票市价为16.00元。

问题:计算李某行权时应纳个人所得税金额是多少?

【解析】企业实施股票期权计划,授予该企业员工股票期权。员工因此在行使期权购买股票时,以低于市场价格(购买股票当日收盘价)的某一特定价格(施权价)购买本公司一定数量的股票,从而获得的施权价与收盘价的差额,是因员工在企业的表现和业绩情况而取得的与任职、受雇有关的所得,应按"工资、薪金所得"适用的规定计算缴纳个人所得税。其工资薪金应纳税所得额的确定,依据财税〔2005〕35号规定,按下列公式计算:

股票期权形式的工资薪金应纳税所得额＝(行权股票的每股市场价－员工取得该股票期权支付的每股施权价)×股票数量

则李某在2019年2月28日行权时取得工资薪金应纳税所得额＝(16.00-8.00)×10 000.00＝80 000.00元

财税〔2018〕164号规定,自2019年1月1日起,居民个人取得股票期权等股权激励,在2021年12月31日前,不并入当年综合所得,全额单独适用综合所得税率表,计算纳税。计算公式为:

应纳税额＝股权激励收入×适用税率－速算扣除数

因此，李某取得的股票期权激励，应全额单独按照"工资薪金所得"计税，查询税率表可知适用税率和速算扣除数。

应纳个人所得税额 = 80 000.00×10%-2 520.00 = 5 480.00 元

7. 不实际买卖股票取得差额的税务处理

国税函〔2006〕902号第四条规定：凡取得股票期权的员工在行权日不实际买卖股票，而按行权日股票期权所指定股票的市场价与施权价之间的差额，直接从授权企业取得价差收益的，该项价差收益应作为员工取得的股票期权形式的工资薪金所得，按照财税〔2005〕35号文件的有关规定计算缴纳个人所得税。

对上市公司不可公开交易的股票期权激励，上述1～7环节纳税情况，为便于理解和记忆总结如下图所示。

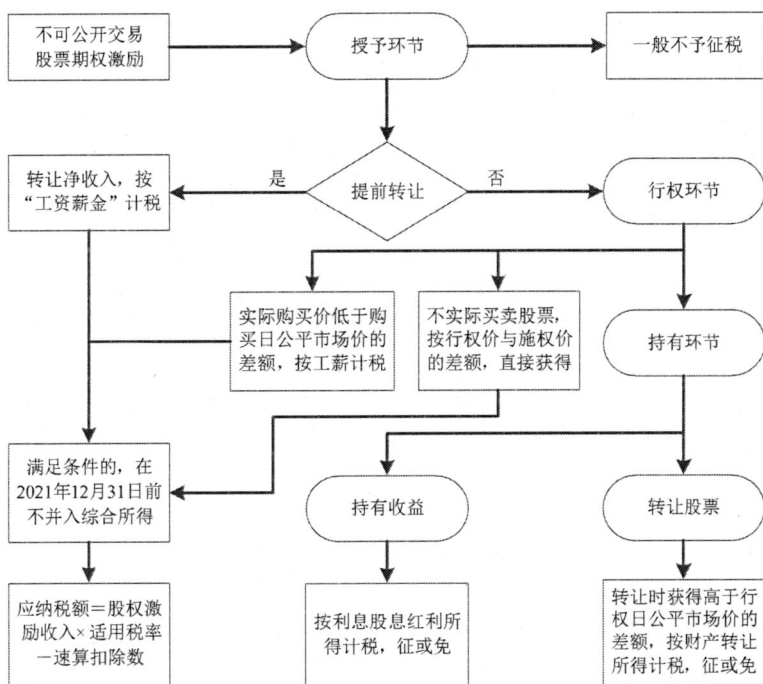

上市公司不可公开交易股票期权激励的个人所得税计算流程图

（二）可公开交易的股票期权

国税函〔2006〕902号规定，部分股票期权在授权时即约定可以转让，且在境内或境外存在公开市场及挂牌价格（以下称可公开交易的股票期权）。员工接受该可公开交易的股票期权时，应作为财税〔2005〕35号文件第二条第（一）项所述的另有规定情形，按以下规定进行税务处理。

1. 员工取得时按"工资薪金所得"征税

员工取得可公开交易的股票期权，属于员工已实际取得有确定价值的财产，应按授权日股票期权的市场价格，作为员工授权日所在月份的"工资薪金所得"。

从 2019 年 1 月 1 日起应该按照财税〔2018〕164 号第二条"关于上市公司股权激励的政策"规定计算纳税，即

应纳税额＝股权激励收入 × 适用税率－速算扣除数

2. 员工取得上述可公开交易的股票期权后，转让该股票期权所取得的所得，属于财产转让所得，依法征免个人所得税。

3. 行权时不征税

员工取得可公开交易的股票期权后，实际行使该股票期权购买股票时，不再计算缴纳个人所得税。

① 对股票增值权激励所得的个人所得税政策，归纳总结如下图所示。

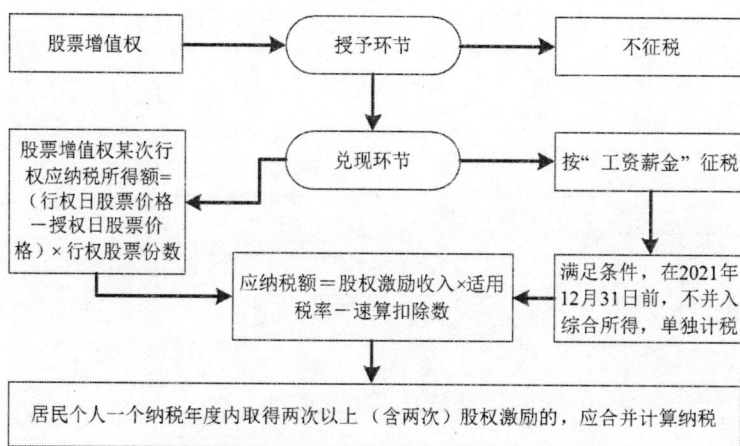

上市公司股票增值权激励的个人所得税计算流程图

② 对限制性股票激励所得的个人所得税政策，归纳总结如下图所示。

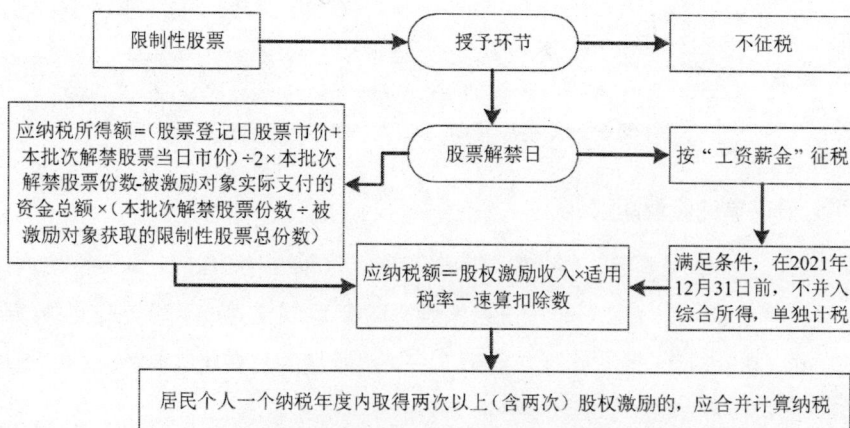

上市公司限制性股票激励的个人所得税计算流程图

【案例 3-2】可公开交易股权期权所得的个人所得税计算

陆某是某上市公司的高管人员。该公司根据相关规定，授予陆某可公开交易的股票期权 10 万股。陆某在取得股票期权的 2019 年 3 月 12 日，该股票期权收盘价为 3.00 元 / 股。该股票期权约定在 2019 年 9 月 15 日后可以 20.00 元 / 股的价格购买该公司公开发行的股票。

假定陆某在 2019 年 10 月 12 日行使股票期权购买股票 10 万股，行权时该股票在股市的收盘价是 24.00 元 / 股。

陆某在 2019 年 12 月 3 日，通过股市以 28.00 元 / 股的价格全部卖出所购买的股票。

问题：计算陆某在股票期权及股票买卖中应缴纳的个人所得税（假定不考虑交易过程中的其他税费）是多少？

【解析】根据国税函〔2006〕902 号规定，个人取得可公开交易的股票期权时，应在取得时按照工资、薪金所得缴纳个人所得税；按照财税〔2018〕164 号规定，可在 2021 年 12 月 31 日前，不并入当年综合所得，全额单独适用综合所得税率表，计算纳税。

因此，2019 年 3 月 12 日应纳税额 = 股权激励收入 × 适用税率 - 速算扣除数 =100 000.00 × 3.00 × 20%-16 920.00=43 080.00 元。

在 2019 年 10 月 12 日行使股票期权购买股票 10 万股，虽然行权时该股票在股市的收盘价是 24.00 元 / 股，高于陆某实际购买价格 20.00 元 / 股，但是因为其在取得期权时已经缴纳过个人所得税，所以该环节不再交税。

陆某在 2019 年 12 月 3 日卖出股票，已经属于公开二级市场交易所得，根据相关规定，目前暂不征收个人所得税。

【拓展】如果案例 3-1 和案例 3-2 是一个人，也就是说，在 2019 年 2 月和 3 月分别两次取得了股权激励，那么按照财税〔2018〕164 号规定第二条第（二）款规定，则应该合并在一起计算应纳税额。

2 月份的计算还是按照案例 3-1 的计算，而 3 月份的计算则要按照如下步骤计算：

股权激励累计应税所得 =2 月份应税所得 80 000.00+3 月份应税所得 300 000.00= 380 000.00 元。

查询综合所得税率表，可知对应的税率为 25%，速算扣除数为 31 920.00，因此：

累计应纳税额 =380 000.00 × 25%-31 920.00=63 080.00 元

3 月应纳税额 = 累计应纳税额 -2 月已纳税额 =63 080.00-5 480.00=57 600.00 元

（三）股票期权所得的征收管理

1. 扣缴义务人

实施股票期权计划的境内企业为个人所得税的扣缴义务人，应按税法规定履行代扣代缴个人所得税的义务。

2. 自行申报纳税

员工从两处或两处以上取得股票期权形式的工资薪金所得和没有扣缴义务人的，该个人应在《个人所得税法》规定的纳税申报期限内自行申报缴纳税款。

按照财税〔2018〕164号第二条第（二）款规定，居民个人一个纳税年度内取得两次以上（含两次）股权激励的，应该合并在一起计算应纳税额。合并在一起计算税额，可能就比分开计算税额高，需要纳税人及时补缴税款。

3. 有关资料报送

实施股票期权计划的境内企业，应在股票期权计划实施之前，将企业的股票期权计划或实施方案、股票期权协议书、授权通知书等资料报送主管税务机关；应在员工行权之前，将股票期权行权通知书和行权调整通知书等资料报送主管税务机关。

扣缴义务人和自行申报纳税的个人在申报纳税或代扣代缴税款时，应在税法规定的纳税申报期限内，将个人接受或转让的股票期权以及认购的股票情况（包括种类、数量、施权价格、行权价格、市场价格、转让价格等）报送主管税务机关。

4. 处罚

实施股票期权计划的企业和因股票期权计划而取得应税所得的自行申报员工，未按规定报送上述有关报表和资料，未履行申报纳税义务或者扣缴税款义务的，按《中华人民共和国税收征收管理法》及其实施细则的有关规定进行处理。

二、股票增值权和限制性股票所得

股票增值权，是指上市公司授予公司员工在未来一定时期和约定条件下，获得规定数量的股票价格上升所带来收益的权利。被授权人在约定条件下行权，上市公司按照行权日与授权日二级市场股票差价乘以授权股票数量，发放给被授权人现金。

限制性股票，是指上市公司按照股权激励计划约定的条件，授予公司员工一定数量本公司的股票。

《国家税务总局关于股权激励有关个人所得税问题的通知》（国税函〔2009〕461号）规定，个人因任职、受雇从上市公司取得的股票增值权所得和限制性股票所得，由上市公司或其境内机构按照"工资、薪金所得"项目和股票期权所得个人所得税计税方法，依法扣缴其个人所得税。

（一）股票增值权应纳税所得额的确定

股票增值权被授权人获取的收益，是由上市公司根据授权日与行权日股票差价乘以被授权股数，直接向被授权人支付的现金。上市公司应于向股票增值权被授权人兑现时依法扣缴其个人所得税。被授权人股票增值权应纳税所得额计算公式为：

股票增值权某次行权应纳税所得额＝（行权日股票价格－授权日股票价格）× 行权股票份数

（二）限制性股票应纳税所得额的确定

按照《个人所得税法》及其实施条例等有关规定，原则上应在限制性股票所有权归属于被激励对象时确认其限制性股票所得的应纳税所得额。即：上市公司实施限制性股票计划时，应以被激励对象限制性股票在中国证券登记结算公司（境外为证券登记托管机构）进行股票登记日期的股票市价（指当日收盘价，下同）和本批次解禁股票当日市价（指当日收盘价，下同）的平均价格乘以本批次解禁股票份数，减去被激励对象本批次解禁股份数所对应的为获取限制性股票实际支付资金数额，其差额为应纳税所得额。被激励对象限制性股票应纳税所得额计算公式为：

应纳税所得额＝（股票登记日股票市价＋本批次解禁股票当日市价）÷2× 本批次解禁股票份数 － 被激励对象实际支付的资金总额 ×（本批次解禁股票份数 ÷ 被激励对象获取的限制性股票总份数）

（三）股权激励所得应纳税额的计算

从 2019 年 1 月 1 日起至 2021 年 12 月 31 日，应该按照财税〔2018〕164 号第二条"关于上市公司股权激励的政策"规定计算纳税，即：

应纳税额＝股权激励收入 × 适用税率 － 速算扣除数

居民个人一个纳税年度内取得两次以上（含两次）股权激励的，在 2021 年 12 月 31 日前应合并计算纳税。

【案例 3-3】股票增值权所得的个人所得税计算

2019 年 1 月，居民个人邹某某从其任职的某上市公司取得股票增值权 10 000 股。根据该公司股权激励制度规定，邹某某在公司工作满一年后，可取的股票从年初到年末增值的现金奖励。

假定该公司股票 2019 年初价为 5.00 元 / 股（2018 年末收盘价），2019 年收盘价为 9.00 元 / 股。邹某某在 2020 年 1 月底前收到了 2019 年度的股票增值权奖励 40 000.00 元。

问：邹某某在取得股票增值权和增值权奖励时应缴纳的个人所得税是多少？

【解析】邹某某在取得股票增值权时，并无实际所得，故不存在缴纳个人所得税的问题。

邹某某 2020 年 1 月取得股票增值权奖励 40 000.00 应按照"工资、薪金所得"计算纳税，按照财税〔2018〕164 号第二条"关于上市公司股权激励的政策"规定：应纳税额＝股权激励收入 × 适用税率 － 速算扣除数 =40 000.00×10%-2 520.00=1 480.00 元。

【案例 3-4】限制性股票所得的个人所得税计算

2019 年 1 月，居民个人陈某某从其任职的某上市公司取得限制性股票 10 000 股，在取得限制性股票时支付了 10 000.00 元，该批股票进行股票登记日的收盘价为 6.00 元 / 股。按照计划约定，2020 年 3 月 31 日解禁 5 000 股，假定当日收盘价为 10.00 元 / 股；2020 年 11 月 30 日解禁剩下的 5 000 股，假定收盘价为 9.00 元 / 股。

问：假定不考虑其他税费的情况下，陈某某限制性股票应缴纳的个人所得税是多少？

【解析】陈某某取得限制性股票的 2019 年 1 月不产生纳税义务，因为限制性股票个人所得纳税义务发生时间是每一次股票解禁的日期。

第一批股票解禁时（2020 年 3 月 31 日），应纳税所得额 =（6.00+10.00）÷2×5 000-10 000×（5 000÷10 000）=35 000.00 元，应纳税额 =35 000.00×3%-0=1 050.00 元。

第二批股票解禁时（2020 年 11 月 30 日），应纳税所得额 =（6.00+9.00）÷2×5 000-10 000×（5 000÷10 000）=32 500.00 元。

按照财税〔2018〕164 号第二条"关于上市公司股权激励的政策"规定，居民个人一个纳税年度内取得两次以上（含两次）股权激励的，应合并计算纳税。

由于陈某某的限制性股票解禁都是在一个纳税年度内，因此，第二批股票解禁时，不能在单独计算纳税，必须要跟第一批解禁合并计算纳税。

合并后的应纳税所得额 =35 000.00+32 500.00=67 500.00 元

合并后应纳税额 =67 500.00×10%-2 520.00=4 230.00 元

第二批股票解禁应补缴税款 =4 230.00-1 050.00=3 180.00 元

（四）纳税义务发生时间

（1）股票增值权个人所得税纳税义务发生时间为上市公司向被授权人兑现股票增值权所得的日期；

（2）限制性股票个人所得税纳税义务发生时间为每一批次限制性股票解禁的日期。

（五）报送资料的规定

（1）实施股票期权、股票增值权计划的境内上市公司，应按照财税〔2005〕35 号文件第五条第（三）项规定报送有关资料。

（2）实施限制性股票计划的境内上市公司，应在中国证券登记结算公司（境外为证券登记托管机构）进行股票登记、并经上市公司公示后 15 日内，将本公司限制性股票计划或实施方案、协议书、授权通知书、股票登记日期及当日收盘价、禁售期限和股权激励人员名单等资料报送主管税务机关备案。

境外上市公司的境内机构，应向其主管税务机关报送境外上市公司实施股权激励计划的中（外）文资料备案。

（3）扣缴义务人和自行申报纳税的个人在代扣代缴税款或申报纳税时，应在税法规定的纳税申报期限内，将个人接受或转让的股权以及认购的股票情况（包括种类、数量、施权价格、行权价格、市场价格、转让价格等）、股权激励人员名单、应纳税所得额、应纳税额等资料报送主管税务机关。

三、股权奖励所得

根据《财政部 国家税务总局关于完善股权激励和技术入股有关所得税政策的通知》（财税〔2016〕101号）规定：股权奖励应纳税款的计算，比照上市公司股票期权、限制性股票应纳税款的计算规定执行。

具体内容见本节的"一、股票期权所得"和"二、股票增值权和限制性股票所得"，这里不再赘述。

四、延期纳税的优惠政策

（一）延长纳税期限

《财政部 国家税务总局关于完善股权激励和技术入股有关所得税政策的通知》（财税〔2016〕101号）规定：自2016年9月1日起，上市公司授予个人的股票期权、限制性股票和股权奖励，经向主管税务机关备案，个人可自股票期权行权、限制性股票解禁或取得股权奖励之日起，在不超过12个月的期限内缴纳个人所得税。

这里所称的上市公司是指其股票在上海证券交易所、深圳证券交易所上市交易的股份公司，不包括全国中小企业股份转让系统挂牌公司（俗称新三板挂牌公司）。

注意事项：

（1）个人从任职受雇企业以低于公平市场价格取得股票（权）的，凡不符合递延纳税条件，应在获得股票（权）时，对实际出资额低于公平市场价格的差额，按照"工资、薪金所得"项目，按规定计算缴纳个人所得税。

（2）个人转让股权时，视同享受递延纳税优惠政策的股权优先转让。递延纳税的股权成本按照加权平均法计算，不与其他方式取得的股权成本合并计算。

（3）持有递延纳税的股权期间，因该股权产生的转增股本收入，以及以该递延纳税的股权再进行非货币性资产投资的，应在当期缴纳税款。

（二）延期纳税备案管理

财税〔2016〕101号第五条第（一）款规定，对股权激励或技术成果投资入股选择适用递延纳税政策的，企业应在规定期限内到主管税务机关办理备案手续。未办理备案手续的，不得享受财税〔2016〕101号规定的递延纳税优惠政策。

《国家税务总局关于股权激励和技术入股所得税征管问题的公告》（国家税务总局公告2016年第62号）进一步明确规定：上市公司实施股权激励，个人选择在不超过12个月期限内缴税的，上市公司应自股票期权行权、限制性股票解禁、股权奖励获得之次月 15 日内，向主管税务机关报送《上市公司股权激励个人所得税延期纳税备案表》（附件 2）。上市公司初次办理股权激励备案时，还应一并向主管税务机关报送股权激励计划、董事会或股东大会决议。

附件 2

上市公司股权激励个人所得税延期纳税备案表

单位：股，人民币元（列至角分）

备案编号（主管税务机关填写）：

公司基本情况

公司名称		纳税人识别号		股票代码		联系人		联系电话	

股权激励基本情况

股权激励形式　□股票期权　□限制性股票　□股权奖励

序号	姓名	身份证照类型	身份证照号码	任职受雇月数	股票期权/股权奖励				限制性股票							股权奖励		
					行权日	行权日市价	行权价	行权股数	股票登记日	股票登记日市价	解禁日	解禁日市价	实际出资总额	本批次解禁数数	总股票数	授予日	授予日市价	奖励股票数

谨声明：此表是根据《中华人民共和国个人所得税法》及有关法律法规定填写的，是真实的、完整的、可靠的。

公司签章：	代理申报机构（人）签章：	法定代表人签章：	主管税务机关印章：
经办人： 填报日期： 年 月 日	经办人： 经办人执业证件号码： 代理申报日期： 年 月 日		受理人： 受理日期： 年 月 日

年 月 日

国家税务总局监制

第二节　非上市公司股权激励所得

为支持大众创业、万众创新战略的实施，促进我国经济结构转型升级，2016年9月22日，财政部、国家税务总局联合发布了《关于完善股权激励和技术入股有关所得税政策的通知》（财税〔2016〕101号），就完善股权激励和技术入股有关所得税政策作出规定，对符合条件的非上市公司股票期权、股权期权、限制性股票和股权奖励实行递延纳税政策等。

一、非上市公司股权激励实行递延纳税政策

（一）递延纳税政策规定

财税〔2016〕101号第一条规定：非上市公司授予本公司员工的股票期权、股权期权、限制性股票和股权奖励，符合规定条件的，经向主管税务机关备案，可实行递延纳税政策，即员工在取得股权激励时可暂不纳税，递延至转让该股权时纳税；股权转让时，按照股权转让收入减除股权取得成本以及合理税费后的差额，适用"财产转让所得"项目，按照20%的税率计算缴纳个人所得税。

股权转让时，股票（权）期权取得成本按行权价确定，限制性股票取得成本按实际出资额确定，股权奖励取得成本为零。

说明：财税〔2016〕101号的规定，对非上市公司符合条件的股票期权、股权期权、限制性股票和股权奖励，由通常情况下分别按"工资、薪金所得"和"财产转让所得"两个环节征税，合并为只在一个环节征税，即只在转让环节按"财产转让所得"征税，而取得环节的"工资、薪金所得"暂不征税。

该文件出台后，税负比之前降低了10～20个百分点，有效降低了纳税人的税收负担，进一步加大了对创新创业的支持力度。

（二）法理分析

与奖励、福利等现金激励类似，股权激励是企业以股权形式对员工的一种激励方式。企业通过低于市场价或无偿授予员工股权，对员工此前的工作业绩予以奖励，并进一步激发其工作热情，与企业共同发展。股权激励过程中，员工往往低价或无偿取得企业股权。该部分股权折价，实质上是企业给员工发放的非现金形式的奖金，对于该收入，应在员工取得时计算纳税，也是符合税法规定的或国际通行做法的。

但是，从实际情况来看，纳税人此时取得的往往是股权形式的所得，属于非现金形式的，纳税存在一定困难。同样的，技术成果投资入股，也属于财产转让，也应在入股当期计算纳税，但是纳税人同样的没有现金收入而存在纳税困难。

递延纳税正是针对这种情况，将纳税时点递延至股权转让环节，即纳税人因股权激励或技术成果入股取得的股权时先暂时不征税，等到实际转让股权时再纳税。递延纳税的好处是解决了纳税人纳税义务发生时缺乏现金缴税的困难。

（三）享受递延纳税政策的条件

财税〔2016〕101 号规定，享受递延纳税政策的非上市公司股权激励（包括股票期权、股权期权、限制性股票和股权奖励，下同）须同时满足以下 7 个条件：

（1）属于境内居民企业的股权激励计划。

（2）股权激励计划经公司董事会、股东（大）会审议通过。未设股东（大）会的国有单位，经上级主管部门审核批准。股权激励计划应列明激励目的、对象、标的、有效期、各类价格的确定方法、激励对象获取权益的条件、程序等。

（3）激励标的应为境内居民企业的本公司股权。股权奖励的标的可以是技术成果投资入股到其他境内居民企业所取得的股权。激励标的股票（权）包括通过增发、大股东直接让渡以及法律法规允许的其他合理方式授予激励对象的股票（权）。

（4）激励对象应为公司董事会或股东（大）会决定的技术骨干和高级管理人员，激励对象人数累计不得超过本公司最近 6 个月在职职工平均人数的 30%。

（5）股票（权）期权自授予日起应持有满 3 年，且自行权日起持有满 1 年；限制性股票自授予日起应持有满 3 年，且解禁后持有满 1 年；股权奖励自获得奖励之日起应持有满 3 年。上述时间条件须在股权激励计划中列明。

（6）股票（权）期权自授予日至行权日的时间不得超过 10 年。

（7）实施股权奖励的公司及其奖励股权标的公司所属行业均不属于《股权奖励税收优惠政策限制性行业目录》范围（见下表）。公司所属行业按公司上一纳税年度主营业务收入占比最高的行业确定。

股权奖励税收优惠政策限制性行业目录

门类代码	类别名称
A（农、林、牧、渔业）	（1）03畜牧业（科学研究、籽种繁育性质项目除外）
	（2）04渔业（科学研究、籽种繁育性质项目除外）
B（采矿业）	（3）采矿业（除第11类开采辅助活动）
C（制造业）	（4）16烟草制品业
	（5）17纺织业（除第178类非家用纺织制成品制造）
	（6）19皮革、毛皮、羽毛及其制品和制鞋业
	（7）20木材加工和木、竹、藤、棕、草制品业
	（8）22造纸和纸制品业（除第223类纸制品制造）
	（9）31黑色金属冶炼和压延加工业（除第314类钢压延加工）

门类代码	类别名称
F（批发和零售业）	（10）批发和零售业
G（交通运输、仓储和邮政业）	（11）交通运输、仓储和邮政业
H（住宿和餐饮业）	（12）住宿和餐饮业
J（金融业）	（13）66货币金融服务
	（14）68保险业
K（房地产业）	（15）房地产业
L（租赁和商务服务业）	（16）租赁和商务服务业
O（居民服务、修理和其他服务业）	（17）79居民服务业
Q（卫生和社会工作）	（18）84社会工作
R（文化、体育和娱乐业）	（19）88体育
	（20）89娱乐业
S（公共管理、社会保障和社会组织）	（21）公共管理、社会保障和社会组织（除第9421类专业性团体和9422类行业性团体）
T（国际组织）	（22）国际组织
说明：以上目录按照《国民经济行业分类》（GB/T 4754—2011）编制。	

说明：

（1）限制性行业这个条件，只是针对股权奖励这种股权激励方式，其他股权激励方式不存在行业限制的条件。

（2）《国家税务总局关于股权激励和技术入股所得税征管问题的公告》（国家税务总局公告2016年第62号）规定：非上市公司实施符合条件的股权激励，本公司最近6个月在职职工平均人数，按照股票（权）期权行权、限制性股票解禁、股权奖励获得之上月起前6个月"工资薪金所得"项目全员全额扣缴明细申报的平均人数确定。

（四）非上市公司股权激励递延纳税总结

根据税法规定，将非上市公司股权激励政策总结如下图所示。

非上市公司
股权激励 → 员工取得环节

财税〔2016〕101号
规定的7项条件 → 符合条件 —否→ 按"工资薪金所得"计税，并入综合所得

符合条件 —是↓

股权转让环节
按财产转让征税
税率20% ← 适用
递延纳税政策
取得时，不征税

满足条件的适用
财税〔2018〕164号上
市公司股权激励政策

应纳税额=（转让收入－激励成本－税费×20%）

股票（权）期权取得成本按行权价确定

限制性股票取得成本按实际出资额确定

股权奖励取得成本为零

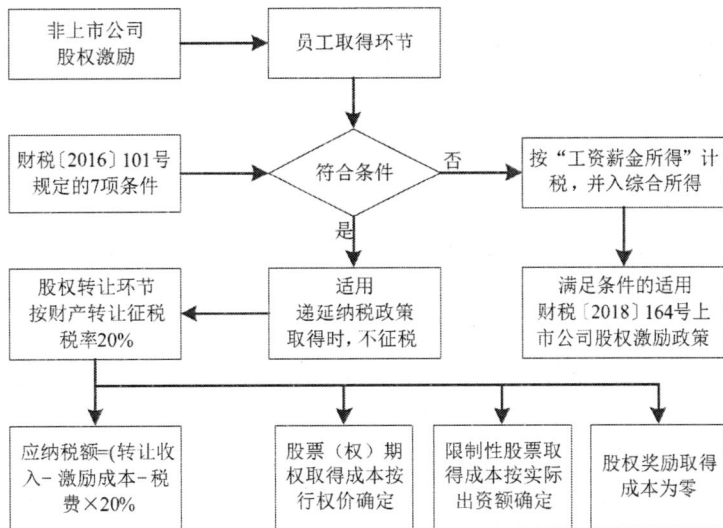

非上市公司股权激励的个人所得税计算流程图

【案例3-5】非上市公司股权激励限制条件中30%的人数比例的计算

某企业2019年9月实施一项针对核心技术人员的股权激励计划，激励对象共20人。在其他条件符合规定的情况下，该企业的股权激励计划能否递延纳税？该企业2019年3月至8月"工资、薪金所得"个人所得税全员全额扣缴明细申报的人数分别为90人、95人、95人、100人、105人、105人。

【解析】根据国家税务总局公告2016年第62号规定，在职职工人数，需要根据取得股权激励之上月起前6个月"工资、薪金所得"项目的明细申报人数确定。

该企业激励对象占最近6个月在职职工平均人数比＝20÷[（90+95+95+100+105+105）÷6]≈20.34％＜30％。因此，该股权激励计划符合递延纳税人数比例限制的条件。

（五）可享受递延纳税的股权激励种类

财税〔2016〕101号规定，可享受符合条件的非上市公司股权激励，实行递延纳税政策的种类包括股票期权、股权期权、限制性股票和股权奖励。

（1）股票（权）期权是指公司给予激励对象在一定期限内以事先约定的价格购买本公司股票（权）的权利。

（2）限制性股票是指公司按照预先确定的条件授予激励对象一定数量的本公司股权，激励对象只有工作年限或业绩目标符合股权激励计划规定条件的才可以处置该股权。

（3）股权奖励是指企业无偿授予激励对象一定份额的股权或一定数量的股份。

二、符合递延纳税条件的股票（权）的税务处理

（一）股票（权）期权授予时的税务处理

员工个人接受实施的股票（权）期权计划的非上市公司授予的股票（权）期权时，因为暂时没有实际所得，不存在应纳税的问题。

（二）股票（权）行权时的税务处理

非上市公司授予本公司员工的股票期权、股权期权，同时满足财税〔2016〕101 号规定的条件的，经向主管税务机关备案，可实行递延纳税政策，即员工在取得期权行权所得时可暂不纳税，递延至转让该股权时纳税。股权转让时，按照股权转让收入减除股权取得成本以及合理税费后的差额，适用"财产转让所得"项目，按照 20% 的税率计算缴纳个人所得税。

凡不符合递延纳税条件的，应在获得股票（权）时，对实际出资额低于公平市价的差额，按照"工资、薪金所得"项目，参照《财政部 国家税务总局关于个人股票期权征收个人所得税问题的通知》（财税〔2005〕35 号）有关规定计算缴纳个人所得税，不能适用财税〔2018〕164 号中关于上市公司股权激励的政策。

（三）延期纳税股权转增股本的税务处理

1. 转增当期应缴税

财税〔2016〕101 号第四条第（四）款规定：持有递延纳税的股权期间，因该股权产生的转增股本收入，以及以该递延纳税的股权再进行非货币性资产投资的，应在当期缴纳税款。

2. 应税项目的确定

根据《国家税务总局所得税司关于印发〈股权激励和技术入股个人所得税政策口径〉的通知》（税总所便函〔2016〕149 号）问题 19 明确：依据税法，企业以未分配利润、盈余公积、资本公积转增股本，需按照"利息、股息、红利所得"项目计征个人所得税。

3. 中小高新技术企业的转增股本

根据《财政部 国家税务总局关于将国家自主创新示范区有关税收试点政策推广到全国范围实施的通知》（财税〔2015〕116 号），自 2016 年 1 月 1 日起，全国范围内的中小高新技术企业以未分配利润、盈余公积、资本公积向个人股东转增股本时，个人股东一次缴纳个人所得税确有困难的，可根据实际情况自行制定分期缴税计划，在不超过 5 个公历年度内（含）分期缴纳，并将有关资料报主管税务机关备案。

（四）延期纳税股权对外投资的税务处理

1. 投资当期应缴税

财税〔2016〕101 号第四条第（四）款规定：持有递延纳税的股权期间，以该递延纳税的股权再进行非货币性资产投资的，应在当期缴纳税款。

2. 不适用非货币性资产投资分期纳税的优惠政策

根据《国家税务总局所得税司关于印发〈股权激励和技术入股个人所得税政策口径〉的通知》（税总所便函〔2016〕149号）问题22明确：个人以股权进行非货币性资产投资，《财政部 国家税务总局关于个人非货币性资产投资有关个人所得税政策的通知》（财税〔2015〕41号）规定可以分期5年缴纳。但个人以技术成果投资入股选择递延纳税的，根据财税〔2016〕101号文件第四条第（四）项规定，个人以递延纳税的股权进行非货币性资产投资，须在非货币性资产投资当期缴纳税款。

（五）在境内上市后处置股权的税务处理

根据财税〔2016〕101号第四条第（二）款的规定，个人因股权激励取得股权后，非上市公司在境内上市的，处置递延纳税的股权时，按照现行限售股有关征税规定执行。

【案例 3-6】个人持有递延纳税非上市公司股权期间公司在境内上市后的税收处理

个人持有递延纳税非上市公司股权期间公司在境内上市了，税收上如何处理？（税总所便函〔2016〕149号文问题17）

答：纳税人因获得非上市公司实施符合条件的股权激励而选择递延纳税的，自其取得股权至实际转让期间，因时间跨度可能非常长，其中会出现不少变数。如果公司在境内上市了，员工持有的递延纳税股权，自然转为限售股。根据101号文件第四条第（二）项规定，相关税收处理应按照限售股相关规定执行。具体包含三方面：

一是股票转让价格，按照限售股有关规定确定。

二是扣缴义务人转为限售股转让所得的扣缴义务人（即证券机构），实施股权激励的公司、获得技术成果的企业只需及时将相关信息告知税务机关，无需继续扣缴递延纳税股票个人所得税。

三是个人股票原值仍按101号文件规定确定，也就是说，转让的股票来源于股权激励的，原值为其实际取得成本；来源于技术成果投资入股的，原值为技术成果原值。若证券机构扣缴的个人所得税与纳税人的实际情况有出入，个人需按照《财政部 国家税务总局 证监会关于个人转让上市公司限售股所得征收个人所得税有关问题的通知》（财税〔2009〕167号）规定，向证券机构所在地主管税务机关申请办理税收清算。

（六）转让股权的税务处理

员工将行权后的股票、股权再转让时获得的高于购买日公平市场价的差额，是因为转让有价证券而获得的所得，应按照"财产转让所得"计算纳税。

根据财税〔2016〕101号第四条第（三）款规定，个人转让股权时，视同享受递延纳税优惠政策的股权优先转让。递延纳税的股权成本按照加权平均法计算，不与其他方式取得的股权成本合并计算。

非上市公司股权激励所得各环节纳税总结见下表。

非上市公司股权激励所得各环节征税

环节	递延纳税政策	非递延纳税政策
授予期权时	不征税	不征税
行权时	暂不征税	按工资、薪金所得征税
转增股本	按利息、股息、红利所得征税	按利息、股息、红利所得征税
对外投资	按财产转让所得征税	按财产转让所得征税
在境内上市后转让股权	按限售股征税	按限售股征税
转让时	按财产转让所得征税	按财产转让所得征税

（七）递延纳税备案管理

财税〔2016〕101号第五条第（一）款规定，对股权激励或技术成果投资入股选择适用递延纳税政策的，企业应在规定期限内到主管税务机关办理备案手续。未办理备案手续的，不得享受财税〔2016〕101号规定的递延纳税优惠政策。

《国家税务总局关于股权激励和技术入股所得税征管问题的公告》（国家税务总局公告2016年第62号）进一步明确规定：非上市公司实施符合条件的股权激励，个人选择递延纳税的，非上市公司应于股票（权）期权行权、限制性股票解禁、股权奖励获得之次月15日内，向主管税务机关报送《非上市公司股权激励个人所得税递延纳税备案表》（附件1）、股权激励计划、董事会或股东大会决议、激励对象任职或从事技术工作情况说明等。实施股权奖励的企业同时报送本企业及其奖励股权标的企业上一纳税年度主营业务收入构成情况说明。

个人因非上市公司实施股权激励或以技术成果投资入股取得的股票（权），实行递延纳税期间，扣缴义务人应于每个纳税年度终了后30日内，向主管税务机关报送《个人所得税递延纳税情况年度报告表》（附件4）。

附件 1

非上市公司股权激励个人所得税递延纳税备案表

备案编号（主管税务机关填写）：

单位：股，%，人民币元（列至角分）

<table>
<tr><td colspan="8" rowspan="2">公司基本情况</td><td>公司名称</td><td></td><td>纳税人识别号</td><td></td></tr>
<tr><td>股票代码</td><td></td><td>联系人</td><td>联系电话</td></tr>
<tr><td colspan="12">股权激励基本情况</td></tr>
<tr><td>股权激励形式</td><td colspan="5">□股票（权）期权　□限制性股票　□股权奖励</td><td colspan="2">股权激励人数</td><td colspan="2">近6个月平均人数</td></tr>
<tr><td>本公司是否为限制性行业</td><td colspan="5">□是 □否</td><td colspan="4">标的公司名称</td></tr>
<tr><td>该栏仅由实施股权奖励的公司填写
标的公司是否为限制性行业</td><td colspan="5">□是 □否</td><td colspan="4">标的公司纳税人识别号</td></tr>
</table>

<table>
<tr>
<td rowspan="3">序号</td>
<td rowspan="3">姓名</td>
<td rowspan="3">身份证照类型</td>
<td rowspan="3">身份证照号码</td>
<td colspan="5">股票（权）期权</td>
<td colspan="5">限制性股票</td>
<td colspan="4">股权奖励</td>
</tr>
<tr>
<td>授予日</td><td>行权日</td><td>可出售日</td><td>取得成本</td><td>股数</td><td>持股比例</td>
<td>授予日</td><td>解禁日</td><td>可出售日</td><td>取得成本</td><td>股数</td><td>持股比例</td>
<td>授予日</td><td>可出售日</td><td>股数</td><td>持股比例</td>
</tr>
<tr><td></td><td></td><td></td><td></td><td></td><td></td><td></td><td></td><td></td><td></td><td></td><td></td><td></td><td></td><td></td><td></td></tr>
<tr><td></td><td></td><td></td><td></td><td></td><td></td><td></td><td></td><td></td><td></td><td></td><td></td><td></td><td></td><td></td><td></td></tr>
<tr><td></td><td></td><td></td><td></td><td></td><td></td><td></td><td></td><td></td><td></td><td></td><td></td><td></td><td></td><td></td><td></td></tr>
<tr><td></td><td></td><td></td><td></td><td></td><td></td><td></td><td></td><td></td><td></td><td></td><td></td><td></td><td></td><td></td><td></td></tr>
</table>

谨声明：此表是根据《中华人民共和国个人所得税法》及有关法律法规规定填写的，是真实的、完整的、可靠的。

实施股权激励公司法定代表人签章：

公司签章：
经办人：
填报日期：　　年　月　日

代理申报机构（人）签章：
经办人：
经办人执业证件号码：
代理申报日期：　年　月　日

主管税务机关印章：
受理人：
受理日期：　年　月　日

年　月　日

国家税务总局监制

填报说明

一、适用范围

本表适用于实施符合条件股权激励的非上市公司向主管税务机关办理个人所得税递延缴纳备案事宜时填报。

二、报送期限

企业应于符合条件的股票（权）期权行权、限制性股票解禁、股权奖励获得之次月15日内报送。

三、表内各栏

（一）公司基本情况

1. 公司名称：填写实施股权激励的非上市公司法定名称全称。

2. 纳税人识别号：填写纳税人识别号或统一社会信用代码。

3. 联系人、联系电话：填写非上市公司负责办理股权激励及相关涉税事项人员的相关情况。

（二）股权激励基本情况

1. 股权激励形式：根据实施股权激励的形式勾选。

2. 股权激励人数：填写股权激励计划中被激励对象的总人数。

3. 近6个月平均人数：填写股票（权）期权行权、限制性股票解禁、股权奖励获得之上月起向前6个月"工资、薪金所得"项目全员全额扣缴明细申报的平均人数。例如，某公司实施一批股票期权并于2017年1月行权，则按照该公司2016年7月、8月、9月、10月、11月、12月"工资、薪金所得"项目全员全额扣缴明细申报的平均人数计算。计算结果按四舍五入取整。

4. 实施股权奖励公司填写栏：填写实施股权奖励企业的有关情况。

（1）本公司是否为限制性行业：实施股权奖励公司根据本公司上一纳税年度主营业务收入占比最高的行业，确定是否属于《财政部 国家税务总局关于完善股权激励和技术入股有关所得税政策的通知》（财税〔2016〕101号）附件《股权奖励税收优惠政策限制性行业目录》所列行业。属于所列行业选"是"，不属于所列行业选"否"。

（2）标的公司名称、标的公司是否为限制性行业、标的公司纳税人识别号：以技术成果投资入股到其他境内居民企业所取得的股权实施股权奖励的，填写本栏。以本公司股权为股权奖励标的，无须填报本栏。

① 标的公司名称：以其他境内居民企业股权实施股权奖励的，填写用以实施股权奖励的股权标的公司法定名称全称。

② 标的公司纳税人识别号：以其他境内居民企业股权实施股权奖励的，填写用以实施股权奖励的股权标的公司的纳税人识别号或统一社会信用代码。

③标的公司是否为限制性行业：以其他境内居民企业股权实施股权奖励的，根据标的公司上一纳税年度主营业务收入占比最高的行业，确定是否属于《财政部 国家税务总局关于完善股权激励和技术入股有关所得税政策的通知》（财税〔2016〕101号）附件《股权奖励税收优惠政策限制性行业目录》所列行业。属于所列行业选"是"，不属于所列行业选"否"。

（三）股权激励明细情况

1.姓名：填写纳税人姓名。中国境内无住所个人，其姓名应当用中、外文同时填写。

2.身份证照类型：填写能识别纳税人唯一身份的身份证、军官证、士兵证、护照、港澳居民来往内地通行证、台湾居民来往大陆通行证等有效证照名称。

3.身份证照号码：填写能识别纳税人唯一身份的号码。

4.股票（权）期权栏：以股票（权）期权形式实施激励的企业填写本栏。没有则不填。

①授予日：填写股票（权）期权计划中，授予被激励对象股票（权）期权的实际日期。

②行权日：填写根据股票（权）期权计划，行权购买股票（权）的实际日期。

③可出售日：填写根据股票（权）期权计划，股票（权）期权同时满足自授予日起持有满3年、且自行权日起持有满1年条件后，实际可以对外出售的日期。

④取得成本：填写被激励对象股票（权）期权行权时，按行权价实际出资的金额。

⑤股数、持股比例：填写被激励对象实际取得的股数以及对应的持股比例。若非上市公司因公司注册类型限制，难以用股数体现被激励对象股权激励权益的，可只填写持股比例，持股比例按照保留小数点后两位填写。

5.限制性股票栏：以限制性股票形式实施激励的企业填写本栏。没有则不填。

①授予日：填写限制性股票计划中，授予被激励对象限制性股票的实际日期。

②解禁日：填写根据限制性股票计划，被激励对象取得限制性股票达到规定条件而解除出售限制的具体日期。

③可出售日：填写根据限制性股票计划，限制性股票同时满足自授予日起持有满3年、且解禁后持有满1年条件后，实际可以对外出售的日期。

④取得成本：填写被激励对象取得限制性股票时的实际出资金额。

⑤股数、持股比例：填写被激励对象实际取得的股数以及对应的持股比例。若非上市公司因公司注册类型限制，难以用股数体现被激励对象股权激励权益的，可只填写持股比例，持股比例按照保留小数点后两位填写。

6.股权奖励栏：以股权奖励形式实施激励的企业填写本栏。没有则不填。

①授予日：填写授予被激励对象股权奖励的实际日期。

②可出售日：填写根据股权奖励计划，自获得奖励之日起持有满3年后，实际可以对外出售的日期。

③股数、持股比例：填写被激励对象实际取得的股数以及对应的持股比例。若非上市公

司因公司注册类型限制，难以用股数体现被激励对象股权激励权益的，可只填写持股比例，持股比例按照保留小数点后两位填写。

四、本表一式两份。 主管税务机关受理后，由非上市公司和主管税务机关分别留存。

附件 4

个人所得税递延纳税情况年度报告表

报告所属期：　　年

单位：股、%、人民币元（列至角分）

公司基本情况

公司名称		纳税人识别号		联系人		联系电话	

递延纳税股票（权）形式：□股票（权）期权　□限制性股票　□股权奖励　□技术成果投资入股

递延纳税有关情况

递延纳税明细情况

序号	姓名	身份证照类型	身份证照号码	总体情况					股票（权）期权					限制性股票					股权奖励					技术成果投资入股				
				转让情况		剩余情况		扣缴个人所得税	转让情况		剩余情况			转让情况		剩余情况			转让情况		剩余情况			转让情况		剩余情况	
				股数	持股比例	股数	持股比例		股数	持股比例	股数	持股比例		股数	持股比例	股数	持股比例		股数	持股比例	股数	持股比例		股数	持股比例	股数	持股比例

谨声明：此表是根据《中华人民共和国个人所得税法》及有关法律法规规定填写的，是真实的、完整的、可靠的。

公司签章：
经办人：
填报日期：　　年　月　日

代理申报机构（人）签章：
经办人：
经办人执业证件号码：
代理申报日期：　　年　月　日

公司法定代表人签章：

主管税务机关印章：
受理人：
受理日期：　　年　月　日

国家税务总局监制

填报说明

一、适用范围

本表适用于实施符合条件股权激励的非上市公司和取得个人技术成果的境内公司，在递延纳税期间向主管税务机关报告个人相关股权持有和转让情况。

二、报送期限

实施股权激励的非上市公司和取得个人技术成果的境内公司，应于每个纳税年度终了30日内报送本表。

三、表内各栏

（一）公司基本情况

1. 公司名称：填写实施股权激励的非上市公司，或者取得个人技术成果的境内公司的法定名称全称。

2. 纳税人识别号：填写纳税人识别号或统一社会信用代码。

3. 联系人、联系电话：填写负责办理股权激励或技术成果投资入股相关涉税事项人员的相关情况。

（二）递延纳税有关情况

递延纳税股票（权）形式：根据递延纳税的股票（权）形式勾选。

（三）递延纳税明细情况

1. 姓名：填写纳税人姓名。中国境内无住所个人，其姓名应当用中、外文同时填写。

2. 身份证照类型：填写能识别纳税人唯一身份的身份证、军官证、士兵证、护照、港澳居民来往内地通行证、台湾居民来往大陆通行证等有效证照名称。

3. 身份证照号码：填写能识别纳税人唯一身份的号码。

4. 总体情况、股票（权）期权、限制性股票、股权奖励、技术成果投资入股栏：填写个人转让和剩余享受递延纳税优惠的股票（权）相关情况。

① 股数、持股比例：填写个人实际转让或剩余享受递延纳税优惠的股票（权）数以及对应的持股比例。若非上市公司因公司注册类型限制，难以用股票（权）数体现个人相关权益的，可只填列持股比例，持股比例按照保留小数点后两位填写。

② 扣缴个人所得税：填写个人转让递延纳税的股权，扣缴义务人实际扣缴的个人所得税。

四、本表一式两份

主管税务机关受理后，由扣缴义务人和主管税务机关分别留存。

三、不满足递延纳税政策条件股权激励的税务处理

（一）初始不满足条件的不适用递延纳税优惠政策

财税〔2016〕101号第一条第（四）款规定，股权激励计划所列内容不同时满足财税〔2016〕101号规定第一条第（二）款规定的全部条件，不得享受递延纳税优惠，应按规定计算缴纳个人所得税。

针对股票期权、股权期权而言的股权激励计划所列内容实质上是指不同时满足财税〔2016〕101号规定第一条第（二）款规定的前六个条件，行业限制主要是针对股权奖励。

（二）递延纳税期间情况变化不再满足条件的

（1）财税〔2016〕101号第一条第（四）款规定，递延纳税期间公司情况发生变化，不再符合第一条第（二）款第4至6项条件的，不得享受递延纳税优惠，应按规定计算缴纳个人所得税。

（2）国家税务总局公告2016年第62号进一步明确规定：递延纳税期间，非上市公司情况发生变化，不再同时符合财税〔2016〕101号第一条第（二）款第4至6项条件的，应于情况发生变化之次月15日内，按规定计算缴纳个人所得税。

（三）不适用递延纳税后的计税

（1）个人从任职受雇企业以低于公平市场价格取得股票（权）的，凡不符合递延纳税条件，应在获得股票（权）时，对实际出资额低于公平市场价格的差额，按照"工资、薪金所得"项目，参照《财政部 国家税务总局关于个人股票期权所得征收个人所得税问题的通知》（财税〔2005〕35号）有关规定计算缴纳个人所得税。

（2）员工以在一个公历月份中取得的股票（权）形式工资薪金所得为一次。员工取得符合条件、实行递延纳税政策的股权激励，与不符合递延纳税条件的股权激励分别计算。

（3）员工在一个纳税年度中多次取得不符合递延纳税条件的股票（权）形式工资薪金所得的，参照《国家税务总局关于个人股票期权所得缴纳个人所得税有关问题的补充通知》（国税函〔2006〕902号）第七条规定执行。

说明：财税〔2005〕35号第四条第（一）项、国税函〔2006〕902号）第七条规定已被《财政部关于个人所得税法修改后有关优惠政策衔接问题的通知》（财税〔2018〕164号）废止，实际是变成现在可参照财税〔2018〕164号第二条规定执行，实际上就是按照"关于上市公司股权激励的政策"执行，具体计算参阅本章第一节内容。

（四）不满足递延纳税条件的股权激励各环节征税

详见表（P114"非上市公司股权激励所得各环节征税"）的总结。

（五）公平市场价格的确定

国家税务总局公告 2016 年第 62 号第一条第（四）款规定，财税〔2016〕101 号所称的公平市场价格按以下方法确定：

（1）上市公司股票的公平市场价格，按照取得股票当日的收盘价确定。取得股票当日为非交易日的，按照上一个交易日收盘价确定。

（2）非上市公司股票（权）的公平市场价格，依次按照净资产法、类比法和其他合理方法确定。净资产法按照取得股票（权）的上年末净资产确定。

四、新三板挂牌公司股权激励的税务处理

财税〔2016〕101 号第五条第（五）款规定，全国中小企业股份转让系统挂牌公司按照财税〔2016〕101 号第一条规定执行。

也就是说，在新三板或其他产权交易所挂牌的企业，属于非上市公司，应按照非上市公司股权激励相关税收政策执行。

第三节　高新技术企业转化科技成果股权奖励所得

《财政部 国家税务总局关于将国家自主创新示范区有关税收试点政策推广到全国范围实施的通知》（财税〔2015〕116 号）第四条规定，自 2016 年 1 月 1 日起，全国范围内的高新技术企业转化科技成果，给予本企业相关技术人员的股权奖励，个人一次缴纳税款有困难的，可根据实际情况自行制定分期缴税计划，在不超过 5 个公历年度内（含）分期缴纳，并将有关资料报主管税务机关备案。

一、转化科技成果股权奖励分期缴税的适用范围

适用财税〔2015〕116 号第四条"关于股权奖励个人所得税政策"，必须满足该文规定几个条件，否则不得适用。

（一）相关技术人员的界定

财税〔2015〕116 号规定：相关技术人员，是指经公司董事会和股东大会决议批准获得股权奖励的以下两类人员：

（1）对企业科技成果研发和产业化作出突出贡献的技术人员，包括企业内关键职务科技成果的主要完成人、重大开发项目的负责人、对主导产品或者核心技术、工艺流程作出重大创新或者改进的主要技术人员。

（2）对企业发展作出突出贡献的经营管理人员，包括主持企业全面生产经营工作的高级管理人员，负责企业主要产品（服务）生产经营合计占主营业务收入（或者主营业务利润）

50% 以上的中、高级经营管理人员。

企业面向全体员工实施的股权奖励，不得按财税〔2015〕116 号规定的分期纳税政策执行。

（二）股权奖励的界定

财税〔2015〕116 号规定：股权奖励，是指企业无偿授予相关技术人员一定份额的股权或一定数量的股份。

（三）高新技术企业的限定条件

财税〔2015〕116 号规定：能适用分期纳税的高新技术企业，是指实行查账征收、经省级高新技术企业认定管理机构认定的高新技术企业。

二、应税项目和应税所得额的确定

（一）股权奖励所得属于"工资薪金所得"

财税〔2015〕116 号第四条第 2 款规定：个人获得股权奖励时，按照"工资薪金所得"项目，参照《财政部国家税务总局关于个人股票期权所得征收个人所得税问题的通知》（财税〔2005〕35 号）有关规定计算确定应纳税额。股权奖励的计税价格参照获得股权时的公平市场价格确定。

说明：

（1）财税〔2005〕35 号第四条第（一）项已被《财政部关于个人所得税法修改后有关优惠政策衔接问题的通知》（财税〔2018〕164 号）废止，实际是变成现在可参照财税〔2018〕164 号第二条规定执行，实际上就是按照"关于上市公司股权激励的政策"执行，具体计算参阅本章第一节内容。

（2）如果高新技术企业属于非上市公司，转化科技成果股权奖励满足财税〔2016〕101 号第一条规定的，可以选择适用该条款规定的递延纳税政策，即员工在取得股权激励时可暂不纳税，递延至转让该股权时纳税；股权转让时，按照股权转让收入减除股权取得成本以及合理税费后的差额，适用"财产转让所得"项目，按照 20% 的税率计算缴纳个人所得税。

（二）股权奖励计税价格的确定

《国家税务总局关于股权奖励和转增股本个人所得税征管问题的公告》（国家税务总局公告 2015 年第 80 号）规定，股权奖励的计税价格参照获得股权时的公平市场价格确定，具体按以下方法确定：

（1）上市公司股票的公平市场价格，按照取得股票当日的收盘价确定。取得股票当日为非交易时间的，按照上一个交易日收盘价确定。

（2）非上市公司股权的公平市场价格，依次按照净资产法、类比法和其他合理方法确定。

（三）转让奖励的股权现金收入优先缴税

财税〔2015〕116号规定，个人一次缴纳税款有困难的，可根据实际情况自行制定分期缴税计划，在不超过5个公历年度内（含）分期缴纳；但是，技术人员转让奖励的股权（含奖励股权孳生的送、转股）并取得现金收入的，该现金收入应优先用于缴纳尚未缴清的税款。

（四）企业破产尚未缴纳税款可不予追征

财税〔2015〕116号规定，技术人员在转让奖励的股权之前企业依法宣告破产，技术人员进行相关权益处置后没有取得收益或资产，或取得的收益和资产不足以缴纳其取得股权尚未缴纳的应纳税款的部分，税务机关可不予追征。

（五）高新技术企业转化科技成果股权奖励政策总结

将高新技术企业转化科技成果股权奖励的政策总结归纳如下图所示。

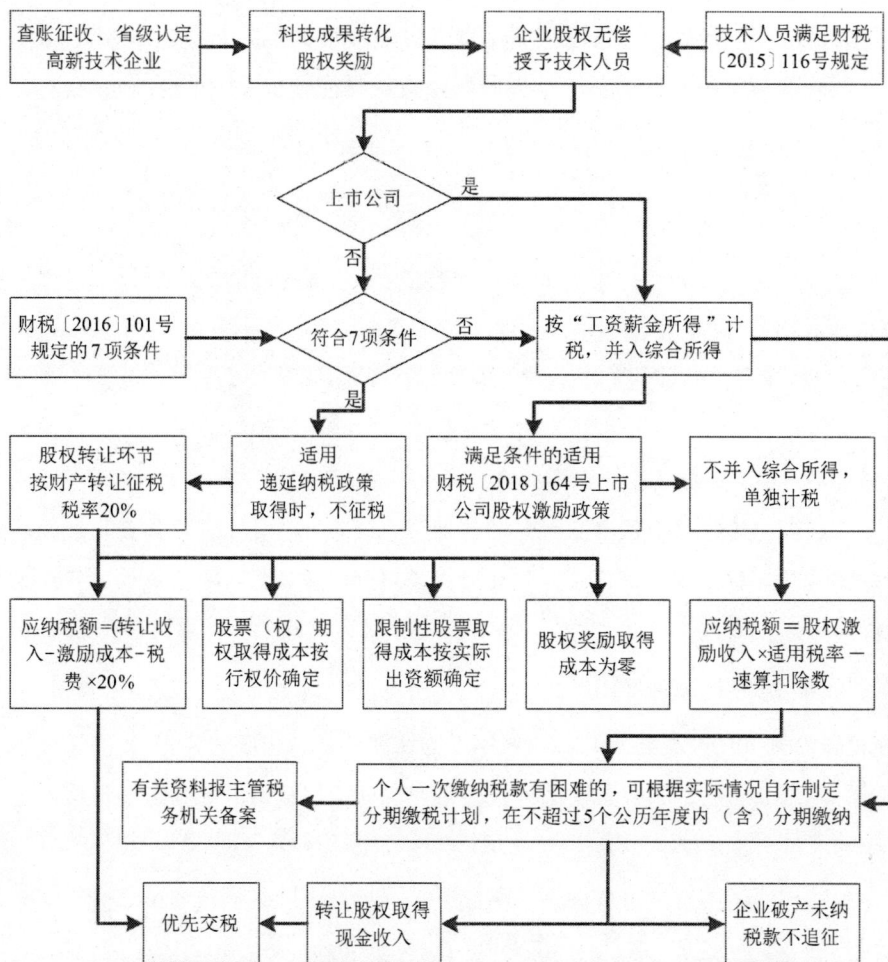

高新技术企业转化科技成果股权奖励所得的个人所得税处理流程图

三、征收管理

（一）分期缴税的备案管理

国家税务总局公告 2015 年第 80 号第三条规定：

（1）获得股权奖励的企业技术人员、企业转增股本涉及的股东需要分期缴纳个人所得税的，应自行制定分期缴税计划，由企业于发生股权奖励、转增股本的次月 15 日内，向主管税务机关办理分期缴税备案手续。

办理股权奖励分期缴税，企业应向主管税务机关报送高新技术企业认定证书、股东大会或董事会决议、《个人所得税分期缴纳备案表（股权奖励）》、相关技术人员参与技术活动的说明材料、企业股权奖励计划、能够证明股权或股票价格的有关材料、企业转化科技成果的说明、最近一期企业财务报表等。

高新技术企业认定证书、股东大会或董事会决议的原件，主管税务机关进行形式审核后退还企业，复印件及其他有关资料税务机关留存。

（2）纳税人分期缴税期间需要变更原分期缴税计划的，应重新制定分期缴税计划，由企业向主管税务机关重新报送《个人所得税分期缴纳备案表》。

（二）代扣代缴

企业在填写《扣缴个人所得税报告表》时，应将纳税人取得股权奖励或转增股本情况单独填列，并在备注栏中注明"股权奖励"字样。

纳税人在分期缴税期间取得分红或转让股权的，企业应及时代扣股权奖励尚未缴清的个人所得税，并于次月 15 日内向主管税务机关申报纳税。

第四节　促进科技成果转化股权奖励所得

为贯彻落实《中华人民共和国科学技术进步法》和《中华人民共和国促进科技成果转化法》，鼓励高新技术产业发展，经国务院批准，对科研机构、高等学校研究开发高新技术，转化科学成果涉及的个人所得税给予优惠政策。

一、促进科技成果转化股权奖励的税收优惠政策

《财政部 国家税务总局关于促进科技成果转化有关税收政策的通知》（财税字〔1999〕45 号）规定：自 1999 年 7 月 1 日起，科研机构、高等学校转化职务科技成果以股份或出资比例等股权形式给予个人奖励，获奖人在取得股份、出资比例时，暂不缴纳个人所得税；取得按股份、出资比例分红或转让股权、出资比例所得时，应依法缴纳个人所得税。

在企业方面，对于股权奖励目前只有财税〔2016〕101 号第一条规定非上市公司满足条件

的，可以在取得股份时暂不交税。

二、科研机构和高等学校及科技人员的界定

根据《国家税务总局关于促进科技成果转化有关个人所得税问题的通知》（国税发〔1999〕125 号）规定：

科研机构是指按中央机构编制委员会和国家科学技术委员会《关于科研事业单位机构设置审批事项的通知》（中编办发〔1997〕14 号）的规定设置审批的自然科学研究事业单位机构。

高等学校是指全日制普通高等学校（包括大学、专门学院和高等专科学校）。

享受优惠政策的科技人员必须是科研机构和高等学校的在编正式职工。

三、获奖人按股份、出资比例获得分红的处理

国税发〔1999〕125 号第二条规定，在获奖人按股份、出资比例获得分红时，对其所得按"利息、股息、红利所得"应税项目征收个人所得税。

四、获奖人转让股权、出资比例的处理

国税发〔1999〕125 号第三条规定，获奖人转让股权、出资比例，对其所得按"财产转让所得"应税项目征收个人所得税，财产原值为零。

五、取消审核的后续管理

《国家税务总局关于 3 项个人所得税事项取消审批实施后续管理的公告》（国家税务总局公告 2016 年第 5 号）第一条关于"取消促进科技成果转化暂不征收个人所得税审核"的后续管理规定：

按照《国家税务总局关于促进科技成果转化有关个人所得税问题的通知》（国税发〔1999〕125 号）和《国家税务总局关于取消促进科技成果转化暂不征收个人所得税审核权有关问题的通知》（国税函〔2007〕833 号）规定，将职务科技成果转化为股份、投资比例的科研机构、高等学校或者获奖人员，应在授（获）奖的次月 15 日内向主管税务机关备案，报送《科技成果转化暂不征收个人所得税备案表》（见附件 1）。技术成果价值评估报告、股权奖励文件及其他证明材料由奖励单位留存备查。

将前述科技成果转化股权奖励的税收优惠政策归纳总结如下图所示。

```
┌─────────┐     ┌──────────┐     ┌──────────┐
│ 高等学校 │ ──▶ │ 在编正式人员 │ ──▶ │以股份或出资比例│
│ 科研机构 │     │职务科技成果转化│     │ 给予个人奖励 │
└─────────┘     └──────────┘     └──────────┘
                        │
                        ▼
┌─────────┐     ╭──────────╮
│ 暂不缴纳 │ ◀── │  获奖环节  │
│个人所得税 │     ╰──────────╯
└─────────┘        │        └──────────┐
                   ▼                    ▼
┌─────────┐     ╭──────────╮     ┌──────────┐
│按"利息股息红利│ ◀── │  持有环节  │     │授(获)奖的次月15日│
│所得"征税 │     │  获得分红  │     │内向主管税务机关备案│
└─────────┘     ╰──────────╯     └──────────┘
                   │                    │
                   ▼                    ▼
┌─────────┐     ╭──────────╮     ┌──────────┐
│按"财产转让所│ ◀── │  转让环节  │     │   报送   │
│得"征税,财产原│     ╰──────────╯     │《科技成果转化暂不征│
│值为零   │                    │收个人所得税备案表》│
└─────────┘                    └──────────┘
```

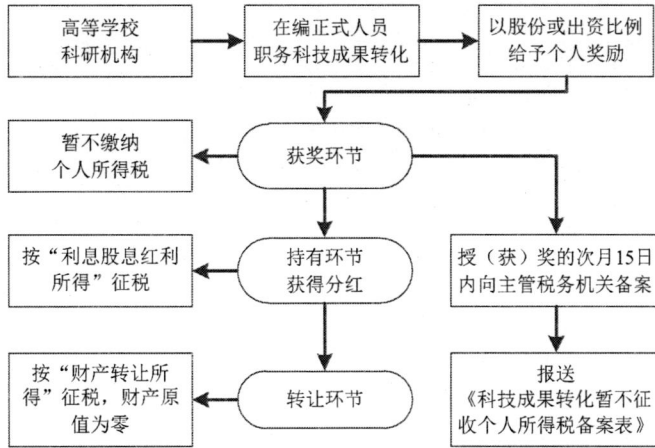

科研机构科技成果转化股权奖励所得个人所得税处理流程图

附件 1

科技成果转化暂不征收个人所得税备案表

金额单位：人民币元（列至角分）

备案编号（主管税务机关填写）：

奖励单位基本情况

奖励单位名称	纳税人识别号	地址	联系人	电话

获奖人员基本情况

序号	姓名	身份证照类型	身份证照号码	职务	获奖时间	获得股权奖励形式及数量		涉及单位名称	获奖金额	签名
						股份数量（股）	出资比例（%）			

科技成果基本情况

科技成果名称	基本情况说明

声明：此表是根据《中华人民共和国个人所得税法》及有关法律法规规定填写的，是真实的、完整的、可靠的。

科研机构或高等学校签章：

经办人（获奖人）：

办理日期： 年 月 日

主管税务机关受理章：

受理人：

受理日期： 年 月 日

国家税务总局监制

填报说明

本表适用于将职务科技成果转化为股份、投资比例的科研机构、高等学校或者获奖人员向主管税务机关办理暂不征收个人所得税备案事宜。本表一式两份，主管税务机关受理后，由科研机构、高等学校或者获奖人员和主管税务机关分别留存。

一、备案编号：由主管税务机关自行编制。

二、纳税人识别号：填写税务机关赋予的纳税人识别号。

三、职务：填写获得奖励的纳税人在科研机构或高等学校中担任的职务。

四、获奖时间：填写纳税人实际获得奖励的具体日期。纳税人在备案时限内多次取得奖励的，需分别填写。

五、获得股权奖励形式及数量：在对应奖励形式下填写纳税人实际取得的股份数量或出资比例。

六、涉及单位名称：填写股份或出资比例等被用作奖励的单位名称。纳税人奖励涉及多家单位的，可一并填写。

七、获奖金额：填写纳税人获得奖励的股份、出资比例等股权的价值。

八、科技成果名称：填写科技成果的标准名称。

九、基本情况说明：对科技成果的基本情况进行简要说明。

十、若获奖人员和科技成果基本情况填写不下，可另附纸填写。

十一、获奖人员办理时，所有项目均需填写，并在经办人（获奖人）处签字，同时加盖科研机构或高等学校签章。

第四章

经营所得的个人所得税

《个人所得税法实施条例》第六条第（五）款规定，经营所得，是指：

（1）个体工商户从事生产、经营活动取得的所得，个人独资企业投资人、合伙企业的个人合伙人来源于境内注册的个人独资企业、合伙企业生产、经营的所得；

（2）个人依法从事办学、医疗、咨询以及其他有偿服务活动取得的所得；

（3）个人对企业、事业单位承包经营、承租经营以及转包、转租取得的所得；

（4）个人从事其他生产、经营活动取得的所得。

根据《个人所得税法》第三条第（二）款规定，经营所得，适用百分之五至百分之三十五的超额累进税率，见下表：

个人所得税税率表

级数	全年应纳税所得额	税率（%）	速算扣除数
1	不超过30 000.00元的	5	0.00
2	超过30 000.00元至90 000.00元的部分	10	1 500.00
3	超过90 000.00元至300 000.00元的部分	20	10 500.00
4	超过300 000.00元至500 000.00元的部分	30	40 500.00
5	超过500 000.00元的部分	35	65 500.00

（注：本表所称全年应纳税所得额是指依照本法第六条的规定，以每一纳税年度的收入总额减除成本、费用以及损失后的余额。）

第一节　个体工商户生产经营所得

2014年12月27日，国家税务总局重新发布了《个体工商户个人所得税计税办法》（国家税务总局令第35号，以下简称《计税办法》），自2015年1月1日起施行。

《计税办法》第二条规定，实行查账征收的个体工商户应当按照本办法的规定，计算并申报缴纳个人所得税。

由于个体工商户在"经营所得"中比较具有典型性和代表性，在税务实际征管中，"经营所得"很多都是参照个体户生产经营所得规定进行征税。

一、纳税义务人

（一）个体工商户的法律特征

个体工商户，是指有经营能力并依照《个体工商户条例》的规定经工商行政管理部门登记，从事工商业经营的公民。《个体工商户条例》第二条第一款规定：有经营能力的公民，依照本条例规定经工商行政管理部门登记，从事工商业经营的，为个体工商户。

个体工商户是个体工商业经济在法律上的表现，其具有以下特征：

（1）个体工商户是从事工商业经营的自然人或家庭。自然人或以个人为单位，或以家庭为单位从事工商业经营，均为个体工商户。根据法律有关政策，可以申请个体工商户经营的主要是城镇待业青年、社会闲散人员和农村村民。此外，国家机关干部、企事业单位职工，不能申请从事个体工商业经营。

（2）自然人从事个体工商业经营必须依法核准登记。个体工商户的登记机关是县以上工商行政管理机关。个体工商户经核准登记，取得营业执照后，才可以开始经营。个体工商户转业、合并、变更登记事项或歇业，也应办理登记手续。

（3）个体工商户只能经营法律、政策允许个体经营的行业。

（二）纳税义务人

《计税办法》第三条规定，本办法所称个体工商户包括：

（1）依法取得个体工商户营业执照，从事生产经营的个体工商户；

（2）经政府有关部门批准，从事办学、医疗、咨询等有偿服务活动的个人；

（3）其他从事个体生产、经营的个人。

《计税办法》第四条规定，个体工商户以业主为个人所得税纳税义务人。

特别说明：《个人所得税法实施条例》"经营所得"范围和《计税办法》"个体工商户"范围提及的"从事办学、咨询等有偿服务活动"均是指需要政府部门批准（俗称要有"牌照"）的情况，如果是不需要政府部门批准就可以从事这些活动的，则属于"劳务报酬所得"，而不属于"经营所得"。

二、征税范围

《个人所得税法实施条例》第六条第（五）款规定，个体工商户经营所得，是指个体工商户从事生产、经营活动取得的所得。也就是说，凡是办理了《个体工商户营业执照》的，取得的生产、经营活动所得，都是个体工商户经营所得的征税范围。

但是，实际经济生活中，还有可能存在一部分经营者没有办理或者办理的不是《个体工商户营业执照》的情况，为了公平税负和避免偷漏税的情况发生，国家税务总局先后出台了一系列规定明确要求一些行业或行为比照或参照个体工商户经营所得规定的征税。

（一）个人独资企业和合伙企业投资所得

《国务院关于个人独资企业和合伙企业征收所得税问题的通知》（国发〔2000〕16号）规定，自2000年1月1日起，对个人独资企业和合伙企业停止征收企业所得税，其投资者的生产经营所得，比照个体工商户的生产、经营所得征收个人所得税。

（二）出租车驾驶员从事出租车营运所得

《国家税务总局关于印发〈机动出租车驾驶员个人所得税征收管理暂行办法〉的通知》（国税发〔1995〕50号）第六条规定，出租车驾驶员从事出租车运营取得的收入，适用的个人所得税项目为：

（1）出租汽车经营单位对出租车驾驶员采取单车承包或承租方式运营，出租车驾驶员从事客货运营取得的收入，按工资、薪金所得项目征税。

（2）从事个体出租车运营的出租车驾驶员取得的收入，按个体工商户的生产、经营所得项目缴纳个人所得税。

（3）出租车属个人所有，但挂靠出租汽车经营单位或企事业单位，驾驶员向挂靠单位缴纳管理费的，或出租汽车经营单位将出租车所有权转移给驾驶员的，出租车驾驶员从事客货运营取得的收入，比照个体工商户的生产、经营所得项目征税。

（三）彩票代销业务所得

《国家税务总局关于个人所得税若干政策问题的批复》（国税函〔2002〕629号）第三条规定，个人因从事彩票代销业务而取得所得，应按照"个体工商户的生产、经营所得"项目计征个人所得税。

（四）个人从事医疗服务所得

《国家税务总局关于个人从事医疗服务活动征收个人所得税问题的通知》（国税发〔1997〕178号）规定：

（1）个人经政府有关部门批准，取得执照，以门诊部、诊所、卫生所（室）、卫生院、医院等医疗机构形式从事疾病诊断、治疗及售药等服务活动，应当以该医疗机构取得的所得，作为个人应纳税所得，按照"个体工商户的生产、经营所得"应税项目缴纳个人所得税。

个人未经政府有关部门批准，自行连续从事医疗服务活动，不管是否有经营场所，其取得与医疗服务活动相关的所得，按照"个体工商户的生产、经营所得"应税项目缴纳个人所得税。

（2）对于由集体、合伙或个人出资的乡村卫生室（站），由医生承包经营，经营成果归医生个人所有，承包人取得的所得，比照"对企事业单位的承包经营、承租经营所得"应税项目缴纳个人所得税（现在也属于经营所得）。

乡村卫生室（站）的医务人员取得的所得，按照"工资、薪金所得"应税项目缴纳个人所得税。

（3）受医疗机构临时聘请坐堂门诊及售药，由该医疗机构支付报酬，或收入与该医疗机构按比例分成的人员，其取得的所得，按照"劳务报酬所得"应税项目缴纳个人所得税，以一个月内取得的所得为一次，税款由该医疗机构代扣代缴。

（五）建安工程作业人员承包、承揽所得

《建筑安装业个人所得税征收管理暂行办法》（国税发〔1996〕127号发布）第二条规定，建筑安装业，包括建筑、安装、修缮、装饰及其他工程作业。从事建筑安装业的工程承包人、个体户及其他个人为个人所得税的纳税义务人。其从事建筑安装业取得的所得，应依法缴纳个人所得税。

其中，从事建筑安装业的个体工商户和未领取营业执照承揽建筑安装业工程作业的建筑安装队和个人，以及建筑安装企业实行个人承包后工商登记改变为个体经济性质的，其从事建筑安装业取得的收入应依照个体工商户的生产、经营所得项目计征个人所得税。

三、应纳税所得额的计算

个体工商户应纳税所得额的计算，与企业所得税应纳税所得额计算有类似之处，个体工商户资产的税务处理，参照企业所得税相关法律、法规和政策规定执行。

（一）应纳税所得额的确定原则

1. 权责发生制原则

《计税办法》第五条规定，个体工商户应纳税所得额的计算，以权责发生制为原则，属于当期的收入和费用，不论款项是否收付，均作为当期的收入和费用；不属于当期的收入和费用，即使款项已经在当期收付，均不作为当期收入和费用。本办法和财政部、国家税务总局另有规定的除外。

2. 税法优先原则

《计税办法》第六条规定，在计算应纳税所得额时，个体工商户会计处理办法与本办法和财政部、国家税务总局相关规定不一致的，应当依照本办法和财政部、国家税务总局的相关规定计算。

与企业所得税法相关规定一样，当会计处理办法与税法处理规定不一致时，计税应当以税法规定为准。

3. 区分收益性支出和资本性支出原则

《计税办法》第十四条规定，个体工商户发生的支出应当区分收益性支出和资本性支出。收益性支出在发生当期直接扣除；资本性支出应当分期扣除或者计入有关资产成本，不得在发生当期直接扣除。

前款所称支出，是指与取得收入直接相关的支出。

除税收法律法规另有规定外，个体工商户实际发生的成本、费用、税金、损失和其他支出，不得重复扣除。

（二）应纳税所得额的计算公式

（1）《个人所得税法》第六条规定，经营所得，以每一纳税年度的收入总额减除成本、费用以及损失后的余额，为应纳税所得额。

（2）《个人所得税法实施条例》第十五条第二款规定，取得经营所得的个人，没有综合所得的，计算其每一纳税年度的应纳税所得额时，应当减除费用6万元、专项扣除、专项附加扣除以及依法确定的其他扣除。专项附加扣除在办理汇算清缴时减除。

（3）《计税办法》第七条规定，个体工商户的生产、经营所得，以每一纳税年度的收入总额，减除成本、费用、税金、损失、其他支出以及允许弥补的以前年度亏损后的余额，为应纳税所得额。

因此，应纳税所得额的计算公式为：

应纳税所得额＝收入总额－成本－费用－税金－损失－其他支出－允许弥补的以前年度亏损

说明：没有综合所得的，可以减除的费用6.00万元、专项扣除、专项附加扣除以及依法确定的其他扣除，可以视为公式中的"其他支出"。

（三）收入总额

《计税办法》第八条规定，个体工商户从事生产经营以及与生产经营有关的活动（以下简称生产经营）取得的货币形式和非货币形式的各项收入，为收入总额。包括：销售货物收入、提供劳务收入、转让财产收入、利息收入、租金收入、接受捐赠收入、其他收入。

前款所称其他收入包括个体工商户资产溢余收入、逾期一年以上的未退包装物押金收入、确实无法偿付的应付款项、已作坏账损失处理后又收回的应收款项、债务重组收入、补贴收入、违约金收入、汇兑收益等。

（四）准予扣除的项目

《个人所得税法》第六条第一款第三项规定，经营所得，以每一纳税年度的收入总额减除成本、费用以及损失后的余额，为应纳税所得额。

《个人所得税法实施条例》第十五条进一步明确：个人所得税法第六条第一款第三项所称成本、费用，是指生产、经营活动中发生的各项直接支出和分配计入成本的间接费用以及销售费用、管理费用、财务费用；所称损失，是指生产、经营活动中发生的固定资产和存货的盘亏、毁损、报废损失，转让财产损失，坏账损失，自然灾害等不可抗力因素造成的损失以及其他损失。

因此，计算个体工商户经营所得时，允许扣除的项目有成本、费用、税金、损失和其他支出。

1. 成本

成本是指个体工商户在生产经营活动中发生的销售成本、销货成本、业务支出以及其他耗费。

2. 费用

费用是指个体工商户在生产经营活动中发生的销售费用、管理费用和财务费用，已经计入成本的有关费用除外。

3. 税金

税金是指个体工商户在生产经营活动中发生的除个人所得税和允许抵扣的增值税以外的各项税金及其附加。

4. 损失

损失是指个体工商户在生产经营活动中发生的固定资产和存货的盘亏、毁损、报废损失，转让财产损失，坏账损失，自然灾害等不可抗力因素造成的损失以及其他损失。

个体工商户发生的损失，减除责任人赔偿和保险赔款后的余额，参照财政部、国家税务总局有关企业资产损失税前扣除的规定扣除。

个体工商户已经作为损失处理的资产，在以后纳税年度又全部收回或者部分收回时，应当计入收回当期的收入。

5. 其他支出

其他支出是指除成本、费用、税金、损失外，个体工商户在生产经营活动中发生的与生产经营活动有关的、合理的支出。

（五）不得税前扣除的项目

（1）《计税办法》第十五条规定，个体工商户下列支出不得扣除：

① 个人所得税税款；

② 税收滞纳金；

③ 罚金、罚款和被没收财物的损失；

④ 不符合扣除规定的捐赠支出；

⑤赞助支出；

⑥用于个人和家庭的支出；

⑦与取得生产经营收入无关的其他支出；

⑧国家税务总局规定不准扣除的支出。

说明：《计税办法》第三十七条解释，本办法所称赞助支出，是指个体工商户发生的与生产经营活动无关的各种非广告性质支出。

（2）《计税办法》第十六条规定，个体工商户生产经营活动中，应当分别核算生产经营费用和个人、家庭费用。对于生产经营与个人、家庭生活混用难以分清的费用，其40%视为与生产经营有关费用，准予扣除。

按此规定，混用费用的60%就不能税前扣除。

（3）《计税办法》第三十条规定，个体工商户代其从业人员或者他人负担的税款，不得税前扣除。

（六）允许弥补的以前年度亏损

1. 亏损弥补最长年限不超过5年

《计税办法》第十七条规定，个体工商户纳税年度发生的亏损，准予向以后年度结转，用以后年度的生产经营所得弥补，但结转年限最长不得超过五年。

2. 亏损定义

《计税办法》第二十条规定，本办法所称亏损，是指个体工商户依照本办法规定计算的应纳税所得额小于零的数额。

（七）扣除项目及其标准

1. 工资薪金支出

《计税办法》第二十一条规定，个体工商户实际支付给从业人员的、合理的工资薪金支出，准予扣除。

个体工商户业主的费用扣除标准，依照相关法律、法规和政策规定执行。个体工商户业主的工资薪金支出不得税前扣除。

2. 个体工商户业主的费用扣除标准

新《个人所得税法实施条例》第十五条第二款规定，取得经营所得的个人，没有综合所得的，计算其每一纳税年度的应纳税所得额时，应当减除费用6万元、专项扣除、专项附加扣除以及依法确定的其他扣除。专项附加扣除在办理汇算清缴时减除。

这里需要特别注意的是，新修订后的条款，在业主扣除费用时增加了一个前提，就是"没有综合所得的"，才能税前扣除费用6万元、专项扣除、专项附加扣除以及依法确定的其他扣除。

设置这样的前提,主要估计是避免纳税人在综合所得和经营所得方面进行双重扣除而造成税收的不公平。但是,如果严格按照本规定,可能也会造成新的税收不公平。比如,某个个体工商户业主,平时喜欢写点"豆腐块"文章,结果一年就挣了1 000.00元左右的稿费。稿费就属于综合所得,难道因为他有了这个1 000.00元的综合所得就不能减除其一年的6.00万元费用以及专项扣除等了吗?显然,这是一种新的税收不公平,希望财税部门关注到这一点。

3. 保险费和住房公积金

(1)按规定缴纳的"五险一金"准予扣除。

个体工商户按照国务院有关主管部门或者省级人民政府规定的范围和标准为其业主和从业人员缴纳的基本养老保险费、基本医疗保险费、失业保险费、生育保险费、工伤保险费和住房公积金,准予扣除。

这一部分是指企业承担的部分,而不是个人承担的部分。

(2)补充保险限额扣除。

个体工商户为从业人员缴纳的补充养老保险费、补充医疗保险费,分别在不超过从业人员工资总额5%标准内的部分据实扣除;超过部分,不得扣除。

个体工商户业主本人缴纳的补充养老保险费、补充医疗保险费,以当地(地级市)上年度社会平均工资的3倍为计算基数,分别在不超过该计算基数5%标准内的部分据实扣除;超过部分,不得扣除。

与企业所得税相比,此处没有强调"全员"都要缴纳补充保险才能扣除。

(3)商业保险分情况扣除。

除个体工商户依照国家有关规定为特殊工种从业人员支付的人身安全保险费和财政部、国家税务总局规定可以扣除的其他商业保险费外,个体工商户业主本人或者为从业人员支付的商业保险费,不得扣除。

(4)财产保险准予扣除。

个体工商户参加财产保险,按照规定缴纳的保险费,准予扣除。

4. 合理的借款费用和利息支出准予扣除

《计税办法》第二十四条规定,个体工商户在生产经营活动中发生的合理的不需要资本化的借款费用,准予扣除。

《计税办法》第二十五条规定,个体工商户在生产经营活动中发生的下列利息支出,准予扣除:

(1)向金融企业借款的利息支出。

(2)向非金融企业和个人借款的利息支出,不超过按照金融企业同期同类贷款利率计算的数额的部分。

5. 无须资本化的汇兑损失准予扣除

《计税办法》第二十六条规定，个体工商户在货币交易中，以及纳税年度终了时将人民币以外的货币性资产、负债按照期末即期人民币汇率中间价折算为人民币时产生的汇兑损失，除已经计入有关资产成本部分外，准予扣除。

6. 三项经费限额扣除

《计税办法》第二十七条规定，个体工商户向当地工会组织拨缴的工会经费、实际发生的职工福利费支出、职工教育经费支出分别在工资薪金总额的 2%、14%、2.5% 的标准内据实扣除。

工资薪金总额是指允许在当期税前扣除的工资薪金支出数额。

职工教育经费的实际发生数额超出规定比例当期不能扣除的数额，准予在以后纳税年度结转扣除。

个体工商户业主本人向当地工会组织缴纳的工会经费、实际发生的职工福利费支出、职工教育经费支出，以当地（地级市）上年度社会平均工资的 3 倍为计算基数，在本条第一款规定比例内据实扣除。

7. 业务招待费按限额扣除

《计税办法》第二十八条规定，个体工商户发生的与生产经营活动有关的业务招待费，按照实际发生额的 60% 扣除，但最高不得超过当年销售（营业）收入的 5‰。

业主自申请营业执照之日起至开始生产经营之日止所发生的业务招待费，按照实际发生额的 60% 计入个体工商户的开办费。

8. 广告费和业务宣传费按限额扣除

《计税办法》第二十九条规定，个体工商户每一纳税年度发生的与其生产经营活动直接相关的广告费和业务宣传费不超过当年销售（营业）收入 15% 的部分，可以据实扣除；超过部分，准予在以后纳税年度结转扣除。

9. 规费按实际发生额扣除

《计税办法》第三十一条规定，个体工商户按照规定缴纳的摊位费、行政性收费、协会会费等，按实际发生数额扣除。

10. 固定资产租赁费的扣除

《计税办法》第三十二条规定，个体工商户根据生产经营活动的需要租入固定资产支付的租赁费，按照以下方法扣除：

（1）以经营租赁方式租入固定资产发生的租赁费支出，按照租赁期限均匀扣除；

（2）以融资租赁方式租入固定资产发生的租赁费支出，按照规定构成融资租入固定资产价值的部分应当提取折旧费用，分期扣除。

11. 合理劳动保护费可扣除

《计税办法》第三十四条规定，个体工商户发生的合理的劳动保护支出，准予扣除。

12. 开办费可按规定扣除

《计税办法》第三十五条规定，个体工商户自申请营业执照之日起至开始生产经营之日止所发生符合本办法规定的费用，除为取得固定资产、无形资产的支出，以及应计入资产价值的汇兑损益、利息支出外，作为开办费，个体工商户可以选择在开始生产经营的当年一次性扣除，也可自生产经营月份起在不短于 3 年期限内摊销扣除，但一经选定，不得改变。

开始生产经营之日为个体工商户取得第一笔销售（营业）收入的日期。

13. 公益性捐赠可按规定扣除

《计税办法》第三十六条规定，个体工商户通过公益性社会团体或者县级以上人民政府及其部门，用于《中华人民共和国公益事业捐赠法》规定的公益事业的捐赠，捐赠额不超过其应纳税所得额 30% 的部分可以据实扣除。

财政部、国家税务总局规定可以全额在税前扣除的捐赠支出项目，按有关规定执行。

个体工商户直接对受益人的捐赠不得扣除。

公益性社会团体的认定，按照财政部、国家税务总局、民政部有关规定执行。

14. 研发费用支出和研发设备一次性扣除

《计税办法》第三十八条规定，个体工商户研究开发新产品、新技术、新工艺所发生的开发费用，以及研究开发新产品、新技术而购置单台价值在 10 万元以下的测试仪器和试验性装置的购置费准予直接扣除；单台价值在 10 万元以上（含 10 万元）的测试仪器和试验性装置，按固定资产管理，不得在当期直接扣除。

15. 混用费用的扣除

《计税办法》第十六条规定，个体工商户生产经营活动中，应当分别核算生产经营费用和个人、家庭费用。对于生产经营与个人、家庭生活混用难以分清的费用，其 40% 视为与生产经营有关费用，准予扣除。

（八）资产的税务处理

1. 资产税务处理原则

《计税办法》尽量为个体工商户创造一个与企业法人公平竞争的所得税政策环境，尽量与企业所得税相关规定接轨作为政策设计的基本原则。因此，我们可以看到《计税办法》中规定准予扣除项目、不得税前扣除项目等都跟企业所得税相关有相似之处。

对于个体工商户资产的处理，《计税办法》第三十九条直接规定，个体工商户资产的税务处理，参照企业所得税相关法律、法规和政策规定执行。

而《企业所得税法实施条例》第四节就是专门的"资产的税务处理"，因此个体工商户资产的税务处理主要是参照此处的规定。

对于企业所得税方面规定有关资产处理的相关优惠政策，在法律法规没有明确规定的情况下是不可以随便参照适用的，比如企业所得税方面，固定资产符合税法规定的可以享受加速折旧甚至一次性扣除的优惠政策，而个体工商户的固定资产的折旧处理则不能套用。

2. 资产的计价原则

参照《企业所得税法实施条例》规定，个体工商户的各项资产，包括固定资产、生物资产、无形资产、长期待摊费用、投资资产、存货等，以历史成本为计税基础。

前款所称历史成本，是指企业取得该项资产时实际发生的支出。

持有各项资产期间资产增值或者减值，除国务院财政、税务主管部门规定可以确认损益外，不得调整该资产的计税基础。

3. 固定资产折旧

参照《企业所得税法》及其实施条例规定，个体工商户的固定资产折旧按如下规定处理。

（1）折旧方法及折旧起止时间。

固定资产按照直线法计算的折旧，准予扣除。

应当自固定资产投入使用月份的次月起计算折旧；停止使用的固定资产，应当自停止使用月份的次月起停止计算折旧。

应当根据固定资产的性质和使用情况，合理确定固定资产的预计净残值。固定资产的预计净残值一经确定，不得变更。

（2）折旧最低年限。

除国务院财政、税务主管部门另有规定外，固定资产计算折旧的最低年限如下：

①房屋、建筑物，为 20 年；

②飞机、火车、轮船、机器、机械和其他生产设备，为 10 年；

③与生产经营活动有关的器具、工具、家具等，为 5 年；

④飞机、火车、轮船以外的运输工具，为 4 年；

⑤电子设备，为 3 年。

4. 无形资产摊销

无形资产按照直线法计算的摊销费用，准予扣除。

无形资产的摊销年限不得低于 10 年。

作为投资或者受让的无形资产，有关法律规定或者合同约定了使用年限的，可以按照规定或者约定的使用年限分期摊销。

5. 存货的处理

参照《企业所得税法》及其实施条例规定，个体工商户涉及的存货按以下规定处理。

（1）存货的计税基础

存货，是指企业持有以备出售的产品或者商品、处在生产过程中的在产品、在生产或者提供劳务过程中耗用的材料和物料等。

存货按照以下方法确定成本：

①通过支付现金方式取得的存货，以购买价款和支付的相关税费为成本；

②通过支付现金以外的方式取得的存货，以该存货的公允价值和支付的相关税费为成本；

③生产性生物资产收获的农产品，以产出或者采收过程中发生的材料费、人工费和分摊的间接费用等必要支出为成本。

（2）存货的计算方法

使用或者销售的存货的成本计算方法，可以在先进先出法、加权平均法、个别计价法中选用一种。计价方法一经选用，不得随意变更。

6.资产的视同销售问题

个体工商户也可能存在将其资产用于赠送、抵偿债务、职工奖励等行为，虽然不是销售行为，但是按照企业所得税方面的规定，已经属于视同销售的行为，按照《国家税务总局关于企业处置资产所得税处理问题的通知》（国税函〔2008〕828号）规定，企业将资产移送他人的下列情形，因资产所有权属已发生改变而不属于内部处置资产，应按规定视同销售确定收入：

（1）用于市场推广或销售；

（2）用于交际应酬；

（3）用于职工奖励或福利；

（4）用于股息分配；

（5）用于对外捐赠；

（6）其他改变资产所有权属的用途。

按照《计税办法》规定，个体工商户如果发生了国税函〔2008〕828号规定的视同销售行为，一样需要进行视同销售处理。

四、应纳税额的计算

（一）应纳税额的计算公式

新《个人所得税法》第十二条规定，纳税人取得经营所得，按年计算个人所得税，由纳税人在月度或者季度终了后十五日内向税务机关报送纳税申报表，并预缴税款；在取得所得的次年三月三十一日前办理汇算清缴。

因此，实际工作中，个体工商户需要按照主管税务机关核定按月还是按季度进行预缴。

计算公式：

本月（季度）应预缴税额＝至本月（季度）累计应纳税所得额 × 适用税率 − 速算扣除数 − 至本月（季度）已预缴税款累计额

全年应纳税额＝全年应纳税所得额 × 适用税率 − 速算扣除数

汇算清缴应补（退）税额＝全年应纳税额 − 全年累计已预缴税额

（二）经营期不足一年应纳税额的计算

《国家税务总局关于个体工商户、个人独资企业和合伙企业个人所得税问题的公告》（国家税务总局公告 2014 年第 25 号）规定：

个体工商户、个人独资企业和合伙企业因在纳税年度中间开业、合并、注销及其他原因，导致该纳税年度的实际经营期不足 1 年的，对个体工商户业主、个人独资企业投资者和合伙企业自然人合伙人的生产经营所得计算个人所得税时，以其实际经营期为 1 个纳税年度。投资者本人的费用扣除标准，应按照其实际经营月份数，以每月 3 500.00 元的减除标准确定。计算公式如下：

应纳税所得额＝该年度收入总额 − 成本、费用及损失 − 当年投资者本人的费用扣除额

当年投资者本人的费用扣除额＝月减除费用（3 500.00 元 / 月）× 当年实际经营月份数

应纳税额＝应纳税所得额 × 税率 − 速算扣除数

说明：

1. 上述公式中的"月减除费用（3 500.00 元 / 月）"《个人所得税法》修订后，在 2018 年第四季度取得的生产经营所得，减除费用按照 5 000.00 元 / 月执行；

2. 从 2019 年 1 月 1 日起，取得经营所得的个人，没有综合所得的，计算其每一纳税年度的应纳税所得额时，应当减除费用 6.00 万元、专项扣除、专项附加扣除以及依法确定的其他扣除，不足一年的按实际月份计算。

（三）核定应纳税所得额或者应纳税额

《个人所得税法实施条例》第十五条第三款规定，从事生产、经营活动，未提供完整、准确的纳税资料，不能正确计算应纳税所得额的，由主管税务机关核定应纳税所得额或者应纳税额。

五、个体工商户的建账管理

《计税办法》规定的个体工商户经营所得的计税办法，是建立在正确核算经营所得基础上，因此对个体工商户必然需要提出建账的要求。

因此，国家税务总局发布了《个体工商户建账管理暂行办法》（国家税务总局令第 17 号发布，以下简称"建账办法"），要求达到要求的个体户必须依法建账。

《建账办法》第二条规定，凡从事生产、经营并有固定生产、经营场所的个体工商户，都应当按照法律、行政法规和本办法的规定设置、使用和保管账簿及凭证，并根据合法、有效凭证记账核算。

（一）建账标准要求

1. 应设置复式账的情形

《建账办法》第三条规定，符合下列情形之一的个体工商户，应当设置复式账：

（1）注册资金在 20 万元以上的。

（2）销售增值税应税劳务的纳税人月销售额在 40 000.00 元以上；从事货物生产的增值税纳税人月销售额在 60 000.00 元以上；从事货物批发或零售的增值税纳税人月销售额在 80 000.00 元以上的。

（3）省税务机关确定应设置复式账的其他情形。

2. 应设置简易账的情形

《建账办法》第四条规定，符合下列情形之一的个体工商户，应当设置简易账，并积极创造条件设置复式账：

（1）注册资金在 10.00 万元以上 20.00 万元以下的。

（2）销售增值税应税劳务的纳税人月销售额在 15 000.00 元至 40 000.00 元；从事货物生产的增值税纳税人月销售额在 30 000.00 元至 60 000.00 元；从事货物批发或零售的增值税纳税人月销售额在 40 000.00 元至 80 000.00 元的。

（3）省级税务机关确定应当设置简易账的其他情形。

3. 达不到建账标准的处理

《建账办法》第六条规定，达不到上述建账标准的个体工商户，经县以上税务机关批准，可按照税收征管法的规定，建立收支凭证粘贴簿、进货销货登记簿或者使用税控装置。

4. 建账备案

《建账办法》第七条规定，达到建账标准的个体工商户，应当根据自身生产、经营情况和本办法规定的设置账簿条件，对照选择设置复式账或简易账，并报主管税务机关备案。账簿方式一经确定，在一个纳税年度内不得进行变更。

（二）建账时限要求

《建账办法》第八条规定，达到建账标准的个体工商户，应当自领取营业执照或者发生纳税义务之日起 15 日内，按照法律、行政法规和本办法的有关规定设置账簿并办理账务，不得伪造、变造或者擅自损毁账簿、记账凭证、完税凭证和其他有关资料。

（三）对账簿和记账凭证等的要求

《建账办法》第十条规定，复式账簿中现金日记账，银行存款日记账和总分类账必须使用订本式，其他账簿可以根据业务的实际发生情况选用活页账簿。简易账簿均应采用订本式。

账簿和凭证应当按照发生的时间顺序填写，装订或者粘贴。

建账户对各种账簿、记账凭证、报表、完税凭证和其他有关涉税资料应当保存 10 年。

同时，《建账办法》第十三条规定，按照税务机关规定的要求使用税控收款机的个体工商户，其税控收款机输出的完整的书面记录，可以视同经营收入账。

《建账办法》第十八条规定，个体工商户建账工作中所涉及的有关账簿、凭证、表格，按照有关规定办理。

（四）会计报表报送规定

《建账办法》第十一条规定，设置复式账的个体工商户在办理纳税申报时，应当按照规定向当地主管税务机关报送财务会计报表和有关纳税资料。月度会计报表应当于月份终了后 10 日内报出，年度会计报表应当在年度终了后 30 日内报出。

（五）可聘请代理记账

《建账办法》第十二条规定，个体工商户可以聘请经批准从事会计代理记账业务的专业机构或者具备资质的财会人员代为建账和办理账务。

六、个体工商户税收定期定额征收管理

《个体工商户税收定期定额征收管理办法》（国家税务总局令第 16 号发布）第三条规定，经主管税务机关认定和县以上税务机关（含县级，下同）批准的生产、经营规模小，达不到《个体工商户建账管理暂行办法》规定设置账簿标准的个体工商户的税收征收管理。

七、征收管理

（一）个体工商户的申报时间规定

"建账户"自行在每个季度（月）结束后 15 日内，通过电子税务局如实申报每个季度（月）的销售收入；"双定户"税务机关采用批量申报形式在季度结束后自动按定额申报，如核定的销售额达到起征点且签订了三方协议，税款将由税务机关自动从纳税人的账户上扣除。"双定户"在季度有以下情况的，需主动前往税务机关申报，一是"双定户"申请代开过发票，预缴了税款。二是起征点以下的"双定户"销售额达到起征点。申报数据应为实际销售额，包括开具发票收入与未开票收入。未申报、逾期申报、虚假申报将会受到税务机关处罚。

（二）设有两处或两处以上的经营机构的申报

《计税办法》第四十条规定，个体工商户有两处或两处以上经营机构的，选择并固定向其中一处经营机构所在地主管税务机关申报缴纳个人所得税。

（三）注销前结清税款

《计税办法》第四十一条规定，个体工商户终止生产经营的，应当在注销工商登记或者向政府有关部门办理注销前向主管税务机关结清有关纳税事宜。

第二节　个人独资企业与合伙企业投资者的个人所得税

《国务院关于个人独资企业和合伙企业征收所得税问题的通知》（国发〔2000〕16号）规定，自2000年1月1日起，对个人独资企业和合伙企业停止征收企业所得税，其投资者的生产经营所得，比照个体工商户的生产、经营所得征收个人所得税。

为了认真贯彻落实国发〔2000〕16号文件精神，切实做好个人独资企业和合伙企业投资者的个人所得税征管工作，财政部、国家税务总局制定了《关于个人独资企业和合伙企业投资者征收个人所得税的规定》（财税〔2000〕91号发布，以下简称《规定》），对个人独资企业和合伙企业投资者的生产经营所得征收个人所得税作出详细规定。

一、个人独资企业和合伙企业及纳税人的范围

（一）个人独资企业和合伙企业的范围

《规定》第二条解释，本规定所称个人独资企业和合伙企业是指：

（1）依照《中华人民共和国个人独资企业法》和《中华人民共和国合伙企业法》登记成立的个人独资企业、合伙企业；

（2）依照《中华人民共和国私营企业暂行条例》登记成立的独资、合伙性质的私营企业；

（3）依照《中华人民共和国律师法》登记成立的合伙制律师事务所；

（4）经政府有关部门依照法律法规批准成立的负无限责任和无限连带责任的其他个人独资、个人合伙性质的机构或组织。

（二）纳税义务人的确定

1.《规定》第三条规定，个人独资企业以投资者为纳税义务人，合伙企业以每一个合伙人为纳税义务人（以下简称投资者）。

2.《财政部 国家税务总局关于合伙企业合伙人所得税问题的通知》（财税〔2008〕159号）第二条规定：合伙企业以每一个合伙人为纳税义务人。合伙企业合伙人是自然人的，缴纳个人所得税；合伙人是法人和其他组织的，缴纳企业所得税。

二、查账征收时应纳税所得额的计算

（一）合伙企业生产经营所得和其他所得采取"先分后税"的原则

《财政部国家税务总局关于合伙企业合伙人所得税问题的通知》（财税〔2008〕159号）第三条规定，合伙企业生产经营所得和其他所得采取"先分后税"的原则。

具体应纳税所得额的计算按照《关于个人独资企业和合伙企业投资者征收个人所得税的规定》（财税〔2000〕91号）及《财政部 国家税务总局关于调整个体工商户个人独资企业和合伙企业个人所得税税前扣除标准有关问题的通知》（财税〔2008〕65号）的有关规定执行。

前款所称生产经营所得和其他所得，包括合伙企业分配给所有合伙人的所得和企业当年留存的所得（利润）。

（二）合伙企业投资者应纳税所得额的确定原则

财税〔2008〕159号第四条规定，合伙企业的合伙人按照下列原则确定应纳税所得额：

（1）合伙企业的合伙人以合伙企业的生产经营所得和其得，按照合伙协议约定的分配比例确定应纳税所得额。合伙协议不得约定将全部利润分配给部分合伙人。

（2）合伙协议未约定或者约定不明确的，以全部生产经营所得和其他所得，按照合伙人协商决定的分配比例确定应纳税所得额。

（3）协商不成的，以全部生产经营所得和其他所得，按照合伙人实缴出资比例确定应纳税所得额。

（4）无法确定出资比例的，以全部生产经营所得和其他所得，按照合伙人数量平均计算每个合伙人的应纳税所得额。

（三）收入总额

收入总额，是指企业从事生产经营以及与生产经营有关的活动所取得的各项收入，包括商品（产品）销售收入、营运收入、劳务服务收入、工程价款收入、财产出租或转让收入、利息收入、其他业务收入和营业外收入。

（四）扣除项目及标准

《规定》第六条规定，凡实行查账征税办法的，生产经营所得比照《个体工商户个人所得税计税办法（试行）》（注：从2015年起比照《个体工商户个人所得税计税办法》（国家税务总局令35号发布），但下列项目的扣除依照财税〔2000〕91号等法规执行。

1. 投资者费用扣除

《关于调整个体工商户业主个人独资企业和合伙企业自然人投资者个人所得税费用扣除标准的通知》（财税〔2011〕62号）第三条规定："投资者的费用扣除标准为42 000元/年（3 500元/月。投资者的工资不得在税前扣除。"

根据《个人所得税法实施条例》（2018 版）第十五条第二款规定："取得经营所得的个人，没有综合所得的，计算其每一纳税年度的应纳税所得额时，应当减除费用 6 万元、专项扣除、专项附加扣除以及依法确定的其他扣除。专项附加扣除在办理汇算清缴时减除。"

新修订后的规定，虽然增加了可以扣除专项扣除、专项附加扣除等，但是从 2019 年起合伙企业投资者税前扣除费用还必须要有一个前提条件，就是必须是"没有综合所得"的才能税前扣除费用。

2. 职工工资及"五险一金"扣除

根据《财政部 国家税务总局关于调整个体工商户个人独资企业和合伙企业个人所得税税前扣除标准有关问题的通知》（财税〔2008〕65 号）规定，个体工商户、个人独资企业和合伙企业向其从业人员实际支付的合理的工资、薪金支出，允许在税前据实扣除。

企业按照国家有关规定为职工缴纳的基本养老保险费、基本医疗保险费、失业保险费等，在计税时准予扣除。

3. 三项经费

根据财税〔2008〕65 号规定，个体工商户、个人独资企业和合伙企业拨缴的工会经费、发生的职工福利费、职工教育经费支出分别在工资薪金总额 2%、14%、2.5% 的标准内据实扣除。

4. 广告费和业务宣传费

根据财税〔2008〕65 号规定，个体工商户、个人独资企业和合伙企业每一纳税年度发生的广告费和业务宣传费用不超过当年销售（营业）收入 15% 的部分，可据实扣除；超过部分，准予在以后纳税年度结转扣除。

此处的规定，与企业所得税规定完全一致。

5. 业务招待费

根据财税〔2008〕65 号规定，个体工商户、个人独资企业和合伙企业每一纳税年度发生的与其生产经营业务直接相关的业务招待费支出，按照发生额的 60% 扣除，但最高不得超过当年销售（营业）收入的 5‰。

6. 生活费用不允许在税前扣除

《规定》第六条第（三）款规定，投资者及其家庭发生的生活费用不允许在税前扣除。投资者及其家庭发生的生活费用与企业生产经营费用混合在一起，并且难以划分的，全部视为投资者个人及其家庭发生的生活费用，不允许在税前扣除。

个体工商户从 2015 年起，根据《计税办法》第十六条规定，个体工商户生产经营活动中，应当分别核算生产经营费用和个人、家庭费用。对于生产经营与个人、家庭生活混用难以分清的费用，其 40% 视为生产经营有关费用，准予扣除。

一定要注意二者的区别，这一点上，合伙企业和个人独资企业并不能比照执行。

7. 共用固定资产折旧的扣除

《规定》第六条第（四）款规定，企业生产经营和投资者及其家庭生活共用的固定资产，难以划分的，由主管税务机关根据企业的生产经营类型、规模等具体情况，核定准予在税前扣除的折旧费用的数额或比例。

8. 准备金的扣除

《规定》第六条第（八）款规定，企业计提的各种准备金不得扣除。

（五）亏损的弥补

《规定》第十四条规定，企业的年度亏损，允许用本企业下一年度的生产经营所得弥补，下一年度所得不足弥补的，允许逐年延续弥补，但最长不得超过 5 年。

投资者兴办两个或两个以上企业的，企业的年度经营亏损不能跨企业弥补。

根据财税〔2008〕65 号第五条规定，合伙企业的合伙人是法人和其他组织的，合伙人在计算其缴纳企业所得税时，不得用合伙企业的亏损抵减其盈利。

《国家税务总局关于〈关于个人独资企业和合伙企业投资者征收个人所得税的规定〉执行口径的通知》（国税函〔2001〕84 号）第三条规定："实行查账征税方式的个人独资企业和合伙企业改为核定征税方式后，在查账征税方式下认定的年度经营亏损未弥补完的部分，不得再继续弥补。"

（六）关联交易的处理

《规定》第十一条规定，企业与其关联企业之间的业务往来，应当按照独立企业之间的业务往来收取或者支付价款、费用。不按照独立企业之间的业务往来收取或者支付价款、费用，而减少其应纳税所得额的，主管税务机关有权进行合理调整。

前款所称关联企业，其认定条件及税务机关调整其价款、费用的方法，按照《中华人民共和国税收征收管理法》及其实施细则的有关法规执行。

（七）个人兴办多个企业的处理

《规定》第十二条规定，投资者兴办两个或两个以上企业的（包括参与兴办，下同），年度终了时，应汇总从所有企业取得的应纳税所得额，据此确定适用税率并计算缴纳应纳税款。

投资者兴办两个或两个以上企业的，根据相关规定准予扣除的个人费用，由投资者选择在其中一个企业的生产经营所得中扣除。

国税函〔2001〕84 号第一条进一步明确规定，投资者兴办两个或两个以上企业，并且企业性质全部是独资的，年度终了后汇算清缴时，应纳税款的计算按以下方法进行：汇总其投资兴办的所有企业的经营所得作为应纳税所得额，以此确定适用税率，计算出全年经营所得的应纳税额，再根据每个企业的经营所得占所有企业经营所得的比例，分别计算出每个企业的应纳税额和应补缴税额。计算公式如下：

应纳税所得额 = Σ 各个企业的经营所得

应纳税额 = 应纳税所得额 × 税率 − 速算扣除数

本企业应纳税额 = 应纳税额 × 本企业的经营所得 / Σ 各个企业的经营所得

本企业应补缴的税额 = 本企业应纳税额 − 本企业预缴的税额

三、境外已缴税款的扣除

《个人所得税法》第七条规定，居民个人从中国境外取得的所得，可以从其应纳税额中抵免已在境外缴纳的个人所得税税额，但抵免额不得超过该纳税人境外所得依照本法规定计算的应纳税额。

《规定》第十五条规定，投资者来源于中国境外的生产经营所得，已在境外缴纳所得税的，可以按照个人所得税法的有关法规计算扣除已在境外缴纳的所得税。

四、企业对外投资分回利息、股息、红利的税务处理

国税函〔2001〕84号第二条规定，个人独资企业和合伙企业对外投资分回的利息或者股息、红利，不并入企业的收入，而应单独作为投资者个人取得的利息、股息、红利所得，按"利息、股息、红利所得"应税项目计算缴纳个人所得税。以合伙企业名义对外投资分回利息或者股息、红利的，应按财税〔2000〕91号所附规定的第五条精神确定各个投资者的利息、股息、红利所得，分别按"利息、股息、红利所得"应税项目计算缴纳个人所得税。

五、核定征收应纳税额

（一）核定征收个人所得税的情形

《规定》第七条规定，有下列情形之一的，主管税务机关应采取核定征收方式征收个人所得税：

（1）企业依照国家有关法规应当设置但未设置账簿的；

（2）企业虽设置账簿，但账目混乱或者成本资料、收入凭证、费用凭证残缺不全，难以查账的；

（3）纳税人发生纳税义务，未按照法规的期限办理纳税申报，经税务机关责令限期申报，逾期仍不申报的。

核定征收方式，包括定额征收、核定应税所得率征收以及其他合理的征收方式。

（二）应纳税所得额与应税所得率的核定

1.应纳税所得额的计算

《规定》第九条规定，实行核定应税所得率征收方式的，应纳所得税额的计算公式如下：

应纳所得税额 = 应纳税所得额 × 适用税率

应纳税所得额 = 收入总额 × 应税所得率

或：应纳税所得额 = 成本费用支出额 ÷（1- 应税所得率）× 应税所得率

2. 应税所得率的确定

应税所得率应按下表的标准执行：

应税所得率表

行 业	应税所得率（%）
工业、交通运输业、商业	5 ~ 20
建筑业、房地产开发业	7 ~ 20
饮食服务业	7 ~ 25
娱乐业	20 ~ 40
其他行业	10 ~ 30

企业经营多业的，无论其经营项目是否单独核算，均应根据其主营项目确定其适用的应税所得率。

（三）核定征收不得享受优惠政策

《规定》第十条规定，实行核定征税的投资者，不能享受个人所得税的优惠政策。

这里说的不能享受个人所得税的优惠政策，是指专门给予查账征收的优惠政策，不包括《个人所得税》及其实施条例中的优惠政策。

（四）不得实行核定征收的行业

《国家税务总局关于切实加强高收入者个人所得税征管的通知》（国税发〔2011〕50 号）规定：

重点加强规模较大的个人独资、合伙企业和个体工商户的生产经营所得的查账征收管理；难以实行查账征收的，依法严格实行核定征收。对律师事务所、会计师事务所、税务师事务所、资产评估和房地产估价等鉴证类中介机构，不得实行核定征收个人所得税。

六、律师事务所从业人员个人所得税

为了规范和加强律师事务所从业人员个人所得税的征收管理，国家税务总局先后出台了《国家税务总局关于律师事务所从业人员取得收入征收个人所得税有关业务问题的通知》（国税发〔2000〕149 号）和《国家税务总局关于律师事务所从业人员有关个人所得税问题的公告》（国家税务总局公告 2012 年第 53 号，以下简称 53 号公告）等，对律师事务所从业人员涉及的个人所得税管理作出了规定。

（一）出资律师的税务处理

1. 应纳税所得额的确定

国税发〔2000〕149号第一条和第二条规定：

（1）律师个人出资兴办的独资和合伙性质的律师事务所的年度经营所得，从2000年1月1日起，停止征收企业所得税，作为出资律师的个人经营所得，按照有关规定，比照"个体工商户的生产、经营所得"应税项目征收个人所得税。在计算其经营所得时，出资律师本人的工资、薪金不得扣除。

（2）合伙制律师事务所应将年度经营所得全额作为基数，按出资比例或者事先约定的比例计算各合伙人应分配的所得，据以征收个人所得税。

2. 取消"对律师事务所征收方式的核准"及后续管理

《国家税务总局关于3项个人所得税事项取消审批实施后续管理的公告》（国家税务总局公告2016年第5号）规定：《国家税务总局关于强化律师事务所等中介机构投资者个人所得税查账征收的通知》（国税发〔2002〕123号）第三条废止后，统一按照《中华人民共和国税收征收管理法》及其实施细则、《财政部 国家税务总局关于印发〈关于个人独资企业和合伙企业投资者征收个人所得税的规定〉的通知》（财税〔2000〕91号）等相关规定实施后续管理。

3. 合伙律师的费用扣除

国家税务总局公告53号第三条至第五条规定：

（1）自2013年1月1日至2015年12月31日执行，合伙人律师在计算应纳税所得额时，应凭合法有效凭据按照个人所得税法和有关规定扣除费用；对确实不能提供合法有效凭据而实际发生与业务有关的费用，经当事人签名确认后，可再按下列标准扣除费用：个人年营业收入不超过50万元的部分，按8%扣除；个人年营业收入超过50万元至100万元的部分，按6%扣除；个人年营业收入超过100万元的部分，按5%扣除。

不执行查账征收的，不适用前款规定。

（2）律师个人承担的按照律师协会规定参加的业务培训费用，可据实扣除。

（3）律师事务所和律师个人发生的其他费用和列支标准，按照《个体工商户个人所得税计税办法》（自2015年1月1日起执行）等文件的规定执行。该规定时限已经到期，但是在国家未出台新的规定前，上述规定仍可在2016年以后继续使用至新规定出台为止。

（二）雇员律师、其他雇员和兼职律师的税务处理

1. 应税项目的确定

国税发〔2000〕149号第四条规定，律师事务所支付给雇员（包括律师及行政辅助人员，但不包括律师事务所的投资者）的所得，按"工资、薪金所得"应税项目征收个人所得税。

2.雇员律师分成收入的税务处理

国税发〔2000〕149号第五条第一款规定，作为律师事务所雇员的律师与律师事务所按规定的比例对收入分成，律师事务所不负担律师办理案件支出的费用（如交通费、资料费、通讯费及聘请人员等费用），律师当月的分成收入按本条第二款的规定扣除办理案件支出的费用后，余额与律师事务所发给的工资合并，按"工资、薪金所得"应税项目计征个人所得税。

3.雇员律师办案费用扣除标准

在2013年以前，根据国税发〔2000〕149号第五条第二款规定，律师从其分成收入中扣除办理案件支出费用的标准，由各省级地方税务局根据当地律师办理案件费用支出的一般情况、律师与律师事务所之间的收入分成比例及其他相关参考因素，在律师当月分成收入的30%比例内确定。《国家税务总局关于强化律师事务所等中介机构投资者个人所得税查账征收的通知》（国税发〔2002〕123号）进一步明确，对作为律师事务所雇员的律师，其办案费用或其他个人费用在律师事务所报销的，在计算其收入时不得再扣除国税发〔2000〕149号第5条第2款规定的其收入30%以内的办理案件支出费用。

53号公告第一条规定：自2013年1月1日至2015年12月31日起，作为律师事务所雇员的律师从其分成收入中扣除办理案件支出费用的标准，由现行在律师当月分成收入的30%比例内确定，调整为35%比例内确定。实行上述收入分成办法的律师办案费用不得在律师事务所重复列支。在国家未出台新的规定前，上述规定仍可在2016年以后继续使用至新规定出台为止。

4.兼职律师收入的税务处理

根据国税发〔2000〕149号第六条规定：兼职律师是指取得律师资格和律师执业证书，不脱离本职工作从事律师职业的人员。

兼职律师从律师事务所取得工资、薪金性质的所得，律师事务所在代扣代缴其个人所得税时，不再减除个人所得税法规定的费用扣除标准，以收入全额（取得分成收入的为扣除办理案件支出费用后的余额）直接确定适用税率，计算扣缴个人所得税。兼职律师应于次月15日内自行向主管税务机关申报两处或两处以上取得的工资、薪金所得，合并计算缴纳个人所得税。

5.其他人员收入的税务处理

根据国税发〔2000〕149号第七条规定：律师以个人名义再聘请其他人员为其工作而支付的报酬，应由该律师按"劳务报酬所得"应税项目负责代扣代缴个人所得税。为了便于操作，税款可由其任职的律师事务所代为缴入国库。

6.从当事人处取得法律顾问费的税务处理

在2013年前，国税发〔2000〕149号第八条规定，律师从接受法律事务服务的当事人处取得的法律顾问费或其他酬金，均按"劳务报酬所得"应税项目征收个人所得税，税款由支付报酬的单位或个人代扣代缴。

53 号公告第二条规定，从 2013 年 1 月 1 日起，废止国税发〔2000〕149 号第八条的规定，律师从接受法律事务服务的当事人处取得法律顾问费或其他酬金等收入，应并入其从律师事务所取得的其他收入，按照规定计算缴纳个人所得税。

【案例 4-1】律师个人所得税的计算

某律师事务所由张某、王某合伙成立，2019 年度发生经营业务如下：

（1）取得营业收入 400.00 万元，其中张某、王某分别承揽业务收入 80 万元、120 万元；

（2）发生营业成本 260.00 万元；

（3）发生销售费用 30.00 万元（其中广告、业务宣传费 12 万元）；发生管理费用 40.00 万元（其中业务招待费 3.00 万元）；财务费用 6.00 万元；

（4）销售税费 4.00 万元；

（5）营业外收入 8.00 万元，营业外支出 10.00 万元（含通过公益性社会团体捐赠支出 5 万元，支付税收滞纳金 2.00 万元）；

（6）计入成本、费用中的实发工资总额 180.00 万元（其中合伙人张某、王某工资，分别为 40.00 万元、50.00 万元）；

发生职工福利费 15.00 万元，发生职工教育经费 10.00 万元（其中参加行业协会举办的培训费支出 6.00 万元）；

（7）5 月 20 日购买办公用电子类设备支出 6.00 万元，已计入固定资产，假定不考虑残值，已折旧费用为 $6÷3÷12×7=1.17$ 万元；

（8）会计利润总额为（400-260-30-40-6-4+8-10）=58.00 万元。

该事务所的所得税征收方式采用查账征收。

问题：合伙人张某、王某 2019 年度应交个人所得税是多少？

解析：

第一步，先计算合伙企业（律师事务所）生产经营所得的应纳税所得额：

①广告费、业务宣传费支出，不超过当年销售（营业）收入 15% 的部分，可据实扣除。扣除限额：$400×15\%=60.00$ 万元，限额内无须调增；

②业务招待费支出，按照发生额的 60% 扣除，但最高不得超过当年销售（营业）收入的 5‰。

发生额的 $60\%=3×60\%=1.80$ 万元，按收入 5‰的比例计算扣除限额 $=400×0.5\%=2.00$ 万元，应调增所得额 =（3-1.8）=1.20 元；

③税收滞纳金 2 万元不允许税前列支，应调增所得额；

④合伙人张某、王某工资不允许税前列支，合计应调增应纳税所得额 90.00 万元；

⑤职工福利费、职工教育经费支出：分别在工资薪金总额 14%、2.5% 的标准内据实扣除。

福利费应调增所得额 =15-（180-90）×14%=2.40 万元；

参加行业协会举办的培训费支出 6.00 万元据实扣除，职工教育经费应调增所得额 =10-6-（180-90）×2.5%=1.75 万元；

⑥电子类设备最低折旧年限为 3 年，折旧额 =6÷3÷12×7=1.17 万元，无须调整。

⑦包含公益捐赠额的应纳税所得额 =58+1.2+2+90+2.40+1.75+5（公益捐赠额）=160.35 万元。

⑧公益性捐赠支出，不超过其应纳税所得额 30% 的部分可以据实扣除。

公益性捐赠扣除限额 =160.35×30%=48.105 万元，实际捐赠金额 5.00 万元小于扣除限额，可按实际捐赠额 5.00 万元扣除。

⑨扣除捐赠后的应纳税所得额 =160.35-5.00=155.35 万元。

第二步，计算合伙人个人所得税：

①张某、王某合伙协议约定分配比率为 40%、60%，按照"先分后税"的原则，应先对律师事务所经营所得进行分配。

张某应分应纳税所得额 =155.35×40%=62.14 万元

王某应分应纳税所得额 =155.35×60%=93.21 万元

②假定合伙人未在事务所报销办案费用支出，合伙律师张某和王某可以按照比例计算个人营业收入扣除费用。

张某可扣除费用 =50×8%+（80-50）×6%=5.80 万元

王某可扣除费用 =50×8%+（100-50）×6%+（120-100）×5%=8.00 万元。

③张某、王某个人所得税计算

假定张某 2019 年发生符合税法规定的专项扣除 1.44 万元、专项附加扣除 4.80 万元，但是张某同时在市律协任职并领取工资；王某 2019 年发生符合税法规定的专项扣除 1.20 万元、专项附加扣除 7 万元，未在其他地方任职并领取工资或其他综合所得。

根据《个人所得税法实施条例》第十五条第二款规定，取得经营所得的个人，没有综合所得的，计算其每一纳税年度的应纳税所得额时，应当减除费用 6.00 万元、专项扣除 1.20 万元、专项附加扣除以及依法确定的其他扣除。

因此，张某就不能再扣除 6.00 万元、专项扣除等，而王某则可以按规定扣除费用 6.00 万元、专项扣除 1.20 万元、专项附加扣除 8.00 万元。

张某应纳税所得额 =61.34-5.8=55.54 万元

王某应纳税所得额 =92.01-8-6-1.2-7=69.81 万元

根据应纳税所得额查询税率表二，张某、王某应使用税率为 35%，速算扣除数 65 500.00 元，因此：

张某应缴个人所得税 =55.54×35%-6.55=12.89 万元

王某应缴个人所得税 =69.81×35%-6.55=17.88 万元

（三）非雇员律师收入的税务处理

所谓非雇员律师就是与律师事务所不存在雇佣关系，只是临时性完成相关工作并从律师事务所取得收入的律师，比如在律师事务所从事业务培训、咨询等，按照《个人所得税法实施条例》第六条规定其取得收入应属于"劳务报酬所得"。

七、个人独资企业与合伙企业清算所得

《规定》第十六条规定，企业进行清算时，投资者应当在注销工商登记之前，向主管税务机关结清有关税务事宜。企业的清算所得应当视为年度生产经营所得，由投资者依法缴纳个人所得税。

前款所称清算所得，是指企业清算时的全部资产或者财产的公允价值扣除各项清算费用、损失、负债、以前年度留存的利润后，超过实缴资本的部分。

八、征收管理

（一）申报期限

《规定》第十七条至第十九条规定：

投资者应纳的个人所得税税款，按年计算，分月或者分季预缴，由投资者在每月或者每季度终了后 15 日内预缴，年度终了后 3 个月内汇算清缴，多退少补。

企业在年度中间合并、分立、终止时，投资者应当在停止生产经营之日起 60 日内，向主管税务机关办理当期个人所得税汇算清缴。

企业在纳税年度的中间开业，或者由于合并、关闭等原因，使该纳税年度的实际经营期不足 12 个月的，应当以其实际经营期为一个纳税年度。

（二）纳税地点

（1）《规定》第二十条规定：

投资者应向企业实际经营管理所在地主管税务机关申报缴纳个人所得税。投资者从合伙企业取得的生产经营所得，由合伙企业向企业实际经营管理所在地主管税务机关申报缴纳投资者应纳的个人所得税，并将个人所得税申报表抄送投资者。

投资者兴办两个或两个以上企业的，应分别向企业实际经营管理所在地主管税务机关预缴税款。年度终了后办理汇算清缴时，区别不同情况分别处理：

① 投资者兴办的企业全部是个人独资性质的，分别向各企业的实际经营管理所在地主管税务机关办理年度纳税申报，并依所有企业的经营所得总额确定适用税率，以本企业的经营所得为基础，计算应缴税款，办理汇算清缴；

②投资者兴办的企业中含有合伙性质的，投资者应向经常居住地主管税务机关申报纳税，办理汇算清缴，但经常居住地与其兴办企业的经营管理所在地不一致的，应选定其参与兴办的某一合伙企业的经营管理所在地为办理年度汇算清缴所在地，并在5年内不得变更。5年后需要变更的，须经原主管税务机关批准。

（2）《国家税务总局关于取消合伙企业投资者变更个人所得税汇算清缴地点审批后加强后续管理问题的通知》（国税发〔2004〕81号）规定，根据《中华人民共和国行政许可法》和国务院关于行政审批制度改革工作要求，国家税务总局决定取消对合伙企业投资者变更个人所得税汇算清缴地点的审批。投资者变更个人所得税汇算清缴地点的条件：

①在上一次选择汇算清缴地点满5年；

②上一次选择汇算清缴地点未满5年，但汇算清缴地所办企业终止经营或者投资者终止投资；

③投资者在汇算清缴地点变更前5日内，已向原主管税务机关说明汇算清缴地点变更原因、新的汇算清缴地点等变更情况。

（三）纳税申报资料报送

《规定》第二十一条规定：

投资者在预缴个人所得税时，应向主管税务机关报送《个人独资企业和合伙企业投资者个人所得税申报表》，并附送会计报表。

年度终了后30日内，投资者应向主管税务机关报送《个人独资企业和合伙企业投资者个人所得税申报表》，并附送年度会计决算报表和预缴个人所得税纳税凭证。

投资者兴办两个或两个以上企业的，向企业实际经营管理所在地主管税务机关办理年度纳税申报时，应附注从其他企业取得的年度应纳税所得额；其中含有合伙企业的，应报送汇总从所有企业取得的所得情况的《合伙企业投资者个人所得税汇总申报表》，同时附送所有企业的年度会计决算报表和当年度已缴个人所得税纳税凭证。

九、创业投资企业和天使投资个人涉及的税收政策

（一）投资额70%可抵扣应税所得政策

根据《财政部 税务总局关于创业投资企业和天使投资个人有关税收政策的通知》（财税〔2018〕55号）规定：符合条件的创业（天使）投资额的70%可以抵扣所得税应纳税所得额，而且还可以跨年度结转。

1. 政策享受的主体

根据财税〔2018〕55号规定，政策享受主体主要包括三类：①公司制业投资企业；②有限合伙制创业投资企业及其合伙人（包括法人合伙人和个人合伙人）；③天使投资个人。

本书主要是讲述个人所得税，因此此处的内容主要讲述有限合伙制创业投资企业及其个人合伙人与天使投资个人的相关内容，涉及企业所得税的内容自动忽略，需要关注企业所得税方面内容的请查阅相关法规。

2.具体政策内容

政策内容是在财税〔2018〕55号和《国家税务总局关于创业投资企业和天使投资个人税收政策有关问题的公告》（国家税务总局公告2018年第43号）。

（1）有限合伙制创业投资企业

有限合伙制创业投资企业（以下简称合伙创投企业）采取股权投资方式直接投资于初创科技型企业满2年的，该合伙创投企业的个人合伙人可以按照对初创科技型企业投资额的70%抵扣个人合伙人从合伙创投企业分得的"经营所得"；当年不足抵扣的，可以在以后纳税年度结转抵扣。

根据国家税务总局公告2018年第43号第一条第（一）款的规定，对初创科技型企业"满2年"，仅限定的是合伙创投企业实缴投资满2年，而并未限定合伙人。

比如，2017年11月甲合伙创投企业投资某初创科技型企业，则在2019年11月就满2年，其中甲合伙创投企业中的个人合伙人李某是2018年5月才入伙的。如果其他条件均满足文件规定，李某也可以享受财税〔2018〕55号规定的税收政策。

【案例4-2】合伙制创业投资企业合伙人所得税计算

张某和李某个人成立了有限合伙制创业投资企业甲，双方各出资50%，同时约定按六四比例分成。2017年6月，甲合伙企业投资1 000.00万元到某科技公司（初创型科技企业）。在2019年，李某个人从甲合伙企业分回收益600.00万元。

问题：李某从甲合伙企业分回的收益应缴纳的个人所得税是多少？

【解析】根据财税〔2018〕55号第一条第二项规定，因为李某是天使投资人且通过有限合伙制创业投资企业投资于初创型科技企业满2年，李某分回的600.00万元，对应的能抵扣的金额=1 000×50%（合伙人出资比例）×70%=350.00万元，也就是说，能抵350.00万元，余下的250.00万元（600-350）按税法规定对合伙企业的"先分后税"计算个人所得税。

应纳税额=250×20%=50.00万元

同样的，如果分回是200.00万元，而能抵350.00万元，多的150.00万元一样是以后年度再分回收益时抵。

（2）天使投资个人

① 天使投资个人采取股权投资方式直接投资于科技型企业满2年的，可以按照投资额的70%抵扣转让该初创科技型企业股权取得的应纳税所得额；当期不足抵扣的，可以在以后取得转让该初创科技型企业股权的应纳税所得额时结转抵扣。

② 天使投资个人投资多个初创科技型企业的，对其中办理注销清算的初创科技型企业，

天使投资个人对其投资额的70%尚未抵扣完的，可自注销清算之日起36个月内抵扣天使投资个人转让其他初创科技型企业股权取得的应纳税所得额。

上述政策中的投资必须同时满足三个条件：一是投资对象必须是初创科技型企业；二是现金方式投资；三是必须是股权投资，不包括受让其他股东的存量股权。

3. 限定条件

（1）被投资的初创科技型企业，应同时符合以下条件：

① 在中国境内（不包括港、澳、台地区）注册成立、实行查账征收的居民企业；

② 接受投资时，从业人数不超过200人，其中具有大学本科以上学历的从业人数不低于30%；资产总额和年销售收入均不超过3 000.00万元；

根据《财政部 税务总局关于实施小微企业普惠性税收减免政策的通知》（财税〔2019〕13号）规定：在2019年1月1日至2021年12月31日期间，"从业人数不超过200人"调整为"从业人数不超过300人"，"资产总额和年销售收入均不超过3 000.00万元"调整为"资产总额和年销售收入均不超过5 000.00万元"。

③ 接受投资时设立时间不超过5年（60个月）；

④ 接受投资时以及接受投资后2年内未在境内外证券交易所上市；

⑤ 接受投资当年及下一纳税年度，研发费用总额占成本费用支出的比例不低于20%。

（2）享受投资额抵扣税收政策的天使投资个人，应同时符合以下条件：

① 不属于被投资初创科技型企业的发起人、雇员或其亲属（包括配偶、父母、子女、祖父母、外祖父母、孙子女、外孙子女、兄弟姐妹，下同），且与被投资初创科技型企业不存在劳务派遣等关系；

② 投资后2年内，本人及其亲属持有被投资初创科技型企业股权比例合计应低于50%。

【案例4-3】天使投资人转让初创科技企业股权的个人所得税计算

邹某是个天使投资人于2017年6月投资1 000.00万元到某科技公司（初创型科技企业）。邹某在2019年8月转让该股权，转让价是2 000.00万元。

问题：邹某转让股权应纳税额（假设不考虑其他税费）是多少？

【解析】 根据财税〔2018〕55号第一条第三项规定，因为邹某某是天使投资人且投资于初创型科技企业满2年，所以这转让股权的收益1 000.00万元（2 000-1 000）还要再扣掉投资额的70%（1 000×70%=700.00万元）。最终，邹某股权转让交个税＝（2 000-1 000-700）×20%=60.00万元。

4. 办理程序和资料

（1）合伙创投企业个人合伙人。

① 合伙创投企业的个人合伙人符合享受优惠条件的，合伙创投企业应在投资初创科技型企业满2年的年度终了后3个月内，向合伙创投企业主管税务机关办理备案手续，备案时应

报送《合伙创投企业个人所得税投资抵扣备案表》（附件 2），同时将有关资料留存备查（备查资料同公司制创投企业）。合伙企业多次投资同一初创科技型企业的，应按年度分别备案。

② 合伙创投企业应在投资初创科技型企业满 2 年后的每个年度终了后 3 个月内，向合伙创投企业主管税务机关报送《合伙创投企业个人所得税投资抵扣情况表》（附件 3）。

③ 个人合伙人在个人所得税年度申报时，应将当年允许抵扣的投资额填至《个人所得税生产经营所得纳税申报表（B 表）》"允许扣除的其他费用"栏，并同时标明"投资抵扣"字样。

（2）天使投资个人。

① 投资抵扣备案

天使投资个人应在投资初创科技型企业满 24 个月的次月 15 日内，与初创科技型企业共同向初创科技型企业主管税务机关办理备案手续。备案时应报送《天使投资个人所得税投资抵扣备案表》（附件 4）。被投资企业符合初创科技型企业条件的有关资料留存企业备查，备查资料包括初创科技型企业接受现金投资时的投资合同（协议）、章程、实际出资的相关证明材料，以及被投资企业符合初创科技型企业条件的有关资料。多次投资同一初创科技型企业的，应分次备案。

② 投资抵扣申报

a. 天使投资个人转让未上市的初创科技型企业股权，按照《通知》规定享受投资抵扣税收优惠时，应于股权转让次月 15 日内，向主管税务机关报送《天使投资个人所得税投资抵扣情况表》（附件 5）。同时，天使投资个人还应一并提供投资初创科技型企业后税务机关受理的《天使投资个人所得税投资抵扣备案表》。

其中，天使投资个人转让初创科技型企业股权需同时抵扣前 36 个月内投资其他注销清算初创科技型企业尚未抵扣完毕的投资额的，申报时应一并提供注销清算企业主管税务机关受理并注明注销清算等情况的《天使投资个人所得税投资抵扣备案表》，以及前期享受投资抵扣政策后税务机关受理的《天使投资个人所得税投资抵扣情况表》。

接受投资的初创科技型企业，应在天使投资个人转让股权纳税申报时，向扣缴义务人提供相关信息。

b. 天使投资个人投资初创科技型企业满足投资抵扣税收优惠条件后，初创科技型企业在上海证券交易所、深圳证券交易所上市的，天使投资个人在转让初创科技型企业股票时，有尚未抵扣完毕的投资额的，应向证券机构所在地主管税务机关办理限售股转让税款清算，抵扣尚未抵扣完毕的投资额。清算时，应提供投资初创科技型企业后税务机关受理的《天使投资个人所得税投资抵扣备案表》和《天使投资个人所得税投资抵扣情况表》。

③ 被投资企业发生个人股东变动或者个人股东所持股权变动的，应在次月 15 日内向主管税务机关报送含有股东变动信息的《个人所得税基础信息表（A 表）》。对天使投资个人，应在备注栏标明"天使投资个人"字样。

④ 天使投资个人转让股权时，扣缴义务人、天使投资个人应将当年允许抵扣的投资额填至《扣缴个人所得税报告表》或《个人所得税自行纳税申报表（A表）》"税前扣除项目"的"其他"栏，并同时标明"投资抵扣"字样。

⑤ 天使投资个人投资的初创科技型企业注销清算的，应及时持《天使投资个人所得税投资抵扣备案表》到主管税务机关办理情况登记。

附件 2

合伙创投企业个人所得税投资抵扣备案表

（××年度）

备案编号（主管税务机关填写）：

单位：%、人民币元（列至角分）

合伙创投企业基本情况									
企业名称						纳税人识别号（统一社会信用代码）			
备案管理部门						备案时间			
联系人						联系电话			
对初创科技型企业投资情况									
初创科技型企业名称	纳税人识别号	注册地	设立时间	投资日期	从业人数	本科以上学历人数占比	资产总额	年销售收入	研发费用总额占成本费用支出的比例	投资2年内与关联方合计持股比例是否超过50%	投资额

谨声明：本人（单位）知悉并保证本表填报内容及所附证明材料真实、完整，非承担因资料虚假而产生的法律责任。

代理机构印章：

联系人：
填报日期：

合伙创投企业印章：

合伙创投企业负责人签章：

年　月　日

主管税务机关印章：

受理人：
受理日期：

国家税务总局监制

填报说明

一、适用范围

本表适用于有限合伙制创业投资企业（以下简称"合伙创投企业"）投资境内种子期、初创期科技型企业（以下简称"初创科技型企业"），就符合投资抵扣税收优惠条件的投资，向主管税务机关办理投资情况备案。

二、报送期限

合伙创投企业应于投资满2年的年度终了后3个月内，向其注册地主管税务机关报送本表。

三、表内各栏

（一）合伙创投企业基本情况

1. 企业名称：填写合伙创投企业名称全称。

2. 纳税人识别号（统一社会信用代码）：填写合伙创投企业的纳税人识别号或统一社会信用代码。

3. 备案管理部门：填写合伙创投企业根据《创业投资企业管理暂行办法》或《私募投资基金监督管理暂行办法》等规定，办理备案的主管部门名称全称。

4. 备案时间：填写合伙创投企业向备案管理部门完成备案的时间。

5. 联系人：填写合伙创投企业联系人姓名。

6. 联系电话：填写合伙创投企业联系人的联系电话。

（二）对初创科技型企业投资情况

合伙创投企业投资多个初创科技型企业或对同一家初创科技型企业有多轮投资的，均需就每次投资情况分行填写。

1. 初创科技型企业名称：填写初创科技型企业名称全称。

2. 纳税人识别号：填写初创科技型企业的纳税人识别号或统一社会信用代码。

3. 注册地：填写初创科技型企业注册登记的具体地址。

4. 设立时间：填写初创科技型企业设立登记的具体日期。

5. 投资日期：填写初创科技型企业接受合伙创投企业投资并完成工商变更登记的日期。

6. 从业人数：填写与初创科技型企业建立劳动关系的职工及企业接受的劳务派遣人员人数。具体按照初创科技型企业接受投资前连续12个月的平均数填写，不足12个月的按实际月数平均计算填写。

7. 本科以上学历人数占比：填写初创科技型企业接受投资时本科以上学历人数占企业从业人数的比例。

8. 资产总额：填写初创科技型企业的资产总额。具体按照初创科技型企业接受投资前连续12个月的平均数填写，不足12个月的按实际月数平均计算填写。

9. 年销售收入：填写初创科技型企业的年销售收入。具体按照初创科技型企业接受投资前连续 12 个月的累计数填写，不足 12 个月的按实际月数累计计算填写。

10. 研发费用总额占成本费用支出的比例：填写企业接受投资当年及下一年两个纳税年度的研发费用总额合计占同期成本费用总额合计的比例。

11. 投资后 2 年内与关联方合计持股比例是否超过 50%：填写"是"或"否"。

12. 投资额：填写合伙创投企业以现金形式对初创科技型企业的实缴出资额。

四、本表一式两份。主管税务机关受理后，由合伙创投企业和主管税务机关分别留存。

附件 3

合伙创投企业个人所得税投资抵扣情况表

（××年度）

单位：%，人民币元（列至角分）

合伙创投企业情况									
企业名称									
投资情况备案编号									
纳税人识别号（统一社会信用代码）									
当年新增符合条件的投资额合计									
新增可抵扣投资额									

个人合伙人相关情况									
姓名	身份证件类型	身份证件号码	出资额	出资比例	分配比例	当年度分配的经营所得	结转上年可抵扣投资额	当年新增可抵扣投资额	当年实际抵扣投资额	结转抵扣投资额

谨声明：本人（单位）知悉并保证本表填报内容及所附证明材料真实、完整，并承担因资料附证明证明材料虚假取而产生的法律责任。

合伙创投企业印章：

合伙创投企业负责人签章：

代理机构印章：

填报日期：

联系人：

主管税务机关印章：

受理人：

受理日期：

年 月 日

国家税务总局监制

填报说明

一、适用范围

本表适用于有限合伙制创业投资企业（以下简称"合伙创投企业"）投资境内种子期、初创期科技型企业（以下简称"初创科技型企业"），在符合投资抵扣税收优惠年度及以后年度，向主管税务机关报告有关情况并办理投资抵扣手续。

二、报送期限

合伙创投企业自符合投资抵扣税收优惠年度起，每个年度终了3个月内，向其注册地主管税务机关报送本表。

三、表内各栏

（一）合伙创投企业情况

1. 企业名称：填写合伙创投企业名称全称。

2. 纳税人识别号（统一社会信用代码）：填写合伙创投企业的纳税人识别号或统一社会信用代码。

3. 投资情况备案编号：填写合伙创投企业办理投资情况备案时，税务机关受理其填报的《合伙创投企业个人所得税投资抵扣备案表》赋予的备案编号。

4. 当年新增符合条件的投资额合计：填写当年《合伙创投企业个人所得税投资抵扣备案表》投资额合计。若当年无新增符合投资抵扣税收优惠条件的投资，则无须填写。

5. 新增可抵扣投资额：新增可抵扣投资额＝当年新增符合条件的投资额合计×70%。

（二）个人合伙人相关情况

本栏填报个人合伙人报告年度实际投资抵扣的有关情况。

1. 姓名：填写个人合伙人姓名。

2. 身份证件类型：填写个人合伙人办理个人所得税年度申报时使用的身份证件类型。

3. 身份证件号码：填写个人合伙人办理个人所得税年度申报时使用的身份证件号码。

4. 出资额：填写个人合伙人在投资满两年当年年末，对合伙创投企业的实缴出资额。

5. 出资比例：填写报告年度年末各合伙人对合伙创投企业的实缴出资额占所有合伙人全部实缴出资额的比例。

6. 分配比例：填写个人合伙人办理个人所得税年度申报时填报的分配比例。

7. 当年度分配的经营所得：填写报告年度个人合伙人按其分配比例自合伙创投企业计算分得的经营所得。

8. 结转上年可抵扣投资额：填写上年度此表"结转抵扣投资额"，上年无结转抵扣投资额的填"0"。

9. 当年新增可抵扣投资额：当年新增可抵扣投资额＝新增可抵扣投资额×出资比例。

10. 当年实际抵扣投资额：区别以下情况计算填写。

（1）当年度分配的经营所得＜结转上年可抵扣投资额＋当年新增可抵扣投资额时，

当年实际抵扣投资额＝当年度分配的经营所得；

（2）当年度分配的经营所得≥结转上年可抵扣投资额＋当年新增可抵扣投资额时，

当年实际抵扣投资额＝当年新增可抵扣投资额＋结转上年可抵扣投资额。

11. 结转抵扣投资额：结转抵扣投资额＝结转上年可抵扣投资额＋当年新增可抵扣投资额－当年实际抵扣投资额。

四、本表一式两份。 主管税务机关受理后，由合伙创投企业和主管税务机关分别留存。

附件 4

天使投资个人所得税投资抵扣备案表

备案编号（主管税务机关填写）：

单位：%，人民币元（列至角分）

天使投资个人基本情况					
姓名		身份证件类型		身份证件号码	
国籍（地区）		联系电话		联系地址	

初创科技型企业基本情况

企业名称		纳税人识别号（统一社会信用代码）	
设立时间		注册地址	

初创科技型企业及天使投资个人投资情况

投资日期	从业人数	本科以上学历人数占比	资产总额	年销售收入	研发费用总额占成本费用支出的比例	投资2年内与其亲属合计持股比例是否超过50%	投资额

谨声明：本人（单位）知悉并保证本表填报内容及所附证明材料真实、完整，并承担因资料虚假而产生的法律责任。

天使投资个人签章：　　初创科技型企业负责人签章：　　年　月　日

代理机构印章： 联系人：　　　　　　　　　填报日期：	主管税务机关印章： 受理人： 受理日期：

初创科技型企业注销清算情况（税务机关填写）	
注销清算时间		清算前已抵扣投资额	

主管税务机关印章：
受理人：
受理日期：

注：本表是天使投资个人日后转让初创科技型企业股权办理投资抵扣的重要凭据，请妥善保管。　国家税务总局监制

填报说明

一、适用范围

本表适用于天使投资个人投资境内种子期、初创期科技型企业（以下简称"初创科技型企业"），就符合投资抵扣税收优惠条件的投资，向主管税务机关办理投资情况备案。

二、报送期限

初创科技型企业、天使投资个人应共同于满足投资抵扣税收优惠条件次月 15 日内，向其主管税务机关报送本表。

三、表内各栏

（一）天使投资个人基本情况

1. 姓名：填写天使投资个人姓名。中国境内无住所个人，其姓名应当用中、外文同时填写。

2. 身份证件类型：填写能识别天使投资个人唯一身份的身份证、军官证、士兵证、护照、港澳居民来往内地通行证、台湾居民来往大陆通行证等有效证照名称。

3. 身份证件号码：填写能识别天使投资个人唯一身份的有效证照号码。

4. 国籍（地区）：填写天使投资个人的国籍或者地区。

5. 联系电话、联系地址：填写天使投资个人的有效联系方式。

（二）初创科技型企业基本情况

1. 企业名称：填写初创科技型企业名称全称。

2. 纳税人识别号（统一社会信用代码）：填写初创科技型企业的纳税人识别号或统一社会信用代码。

3. 设立时间：填写初创科技型企业设立登记的具体日期。

4. 注册地址：填写初创科技型企业注册登记的具体地址。

（三）初创科技型企业及天使投资个人投资情况

1. 投资日期：填写初创科技型企业接受合伙创投企业投资并完成工商变更登记的日期。

2. 从业人数：填写与初创科技型企业建立劳动关系的职工及企业接受的劳务派遣人员人数。具体按照初创科技型企业接受投资前连续 12 个月的平均数填写，不足 12 个月的按实际月数平均计算填写。

3. 本科以上学历人数占比：填写初创科技型企业接受投资时本科以上学历人数占企业从业人数的比例。

4. 资产总额：填写初创科技型企业的资产总额。具体按照初创科技型企业接受投资前连续 12 个月的平均数填写，不足 12 个月的按实际月数平均计算填写。

5. 年销售收入：填写初创科技型企业的年销售收入。具体按照初创科技型企业接受投资前连续 12 个月的累计数填写，不足 12 个月的按实际月数累计计算填写。

6. 研发费用总额占成本费用支出的比例：填写企业接受投资当年及下一年两个纳税年度的研发费用总额合计占同期成本费用总额合计的比例。

7. 投资 2 年内与其亲属合计持股比例是否超过 50%：填写"是"或"否"。

8. 投资额：填写天使投资个人以现金形式对初创科技型企业的实缴出资额。

（四）初创科技型企业注销清算情况

本栏由主管税务机关在初创科技型企业注销后纳税人有尚未抵扣完毕的投资额需要结转抵扣时填写。

四、本表一式两份。主管税务机关受理后，由天使投资个人和主管税务机关分别留存。

附件 5

天使投资个人所得税投资抵扣情况表

单位：人民币元（列至角分）

天使投资个人基本情况

姓名		身份证件类型		身份证件号码	
国籍（地区）		联系电话		联系地址	
投资抵扣备案编号		投资额		可抵扣投资额	

初创科技型企业基本情况

企业名称		纳税人识别号（统一社会信用代码）	

投资抵扣情况

股权转让时间	股权转让应纳税所得额	从已清算企业结转待抵扣投资额	本企业可抵扣投资额	可抵扣投资额合计	累计已抵扣投资额	本期抵扣投资额	结转抵扣投资额

谨声明：本人知悉并保证本表填报内容及所附证明证材料真实、完整，并承担因资料虚假而产生的法律责任。

天使投资个人签章：　　　　　　　　　　　填报日期：　　年　月　日

代理机构印章：

联系人：

主管税务机关印章：
受理人：
受理日期：

填报说明

一、适用范围

本表适用于天使投资个人投资境内种子期、初创期科技型企业（以下简称"初创科技型企业"），享受投资抵扣税收优惠时，向主管税务机关报告有关情况并办理投资抵扣手续。

二、报送期限

天使投资个人应于股权转让次月 15 日内或在限售股转让清算时，向主管税务机关报送本表。

三、表内各栏

（一）天使投资个人基本情况

1. 姓名：填写天使投资个人姓名。中国境内无住所个人，其姓名应当用中、外文同时填写。

2. 身份证件类型：填写能识别天使投资个人唯一身份的身份证、军官证、士兵证、护照、港澳居民来往内地通行证、台湾居民来往大陆通行证等有效证照名称。

3. 身份证件号码：填写能识别天使投资个人唯一身份的有效证照号码。

4. 国籍（地区）：填写天使投资个人的国籍或者地区。

5. 联系电话、联系地址：填写天使投资个人的有效联系方式。

6. 投资抵扣备案编号：填写天使投资个人办理投资情况备案时，税务机关受理《天使投资个人所得税投资抵扣备案表》时赋予的备案编号。

7. 投资额：填写天使投资个人在转让初创科技型企业股权时，符合投资抵扣税收优惠条件的投资额合计。

8. 可抵扣投资额：可抵扣投资额＝投资额×70%。

（二）初创科技型企业基本情况

1. 企业名称：填写初创科技型企业名称全称。

2. 纳税人识别号（统一社会信用代码）：填写初创科技型企业的纳税人识别号或统一社会信用代码。

（三）投资抵扣情况

1. 股权转让时间：填写天使投资个人转让初创科技型企业股权的具体时间。

2. 股权转让应纳税所得额：填写天使投资个人转让初创科技型企业股权取得的应纳税所得额。

3. 从已清算企业结转待抵扣投资额：填写天使投资个人投资的其他初创科技型企业注销清算时尚未抵扣完毕的可抵扣投资额。

4. 本企业可抵扣投资额：本企业可抵扣投资额＝可抵扣投资额（"天使投资个人基本情况"栏）。

5.可抵扣投资额合计：可抵扣投资额合计＝从已清算企业结转待抵扣投资额＋本企业可抵扣投资额。

6.累计已抵扣投资额：填写天使投资个人前期转让初创科技型企业股权时已抵扣投资额合计。

7.本期抵扣投资额：区别以下情况计算填写。

（1）股权转让应纳税所得额＜可抵扣投资额合计－累计已抵扣投资额时，

本期抵扣投资额＝股权转让应纳税所得额；

（2）股权转让应纳税所得额≥可抵扣投资额合计－累计已抵扣投资额时，

本期抵扣投资额＝可抵扣投资额合计－累计已抵扣投资额。

8.结转抵扣投资额：结转抵扣投资额＝可抵扣投资额合计－累计已抵扣投资额－本期抵扣投资额。

四、本表一式两份。主管税务机关受理后，由天使投资个人和主管税务机关分别留存。

（二）创业投资企业个人合伙人所得税政策

《财政部 国家发展和改革委员会 国家税务总局 中国证券监督管理委员会关于创业投资企业个人合伙人所得税政策问题的通知》（财税〔2019〕8号）规定，2019年1月1日起至2023年12月31日止，创投企业可以选择按单一投资基金核算或者按创投企业年度所得整体核算两种方式之一，对其个人合伙人来源于创投企业的所得计算个人所得税应纳税额。

1.不同核算形式导致适应不同应税项目

财税〔2019〕8号第二条规定：

创投企业选择按单一投资基金核算的，其个人合伙人从该基金应分得的股权转让所得和股息红利所得，按照20%税率计算缴纳个人所得税。

创投企业选择按年度所得整体核算的，其个人合伙人应从创投企业取得的所得，按照"经营所得"项目、5%～35%的超额累进税率计算缴纳个人所得税。

2.单一投资基金核算

单一投资基金核算，是指单一投资基金（包括不以基金名义设立的创投企业）在一个纳税年度内从不同创业投资项目取得的股权转让所得和股息红利所得按下述方法分别核算纳税：

（1）股权转让所得。单个投资项目的股权转让所得，按年度股权转让收入扣除对应股权原值和转让环节合理费用后的余额计算，股权原值和转让环节合理费用的确定方法，参照股权转让所得个人所得税有关政策规定执行；单一投资基金的股权转让所得，按一个纳税年度内不同投资项目的所得和损失相互抵减后的余额计算，余额大于或等于零的，即确认为该基金的年度股权转让所得；余额小于零的，该基金年度股权转让所得按零计算且不能跨年结转。

个人合伙人按照其应从基金年度股权转让所得中分得的份额计算其应纳税额，并由创投企业在次年 3 月 31 日前代扣代缴个人所得税。如符合《财政部 税务总局关于创业投资企业和天使投资个人有关税收政策的通知》（财税〔2018〕55 号）规定条件的，创投企业个人合伙人可以按照被转让项目对应投资额的 70% 抵扣其应从基金年度股权转让所得中分得的份额后再计算其应纳税额，当期不足抵扣的，不得向以后年度结转。

（2）股息红利所得。单一投资基金的股息红利所得，以其来源于所投资项目分配的股息、红利收入以及其他固定收益类证券等收入的全额计算。

个人合伙人按照其应从基金股息红利所得中分得的份额计算其应纳税额，并由创投企业按次代扣代缴个人所得税。

（3）除前述可以扣除的成本、费用之外，单一投资基金发生的包括投资基金管理人的管理费和业绩报酬在内的其他支出，不得在核算时扣除。

3. 创投企业年度所得整体核算

创投企业年度所得整体核算，是指将创投企业以每一纳税年度的收入总额减除成本、费用以及损失后，计算应分配给个人合伙人的所得。如符合《财政部 税务总局关于创业投资企业和天使投资个人有关税收政策的通知》（财税〔2018〕55 号）规定条件的，创投企业个人合伙人可以按照被转让项目对应投资额的 70% 抵扣其可以从创投企业应分得的经营所得后再计算其应纳税额。年度核算亏损的，准予按有关规定向以后年度结转。

按照"经营所得"项目计税的个人合伙人，没有综合所得的，可依法减除基本减除费用、专项扣除、专项附加扣除以及国务院确定的其他扣除。从多处取得经营所得的，应汇总计算个人所得税，只减除一次上述费用和扣除。

4. 核算方式时间限定

创投企业选择按单一投资基金核算或按创投企业年度所得整体核算后，3 年内不能变更。

5. 备案要求

创投企业选择按单一投资基金核算的，应当在按照本通知第一条规定完成备案的 30 日内，向主管税务机关进行核算方式备案；未按规定备案的，视同选择按创投企业年度所得整体核算。2019 年 1 月 1 日前已经完成备案的创投企业，选择按单一投资基金核算的，应当在 2019 年 3 月 1 日前向主管税务机关进行核算方式备案。创投企业选择一种核算方式满 3 年需要调整的，应当在满 3 年的次年 1 月 31 日前，重新向主管税务机关备案。

第三节　对企事业单位承包经营、承租经营以及转包、转租取得的所得

《个人所得税法实施条例》第六条明确，个人对企业、事业单位承包经营、承租经营以及转包、转租取得的所得属于经营所得。

一、征税范围

对企事业单位的承包经营、承租经营所得，是指个人承包经营、承租经营以及转包、转租取得的所得，包括个人按月或者按次取得的工资、薪金性质的所得。

（一）征税范围的规定

对企事业单位的承包经营、承租经营所得项目如何计征个人所得税，国家税务总局在《关于个人对企事业单位实行承包经营、承租经营取得所得征税问题的通知》（国税发〔1994〕179号，目前仍然有效）中做出的具体规定：

（1）企业实行个人承包、承租经营后，如果工商登记仍为企业的，不管其分配方式如何，均应先按照企业所得税的有关规定缴纳企业所得税。承包经营、承租经营者按照承包、承租经营合同（协议）规定取得的所得，依照个人所得税法的有关规定缴纳个人所得税，具体为：

① 承包、承租人对企业经营成果不拥有所有权，仅是按合同（协议）规定取得一定所得的，其所得按工资、薪金所得项目征税。

② 承包、承租人按合同（协议）的规定只向发包、出租方缴纳一定费用后，企业经营成果归其所有的，承包、承租人取得的所得，按对企事业单位的承包经营、承租经营所得项目征税。

（2）企业实行个人承包、承租经营后，如工商登记改变为个体工商户的，应依照个体工商户的生产、经营所得项目计征个人所得税，不再征收企业所得税。

（3）企业实行承包经营、承租经营后，不能提供完整、准确的缴税资料，正确计算应纳税所得额的，由主管税务机关核定其应纳税所得额，并依据《中华人民共和国税收征收管理法》的有关规定，自行确定征收方式。

（二）商业企业在职职工对企业下属部门承包经营所得

《国家税务总局关于个人承包承租经营所得征收个人所得税问题的批复》（国税函〔2000〕395号）明确：商业企业在职职工对企业下属部门实行自筹资金、自主经营、独立核算、自负盈亏的承包、承租经营方式，虽不是对整个企业的承包、承租经营，但其承包和经营的方式基本与上述规定的承包经营、承租经营相同。为公平税负，合理负担，对在职职工从事承包、承租经营取得的所得，应比照"对企事业单位的承包经营、承租经营所得"项目征收个人所得税。

二、应纳税额的计算

对企事业单位承包经营、承租经营以及转包、转租取得的所得在《个人所得税法》修订后属于"经营所得"，在法规没有单独规定前，可以参照个体工商户经营所得计税。

三、申报期限

《个人所得税法》第十二条规定，纳税人取得经营所得，按年计算个人所得税，由纳税人在月度或者季度终了后十五日内向税务机关报送纳税申报表，并预缴税款；在取得所得的次年三月三十一日前办理汇算清缴。

第五章

财产性收入所得和偶然所得的个人所得税

财产性收入，也称资产性收入，是指通过资产、资本参与社会生产和生活活动所产生的收入，即个人通过拥有的动产（如银行存款、有价证券）和不动产（如房屋、车辆、收藏品等）所获得的收入，包括出让财产使用权所获得的利息、租金等，财产营运所获得的红利收入、财产增值收益等。

偶然所得是指个人得奖、中奖、中彩以及其他偶然性质的所得。

第一节　利息、股息、红利所得

《个人所得税法》规定，利息、股息、红利所得应缴纳个人所得税，税率为20%。

一、征税范围的界定

（一）利息、股息、红利所得

利息、股息、红利所得，是指个人拥有的债权、股权而取得的利息、股息、红利所得。

利息是指个人拥有债权而取得的所得，包括存款利息、贷款利息、借款和各种债券利息以及其他形式的利息。

股息、红利，是指公司、企业按照个人拥有的股份或股权比例分配的股息或者红利。

（二）企业转制中个人股增值所得

《国家税务总局关于原城市信用社在转制为城市合作银行过程中个人股增值所得应纳个人所得税的批复》（国税函〔1998〕289号）规定，在城市信用社改制为城市合作银行过程中，个人以现金或股份及其他形式取得的资产评估增值数额，应当按"利息、股息、红利所得"项目计征个人所得税，税款由城市合作银行负责代扣代缴。

（三）量化资产参与企业分配取得的所得

根据国家有关规定，允许集体所有制企业在改制为股份合作制企业时可以将有关资产量化给职工个人。为了支持企业改组改制的顺利进行，对于企业在这一改革过程中个人取得量化资产的有关个人所得税问题，《国家税务总局关于企业改组改制过程中个人取得的量化资产征收个人所得税问题的通知》（国税发〔2000〕60号）规定如下：

（1）对职工个人以股份形式取得的仅作为分红依据，不拥有所有权的企业量化资产，不征收个人所得税。

（2）对职工个人以股份形式取得的拥有所有权的企业量化资产，暂缓征收个人所得税；待个人将股份转让时，就其转让收入额，减除个人取得该股份时实际支付的费用支出和合理转让费用后的余额，按"财产转让所得"项目计征个人所得税。

（3）对职工个人以股份形式取得的企业量化资产参与企业分配而获得的股息、红利，应按"利息、股息、红利"项目征收个人所得税。

（四）投资者借款既未用于经营又年终未归还的视同分红所得

《财政部、国家税务总局关于规范个人投资者个人所得税征收管理的通知》（财税〔2003〕158号）第二条规定，纳税年度内个人投资者从其投资企业（个人独资企业、合伙企业除外）借款，在该纳税年度终了后既不归还，又未用于企业生产经营的，其未归还的借款可视为企业对个人投资者的红利分配，依照"利息、股息、红利所得"项目计征个人所得税。

（五）个体工商户取得的联营利润

《财政部、国家税务总局关于个人所得税若干政策问题的通知》（财税字〔1994〕20号）第一条规定，个体工商户与企业联营而分得的利润，按利息、股息、红利所得项目征收个人所得税。

（六）人独资企业和合伙企业对外投资分回的利息、股息、红利

国税函〔2001〕84号第二条规定，个人独资企业和合伙企业对外投资分回的利息或者股息、红利，不并入企业的收入，而应单独作为投资者个人取得的利息、股息、红利所得，按"利息、股息、红利所得"应税项目计算缴纳个人所得税。以合伙企业名义对外投资分回利息或者股息、红利的，应按财税〔2000〕91号所附规定的第五条精神确定各个投资者的利息、股息、红利所得，分别按"利息、股息、红利所得"应税项目计算缴纳个人所得税。

（七）理财产品的收益是否缴纳个人所得税

近年来，我国投资理财市场持续升温。在股票、基金、债券等理财产品走入市民日常生活中后，互联网金融产品近期也受到了年轻理财族的热捧。

1. 投资股票

个人投资股票主要涉及两种收益：一是转让环节的价差收益；二是持有期间的股息红利收益。

（1）个人转让股票所得属于个人所得税中"财产转让所得"项目的征税范围，应分为两种情况对待：一是转让境内上市公司股票所得，暂免征收个人所得税；二是对境外上市公司的股票转让所得，不属于免征范围，仍应按"财产转让所得"计算纳税。

（2）个人取得的股息红利所得属于个人所得税中"利息、股息、红利"项目的征税范围。对持有上海证券交易所和深圳证券交易所挂牌交易的上市公司股票所获得的股息红利，采取差别化方式征税。

（3）外籍个人从发行 B 股或海外股（包括 H 股）的境内非外商投资企业取得的所得，应按照"利息、股息、红利所得"项目缴纳个人所得税。对已与我国签订了税收协定的境外国家地区的外籍人员，则可享受税收协定中相应的协定优惠税率。

2. 投资基金

个人投资购买基金产品也涉及两种收益：一是买卖或申购赎回基金获得的价差收益；二是从基金分配中获得的分红收益。

（1）买卖封闭式基金单位和申购、赎回开放式基金单位取得的差价收入，目前暂不征收个人所得税。

（2）从基金分配中获得的收入，是由上市公司和发行债券的企业在向证券投资基金派发股息、红利、利息时扣缴个人所得税，而在基金向个人投资者分配阶段，不再扣缴个人所得税。特别的是，对从封闭式证券投资基金分配中获得的企业债券差价收入，则在基金分配给个人时征税。

因此，不管购买的是传统的基金产品，还是借助余额宝、理财通等互联网金融平台间接购买的基金产品，虽然在基金分配收益上未体现个人所得税，但实际上，基金在取得上市公司、发行债券企业的收益时就已被扣缴了个人所得税。因此基金向个人投资者分配时，就不再扣缴税款了。

3. 投资债券

（1）个人取得的国债、教育存款专户，以及经国务院批准发行的金融债券的利息所得，免征个人所得税。

（2）对个人持有企业债券取得的利息所得，由支付单位按照"利息、股息、红利所得"项目代扣代缴 20% 个人所得税。

二、应纳税所得额的计算

《个人所得税法》第六条规定，利息、股息、红利所得，以每次收入额为应纳税所得额。

也就是说，利息、股息、红利所得以个人每次取得的收入额为应纳税所得额，不得从收入中扣除任何费用。其中，以支付利息、股息、红利时取得的收入为一次。

（一）派发红股和转增资本

1. 派发红股

《国家税务总局关于印发〈征收个人所得税若干问题的规定〉的通知》（国税发〔1994〕89号）第十一条规定：股份制企业在分配股息、红利时，以股票形式向股东个人支付应得的股息、红利（即派发红股），应以派发红股的股票票面金额为收入额，按利息、股息、红利项目计征个人所得税。

2. 转增股本（资本公积转增股本不征税的规定）

《国家税务总局关于股份制企业转增股本和派发红股征免个人所得税的通知》（国税发〔1997〕198号）规定，股份制企业用资本公积金转增股本不属于股息、红利性质的分配，对个人取得的转增股本数额，不作为个人所得，不征收个人所得税。股份制企业用盈余公积金派发红股属于股息、红利性质的分配，对个人取得的红股数额，应作为个人所得征税。

国税函〔1998〕289号进一步明确，国税发〔1997〕198号中所表述的"资本公积金"是指股份制企业股票溢价发行收入所形成的资本公积金。将此转增股本由个人取得的数额，不作为应税所得征收个人所得税。而与此不相符合的其他资本公积金分配个人所得部分，应当依法征收个人所得税。

3. 资本公积转增股本要征税的规定

《财政部 国家税务总局关于将国家自主创新示范区有关税收试点政策推广到全国范围实施的通知》（财税〔2015〕116号）规定，自2016年1月1日起，全国范围内的中小高新技术企业以未分配利润、盈余公积、资本公积向个人股东转增股本时，个人股东一次缴纳个人所得税确有困难的，可根据实际情况自行制定分期缴税计划，在不超过5个公历年度内（含）分期缴纳，并将有关资料报主管税务机关备案。

《国家税务总局关于股权奖励和转增股本个人所得税征管问题的公告》（国家税务总局公告2015年第80号）进一步明确，非上市及未在全国中小企业股份转让系统挂牌的中小高新技术企业以未分配利润、盈余公积、资本公积向个人股东转增股本，并符合财税〔2015〕116号文件有关规定的，纳税人可分期缴纳个人所得税；非上市及未在全国中小企业股份转让系统挂牌的其他企业转增股本，应及时代扣代缴个人所得税。

4. 资本公积转增股本是否征税的争议

对于"资本公积"转增股本是否征税，在实务中经常会产生一些争议。之所以出现这些争议，主要是部分人实务中经常对此项个人所得税征免产生的以下误区导致：

（1）只看到国税发〔1997〕198 号文件而没看到国税函〔1998〕289 号文件，由此造成错误的理解，片面地认为个人取得的以所有来源形成的资本公积金转增股本数额，都不征收个人所得税。而忽略了对不征税的资本公积的来源还有限制规定。

（2）对国税发〔1997〕198 号文件中"股份制企业股票溢价发行收入所形成的资本公积金"这句话的理解有歧义，特别是对"股票发行"的特定范围的理解扩大化，将非股份有限公司的资本溢价行为也扩大纳入股票发行的范围。

所以，要化解这些争议，正确理解上述文件的关键在于正确理解"股票溢价发行"的概念。

（1）《中华人民共和国公司法》规定，股份有限公司的资本划分为股份，公司的股份采取股票的形式，股票是公司签发的证明股东所持股份的凭证。由此可见，只有股份有限公司的股本划分为股份后所对应的凭证才称为股票。

（2）发行股票，必须符合一定的条件。《股票发行与交易管理暂行条例》规定：股票发行人必须是具有股票发行资格的股份有限公司，包括已经成立的股份有限公司和经批准拟成立的股份有限公司。

可见，在我国依法可以签发股票的只能是股份有限公司，有限责任公司无权发行股票。股票溢价与资本溢价是完全不同的概念。国税发〔1997〕198 号文件很明确的规定：现行税收政策中不征收个人所得税的转增股本，只能是股份有限公司以溢价发行股票收入形成的资本公积转增的股本；而没有包括有限责任公司资本溢价吸收新股东时形成的资本公积。因此，那种简单地认为以资本和股本溢价形成的资本公积转增股本（资本），自然人股东都无须缴纳个人所得税的观点是错误的。

（二）收购企业股权后将原盈余积累转增股本

《国家税务总局关于个人投资者收购企业股权后将原盈余积累转增股本个人所得税问题的公告》（国家税务总局公告 2013 年第 23 号）规定：

（1）一名或多名个人投资者以股权收购方式取得被收购企业 100% 股权，股权收购前，被收购企业原账面金额中的"资本公积、盈余公积、未分配利润"等盈余积累未转增股本，而在股权交易时将其一并计入股权转让价格并履行了所得税纳税义务。股权收购后，企业将原账面金额中的盈余积累向个人投资者（新股东，下同）转增股本，有关个人所得税问题区分以下情形处理：

① 新股东以不低于净资产价格收购股权的，企业原盈余积累已全部计入股权交易价格，新股东取得盈余积累转增股本的部分，不征收个人所得税。

② 新股东以低于净资产价格收购股权的，企业原盈余积累中，对于股权收购价格减去原

股本的差额部分已经计入股权交易价格，新股东取得盈余积累转增股本的部分，不征收个人所得税；对于股权收购价格低于原所有者权益的差额部分未计入股权交易价格，新股东取得盈余积累转增股本的部分，应按照"利息、股息、红利所得"项目征收个人所得税。

新股东以低于净资产价格收购企业股权后转增股本，应按照下列顺序进行，即：先转增应税的盈余积累部分，然后再转增免税的盈余积累部分。

（2）新股东将所持股权转让时，其财产原值为其收购企业股权实际支付的对价及相关税费。

（3）企业发生股权交易及转增股本等事项后，应在次月 15 日内，将股东及其股权变化情况、股权交易前原账面记载的盈余积累数额、转增股本数额及扣缴税款情况报告主管税务机关。

三、应纳税额的计算

利息、股息、红利所得适用 20% 的比例税率，其应纳税额计算公式：

应纳税额 = 应纳税所得额（每次收入额）× 20%

四、上市公司股息红利所得的差别化政策

（一）从 2013 年实施的上市公司股息红利差别化政策

《财政部 国家税务总局 证监会关于实施上市公司股息红利差别化个人所得税政策有关问题的通知》（财税〔2012〕85 号）规定，自 2013 年 1 月 1 日起对上市公司股息红利施行差别化的个人所得税政策。

1. 具体差别化内容

个人从公开发行和转让市场取得的上市公司股票，持股期限在 1 个月以内（含 1 个月）的，其股息红利所得全额计入应纳税所得额；持股期限在 1 个月以上至 1 年（含 1 年）的，暂减按 50% 计入应纳税所得额；持股期限超过 1 年的，暂减按 25% 计入应纳税所得额。上述所得统一适用 20% 的税率计征个人所得税。

前款所称上市公司是指在上海证券交易所、深圳证券交易所挂牌交易的上市公司。

2. 持股期限的计算

持股期限，是指个人从公开发行和转让市场取得上市公司股票之日至转让交割该股票之日前一日的持有时间。个人转让股票时，按照先进先出法计算持股期限，即证券账户中先取得的股票视为先转让。持股期限按自然年（月）计算，持股一年是指从上一年某月某日至本年同月同日的前一日连续持股；持股一个月是指从上月某日至本月同月同日的前一日连续持股。

3. 税款的代扣代缴

上市公司派发股息红利时，对截止股权登记日个人已持股超过 1 年的，其股息红利所得，

按 25% 计入应纳税所得额。对截止股权登记日个人持股 1 年以内（含 1 年）且尚未转让的，税款分两步代扣代缴：

第一步，上市公司派发股息红利时，统一暂按 25% 计入应纳税所得额，计算并代扣税款。

第二步，个人转让股票时，证券登记结算公司根据其持股期限计算实际应纳税额，超过已扣缴税款的部分，由证券公司等股份托管机构从个人资金账户中扣收并划付证券登记结算公司，证券登记结算公司应于次月 5 个工作日内划付上市公司，上市公司在收到税款当月的法定申报期内向主管税务机关申报缴纳。

个人应在资金账户留足资金，依法履行纳税义务。证券公司等股份托管机构应依法划扣税款，对个人资金账户暂无资金或资金不足的，证券公司等股份托管机构应当及时通知个人补足资金，并划扣税款。

4. 限售股的差别化政策

对个人持有的上市公司限售股，解禁后取得的股息红利，按照财税〔2012〕85 号规定计算纳税，持股时间自解禁日起计算；解禁前取得的股息红利继续暂减按 50% 计入应纳税所得额，适用 20% 的税率计征个人所得税。

前款所称限售股，是指财税〔2009〕167 号文件和财税〔2010〕70 号文件规定的限售股。

5. 证券投资基金取得股息红利也可享受差别化政策

证券投资基金从上市公司取得的股息红利所得，按照财税〔2012〕85 号规定计征个人所得税。

6. 取得股票的界定

财税〔2012〕85 号所称个人从公开发行和转让市场取得的上市公司股票包括：

（1）通过证券交易所集中交易系统或大宗交易系统取得的股票；

（2）通过协议转让取得的股票；

（3）因司法扣划取得的股票；

（4）因依法继承或家庭财产分割取得的股票；

（5）通过收购取得的股票；

（6）权证行权取得的股票；

（7）使用可转换公司债券转换的股票；

（8）取得发行的股票、配股、股份股利及公积金转增股本；

（9）持有从代办股份转让系统转到主板市场（或中小板、创业板市场）的股票；

（10）上市公司合并，个人持有的被合并公司股票转换的合并后公司股票；

（11）上市公司分立，个人持有的被分立公司股票转换的分立后公司股票；

（12）其他从公开发行和转让市场取得的股票。

7. 股票转让的情形

财税〔2012〕85号所称转让股票包括下列情形：

（1）通过证券交易所集中交易系统或大宗交易系统转让股票；

（2）协议转让股票；

（3）持有的股票被司法扣划；

（4）因依法继承、捐赠或家庭财产分割让渡股票所有权；

（5）用股票接受要约收购；

（6）行使现金选择权将股票转让给提供现金选择权的第三方；

（7）用股票认购或申购交易型开放式指数基金（ETF）份额；

（8）其他具有转让实质的情形。

（二）从2015年9月8日起持股1年以上股息红利免税

《财政部 国家税务总局 证监会关于上市公司股息红利差别化个人所得税政策有关问题的通知》（财税〔2015〕101号）规定，从2015年9月8日起，个人从公开发行和转让市场取得的上市公司股票，持股期限超过1年的，股息红利所得暂免征收个人所得税。

至于1年以内的差别化政策还是维持财税〔2012〕85号规定不变。

因此，财税〔2012〕85号和财税〔2015〕101号的差别化政策总结对比见下表。

上市公司股息红利差别化个人所得税政策对比

文件号	持股期限	差别化比例	实际税负	开始执行时间
财税〔2012〕85号	1月以内	100%	20%	2013年1月1日
	1月至1年	50%	10%	
	1年以上	25%	5%	
财税〔2015〕101号	1月以内	100%	20%	2015年9月8日
	1月至1年	50%	10%	
	1年以上	0%	0%	

【案例5-1】股票分红所得的个人所得税计算

2019年1月5日，中国籍李某通过股票交易账户买进甲公司在上海证券交易所上市的股票100 000股，成交价格12.00元。同年6月15日，因甲公司进行2018年度利润分配，李某取得35 000.00元分红所得。

问题：李某股票分红所得应交多少个人所得税？

解析：

李某持有甲公司股票时间在1个月以上，但是不足一年，取得的股息红利所得，可适用财税〔2012〕85号和财税[2015]101号规定的差别化政策，可以减按50%计入应纳税所得额。

取得分红所得应交个人所得税，税率20%，因此李某的分红所得应交个人所得税=35 000.00×20%×50%=3 500.00元。

五、全国股份转让系统挂牌公司股息红利所得的差别化政策

（一）从 2014 年 7 月 1 日起的差别化政策

《财政部 国家税务总局 中国证券监督管理委员会关于实施全国中小企业股份转让系统挂牌公司股息红利差别化个人所得税政策有关问题的通知》（财税〔2014〕48 号）规定：

自 2014 年 7 月 1 日起至 2019 年 6 月 30 日止，个人持有全国中小企业股份转让系统挂牌公司的股票，持股期限在 1 个月以内（含 1 个月）的，其股息红利所得全额计入应纳税所得额；持股期限在 1 个月以上至 1 年（含 1 年）的，暂减按 50% 计入应纳税所得额；持股期限超过 1 年的，暂减按 25% 计入应纳税所得额。上述所得统一适用 20% 的税率计征个人所得税。

前款所称挂牌公司是指股票在全国股份转让系统挂牌公开转让的非上市公众公司；持股期限是指个人取得挂牌公司股票之日至转让交割该股票之日前一日的持有时间。

（二）自 2015 年 9 月 8 日起的差别化政策

根据财税〔2015〕101 号第四条规定，全国中小企业股份转让系统挂牌公司股息红利差别化个人所得税政策，按照财税〔2015〕101 号规定执行。

从 2015 年 9 月 8 日起，个人从股份转让系统取得的挂牌公司股票，持股期限超过 1 年的，股息红利所得暂免征收个人所得税。个人从股份转让系统取得的挂牌公司股票，持股期限在 1 个月以内（含 1 个月）的，其股息红利所得全额计入应纳税所得额；持股期限在 1 个月以上至 1 年（含 1 年）的，暂减按 50% 计入应纳税所得额；上述所得统一适用 20% 的税率计征个人所得税，见下表。

注意：财税〔2015〕101 号的规定实际上已经废除了财税〔2014〕48 号差别化政策截止时间为 2019 年 6 月 30 日的规定。

新三板挂牌公司股息红利差别化个人所得税政策对比

文件号	持股期限	差别化比例	实际税负	开始执行时间
财税〔2014〕48号	1月以内	100%	20%	2014年7月1日
	1月至1年	50%	10%	
	1年以上	25%	5%	
财税〔2015〕101号	1月以内	100%	20%	2015年9月8日
	1月至1年	50%	10%	
	1年以上	0%	0%	

六、中小高新技术企业转增股本个人所得税的分期缴纳

（一）中小高新技术企业转增股本可分期缴纳个税

《财政部 国家税务总局关于将国家自主创新示范区有关税收试点政策推广到全国范围实施

的通知》（财税〔2015〕116号）规定，自2016年1月1日起，全国范围内的中小高新技术企业以未分配利润、盈余公积、资本公积向个人股东转增股本时，个人股东一次缴纳个人所得税确有困难的，可根据实际情况自行制定分期缴税计划，在不超过5个公历年度内（含）分期缴纳，并将有关资料报主管税务机关备案。

上市中小高新技术企业或在全国中小企业股份转让系统挂牌的中小高新技术企业向个人股东转增股本，股东应纳的个人所得税，继续按照现行有关股息红利差别化个人所得税政策执行，不适用财税〔2015〕116号规定的分期纳税政策。

（二）转增股本的应税项目及税率

财税〔2015〕116号规定，个人股东获得转增的股本，应按照"利息、股息、红利所得"项目，适用20%税率征收个人所得税。

上市公司、挂牌公司以及其他非中小高新技术企业也都存在转增股本的情况，由于实行差别化政策，导致执行口径不一致，现总结如下。

转增股本的个人所得税政策总结

上市情况	是否中小高新技术企业	持股期限	差别化政策	备注	征税办法
上市公司挂牌公司	不区分	1月以内	100%纳税		均按"利息、股息、红利所得"计税，适用税率20%
		1月至1年	暂减按50%	上市公司从2013年1月1日起，挂牌公司从2014年7月1日起	
		1年以上	先减按25%，后暂免	减按25%：上市公司从2013年1月1日起，挂牌公司从2014年7月1日。暂免：均从2015年9月8日起	
其他公司	是	自2016年1月1日起缴税困难可在5个公历年度内分期缴纳			
	否	不可分期缴纳		包括大型的高新技术企业和不是高新技术企业的公司	

（三）转让股权取得现金优先缴税

享受分期缴税的股东转让股权并取得现金收入的，该现金收入应优先用于缴纳尚未缴清的税款。

（四）分期缴税不予追征的情形

分期纳税的，在股东转让该部分股权之前，企业依法宣告破产，股东进行相关权益处置后没有取得收益或收益小于初始投资额的，主管税务机关对其尚未缴纳的个人所得税可不予追征。

（五）中小高新技术企业的界定

财税〔2015〕116号所称中小高新技术企业，是指注册在中国境内实行查账征收的、经认定取得高新技术企业资格，且年销售额和资产总额均不超过 2 亿元、从业人数不超过 500 人的企业。

（六）转增股本分期缴税的备案管理

《国家税务总局关于股权奖励和转增股本个人所得税征管问题的公告》（国家税务总局公告 2015 年第 80 号）规定：

1. 企业转增股本涉及的股东需要分期缴纳个人所得税的，应自行制定分期缴税计划，由企业于发生股权奖励、转增股本的次月 15 日内，向主管税务机关办理分期缴税备案手续。

2. 办理转增股本分期缴税，企业应向主管税务机关报送高新技术企业认定证书、股东大会或董事会决议、《个人所得税分期缴纳备案表（转增股本）》、上年度及转增股本当月企业财务报表、转增股本有关情况说明等。高新技术企业认定证书、股东大会或董事会决议的原件，主管税务机关进行形式审核后退还企业，复印件及其他有关资料税务机关留存。

3. 纳税人分期缴税期间需要变更原分期缴税计划的，应重新制定分期缴税计划，由企业向主管税务机关重新报送《个人所得税分期缴纳备案表》。

（七）代扣代缴

企业在填写《扣缴个人所得税报告表》时，应将纳税人取得股权奖励或转增股本情况单独填列，并在"备注"栏中注明"转增股本"字样。

纳税人在分期缴税期间取得分红或转让股权的，企业应及时代扣转增股本尚未缴清的个人所得税，并于次月 15 日内向主管税务机关申报纳税。

第二节　财产租赁所得

财产租赁所得，是指个人出租不动产、机器设备、车船以及其他财产取得的所得。

个人取得的财产租赁收入，应按财产转让所得项目征收个人所得税。

一、纳税人的确定

在实际征管中，有时会出现财产租赁所得的纳税人不明确的情况，因此，《国家税务总局关于印发〈征收个人所得税若干问题的规定〉的通知》（国税发〔1994〕89 号）第六条规定，确认财产租赁所得的纳税义务人，应以产权凭证为依据。无产权凭证的，由主管税务机关根据实际情况确定纳税义务人。

产权所有人死亡，在未办理产权继承手续期间，该财产出租而有租金收入的，以领取租金的个人为纳税义务人。

二、应纳税额的计算

（一）应纳税所得额的计算

1. 一次收入的确定

《个人所得税法实施条例》第十四条规定，财产租赁所得，以一个月内取得的收入为一次。

2. 费用扣除标准

《个人所得税法》第六条规定，财产租赁所得，每次收入不超过四千元的，减除费用八百元；四千元以上的，减除百分之二十的费用，其余额为应纳税所得额。

3. 实际缴纳的税费可扣除

国税发〔1994〕89号规定：纳税义务人在出租财产过程中缴纳的税金和国家能源交通重点建设基金、国家预算调节基金、教育费附加，可持完税（缴款）凭证，从其财产租赁收入中扣除。

4. 实际开支的修缮费用可限额扣除

国税发〔1994〕89号规定：纳税义务人出租财产取得财产租赁收入，在计算征税时，除可依法减除规定费用和有关税、费外，还准予扣除能够提供有效、准确凭证，证明由纳税义务人负担的该出租财产实际开支的修缮费用。允许扣除的修缮费用，以每次800元为限，一次扣除不完的，准予在下一次继续扣除，直至扣完为止。

5. 财产租赁所得应纳税所得额计算公式

财产租赁所得应纳税所得额计算公式为：

应纳税所得额＝收入额－允许扣除的税费－费用扣除标准－允许扣除的修缮费用－准予扣除的捐赠额

（二）营改增后出租房屋计税依据

《财政部 国家税务总局关于营改增后契税 房产税 土地增值税 个人所得税计税依据问题的通知》（财税〔2016〕43号）规定，自2016年5月1日起，个人出租房屋的个人所得税应税收入不含增值税，计算房屋出租所得可扣除的税费不包括本次出租缴纳的增值税。个人转租房屋的，其向房屋出租方支付的租金及增值税额，在计算转租所得时予以扣除。

但是，免征增值税的，确定计税依据时，成交价格、租金收入、转让房地产取得的收入不扣减增值税额。

财税〔2016〕43号第六条还规定，在计征个人所得税时，税务机关核定的计税价格或收入不含增值税。

（三）应纳税额的计算

财产租赁所得适用20%的比例税率，但是对个人按照市场价格出租的居民住房取得的所得，自 2001 年 1 月 1 日起暂减按 10% 的税率征税。

应纳税额 = 应纳税所得额 × 适用税率（20% 或 10%）

三、特殊租赁的税务处理

（一）转租所得

1. 转租房屋取得收入

《国家税务总局关于个人转租房屋取得收入征收个人所得税问题的通知》（国税函〔2009〕639 号）规定：

个人将承租房屋转租取得的租金收入，属于个人所得税应税所得，应按"财产租赁所得"项目计算缴纳个人所得税。

取得转租收入的个人向房屋出租方支付的租金，凭房屋租赁合同和合法支付凭据允许在计算个人所得税时，从该项转租收入中扣除。

有关转租房屋等财产租赁所得个人所得税前扣除税费的扣除次序为：

（1）财产租赁过程中缴纳的税费；

（2）向出租方支付的租金；

（3）由纳税人负担的租赁财产实际开支的修缮费用；

（4）税法规定的费用扣除标准。

2. 转租浅海滩涂使用权收入

《国家税务总局关于转租浅海滩涂使用权征收个人所得税问题的批复》（国税函〔2002〕1158 号）规定，个人转租滩涂使用权取得的收入，应按照"财产租赁所得"应税项目征收个人所得税，其每年实际上交村委会的承包费可以在税前扣除；同时，个人一并转让原海滩的设施和剩余文蛤的所得应按照"财产转让所得"应税项目征收个人所得税。

（二）个人出租住房所得

《关于廉租住房、经济适用住房和住房租赁有关税收政策的通知》（财税〔2008〕24 号）规定，自 2008 年 3 月 1 日起，对个人出租住房取得的所得减按 10% 的税率征收个人所得税。

（三）个人投资设备所得

《国家税务总局关于个人投资设备取得所得征收个人所得税问题的批复》（国税函〔2000〕540 号）明确：

个人和医院签订协议规定，由个人出资购买医疗仪器或设备交医院使用，取得的收入扣除有关费用后，剩余部分双方按一定比例分成；医疗仪器或设备使用达到一定年限后，产权归医院所有，但收入继续分成。

个人的上述行为，实际上是一种具有投资特征的融资租赁行为。根据《中华人民共和国

《个人所得税法》的有关规定精神和以上事实，对上述个人取得的分成所得，应按照"财产租赁所得"项目征收个人所得税，具体计征办法为：自合同生效之日起至财产产权发生转移之日止，个人取得的分成所得可在上述年限内按月平均扣除设备投资后，就其余额按税法规定计征个人所得税；产权转移后，个人取得的全部分成收入应按税法规定计征个人所得税。税款由医院在向个人支付所得时代扣代缴。

（四）酒店产权式经营业主所得

《国家税务总局关于酒店产权式经营业主税收问题的批复》（国税函〔2006〕478号）明确，酒店产权式经营业主（以下简称业主）在约定的时间内提供房产使用权与酒店进行合作经营，如房产产权并未归属新的经济实体，业主按照约定取得的固定收入和分红收入均应视为租金收入，根据有关税收法律、行政法规的规定，应按照财产租赁所得项目征收个人所得税。

（五）售后回租购买者所得

房地产开发企业与商店购买者个人签订协议规定，房地产开发企业按优惠价格出售其开发的商店给购买者个人，但购买者个人在一定期限内必须将购买的商店无偿提供给房地产开发企业对外出租使用。其实质是购买者个人以所购商店交由房地产开发企业出租而取得的房屋租赁收入支付了部分购房价款。

《国家税务总局关于个人与房地产开发企业签订有条件优惠价格协议购买商店征收个人所得税问题的批复》（国税函〔2008〕576号）明确，根据个人所得税法的有关规定精神，对上述情形的购买者个人少支出的购房价款，应视同个人财产租赁所得，按照"财产租赁所得"项目征收个人所得税。每次财产租赁所得的收入额，按照少支出的购房价款和协议规定的租赁月份数平均计算确定。

第三节　财产转让所得的个人所得税

财产转让所得，是指个人转让有价证券、股权、合伙企业中的财产份额、不动产、机器设备、车船以及其他财产取得的所得。

一、征税范围

财产转让所得征税范围，除了《个人所得税法实施条例》第六条规定的个人转让有价证券、股权、合伙企业中的财产份额、不动产、机器设备、车船以及其他财产取得的所得外，还有一些比较特殊的财产转让所得的规定。

（一）个人转让房产

1.《财政部、国家税务总局关于个人所得税若干政策问题的通知》（财税字〔1994〕20号）

规定，个人转让自用达五年以上、并且是唯一的家庭生活用房取得的所得，暂免征收个人所得税。

2.《国家税务总局关于明确个人所得税若干政策执行问题的通知》（国税发〔2009〕121号）"关于个人转让离婚析产房屋的征税问题"规定：

（1）通过离婚析产的方式分割房屋产权是夫妻双方对共同共有财产的处置，个人因离婚办理房屋产权过户手续，不征收个人所得税。

（2）个人转让离婚析产房屋所取得的收入，允许扣除其相应的财产原值和合理费用后，余额按照规定的税率缴纳个人所得税；其相应的财产原值，为房屋初次购置全部原值和相关税费之和乘以转让者占房屋所有权的比例。

（3）个人转让离婚析产房屋所取得的收入，符合家庭生活自用五年以上唯一住房的，可以申请免征个人所得税。

3.《财政部 国家税务总局关于城镇房屋拆迁有关税收政策的通知》（财税〔2005〕45号）规定，对被拆迁人按照国家有关城镇房屋拆迁管理办法规定的标准取得的拆迁补偿款，免征个人所得税。

4.《财政部、国家税务总局关于个人无偿受赠房屋有关个人所得税问题的通知》（财税〔2009〕78号）规定，以下情形的房屋产权无偿赠与，对当事双方不征收个人所得税：

（1）房屋产权所有人将房屋产权无偿赠与配偶、父母、子女、祖父母、外祖父母、孙子女、外孙子女、兄弟姐妹；

（2）房屋产权所有人将房屋产权无偿赠与对其承担直接抚养或者赡养义务的抚养人或者赡养人；

（3）房屋产权所有人死亡，依法取得房屋产权的法定继承人、遗嘱继承人或者受遗赠人。

除上述（1）～（3）条情形以外，房屋产权所有人将房屋产权无偿赠与他人的，受赠人因无偿受赠房屋取得的受赠所得，按照"经国务院财政部门确定征税的其他所得"项目缴纳个人所得税，税率为20%。但是，《个人所得税法》修订后取消了"其他所得"项目，后续受赠人是否征税或者以什么项目需等待国务院税务主管部门规定确定。

（二）转让股票暂免征税

《财政部、国家税务总局关于个人转让股票所得继续暂免征收个人所得税的通知》（财税字〔1998〕61号）规定，从1997年1月1日起，对个人转让上市公司股票取得的所得继续暂免征收个人所得税。

（三）个人转让基金

《财政部 国家税务总局关于证券投资基金税收问题的通知》（财税字〔1998〕55号）规定：

1.对个人投资者买卖基金单位获得的差价收入，在对个人买卖股票的差价收入未恢复征收个人所得税以前，暂不征收个人所得税。

2. 对投资者从基金分配中获得的国债利息、储蓄存款利息以及买卖股票价差收入，在国债利息收入、个人储蓄存款利息收入以及个人买卖股票差价收入未恢复征收所得税以前，暂不征收所得税。

3. 对个人投资者从基金分配中获得的企业债券差价收入，应按税法规定对个人投资者征收个人所得税，税款由基金在分配时依法代扣代缴。

（四）收回个人转让的股权

《国家税务总局关于纳税人收回转让的股权征收个人所得税问题的批复》（国税函〔2005〕130号）规定：

1. 股权转让合同履行完毕、股权已作变更登记，且所得已经实现的，转让人取得的股权转让收入应当依法缴纳个人所得税。转让行为结束后，当事人双方签订并执行解除原股权转让合同、退回股权的协议，是另一次股权转让行为，对前次转让行为征收的个人所得税款不予退回。

2. 股权转让合同未履行完毕，因执行仲裁委员会作出的解除股权转让合同及补充协议的裁决、停止执行原股权转让合同，并原价收回已转让股权的，由于其股权转让行为尚未完成、收入未完全实现，随着股权转让关系的解除，股权收益不复存在，根据个人所得税法和征管法的有关规定，以及从行政行为合理性原则出发，纳税人不应缴纳个人所得税。

（五）股权转让过程中取得的违约金收入

《国家税务总局关于个人股权转让过程中取得违约金收入征收个人所得税问题的批复》（国税函〔2006〕866号）规定，股权成功转让后，转让方个人因受让方个人未按规定期限支付价款而取得的违约金收入，属于因财产转让而产生的收入。转让方个人取得的该违约金应并入财产转让收入，按照"财产转让所得"项目计算缴纳个人所得税，税款由取得所得的转让方个人向主管税务机关自行申报缴纳。

（六）收回投资

《国家税务总局关于个人终止投资经营收回款项征收个人所得税问题的公告》（国家税务总局公告2011年第41号）规定：

个人因各种原因终止投资、联营、经营合作等行为，从被投资企业或合作项目、被投资企业的其他投资者以及合作项目的经营合作人取得股权转让收入、违约金、补偿金、赔偿金及以其他名目收回的款项等，均属于个人所得税应税收入，应按照"财产转让所得"项目适用的规定计算缴纳个人所得税。

应纳税所得额的计算公式如下：

应纳税所得额＝个人取得的股权转让收入、违约金、补偿金、赔偿金及以其他名目收回款项合计数－原实际出资额（投入额）及相关税费

（七）转让企业改制中取得的量化资产

《国家税务总局关于企业改组改制过程中个人取得的量化资产征收个人所得税问题的通知》（国税发〔2000〕60号）规定：

根据国家有关规定，允许集体所有制企业在改制为股份合作制企业时可以将有关资产量化给职工个人。对职工个人以股份形式取得的拥有所有权的企业量化资产，暂缓征收个人所得税；待个人将股份转让时，就其转让收入额，减除个人取得该股份时实际支付的费用支出和合理转让费用后的余额，按"财产转让所得"项目计征个人所得税。

二、应纳税额的计算

《个人所得税法》第六条规定，财产转让所得，以转让财产的收入额减除财产原值和合理费用后的余额，为应纳税所得额。

应纳税所得额＝每次收入额－财产原值－合理费用－允许扣除的捐赠支出

（一）收入的确定

转入财产的收入的形式，包括现金、实物、有价证券和其他形式的经济利益。

（二）财产原值和合理费用的确定

1. 财产原值

《个人所得税法实施条例》第十六条规定，财产原值按照下列方法确定：

（1）有价证券，为买入价以及买入时按照规定交纳的有关费用；

（2）建筑物，为建造费或者购进价格以及其他有关费用；

（3）土地使用权，为取得土地使用权所支付的金额、开发土地的费用以及其他有关费用；

（4）机器设备、车船，为购进价格、运输费、安装费以及其他有关费用。

其他财产，参照前款规定的方法确定财产原值。

纳税人未提供完整、准确的财产原值凭证，不能按照本条第一款规定的方法确定财产原值的，由主管税务机关核定财产原值。

2. 合理费用

个人所得税法所称合理费用，是指卖出财产时按照规定支付的有关税费。

（三）营改增后房屋转让计税依据的确定

《财政部 国家税务总局关于营改增后契税 房产税 土地增值税 个人所得税计税依据问题的通知》（财税〔2016〕43号）规定，自2016年5月1日起，个人转让房屋的个人所得税应税

收入不含增值税，其取得房屋时所支付价款中包含的增值税计入财产原值，计算转让所得时可扣除的税费不包括本次转让缴纳的增值税。

但是，免征增值税的，确定计税依据时，成交价格、租金收入、转让房地产取得的收入不扣减增值税额。

财税〔2016〕43号第六条还规定，在计征个人所得税时，税务机关核定的计税价格或收入不含增值税。

【案例5-2】股权转让所得的个人所得税计算

2017年10月1日张三投资A有限责任公司100.00万元，取得A有限责任公司50%的股权。2019年11月11日，张三将A有限责任公司的股份转让给李四，转让价格100.00万元。转让时A有限责任公司的净资产为300.00万元。假定不考虑其他税费。

问题：张三要交多少个人所得税？

解析：

张三转让股权时，A有限责任公司的净资产为300.00万元，50%股权对应的净资产则为150.00万元，因此张三转让股权的价格低于对应的净资产且无正当理由，应参照每股净资产或纳税人享有的股权比例对应的净资产份额核定股权转让收入。

故，张三应缴纳的个人所得税 =（150.00-100.00）×20%=10.00万元

三、转让限售股所得的个人所得税

《财政部 国家税务总局 证监会关于个人转让上市公司限售股所得征收个人所得税有关问题的通知》（财税〔2009〕167号）、《财政部 国家税务总局 证监会关于个人转让上市公司限售股所得征收个人所得税有关问题的补充通知》（财税〔2010〕70号）等文件规定，对个人转让限售股取得的所得，按照"财产转让所得"，适用20%的比例税率征收个人所得税。同时，对个人在上海证券交易所、深圳证券交易所转让从上市公司公开发行和转让市场取得的上市公司股票所得，继续免征个人所得税。

（一）对限售股转让所得征税规定的出台背景

过去，税务机关比较重视企业正常经营所得是否缴足了税，而对资本交易项目的税收问题没有给予足够重视。随着一系列资本交易案件的查处，国家税务总局发现，资本交易项目存在很多税收问题，其涉及的税款额度之大，令人触目惊心。因此，2011年，资本交易项目被列为头号检查对象。

1. "大小非"解禁迁出重大涉税问题

2005年之前，我国实施股权分置，一部分股票允许上市流通，一部分股票禁止上市流通。禁止流通的股票股东俗称"大小非"。"大非"就是占总股本5%以上的非流通股股东，"小非"

就是占总股本 5% 以下的非流通股股东。由于这些股票不能上市流通，这些大股东一般不会关心股价的高低，他们只会从上市公司"抽血"，导致同股不同权，同股不同价现象的发生，影响了股市的健康发展。

在这种情况下，2005 年，根据国务院的要求，我国开展了股权分置改革，其目标就是实现股票的全流通，即所有股票都要上市流通。由于非流通股股东取得股票的对价较低，而转让后收益会翻好几倍。如果非流通股股东是企业法人的话，转让股权要缴纳企业所得税，由于我国税收监控体系依靠的是"以票控税"，只要下游企业不要发票，税务机关就很难监管。因此有很多企业转让股权就不去缴纳企业所得税。

2009 年，厦门市法院判决的一个"大小非"解禁涉税问题的案例引起了税务部门的注意。

2009 年以后，资本交易的税收问题越来越受关注和重视，一系列的税收法规也随着下发，而这些文件的发布，与一些反响重大的限售股转让案例息息相关。

2. 陈发树避税事件引出财税〔2009〕167 号文件

除了法人股权转让限售股的企业所得税问题外，自然人转让股权的税务问题也引起了税务部门的注意，这里面最典型的就是"陈发树事件"。

陈发树是上市公司紫金矿业的董事长，紫金矿业 2008 年上市，其招股说明书显示三家公司持有紫金矿业的股份，而陈发树本人并未直接持有。也就是说，陈发树对紫金矿业是间接持股。这样的安排实际上就是为了逃避个人所得税。因为间接持股就意味着紫金矿业有利润不用直接分给陈发树，而是先分到中间控股公司，控股公司再将这些钱对外投资，自然就不涉及个人所得税的问题。

随着紫金矿业谋划上市，陈发树进行了税收筹划，将间接持股变为直接持股。即：将紫金矿业持有的三家公司的股票以每股 0.1 元的价格转让给陈发树，合计转让 35 888.16 万股，陈发树总计支付转让款 3 588.82 万元。经过股份转让，陈发树对紫金矿业的持股方式就由间接持股成为直接持有。

那么，陈发树为什么要进行这样的筹划呢？因为在间接持股模式下，转让紫金矿业股票时中间控股公司首先要缴纳企业所得税，分给陈发树时又需要缴纳个人所得税，其实际税负能达到 40%。如果是个人持有股票，目前税法规定不用纳个税，而且现行文件《财政部 国家税务总局关于个人转让股票所得继续暂免征收个人所得税的通知》（财税〔1998〕61 号）并没有明确，转让上市公司股票继续免征个人所得税的规定中的"股票"是限售股还是二级市场上流通的股票。所以理论上讲，只要转让上市公司的股票均可免税。陈发树正是利用这个文件的漏洞，做了上述筹划。

紫金矿业于 2008 年 4 月 25 日在 A 股上市，发行价为 7.13 元 / 股，陈发树等自然人股东持有的原始股票的限售期为 1 年。至 2009 年 4 月 27 日，紫金矿业限售股解禁流通，仅仅在 2009 年的 4 ~ 7 三个月中，陈发树前后两次减持紫金矿业股份总计约 2.94 亿股，套现

27.30 亿元，而成本仅仅是 2 940.00 万元，利润达到 27.00 亿元。如果陈发树当时没做筹划，这 27.30 亿元，中间控股公司转让时要缴纳 25% 的企业所得税，税额近 7.00 个亿。剩下的 20.00 亿元分给陈发树再缴 20% 的个人所得税，即 4.00 个亿，加在一起就是 11.00 个亿的税款。而改为个人持股后，陈发树一分钱的税款都不用缴！

限售股、原始股转让一夜暴富的情况很快引起了社会的广泛关注，"陈发树事件"也成了人们热议的话题。随着"IPO"上市重启，新的上市公司，除了限售股转让外，自然人股东转让原始股也将能获取巨额所得，如果不对他们征税，有失公平。一是自然人转让上市公司股票本质上是财产转让，不征税导致税负不公平；二是法人转让上市公司和非上市公司的原始股要缴税，但自然人转让却不缴税，也造成了税负不公。

在这种情况下，国务院法制办、财政部和国家税务总局多次磋商，最终在 2009 年最后一天出台了《关于个人转让上市公司限售股所得征收个人所得税有关问题的通知》（财税〔2009〕167 号），明确了将从 2010 年开始对限售股转让征收个人所得税，按财产转让所得 20% 的税率征税。

（二）限售股的范围

根据财税〔2009〕167 号和财税〔2010〕70 号规定，上市公司限售股包括：

1. 上市公司股权分置改革完成后股票复牌日之前股东所持原非流通股股份，以及股票复牌日至解禁日期间由上述股份孳生的送、转股（以下统称股改限售股）；

2. 2006 年股权分置改革新老划断后，首次公开发行股票并上市的公司形成的限售股，以及上市首日至解禁日期间由上述股份孳生的送、转股（以下统称新股限售股）；

3. 个人从机构或其他个人受让的未解禁限售股；

4. 个人因依法继承或家庭财产依法分割取得的限售股；

5. 个人持有的从代办股份转让系统转到主板市场（或中小板、创业板市场）的限售股；

6. 上市公司吸收合并中，个人持有的原被合并方公司限售股所转换的合并方公司股份；

7. 上市公司分立中，个人持有的被分立方公司限售股所转换的分立后公司股份；

8. 其他限售股。

（三）限售股转让所得的征税范围

《财政部 国家税务总局 证监会关于个人转让上市公司限售股所得征收个人所得税有关问题的补充通知》（财税〔2010〕70 号）第二条规定，个人转让限售股或发生具有转让限售股实质的其他交易，取得现金、实物、有价证券和其他形式的经济利益均应缴纳个人所得税。限售股在解禁前被多次转让的，转让方对每一次转让所得均应按规定缴纳个人所得税。对具有下列情形的，应按规定征收个人所得税：

（1）个人通过证券交易所集中交易系统或大宗交易系统转让限售股；

（2）个人用限售股认购或申购交易型开放式指数基金（ETF）份额；

（3）个人用限售股接受要约收购；

（4）个人行使现金选择权将限售股转让给提供现金选择权的第三方；

（5）个人协议转让限售股；

（6）个人持有的限售股被司法扣划；

（7）个人因依法继承或家庭财产分割让渡限售股所有权；

（8）个人用限售股偿还上市公司股权分置改革中由大股东代其向流通股股东支付的对价；

（9）其他具有转让实质的情形。

（四）应纳税所得额的计算

1.应纳税所得额的计算公式

个人转让限售股，以每次限售股转让收入，减除股票原值和合理税费后的余额，为应纳税所得额。即应纳税所得额＝限售股转让收入－（限售股原值＋合理税费）

应纳税额＝应纳税所得额×20%

公式所称的限售股转让收入，是指转让限售股股票实际取得的收入。限售股原值，是指限售股买入时的买入价及按照规定缴纳的有关费用。合理税费，是指转让限售股过程中发生的印花税、佣金、过户费等与交易相关的税费。

2.扣缴税款转让收入的确定

纳税人发生以下四种情形的，对其限售股转让所得应纳个人所得税，采取证券机构预扣预缴、纳税人自行申报清算和证券机构直接扣缴相结合的方式征收。

（1）个人通过证券交易所集中交易系统或大宗交易系统转让的限售股；

（2）个人用限售股认购或申购交易型开放式基金（ETF）份额；

（3）个人用限售股接受要约收购；

（4）个人行使现金选择权将限售股转让给提供现金选择权的第三方。

在上述四种情形下，由证券机构按规定扣缴税款，纳税人申报清算时，实际转让收入按照下列原则计算：

（1）个人通过证券交易所集中交易系统或大宗交易系统转让限售股的转让收入，以转让当日该股份实际转让价格计算，证券公司在扣缴税款时，佣金支出统一按照证券主管部门规定的行业最高佣金费率计算；

（2）通过认购ETF份额方式转让限售股的，以股份过户日的前一个交易日该股份收盘价计算转让收入；通过申购ETF份额方式转让限售股的，以申购日的前一个交易日该股份收盘价计算转让收入；

（3）个人用限售股接受要约收购的转让收入以要约收购的价格计算；

（4）个人行使现金选择权将限售股转让给提供现金选择权的第三方的转让收入以实际行权价格计算。

3. 个人自行申报纳税收入的确定

纳税人发生以下四种情形的，采取纳税人自行向主管税务机关申报纳税的方式缴纳个人所得税。

（1）个人协议转让限售股；

（2）个人持有的限售股被司法扣划；

（3）个人因依法继承或家庭财产分割让渡限售股的所有权；

（4）个人用限售股偿还上市公司股权分置改革中由大股东代其向流通股股东支付的对价。

在上述四种情形下，纳税人自行申报时，其转让收入按照下列原则计算：

（1）个人协议转让限售股的转让收入按照实际转让收入计算，转让价格明显偏低且无正当理由的，主管税务机关可以依据协议签订日的前一交易日该股票收盘价或其他合理方式核定其转让收入；

（2）个人持有的限售股被司法扣划的转让收入以司法执行日的前一天交易日该股票收盘价计算；

（3）个人因依法继承或家庭财产分割让渡限售股所有权和个人用限售股偿还上市公司股权分置改革由大股东代其向流通股股东支付的对价的，转让收入以转让方取得该股市支付的成本计算。

4. 成本费用的确定

个人转让因协议受让、司法扣划等情形取得未解禁限售股的，成本按照主管税务机关认可的协议受让价格、司法扣划价格核定，无法提供相关资料的，按照财税（2009）167号第五条第（一）款规定执行，即按照限售股转让收入的15%确定限售股原值及合理税费；个人转让因依法继承或家庭财产依法分割取得的限售股的，按规定缴纳个人所得税时，成本按照该限售股前一持有人取得该股时实际成本及税费计算。

在证券机构技术和制度准备完成后形成的限售股，自股票上市首日至解禁日期间发生的送、转、缩股的，证券登记结算公司应依据送、转、缩股比例对限售股成本原值进行调整；而对于其他权益分派的情形（如现金分红、配股等），不对限售股的成本原值进行调整。

因个人持有限售股中存在部分限售股成本原值不明确，导致无法计算全部限售股成本原值的，证券登记结算公司一律以实际转让收入的15%作为限售股原值和合理税费。

（五）征收管理

根据财税〔2009〕167号文件规定，限售股转让所得个人所得税，以限售股持有者为纳税义务人，以个人股东开户的证券机构为扣缴义务人。限售股转让个人所得税由证券机构所在地主管税务机关负责征收管理。

上述规定主要是从便于征管操作和源泉控管的角度考虑，限售股股东可能遍布全国各地。但是一般情况下，个人会选择距离自己常住地或工作地最近的证券机构开立证券账户。因此，财税〔2009〕167号文件规定，按照属地原则，以限售股股东开户的证券机构（证券公司营业部）为扣缴义务人，由证券机构所在地主管税务机关负责征收。对扣缴义务人按照所扣缴的税款，税务机关应按照规定支付手续费。

纳税人申请清算时，应填报《限售股转让所得个人所得税清算申报表》，并持加盖证券机构印章的交易记录和相关完整、真实凭证，向主管税务机关提出清算申报并办理清算事宜。主管税务机关审核确认后，按照重新计算的应纳税额，办理退（补）税手续。纳税人在规定期限内未到主管税务机关办理清算事宜的，税务机关不再办理清算事宜，已预扣预缴的税款从纳税保证金账户全额缴入国库。

四、非货币性资产投资的个人所得税

个人以非货币性资产对外投资，实际上是两个交易的结合，一是对外转让非货币性资产，二是用转让所得再进行投资。因此，个人发生非货币性资产对外投资业务时，隐含着财产转让的经济交易事项，根据税法规定应按照"财产转让所得"计征个人所得税。

（一）非货币性资产投资

《财政部 国家税务总局关于个人非货币性资产投资有关个人所得税政策的通知》（财税〔2015〕41号）第五条明确，非货币性资产，是指现金、银行存款等货币性资产以外的资产，包括股权、不动产、技术发明成果以及其他形式的非货币性资产。

非货币性资产投资，包括以非货币性资产出资设立新的企业，以及以非货币性资产出资参与企业增资扩股、定向增发股票、股权置换、重组改制等投资行为。

个人以非货币性资产投资，取得被投资企业的股权价值高于该资产原值的部分，根据个人所得税法规定，属于个人财产转让所得，应缴纳个人所得税。但是由于在非货币性资产投资交易过程中没有或仅有少量现金流，且大多数交易金额较大，纳税人可能缺乏足够的资金缴税。因此，为鼓励和引导民间个人投资，《国务院关于印发中国（上海）自由贸易试验区总体方案的通知》（国发〔2013〕38号）批准上海自由贸易试验区先行试点非货币性资产投资分期缴纳个人所得税政策。

为进一步鼓励和引导民间个人投资，经国务院批准，从2015年4月1日将在上海自由贸易试验区试点的个人非货币性资产投资分期缴税政策推广至全国（即财税〔2015〕41号文）。

（二）应税项目

个人以非货币性资产投资，属于个人转让非货币性资产和投资同时发生。对个人转让非货币性资产的所得，应按照"财产转让所得"项目，依法计算缴纳个人所得税。

（三）应纳税所得额

财税〔2015〕41号文第二条第一款规定，个人以非货币性资产投资，应按评估后的公允价值确认非货币性资产转让收入。非货币性资产转让收入减除该资产原值及合理税费后的余额为应纳税所得额。

《国家税务总局关于个人非货币性资产投资有关个人所得税征管问题的公告》（国家税务总局公告2015年第20号）第四条进一步明确，纳税人非货币性资产投资应纳税所得额为非货币性资产转让收入减除该资产原值及合理税费后的余额。

1.收入确认时间

财税〔2015〕41号文第二条第二款规定，个人以非货币性资产投资，应于非货币性资产转让、取得被投资企业股权时，确认非货币性资产转让收入的实现。

2.资产原值

国家税务总局公告2015年第20号第五条规定，非货币性资产原值为纳税人取得该项资产时实际发生的支出。

纳税人无法提供完整、准确的非货币性资产原值凭证，不能正确计算非货币性资产原值的，主管税务机关可依法核定其非货币性资产原值。

第七条规定，纳税人以股权投资的，该股权原值确认等相关问题依照《股权转让所得个人所得税管理办法（试行）》（国家税务总局公告2014年第67号发布）有关规定执行。

3.合理税费

国家税务总局公告2015年第20号第六条规定，合理税费是指纳税人在非货币性资产投资过程中发生的与资产转移相关的税金及合理费用。

【案例5-3】非货币性资产投资个人所得税的计算

张某与李某经协商后，准备合作成立一家有限责任公司。张某以其在某写字楼拥有的办公房产按照市场价值300.00万元作为出资，李某以现金200.00万元出资。

李某的办公房产是他在5年前购买的，当时实际花费支出是120.00万元。假定该房产在过户到新成立的有限责任公司时，支付了评估费等税费共计30.00万元。

问题：计算李某应交个人所得税是多少？

【解析】根据财税〔2015〕41号文和国家税务总局公告2015年第20号相关规定，李某应交个人所得税：（300-120-30）×20%=30.00万元。

（四）纳税人和纳税地点

1. 纳税人

国家税务总局公告 2015 年第 20 号第一条规定，非货币性资产投资个人所得税以发生非货币性资产投资行为并取得被投资企业股权的个人为纳税人。

2. 纳税地点

根据国家税务总局公告 2015 年第 20 号第三条规定，非货币性资产投资产生的个人所得税分三种情况确定纳税地点：

（1）以不动产投资的

纳税人以不动产投资的，以不动产所在地地税机关为主管税务机关。

（2）以股权投资的

纳税人以其持有的企业股权对外投资的，以该企业所在地地税机关为主管税务机关。

（3）以其他非货币资产投资的

纳税人以其他非货币资产投资的，以被投资企业所在地地税机关为主管税务机关。

（五）非货币资产投资一次性缴税有困难的可分期缴纳

1. 分期缴纳的税法规定

财税〔2015〕41 号文第三条规定，个人应在发生上述应税行为的次月 15 日内向主管税务机关申报纳税。纳税人一次性缴税有困难的，可合理确定分期缴纳计划并报主管税务机关备案后，自发生上述应税行为之日起不超过 5 个公历年度内（含）分期缴纳个人所得税。

分期缴纳的前提是，"纳税人一次性缴税有困难的"，如果在发生非货币性资产投资时，在取得被投资企业股权同时还有现金收入的，应将现金收入优先缴税。

还需要注意的是，"5 个公历年度内（含）"不是指"周年"。例如，李某在 2019 年 3 月 15 日发生了一笔非货币性资产投资，应缴纳个人所得税，但是一次性缴税有困难。那么，李某可以根据自身的情况制定分期缴纳计划，在 2019—2023 年这 5 个年度内分期缴税，最迟必须在 2023 年 12 月 31 日前缴清税款。在这里的 2019 年是算一个年度的，因此分期的时间是不能从 2019 年 3 月算到 2024 年 3 月的。

2. 现金收入优先缴税

财税〔2015〕41 号文第四条规定，个人以非货币性资产投资交易过程中取得现金补价的，现金部分应优先用于缴税；现金不足以缴纳的部分，可分期缴纳。

个人在分期缴税期间转让其持有的上述全部或部分股权，并取得现金收入的，该现金收入应优先用于缴纳尚未缴清的税款。

3. 分期缴税计划的制定、变更与备案

根据《国家税务总局关于个人非货币性资产投资有关个人所得税征管问题的公告》（国家

税务总局公告2015年第20号，以下简称20号公告）第八条规定，纳税人非货币性资产投资需要分期缴纳个人所得税的，应于取得被投资企业股权之日的次月15日内，自行制定缴税计划并向主管税务机关报送《非货币性资产投资分期缴纳个人所得税备案表》、纳税人身份证明、投资协议、非货币性资产评估价格证明材料、能够证明非货币性资产原值及合理税费的相关资料。

2015年4月1日之前发生的非货币性资产投资，期限未超过5年，尚未进行税收处理且需要分期缴纳个人所得税的，纳税人应于本公告下发之日起30日内向主管税务机关办理分期缴税备案手续。

20号公告第九条规定，纳税人分期缴税期间提出变更原分期缴税计划的，应重新制定分期缴税计划并向主管税务机关重新报送《非货币性资产投资分期缴纳个人所得税备案表》。

（六）纳税申报

1. 自行申报

20号公告第二条规定，非货币性资产投资个人所得税由纳税人向主管税务机关自行申报缴纳。

2. 申报纳税

20号公告第十条规定，纳税人按分期缴税计划向主管税务机关办理纳税申报时，应提供已在主管税务机关备案的《非货币性资产投资分期缴纳个人所得税备案表》和本期之前各期已缴纳个人所得税的完税凭证。

20号公告第十一条规定，纳税人在分期缴税期间转让股权的，应于转让股权之日的次月15日内向主管税务机关申报纳税。

3. 被投资企业的报告义务

虽然20号公告明确规定了非货币性资产投资个人所得税由纳税人自行向税务机关申报，被投资企业不是扣缴义务人，但是被投资企业确仍然负有报告义务。

20号公告第十二条规定，被投资企业应将纳税人以非货币性资产投入本企业取得股权和分期缴税期间纳税人股权变动情况，分别于相关事项发生后15日内向主管税务机关报告，并协助税务机关执行公务。

五、技术成果投资入股的选择性优惠政策

本来技术成果也是属于非货币性资产的，其对外投资入股涉及的个人所得税可以适用非货币性资产投资的个人所得税政策规定。

但是，以专利技术为代表的技术成果，与一般的不动产或动产等非货币性资产也有很大不同，国家为促进技术成果转化，对科技成果投资入股实施更加优惠的政策，因此对其专门

规定有优惠政策。

（一）技术成果投资入股选择性税收优惠政策

《财政部 国家税务总局关于完善股权激励和技术入股有关所得税政策的通知》（财税〔2016〕101号）第三条规定：

企业或个人以技术成果投资入股到境内居民企业，被投资企业支付的对价全部为股票（权）的，企业或个人可选择继续按现行有关税收政策执行，也可选择适用递延纳税优惠政策。

选择技术成果投资入股递延纳税政策的，经向主管税务机关备案，投资入股当期可暂不纳税，允许递延至转让股权时，按股权转让收入减去技术成果原值和合理税费后的差额计算缴纳所得税。

因此，企业或者个人技术成果投资入股选择递延纳税有两个条件：一是入股的对象必须是境内居民企业；二是入股的被投资企业支付的对价必须是100%的股票（权）。如果被投资企业还有其他现金对价或者除股票（权）的非货币性资产等作为对价的，就不能适用选择性优惠政策。

一般的非货币性资产投资，只有在"一次性缴税有困难的"，才可以选择分期缴纳，期限是在5个公历年度内。而技术成果投资入股可以选择递延纳税，递延至股权转让时，具体时间并无限制，完全是超过非货币性资产的时限额的，只要不转让股权就可一直递延下去。

（二）技术成果投资入股的界定

财税〔2016〕101号第三条规定：技术成果是指专利技术（含国防专利）、计算机软件著作权、集成电路布图设计专有权、植物新品种权、生物医药新品种，以及科技部、财政部、国家税务总局确定的其他技术成果。

技术成果投资入股，是指纳税人将技术成果所有权让渡给被投资企业、取得该企业股票（权）的行为。

（三）技术成果投资取得股权后上市再处置股票的处理

财税〔2016〕101号第四条第（二）款规定，个人因股权激励、技术成果投资入股取得股权后，非上市公司在境内上市的，处置递延纳税的股权时，按照现行限售股有关征税规定执行。

《国家税务总局所得税司关于印发〈股权激励和技术入股个人所得税政策口径〉的通知》（税总所便函〔2016〕149号）进一步明确：纳税人因获得非上市公司实施条件的股权激励而选择递延纳税的，自其取得股权至实际转让期间，因时间跨度可能非常长，其中会出现不少变数。如果公司在境内上市了，员工持有的递延纳税股权，自然转为限售股。根据财税〔2016〕101号第四条第（二）款规定，相关税务处理应按照限售股相关规定执行。具体为三个方面：一是股票转让价格，按照销售股有关规定确定；二是扣缴义务人转为限售股转让所得的扣缴义务人（即证券机构），实施股权激励的公司、获得技术成果的企业只需及时将相关信息告知税务机关，无须继续扣缴递延纳税股票个人所得税；三是个人股票原值仍按照财税〔2016〕101号文件规定确定。也就是说，转让的股票来源于股权激励的，原值为其实际取得的成本；来源于技术成果投资入股的，原值为技术成果原值。如果证券机构扣缴的个人所得税与纳税人的实际情况有出入，个人需按照《财政部 国家税务总局 证监会关于个人转让上市公司限售股所得征收个人所得税有关问题的通知》（财税〔2009〕167号）的规定，向证券机构所在地税务机关申请办理税收清算。

（四）转增股本或以股权对外投资的处理

财税〔2016〕101号第四条第（四）款规定，持有递延纳税的股权期间，因该股权产生的转增股本收入，以及以该递延纳税的股权再进行非货币性资产投资的，应在当期缴纳税款。

根据相关规定，被投资企业以未分配利润、盈余公积、资本公积转增股本，需要按照"利息、股息、红利所得"项目计征个人所得税。同时，根据《财政部 国家税务总局关于将国家自主创新示范区有关税收试点政策推广到全国范围实施的通知》（财税〔2015〕116号）规定，自2016年1月1日起，中小高新技术企业转增股本时，个人股东在不超过5个公历年度内（含）分期缴纳。但是，个人持有递延纳税的股权期间，发生转增股本的，根据财税〔2016〕101号第四条第（四）款规定，因递延纳税股权产生的转增股本收入，应在当期缴纳税款。

个人以股权对外进行非货币性资产投资，《财政部 国家税务总局关于个人非货币性资产投资有关个人所得税政策的通知》（财税〔2015〕41号）规定可以分期5年缴纳。但个人因股权激励取得的限制性股票解禁所得选择递延纳税的，个人再以递延纳税的股权进行非货币性资产投资的，根据财税〔2016〕101号第四条第（四）款规定，则须在非货币性资产投资当期缴纳税款。

（五）递延纳税股权转让的处理

个人以技术成果投资入股到境内居民企业，被投资企业支付的对价全部为股票（权）的，个人选择技术成果投资入股递延纳税政策的，经向主管税务机关备案，投资入股当期可暂不纳税，允许递延至转让股权时，按股权转让收入减去技术成果原值和合理税费后的差额计算缴纳所得税。

《国家税务总局关于股权激励和技术入股所得税征管问题的公告》（国家税务总局公告2016年第62号）第一条第（七）款规定，递延纳税股票（权）转让、办理纳税申报时，扣缴义务人、个人应向主管税务机关一并报送能够证明股票（权）转让价格、递延纳税股票（权）原值、合理税费的有关资料，具体包括转让协议、评估报告和相关票据等。资料不全或无法充分证明有关情况，造成计税依据偏低，又无正当理由的，主管税务机关可依据税收征管法有关规定进行核定。

（六）享受递延纳税股权优先转让

财税〔2016〕101 号第四条第（三）款规定，个人转让股权时，视同享受递延纳税优惠政策的股权优先转让。递延纳税的股权成本按照加权平均法计算，不与其他方式取得的股权成本合并计算。

（七）递延纳税备案

根据财税〔2016〕101 号第五条第（一）款规定，对股权激励或技术成果投资入股选择适用递延纳税政策的，企业应在规定期限内到主管税务机关办理备案手续。未办理备案手续的，不得享受本通知规定的递延纳税优惠政策。

国家税务总局公告 2016 年第 62 号第一条第（五）款第 3 项规定，个人以技术成果投资入股境内公司并选择递延纳税的，被投资公司应于取得技术成果并支付股权之次月 15 日内，向主管税务机关报送《技术成果投资入股个人所得税递延纳税备案表》（附件 3）、技术成果相关证书或证明材料、技术成果投资入股协议、技术成果评估报告等资料。

实施股权激励的非上市公司和取得个人技术成果的境内公司，应于每个纳税年度终了 30 日内报税《个人所得税递延纳税情况年度报告表》（附件 4）。

附件3

技术成果投资入股个人所得税递延纳税备案表

备案编号（主管税务机关填写）：

单位：股，%，人民币元（列至角分）

被投资公司基本情况

公司名称		纳税人识别号		联系人		联系电话	

技术成果基本情况

技术成果名称		技术成果类型		发证部门		技术成果证书编号	

技术成果投资入股情况

评估价（协议价）		技术成果原值		合理税费	

涉及人数

技术成果投资入股个人基本情况

序号	姓名	身份证照类型	身份证照号码	联系地址	联系电话	股数	持股比例

谨声明：此表是根据《中华人民共和国个人所得税法》及相关法律法规定填写的，是真实的、完整的、可靠的。

公司签章：
经办人：
填报日期： 年 月 日

代理申报机构（人）签章：
经办人：
经办人执业证件号码：
代理申报日期： 年 月 日

主管税务机关受理：
受理人：
受理日期： 年 月 日

被投资公司法定代表人签字：
年 月 日

国家税务总局监制

填报说明

一、适用范围

本表适用于个人以技术成果投资入股境内非上市公司并选择递延纳税的，被投资公司向主管税务机关办理相关个人所得税递延纳税备案事宜时填报。备案表区分投资入股的技术成果，分别填写。

二、报送期限

企业应于被投资公司取得技术成果并支付股权之次月 15 日内报送。

三、表内各栏

（一）被投资公司基本情况

1. 公司名称：填写接受技术成果投资入股的公司名称全称。

2. 纳税人识别号：填写纳税人识别号或统一社会信用代码。

3. 联系人、联系电话：填写接受技术成果投资入股公司负责办理个人所得税递延纳税备案人员的相关情况。

（二）技术成果基本情况

1. 技术成果名称：填写技术成果的标准名称。

2. 技术成果类型：是指《财政部 国家税务总局关于完善股权激励和技术入股有关所得税政策的通知》（财税〔2016〕101 号）规定的专利技术（含国防专利）、计算机软件著作权、集成电路布图设计专有权、植物新品种权、生物医药新品种，以及科技部、财政部、国家税务总局确定的其他技术成果。

3. 发证部门：填写颁发技术成果证书的部门全称。

4. 技术成果证书编号：填写技术成果证书上的编号。

（三）技术成果投资入股情况

1. 涉及人数：填写技术成果投资协议中以该项技术成果投资入股的人数。

2. 评估价（协议价）：填写技术成果投资入股按照协议确定的公允价值。

3. 技术成果原值：填写个人发明或取得该项技术成果过程中实际发生的支出。

4. 合理税费：填写个人以技术成果投资入股过程中按规定实际支付的有关税费。

（四）技术成果投资入股个人基本情况

1. 姓名：填写技术成果投资入股个人的姓名，中国境内无住所个人，其姓名应当用中、外文同时填写。

2. 身份证照类型：填写能识别技术成果投资入股个人的唯一身份的身份证、军官证、士兵证、护照、港澳居民来往内地通行证、台湾居民来往大陆通行证等有效证照名称。

3. 身份证照号码：填写能识别技术成果投资入股个人的唯一身份的号码。

4. 联系地址和联系电话：填写技术成果投资入股个人的有效联系地址和常用联系电话。

5. 股数：填写个人因技术成果投资入股获得的股票（权）数。

6. 持股比例：按照保留小数点后两位填写。

7. 技术成果投资入股个人基本情况如果填写不下，可另附纸填写。

四、本表一式两份。主管税务机关受理后，由扣缴义务人和主管税务机关分别留存。

附件 4

个人所得税递延纳税情况年度报告表

报告所属期： 年

单位：股、%、人民币元（列至角分）

公司基本情况					
公司名称		纳税人识别号		联系人	联系电话
递延纳税股票（权）形式	□股票（权）期权 □限制性股票 □股权奖励 □技术成果投资入股				
递延纳税有关情况					

递延纳税明细情况																								
序号	姓名	身份证照类型	身份证照号码	总体情况					股票（权）期权				限制性股票				股权奖励				技术成果投资入股			
				转让情况		剩余情况		扣缴个人所得税	转让情况		剩余情况		转让情况		剩余情况		转让情况		剩余情况		转让情况		剩余情况	
				股数	持股比例	股数	持股比例		股数	持股比例	股数	持股比例	股数	持股比例	股数	持股比例	股数	持股比例	股数	持股比例	股数	持股比例	股数	持股比例

谨声明：此表是根据《中华人民共和国个人所得税法》及有关法律法规规定填写的，是真实的、完整的、可靠的。

公司盖章：
经办人：
填报日期： 年 月 日

代理申报机构（人）签章：
经办人：
经办人执业证件号码：
代理申报日期： 年 月 日

主管税务机关印章：
受理人：
受理日期： 年 月 日

公司法定代表人签章：
年 月 日

国家税务总局监制

填报说明

一、适用范围

本表适用于实施符合条件股权激励的非上市公司和取得个人技术成果的境内公司，在递延纳税期间向主管税务机关报告个人相关股权持有和转让情况。

二、报送期限

实施股权激励的非上市公司和取得个人技术成果的境内公司，应于每个纳税年度终了30日内报送本表。

三、表内各栏

（一）公司基本情况

1. 公司名称：填写实施股权激励的非上市公司，或者取得个人技术成果的境内公司的法定名称全称。

2. 纳税人识别号：填写纳税人识别号或统一社会信用代码。

3. 联系人、联系电话：填写负责办理股权激励或技术成果投资入股相关涉税事项人员的相关情况。

（二）递延纳税有关情况

递延纳税股票（权）形式：根据递延纳税的股票（权）形式勾选。

（三）递延纳税明细情况

1. 姓名：填写纳税人姓名。中国境内无住所个人，其姓名应当用中、外文同时填写。

2. 身份证照类型：填写能识别纳税人唯一身份的身份证、军官证、士兵证、护照、港澳居民来往内地通行证、台湾居民来往大陆通行证等有效证照名称。

3. 身份证照号码：填写能识别纳税人唯一身份的号码。

4. 总体情况、股票（权）期权、限制性股票、股权奖励、技术成果投资入股栏：填写个人转让和剩余享受递延纳税优惠的股票（权）相关情况。

①股数、持股比例：填写个人实际转让或剩余的享受递延纳税优惠的股票（权）数以及对应的持股比例。若非上市公司因公司注册类型限制，难以用股票（权）数体现个人相关权益的，可只填列持股比例，持股比例按照保留小数点后两位填写。

②扣缴个人所得税：填写个人转让递延纳税的股权，扣缴义务人实际扣缴的个人所得税。

四、本表一式两份。 主管税务机关受理后，由扣缴义务人和主管税务机关分别留存。

【案例 5-4】个人以技术成果投资入股的个人所得税计算

李某 2019 年 3 月以其所有的某项专利技术投资作价 100 万元入股 A 企业，获得 A 企业股票 50 万股，占企业股本的 5%。若李某发明该项专利技术的成本为 20 万元，入股时发生评估费及其他合理税费共 10.00 万元。假设后来李某将这部分股权以 200 万元卖掉，转让时发生税费 15 万元，李某应如何计算纳税？

【解析】李某专利技术投资入股，有两种税收处理方式：一是按照原有政策，在入股当期，对专利技术转让收入扣除专利技术财产原值和相关税费的差额计算个人所得税，并在当期或分期 5 年缴纳；二是按照新政策，专利技术投资入股时不计税，待转让这部分股权时，直接以股权转让收入扣除专利技术的财产原值和合理税费的差额计算个人所得税。

（1）按原政策计算：

李某技术入股当期需缴税，应纳税额 =（100.00 万元 -20.00 万元 -10.00 万元）×20%=14.00 万元

转让股权时李某也需缴税，应纳税额 =（200.00 万元 -100.00 万元 -15.00 万元）×20%=17.00 万元

两次合计，李某共缴纳个人所得税 31.00 万元。

（2）按递延纳税优惠政策计算：

李某入股当期无须缴税。

待李某转让该部分股权时一次性缴税。转让时应纳税额 =[200.00 万元 -（20.00 万元 +10.00 万元）-15.00 万元]×20% = 31.00 万元

虽然政策调整后，李某应缴税款与原来一样，但李某在入股当期无须缴税，压力大大减小，待其转让时再缴税，确保有充足的资金流。

【案例 5-5】个人以技术成果投资入股选择递延纳税后处置股权所得的个人所得税计算

资料接【案例 5-4】，若李某选择递延纳税后，李某最终仅以 40 万元合理价格将股权卖掉，假设转让股权时税费为 5.00 万元。则转让时李某该如何计税？

【解析】根据递延纳税相关政策，李某转让股权时，按照转让收入扣除技术成果原值及合理税费后的余额，计算缴纳个人所得税。因此，虽然李某的股权转让收入较当初专利技术投资时作价降低了，但其仍根据股权转让实际收入计算个人所得税，李某技术成果投资入股风险大大降低。

应缴税款 =[40.00 万元 -（20.00 万元 +10.00 万元）-5.00 万元]×20%=1.00 万元

六、特殊财产转让所得的处理

（一）拍卖财产所得

关于个人通过拍卖市场拍卖各种财产（包括字画、瓷器、玉器、邮品、钱币、古籍、古董等物品）取得的所得征收个人所得税问题，《国家税务总局关于加强和规范个人取得拍卖收入征收个人所得税有关问题的通知》（国税发〔2007〕38号）专门作出规定。

1. 征税项目的确定

（1）根据《国家税务总局关于印发〈征收个人所得税若干问题的规定〉的通知》（国税发〔1994〕89号），作者将自己的文字作品手稿原件或复印件拍卖取得的所得，应以其转让收入额减除800元（转让收入额4 000元以下）或者20%（转让收入额4 000元以上）后的余额为应纳税所得额，按照"特许权使用费"所得项目适用20%税率缴纳个人所得税。

（2）个人拍卖除文字作品原稿及复印件外的其他财产，应以其转让收入额减除财产原值和合理费用后的余额为应纳税所得额，按照"财产转让所得"项目适用20%税率缴纳个人所得税。

2. 收入额的确定

对个人财产拍卖所得征收个人所得税时，以该项财产最终拍卖成交价格为其转让收入额。

3. 财产原值及合理税费的确定

个人财产拍卖所得适用"财产转让所得"项目计算应纳税所得额时，纳税人凭合法有效凭证（税务机关监制的正式发票、相关境外交易单据或海关报关单据、完税证明等），从其转让收入额中减除相应的财产原值、拍卖财产过程中缴纳的税金及有关合理费用。

（1）财产原值，是指售出方个人取得该拍卖品的价格（以合法有效凭证为准）。具体为：

①通过商店、画廊等途径购买的，为购买该拍卖品时实际支付的价款；

②通过拍卖行拍得的，为拍得该拍卖品实际支付的价款及交纳的相关税费；

③通过祖传收藏的，为其收藏该拍卖品而发生的费用；

④通过赠送取得的，为其受赠该拍卖品时发生的相关税费；

⑤通过其他形式取得的，参照以上原则确定财产原值。

（2）拍卖财产过程中缴纳的税金，是指在拍卖财产时纳税人实际缴纳的相关税金及附加。

（3）有关合理费用，是指拍卖财产时纳税人按照规定实际支付的拍卖费（佣金）、鉴定费、评估费、图录费、证书费等费用。

4. 核定征收

纳税人如不能提供合法、完整、准确的财产原值凭证，不能正确计算财产原值的，按转让收入额的3%征收率计算缴纳个人所得税；拍卖品为经文物部门认定是海外回流文物的，按转让收入额的2%征收率计算缴纳个人所得税。

纳税人的财产原值凭证内容填写不规范，或者一份财产原值凭证包括多件拍卖品且无法确认每件拍卖品一一对应的原值的，不得将其作为扣除财产原值的计算依据，应视为不能提供合法、完整、准确的财产原值凭证，并按上述规定的征收率计算缴纳个人所得税。

纳税人能够提供合法、完整、准确的财产原值凭证，但不能提供有关税费凭证的，不得按征收率计算纳税，应当就财产原值凭证上注明的金额据实扣除，并按照税法规定计算缴纳个人所得税。

5. 代扣代缴

个人财产拍卖所得应纳的个人所得税税款，由拍卖单位负责代扣代缴，并按规定向拍卖单位所在地主管税务机关办理纳税申报。

拍卖单位代扣代缴个人财产拍卖所得应纳的个人所得税税款时，应给纳税人填开完税凭证，并详细标明每件拍卖品的名称、拍卖成交价格、扣缴税款额。

6. 房屋拍卖所得

《国家税务总局关于个人取得房屋拍卖收入征收个人所得税问题的批复》（国税函〔2007〕1145号）规定，个人通过拍卖市场取得的房屋拍卖收入在计征个人所得税时，其房屋原值应按照纳税人提供的合法、完整、准确的凭证予以扣除；不能提供完整、准确的房屋原值凭证，不能正确计算房屋原值和应纳税额的，统一按转让收入全额的3%计算缴纳个人所得税。

（二）买卖虚拟货币所得

《国家税务总局关于个人通过网络买卖虚拟货币取得收入征收个人所得税问题的批复》（国税函〔2008〕818号）规定：

（1）个人通过网络收购玩家的虚拟货币，加价后向他人出售取得的收入，属于个人所得税应税所得，应按照"财产转让所得"项目计算缴纳个人所得税。

（2）个人销售虚拟货币的财产原值为其收购网络虚拟货币所支付的价款和相关税费。

（3）对于个人不能提供有关财产原值凭证的，由主管税务机关核定其财产原值。

（三）购买和处置债权所得

《国家税务总局关于个人因购买和处置债权取得所得征收个人所得税问题的批复》（国税函〔2005〕655号）规定：

（1）个人通过招标、竞拍或其他方式购置债权以后，通过相关司法或行政程序主张债权而取得的所得，应按照"财产转让所得"项目缴纳个人所得税。

（2）个人通过上述方式取得"打包"债权，只处置部分债权的，其应纳税所得额按以下方式确定：

① 以每次处置部分债权的所得，作为一次财产转让所得征税。

② 其应税收入按照个人取得的货币资产和非货币资产的评估价值或市场价值的合计数确定。

③ 所处置债权成本费用（即财产原值），按下列公式计算：

当次处置债权成本费用＝个人购置"打包"债权实际支出 × 当次处置债权账面价值（或拍卖机构公布价值）÷ "打包"债权账面价值（或拍卖机构公布价值）。

④ 个人购买和和处置债权过程中发生的拍卖招标手续费、诉讼费、审计评估费以及缴纳的税金等合理税费，在计算个人所得税时允许扣除。

（四）个人住房转让所得

根据《个人所得税法》及其实施条例规定，个人转让住房，以其转让收入额减除财产原值和合理费用后的余额为应纳税所得额，按照"财产转让所得"项目缴纳个人所得税。

《国家税务总局关于个人住房转让所得征收个人所得税有关问题的通知》（国税发〔2006〕108 号）规定：

1. 转让收入的确定

对住房转让所得征收个人所得税时，以实际成交价格为转让收入。纳税人申报的住房成交价格明显低于市场价格且无正当理由的，征收机关依法有权根据有关信息核定其转让收入，但必须保证各税种计税价格一致。

2. 房产原值和合理费用的确定

对转让住房收入计算个人所得税应纳税所得额时，纳税人可凭原购房合同、发票等有效凭证，经税务机关审核后，允许从其转让收入中减除房屋原值、转让住房过程中缴纳的税金及有关合理费用。

（1）房屋原值具体为：

商品房：购置该房屋时实际支付的房价款及交纳的相关税费。

自建住房：实际发生的建造费用及建造和取得产权时实际交纳的相关税费。

经济适用房（含集资合作建房、安居工程住房）：原购房人实际支付的房价款及相关税费，以及按规定交纳的土地出让金。

已购公有住房：原购公有住房标准面积按当地经济适用房价格计算的房价款，加上原购公有住房超标准面积实际支付的房价款以及按规定向财政部门（或原产权单位）交纳的所得收益及相关税费。已购公有住房是指城镇职工根据国家和县级（含县级）以上人民政府有关城镇住房制度改革政策规定，按照成本价（或标准价）购买的公有住房。经济适用房价格按县级（含县级）以上地方人民政府规定的标准确定。

城镇拆迁安置住房：根据《城市房屋拆迁管理条例》（国务院令第 305 号）和《建设部关于印发〈城市房屋拆迁估价指导意见〉的通知》（建住房〔2003〕234 号）等有关规定，其原值分别为：①房屋拆迁取得货币补偿后购置房屋的，为购置该房屋实际支付的房价款及交纳的相关税费；②房屋拆迁采取产权调换方式的，所调换房屋原值为《房屋拆迁补偿安置协议》注明的价款及交纳的相关税费；③房屋拆迁采取产权调换方式，被拆迁人除取得所调换房屋，又取得部分货币补偿的，所调换房屋原值为《房屋拆迁补偿安置协议》注明的价款和交纳的相关税费，减去货币补偿后的余额；④房屋拆迁采取产权调换方式，被拆迁人取得所调换房屋，又支付部分货币的，所调换房屋原值为《房屋拆迁补偿安置协议》注明的价款，加上所支付的货币及交纳的相关税费。

（2）转让住房过程中缴纳的税金是指：纳税人在转让住房时实际缴纳的增值税、城市维护建设税、教育费附加、土地增值税、印花税等税金。

（3）合理费用是指：纳税人按照规定实际支付的住房装修费用、住房贷款利息、手续费、公证费等费用。

支付的住房装修费用。纳税人能提供实际支付装修费用的税务统一发票，并且发票上所列付款人姓名与转让房屋产权人一致的，经税务机关审核，其转让的住房在转让前实际发生的装修费用，可在以下规定比例内扣除：①已购公有住房、经济适用房：最高扣除限额为房屋原值的15%；②商品房及其他住房：最高扣除限额为房屋原值的10%。纳税人原购房为装修房，即合同注明房价款中含有装修费（铺装了地板，装配了洁具、厨具等）的，不得再重复扣除装修费用。

支付的住房贷款利息。纳税人出售以按揭贷款方式购置的住房的，其向贷款银行实际支付的住房贷款利息，凭贷款银行出具的有效证明据实扣除。

纳税人按照有关规定实际支付的手续费、公证费等，凭有关部门出具的有效证明据实扣除。

3. 核定征收

纳税人未提供完整、准确的房屋原值凭证，不能正确计算房屋原值和应纳税额的，税务机关可根据《中华人民共和国税收征收管理法》第三十五条的规定，对其实行核定征税，即按纳税人住房转让收入的一定比例核定应纳个人所得税额。具体比例由省级地方税务局或者省级地方税务局授权的地市级地方税务局根据纳税人出售住房的所处区域、地理位置、建造时间、房屋类型、住房平均价格水平等因素，在住房转让收入 1% ～ 3% 的幅度内确定。

4. 暂免征收的情形

根据《财政部 国家税务总局关于个人所得税若干政策问题的通知》（财税字〔1994〕20号）的规定，个人转让自用达五年以上、且是唯一的家庭生活用房取得的所得，暂免征收个人所得税。

（五）个人转让住房以外房产所得

个人转让住房以外的其他房产，以转让财产的收入额减除其财产原值和合理税费后余额，为应纳税所得额，"财产转让所得"项目缴纳个人所得税，适用 20% 税率。

（六）转让离婚析产房屋所得

《国家税务总局关于明确个人所得税若干政策执行问题的通知》（国税发〔2009〕121 号）规定：

（1）通过离婚析产的方式分割房屋产权是夫妻双方对共同共有财产的处置，个人因离婚办理房屋产权过户手续，不征收个人所得税。

（2）个人转让离婚析产房屋所取得的收入，允许扣除其相应的财产原值和合理费用后，余额按照规定的税率缴纳个人所得税；其相应的财产原值，为房屋初次购置全部原值和相关税费之和乘以转让者占房屋所有权的比例。

（3）个人转让离婚析产房屋所取得的收入，符合家庭生活自用五年以上唯一住房的，可以申请免征个人所得税。

（七）个人转让受赠房产所得

自 2009 年 5 月 25 日起，《财政部、国家税务总局关于个人无偿受赠房屋有关个人所得税问题的通知》（财税〔2009〕78 号）规定：

对受赠人无偿受赠房屋计征个人所得税时，其应纳税所得额为房地产赠与合同上标明的赠与房屋价值减除赠与过程中受赠人支付的相关税费后的余额。赠与合同标明的房屋价值明显低于市场价格或房地产赠与合同未标明赠与房屋价值的，税务机关可依据受赠房屋的市场评估价格或采取其他合理方式确定受赠人的应纳税所得额。

受赠人转让受赠房屋的，以其转让受赠房屋的收入减除原捐赠人取得该房屋的实际购置成本以及赠与和转让过程中受赠人支付的相关税费后的余额，为受赠人的应纳税所得额，依法计征个人所得税。受赠人转让受赠房屋价格明显偏低且无正当理由的，税务机关可以依据该房屋的市场评估价格或其他合理方式确定的价格核定其转让收入。

第四节　非上市公司股权转让所得

自然人股东股权（股票）转让，按适用的税收政策不同可分为：转让境外上市公司股票所得、转让境内上市公司股票所得、转让限售股所得、转让非上市公司股权以及转让独资企业和合伙企业投资份额所得等。

为加强股权转让所得个人所得税征收管理，规范税务机关、纳税人和扣缴义务人征纳行为，维护纳税人合法权益，根据《个人所得税法》及其实施条例、《税收征收管理法》及其实施细则，国家税务总局制定发布了《股权转让所得个人所得税管理办法（试行）》（国家税务总局公告 2014 年第 67 号发布，以下简称"股权转让管理办法"），自 2015 年 1 月 1 日起施行。

个人在上海证券交易所、深圳证券交易所转让上市公司公开发行和转让市场取得的上市公司股票，转让限售股，以及其他有特别规定的股权转让，不适用《股权转让管理办法》。

一、纳税人与应税项目

（一）股权与股权转让

《股权转让管理办法》第二条规定，本办法所称股权是指自然人股东（以下简称个人）投资于在中国境内成立的企业或组织（以下统称被投资企业，不包括个人独资企业和合伙企业）的股权或股份。

因此，个人转让独资企业和合伙企业投资份额所得，不适用《股权投资管理办法》。

《股权转让管理办法》第二条规定，本办法所称股权转让是指个人将股权转让给其他个人或法人的行为，包括以下情形：

（1）出售股权；

（2）公司回购股权；

（3）发行人首次公开发行新股时，被投资企业股东将其持有的股份以公开发行方式一并向投资者发售；

（4）股权被司法或行政机关强制过户；

（5）以股权对外投资或进行其他非货币性交易；

（6）以股权抵偿债务；

（7）其他股权转移行为。

（二）纳税人与扣缴义务人

《股权转让管理办法》第五条规定，个人股权转让所得个人所得税，以股权转让方为纳税人，以受让方为扣缴义务人。

根据上述规定，只要是受让人，无论是单位还是个人，均是扣缴义务人，均应按照上述规定履行代扣代缴个人所得税的义务。

（三）应税项目的确定

《股权转让管理办法》第四条规定，个人转让股权，以股权转让收入减除股权原值和合理费用后的余额为应纳税所得额，按"财产转让所得"缴纳个人所得税。

合理费用是指股权转让时按照规定支付的有关税费。

二、股权转让收入的确认

（一）公平交易原则

《股权转让管理办法》第十条规定，股权转让收入应当按照公平交易原则确定。

所谓公平交易原则，是指完全独立的无关联关系的企业或个人，依据市场条件下所采用的计价标准或价格来处理其相互之间的收入和费用分配的原则。独立交易原则目前已被世界大多数国家接受和采纳，成为税务当局处理关联企业间收入和费用分配的指导原则。

该规定实际上一个反避税条款。纳税人转让股权时，应当获得与其股权公允价值相匹配的回报，无论回报是何种形式或名义，都应作为转让所得的组成部分。

（二）股权转让收入的构成

《股权转让管理办法》第七条至第九条对股权转让收入构成规定如下：

股权转让收入是指转让方因股权转让而获得的现金、实物、有价证券和其他形式的经济利益。

转让方取得与股权转让相关的各种款项，包括违约金、补偿金以及其他名目的款项、资产、权益等，均应当并入股权转让收入。

纳税人按照合同约定，在满足约定条件后取得的后续收入，应当作为股权转让收入。

（三）股权转让收入的核定

1. 核定股权转让收入的情形

《股权转让管理办法》第十一条规定，符合下列情形之一的，主管税务机关可以核定股权转让收入：

（1）申报的股权转让收入明显偏低且无正当理由的；

（2）未按照规定期限办理纳税申报，经税务机关责令限期申报，逾期仍不申报的；

（3）转让方无法提供或拒不提供股权转让收入的有关资料；

（4）其他应核定股权转让收入的情形。

2. 股权转让收入明显偏低的界定

《股权转让管理办法》第十二条规定，符合下列情形之一，视为股权转让收入明显偏低：

（1）申报的股权转让收入低于股权对应的净资产份额的。其中，被投资企业拥有土地使用权、房屋、房地产企业未销售房产、知识产权、探矿权、采矿权、股权等资产的，申报的股权转让收入低于股权对应的净资产公允价值份额的；

（2）申报的股权转让收入低于初始投资成本或低于取得该股权所支付的价款及相关税费的；

（3）申报的股权转让收入低于相同或类似条件下同一企业同一股东或其他股东股权转让收入的；

（4）申报的股权转让收入低于相同或类似条件下同类行业的企业股权转让收入的；

（5）不具合理性的无偿让渡股权或股份；

（6）主管税务机关认定的其他情形。

3. 正当理由的界定

《股权转让管理办法》第十三条规定，符合下列条件之一的股权转让收入明显偏低，视为有正当理由：

（1）能出具有效文件，证明被投资企业因国家政策调整，生产经营受到重大影响，导致低价转让股权；

（2）继承或将股权转让给其能提供具有法律效力身份关系证明的配偶、父母、子女、祖父母、外祖父母、孙子女、外孙子女、兄弟姐妹以及对转让人承担直接抚养或者赡养义务的抚养人或者赡养人；

（3）相关法律、政府文件或企业章程规定，并有相关资料充分证明转让价格合理且真实的本企业员工持有的不能对外转让股权的内部转让；

（4）股权转让双方能够提供有效证据证明其合理性的其他合理情形。

4. 股权转让收入的核定方法

《股权转让管理办法》第十四条规定，主管税务机关应依次按照下列方法核定股权转让收入：

（1）净资产核定法

股权转让收入按照每股净资产或股权对应的净资产份额核定。

被投资企业的土地使用权、房屋、房地产企业未销售房产、知识产权、探矿权、采矿权、股权等资产占企业总资产比例超过20%的，主管税务机关可参照纳税人提供的具有法定资质的中介机构出具的资产评估报告核定股权转让收入。

6个月内再次发生股权转让且被投资企业净资产未发生重大变化的，主管税务机关可参照上一次股权转让时被投资企业的资产评估报告核定此次股权转让收入。

（2）类比法

① 参照相同或类似条件下同一企业同一股东或其他股东股权转让收入核定；

② 参照相同或类似条件下同类行业企业股权转让收入核定。

（3）其他合理方法

主管税务机关采用以上方法核定股权转让收入存在困难的，可以采取其他合理方法核定。

规定中"依次"二字，说明税务机关在对股权转让收入进行核定时，应按照净资产核定法、类比法、其他合理方法的先后顺序进行。

三、股权原值和合理费用的确认

（一）股权原值的确认方法

《股权转让管理办法》第十五条规定，个人转让股权的原值依照以下方法确认：

（1）以现金出资方式取得的股权，按照实际支付的价款与取得股权直接相关的合理税费之和确认股权原值；

（2）以非货币性资产出资方式取得的股权，按照税务机关认可或核定的投资入股时非货币性资产价格与取得股权直接相关的合理税费之和确认股权原值；

（3）通过无偿让渡方式取得股权，具备本办法第十三条第二项所列情形的，按取得股权发生的合理税费与原持有人的股权原值之和确认股权原值；

（4）被投资企业以资本公积、盈余公积、未分配利润转增股本，个人股东已依法缴纳个人所得税的，以转增额和相关税费之和确认其新转增股本的股权原值；

（5）除以上情形外，由主管税务机关按照避免重复征收个人所得税的原则合理确认股权原值。

（二）再次转让时股权原值的确认

1. 受让人再次转让时股权原值的确定

《股权转让管理办法》第十六条规定，股权转让人已被主管税务机关核定股权转让收入并依法征收个人所得税的，该股权受让人的股权原值以取得股权时发生的合理税费与股权转让人被主管税务机关核定的股权转让收入之和确认。

2. 收购企业股权后将原盈余积累转增股本后股权原值的确定

《国家税务总局关于个人投资者收购企业股权后将原盈余积累转增股本个人所得税问题的公告》（国家税务总局公告2013年第23号）规定：一名或多名个人投资者以股权收购方式取得被收购企业100%股权，股权收购前，被收购企业原账面金额中的"资本公积、盈余公积、未分配利润"等盈余积累未转增股本，而在股权交易时将其一并计入股权转让价格并履行了所得税纳税义务。股权收购后，企业将原账面金额中的盈余积累向个人投资者（新股东，下同）转增股本，有关个人所得税问题区分以下情形处理：

（1）新股东以不低于净资产价格收购股权的，企业原盈余积累已全部计入股权交易价格，新股东取得盈余积累转增股本的部分，不征收个人所得税。

（2）新股东以低于净资产价格收购股权的，企业原盈余积累中，对于股权收购价格减去原股本的差额部分已经计入股权交易价格，新股东取得盈余积累转增股本的部分，不征收个人所得税；对于股权收购价格低于原所有者权益的差额部分未计入股权交易价格，新股东取得盈余积累转增股本的部分，应按照"利息、股息、红利所得"项目征收个人所得税。

新股东以低于净资产价格收购企业股权后转增股本，应按照下列顺序进行，即：先转增应税的盈余积累部分，然后再转增免税的盈余积累部分。

新股东将所持股权转让时，其财产原值为其收购企业股权实际支付的对价及相关税费。

（三）股权原值的核定

《股权转让管理办法》第十七条规定，个人转让股权未提供完整、准确的股权原值凭证，不能正确计算股权原值的，由主管税务机关核定其股权原值。

（四）采用加权平均法确定股权原值

《股权转让管理办法》第十八条规定，对个人多次取得同一被投资企业股权的，转让部分股权时，采用"加权平均法"确定其股权原值。

（五）合理费用的扣除

《股权转让管理办法》第四条规定，个人转让股权，以股权转让收入减除股权原值和合理费用后的余额为应纳税所得额。《个人所得税法》第六条第一款第五项规定，财产转让所得，以转让财产的收入额减除财产原值和合理费用后的余额，为应纳税所得额。

按照《个人所得税法实施条例》第十六条规定，个人所得税法第六条第一款第五项所称合理费用，是指卖出财产时按照规定支付的有关税费。

因此，与股权转让相关的印花税、资产评估费、中介服务费等可以在计算股权转让所得时扣除。

四、以转让资产方式转让股权

《国家税务总局关于股权转让收入征收个人所得税问题的批复》（国税函〔2007〕244 号）规定：公司原全体股东，通过签订股权转让协议，以转让公司全部资产方式将股权转让给新股东，协议约定时间以前的债权债务由原股东负责，协议约定时间以后的债权债务由新股东负责。根据《中华人民共和国个人所得税法》及其实施条例的规定，原股东取得股权转让所得，应按"财产转让所得"项目征收个人所得税。

应纳税所得额的计算：

（1）对于原股东取得转让收入后，根据持股比例先清收债权、归还债务后，再对每个股东进行分配的，应纳税所得额的计算公式为：

应纳税所得额=（原股东股权转让总收入－原股东承担的债务总额＋原股东所收回的债权总额－注册资本额－股权转让过程中的有关税费）×原股东持股比例

其中，原股东承担的债务不包括应付未付股东的利润（下同）。

（2）对于原股东取得转让收入后，根据持股比例对股权转让收入、债权债务进行分配的，应纳税所得额的计算公式为：应纳税所得额＝原股东分配取得股权转让收入＋原股东清收公

司债权收入 - 原股东承担公司债务支出 - 原股东向公司投资成本。

五、个人终止投资经营收回款项所得

《国家税务总局关于个人终止投资经营收回款项征收个人所得税问题的公告》（国家税务总局公告 2011 年第 41 号）规定：个人因各种原因终止投资、联营、经营合作等行为，从被投资企业或合作项目、被投资企业的其他投资者以及合作项目的经营合作人取得股权转让收入、违约金、补偿金、赔偿金及以其他名目收回的款项等，均属于个人所得税应税收入，应按照"财产转让所得"项目适用的规定计算缴纳个人所得税。

应纳税所得额的计算公式如下：

应纳税所得额 = 个人取得的股权转让收入、违约金、补偿金、赔偿金及以其他名目收回款项合计数 - 原实际出资额（投入额）及相关税费

注意事项：一是股权收入是全口径收入，既包括股权转让价款，也包括赔偿金、违约金等价外收入；二是对非法人企业投资份额转让，比照股权转让进行个人所得税处理。

六、收回转让股权的处理

《国家税务总局关于纳税人收回转让的股权征收个人所得税问题的批复》（国税函〔2005〕130 号）规定：

（一）根据《个人所得税法》及其实施条例和《税收征收管理法》的有关规定，股权转让合同履行完毕、股权已作变更登记，且所得已经实现的，转让人取得的股权转让收入应当依法缴纳个人所得税。转让行为结束后，当事人双方签订并执行解除原股权转让合同、退回股权的协议，是另一次股权转让行为，对前次转让行为征收的个人所得税款不予退回。

（二）股权转让合同未履行完毕，因执行仲裁委员会作出的解除股权转让合同及补充协议的裁决、停止执行原股权转让合同，并原价收回已转让股权的，由于其股权转让行为尚未完成、收入未完全实现，随着股权转让关系的解除，股权收益不复存在，根据个人所得税法和征管法的有关规定，以及从行政行为合理性原则出发，纳税人不应缴纳个人所得税。

七、纳税申报

（一）纳税地点

《股权转让管理办法》第十九条规定，个人股权转让所得个人所得税以被投资企业所在地地税机关为主管税务机关。

也就是说，股权转让所得涉及的个人所得税，纳税人需要在被投资企业所在地办理纳税申报。

（二）纳税期限

《股权转让管理办法》第二十条规定，具有下列情形之一的，扣缴义务人、纳税人应当依法在次月 15 日内向主管税务机关申报纳税：

（1）受让方已支付或部分支付股权转让价款的；

（2）股权转让协议已签订生效的；

（3）受让方已经实际履行股东职责或者享受股东权益的；

（4）国家有关部门判决、登记或公告生效的；

（5）本办法第三条第四至第七项行为已完成的；

（6）税务机关认定的其他有证据表明股权已发生转移的情形。

股权转让的纳税时间为股权转让行为发生后的次月 15 日内。上述六种情形是对何时作为股权转让行为发生时间点进行界定的。

（三）外币折算

《股权转让管理办法》第二十三条规定，转让的股权以人民币以外的货币结算的，按照结算当日人民币汇率中间价，折算成人民币计算应纳税所得额。

（四）资料报送

《股权转让管理办法》第二十一条规定，纳税人、扣缴义务人向主管税务机关办理股权转让纳税（扣缴）申报时，还应当报送以下资料：

（1）股权转让合同（协议）；

（2）股权转让双方身份证明；

（3）按规定需要进行资产评估的，需提供具有法定资质的中介机构出具的净资产或土地房产等资产价值评估报告；

（4）计税依据明显偏低但有正当理由的证明材料；

（5）主管税务机关要求报送的其他材料。

（五）被投资企业和扣缴义务人的报告义务

1. 事先报告义务

《股权转让管理办法》第二十二条规定，被投资企业应当在董事会或股东会结束后 5 个工作日内，向主管税务机关报送与股权变动事项相关的董事会或股东会决议、会议纪要等资料。

《股权转让管理办法》第六条规定，扣缴义务人应于股权转让相关协议签订后 5 个工作日内，将股权转让的有关情况报告主管税务机关。

被投资企业应当详细记录股东持有本企业股权的相关成本，如实向税务机关提供与股权转让有关的信息，协助税务机关依法执行公务。

2. 事后报告

被投资企业发生个人股东变动或者个人股东所持股权变动的，应当在次月 15 日内向主管税务机关报送含有股东变动信息的《个人所得税基础信息表（A 表）》及股东变更情况说明。

主管税务机关应当及时向被投资企业核实其股权变动情况，并确认相关转让所得，及时督促扣缴义务人和纳税人履行法定义务。

因此，被投资企业需要注意的是，虽然可能自己不是扣缴义务人，但是仍然具有法定的报告义务。

第五节　偶然所得的个人所得税

《个人所得税法实施条例》规定，偶然所得，是指个人得奖、中奖、中彩以及其他偶然性质的所得。

得奖是指个人参加各种有奖竞赛活动取得的奖金；中奖、中彩是指个人参加各种有奖活动，如有奖销售、有奖竞猜、有奖储蓄或者购买彩票，经过规定程序抽中、猜中、摇中而取得的奖金。

一、偶然所得概述

（一）应纳税所得额与税率

偶然所得以每次收入额为应纳税所得额，适用 20% 的比例税率计算缴纳个人所得税。

偶然所得除可以按规定扣除公益慈善捐赠外，不得税前扣除其他费用。

（二）纳税人与扣缴义务人

取得偶然所得的个人为个人所得税的纳税义务人，应依法纳税。

向个人支付偶然所得的单位为个人所得税的扣缴义务人。

（三）收入形式

个人取得的偶然所得，包括现金、实物和有价证券。所得为实物的，应当按照取得的凭证上所注明的价格计算应纳税所得额；无凭证的实物或者凭证上所注明的价格明显偏低的，主管税务机关有权参照当地的市场价格核定应纳税所得额。所得为有价证券的，主管税务机关有权根据票面价格和市场价格核定应纳税所得额。

二、顾客额外抽奖获奖所得

《财政部 国家税务总局关于企业促销展业赠送礼品有关个人所得税问题的通知》（财税〔2011〕50 号）规定，自 2011 年 6 月 9 日起，企业对累积消费达到一定额度的顾客，给予额外抽奖机会，个人的获奖所得，按照"偶然所得"项目，全额适用 20% 的税率缴纳个人所得税。

三、博彩所得

《国家税务总局关于个人在境外取得博彩所得征收个人所得税问题的批复》（国税函发〔1995〕663 号）规定，在中国境内有住所的个人，从境外取得的所得，应依照税法规定缴纳个人所得税。中彩所得属于"偶然所得"应税项目，适用比例税率 20%。居民个人在境外博彩所得应依照税法规定全额按 20% 比例税率计算缴纳个人所得税。

四、有奖发票奖金所得

《财政部、国家税务总局关于个人取得有奖发票奖金征免个人所得税问题的通知》（财税〔2007〕34 号）规定，个人取得单张有奖发票奖金所得不超过 800 元（含 800 元）的，暂免征收个人所得税；个人取得单张有奖发票奖金所得超过 800 元的，应金额按照个人所得税法规定的"偶然所得"目征收个人所得税。

五、企业向个人支付的不竞争款项所得

不竞争款项是指资产购买方企业与资产出售方企业自然人股东之间在资产购买交易中，通过签订保密和不竞争协议等方式，约定资产出售方企业自然人股东在交易完成后一定期限内，承诺不从事有市场竞争的相关业务，并负有相关技术资料的保密义务，资产购买方企业则在约定期限内，按一定方式向资产出售方企业自然人股东所支付的款项。

《财政部 国家税务总局关于企业向个人支付不竞争款项征收个人所得税问题的批复》（财税〔2007〕102 号）规定，鉴于资产购买方企业向个人支付的不竞争款项，属于个人因偶然因素取得的一次性所得，为此，资产出售方企业自然人股东取得的所得，应按照《中华人民共和国个人所得税法》第二条第十项"偶然所得"项目计算缴纳个人所得税，税款由资产购买方企业在向资产出售方企业自然人股东支付不竞争款项时代扣代缴。

六、网络红包所得

不少企业为广告、宣传或扩大企业用户等目的而通过网络随机向个人派发红包（以下简称网络红包）。为进一步规范和加强网络红包个人所得税征收管理，依据个人所得税法及其实施条例规定，《国家税务总局关于加强网络红包个人所得税征收管理的通知》（税总函〔2015〕409 号）就网络红包有关个人所得税征管问题规定如下：

（一）对个人取得企业派发的现金网络红包，应按照偶然所得项目计算缴纳个人所得税，税款由派发红包的企业代扣代缴。

（二）对个人取得企业派发的且用于购买该企业商品（产品）或服务才能使用的非现金网络红包，包括各种消费券、代金券、抵用券、优惠券等，以及个人因购买该企业商品或服务达到一定额度而取得企业返还的现金网络红包，属于企业销售商品（产品）或提供服务的价格折扣、折让，不征收个人所得税。

（三）个人之间派发的现金网络红包，不属于个人所得税法规定的应税所得，不征收个人所得税。

七、有奖储蓄中奖所得

《国家税务总局关于有奖储蓄中奖收入征收个人所得税问题的批复》（国税函发〔1995〕98号）规定：个人参加有奖储蓄取得的各种形式的中奖所得，属于机遇性的所得，应按照个人所得税法中"偶然所得"应税项目的规定征收个人所得税。虽然这种中奖所得具有银行储蓄利息二次分配的特点，但对中奖个人而言，已不属于按照国家规定利率标准取得的存款利息所得性质。支付该项所得的各级银行部门是税法规定的代扣代缴义务人，在其向个人支付有奖储蓄中奖所得时应按照"偶然所得"应税项目扣缴个人所得税税款。

八、由税法修订前的"其他所得"转变而来

《个人所得税法》修订，取消了"其他所得"项目，但是考虑有些所得有征税的必要，《财政部 税务总局关于个人取得有关收入适用个人所得税应税所得项目的公告》（财政部 税务总局公告2019年第74号）将个人所得税的原"其他所得"项目清理结果予以明确：十种原"其他所得"一分为二，其中的六种退出个人所得税的征税范围；四种重新归类，按新的税目适用税率征税，三种调整为"偶然所得"，一种调整为"工资、薪金所得"。

（一）担保收入

个人为单位或他人提供担保获得收入，按照"偶然所得"项目计算缴纳个人所得税。

（二）接受房屋捐赠

房屋产权所有人将房屋产权无偿赠与他人的，受赠人因无偿受赠房屋取得的受赠收入，按照"偶然所得"项目计算缴纳个人所得税。按照《财政部 国家税务总局关于个人无偿受赠房屋有关个人所得税问题的通知》（财税〔2009〕78号）第一条规定，符合以下情形的，对当事双方不征收个人所得税：

（1）房屋产权所有人将房屋产权无偿赠与配偶、父母、子女、祖父母、外祖父母、孙子女、外孙子女、兄弟姐妹；

（2）房屋产权所有人将房屋产权无偿赠与对其承担直接抚养或者赡养义务的抚养人或者赡养人；

（3）房屋产权所有人死亡，依法取得房屋产权的法定继承人、遗嘱继承人或者受遗赠人。

前款所称受赠收入的应纳税所得额按照《财政部 国家税务总局关于个人无偿受赠房屋有关个人所得税问题的通知》（财税〔2009〕78号）第四条规定计算。

（三）接受宣传、促销等赠送礼品

企业在业务宣传、广告等活动中，随机向本单位以外的个人赠送礼品（包括网络红包，下同），以及企业在年会、座谈会、庆典以及其他活动中向本单位以外的个人赠送礼品，个人取得的礼品收入，按照"偶然所得"项目计算缴纳个人所得税，但企业赠送的具有价格折扣或折让性质的消费券、代金券、抵用券、优惠券等礼品除外。

前款所称礼品收入的应纳税所得额按照《财政部 国家税务总局关于企业促销展业赠送礼品有关个人所得税问题的通知》（财税〔2011〕50号）第三条规定计算。

第六章

无住所个人所得的个人所得税

在中国境内无住所个人，既有居民纳税人，也有非居民纳税人，而且居住时间的长短不同，也影响着纳税义务的大小。另外，对于外籍人员的个人所得税，既要适用我国的法律法规，又要适用我国政府与外国政府签订的税收协定或安排等。

第一节　无住所个人收入征免税判定

一、无住所个人的身份认定

（一）无住所个人的身份划分

根据《个人所得税法》第一条规定，在中国境内无住所而在一个纳税年度内在中国境内居住累计满 183 天的个人，为无住所居民个人。在中国境内无住所又不居住，或者无住所但是居住不足 183 天的，为非居民个人。

无住所，是指不存在因户籍、家庭、经济利益关系而在中国境内习惯性居住。

因此，在中国境内无住所个人可以根据居住时间的长短而划分为无住所居民个人和无住所非居民个人两类。

（二）无住所个人居住时间判定标准

《财政部 税务总局关于在中国境内无住所的个人居住时间判定标准的公告》（财政部 税务总局公告 2019 年第 34 号，以下简称 34 号公告）规定：无住所个人一个纳税年度内在中国境内累计居住天数，按照个人在中国境内累计停留的天数计算。在中国境内停留的当天满 24 小时的，计入中国境内居住天数，在中国境内停留的当天不足 24 小时的，不计入中国境内居住天数。

因此，根据该规定，是否单次离境超过 30 日，不影响无住所居民个人身份的判定，而只关系到《个人所得税法实施条例》第四条规定的来自中国境外所得且境外支付的免税优惠享受。

举例来说，李先生为香港居民，在深圳工作，每周一早上来深圳上班，周五晚上回香港。周一和周五当天停留都不足 24 小时，因此不计入境内居住天数，再加上周六、周日 2 天也不计入，这样，每周可计入的天数仅为 3 天，按全年 52 周计算，李先生全年在境内居住天数为 156 天，未超过 183 天，不构成居民个人，李先生取得的全部境外所得，就可免缴个人所得税。

因此，针对无住所个人，我们可以按照下图进行判断：

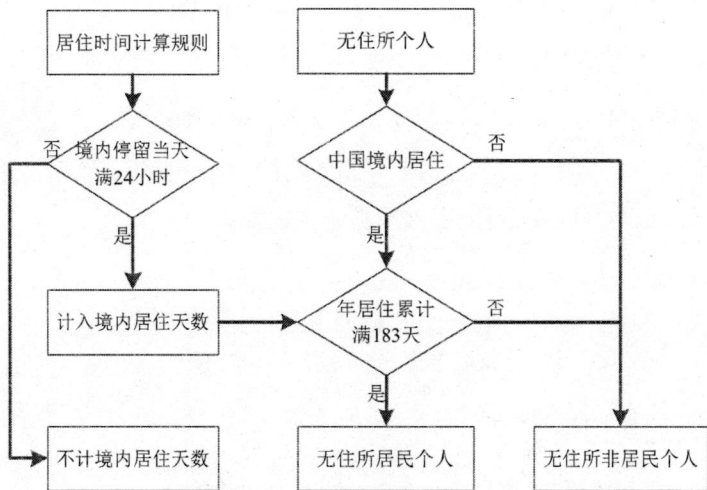

无住所个人纳税身份的判定流程图

（三）无住所个人身份不同的影响

根据居住时间标准，无住所个人可能是居民纳税人，也可能是非居民纳税人。随着无住所个人在中国境内累计居住时间变化，其纳税身份也可能是变化的。比如，某人 2019 年是居民纳税人，但 2020 年由于居住时间少于 183 天而成为非居民纳税人。是否是居民个人，在两个方面影响重大：

（1）关系中国税收管辖权，即非居民个人就来自中国境内所得缴纳个人所得税，居民个人就来自中国境内和中国境外全部所得缴纳个人所得税，个人可依法享受各项税收减免优惠。

（2）关系到综合所得下四类所得的计税办法，年终奖、股权激励包括在内。《财政部 国家税务总局关于个人所得税法修改后有关优惠政策衔接问题的通知》（财税〔2018〕164 号）规定的年终奖和股权激励仅适用于居民个人，而《财政部 国家税务总局关于非居民个人和无住所居民个人有关个人所得税政策的公告》（财政部 税务总局公告 2019 年第 35 号，以下简称35 号公告）适用于非居民个人和无住所个人。

（四）境外人士享受境外所得免税优惠的条件发生变化

新的《个人所得税法》将居民个人的时间判定标准由境内居住满一年调整为满 183 天，为了吸引外资和鼓励外籍人员来华工作，促进对外交流，新的《个人所得税法实施条例》继续保留了原条例对境外支付的境外所得免予征税优惠制度安排，并进一步放宽了免税条件：

一是将免税条件由构成居民纳税人不满五年，放宽到连续不满六年；

二是在任一年度中，只要有一次离境超过 30 天的，就重新计算连续居住年限；

三是将管理方式由主管税务机关批准改为备案，简化了流程，方便了纳税人。

34 号公告还明确：在境内停留的当天不足 24 小时的，不计入境内居住天数；连续居住"满六年"的年限从 2019 年 1 月 1 日起计算，2019 年之前的年限不再纳入计算范围。

这样一来，在境内工作的境外人士（包括港澳台居民）的境外所得免税条件比原来就更为宽松了。

二、个人所得税所得来源地的判定原则

《个人所得税法实施条例》第三条规定，除国务院财政、税务主管部门另有规定外，下列所得，不论支付地点是否在中国境内，均为来源于中国境内的所得：

（一）因任职、受雇、履约等在中国境内提供劳务取得的所得；

（二）将财产出租给承租人在中国境内使用而取得的所得；

（三）许可各种特许权在中国境内使用而取得的所得；

（四）转让中国境内的不动产等财产或者在中国境内转让其他财产取得的所得；

（五）从中国境内企业、事业单位、其他组织以及居民个人取得的利息、股息、红利所得。

三、无住所完全税收居民的计算规则及变化

（一）无住所个人成为完全税收的居民个人计算规则

无住所个人根据居住时间的长短不同，可以划分为居民个人和非居民个人。

按道理说，既然是居民个人，就应该对境内、境外所得全部在中国纳税，但是新的《个人所得税法实施条例》继续保留了原条例对境外支付的境外所得免予征税优惠制度安排，因此部分无住所个人虽然按照税法规定是居民个人，但是由于享受优惠政策，并不是在中国境内完全纳税。

1. 基本规定

《个人所得税法实施条例》第四条规定：在中国境内无住所的个人，在中国境内居住累计满 183 天的年度连续不满六年的，经向主管税务机关备案，其来源于中国境外且由境外单位或者个人支付的所得，免予缴纳个人所得税；在中国境内居住累计满 183 天的任一年度中有

一次离境超过 30 天的，其在中国境内居住累计满 183 天的年度的连续年限重新起算。

2. 详细规定

34 号公告对于无住所个人是否构成完全税收的居民规定如下：

无住所个人一个纳税年度在中国境内累计居住满 183 天的，如果此前六年在中国境内每年累计居住天数都满 183 天而且没有任何一年单次离境超过 30 天，该纳税年度来源于中国境内、境外所得应当缴纳个人所得税；如果此前六年的任一年在中国境内累计居住天数不满 183 天或者单次离境超过 30 天，该纳税年度来源于中国境外且由境外单位或者个人支付的所得，免予缴纳个人所得税。

前款所称此前六年，是指该纳税年度的前一年至前六年的连续六个年度，此前六年的起始年度自 2019 年（含）以后年度开始计算。

（二）无住所个人完全纳税计算的时限起点问题

按照 34 号公告规定，在境内居住累计满 183 天的年度连续"满六年"的起点，是自 2019 年（含）以后年度开始计算，2018 年（含）之前已经居住的年度一律"清零"，不计算在内。按此规定，2024 年（含）之前，所有无住所个人在境内居住年限都不满六年，其取得境外支付的境外所得都能享受免税优惠。此外，自 2019 年起任一年度如果有单次离境超过 30 天的情形，此前连续年限"清零"，重新计算。

举例，周先生为美籍华人，2013 年 1 月 1 日来北京工作，2026 年 8 月 30 日回到美国工作，在此期间，除 2025 年 2 月 1 日至 3 月 15 日临时回美国处理公务外，其余时间一直停留在中国境内。

周先生在境内居住累计满 183 天的年度，如果从 2013 年开始计算，实际上已经满六年，但是由于 2018 年之前的年限一律"清零"，自 2019 年开始计算，因此，2019 年至 2024 年期间，周先生在境内居住累计满 183 天的年度连续不满六年，其取得的境外支付的境外所得，就可免缴个人所得税。

2025 年，周先生在境内居住满 183 天，且从 2019 年开始计算，他在境内居住累计满 183 天的年度已经连续满六年（2019 年至 2024 年），且没有单次离境超过 30 天的情形，2025 年，周先生应就在境内和境外取得的所得向中国政府缴纳个人所得税。

2026 年，由于周先生 2025 年有单次离境超过 30 天的情形（2025 年 2 月 1 日至 3 月 15 日），其在内地居住累计满 183 天的连续年限清零，重新起算，2026 年当年周先生取得的境外支付的境外所得，可以免缴个人所得税。

（三）无住所完全税收居民的计算规则发生的变化

无住所完全税收居民的计算规则在新《个人所得税法》和 34 号公告都发生了变化：

（1）完全税收居民的时间从 5 年改为 6 年，且是从 2019 年才开始计算 6 年的第一年，等于所有的无住所个人都是从 2019 年重新开始计算完全税收居民。

（2）中断计算从原来连续满5年改为连续6年满183天，且任何一年单次离境不超过30天，成为完全税收居民条件更加苛刻，更好规避。

（3）原来的 90 天的中断规则被替代。原先财税字〔1995〕98 号的规则是只要连续 5 年纳税年度满1年，第6年就是完全税收居民，全球所得在中国纳税。第7年不满1年但超过90天，仍就来源于境内所得征税，此时并不中断居民身份计算。如果第 8 年又满 1 年，则还是完全税收居民。只有到第9年该外籍个人在一个纳税年度内在中国境内居住不超过 90 天，就破 5 年计算，重新计算 5 年完全税收居民身份。但按照 34 号公告：如果此前六年的任一年在中国境内累计居住天数不满 183 天或者单次离境超过 30 天，该纳税年度来源于中国境外且由境外单位或者个人支付的所得，免予缴纳个人所得税。

也就是说，假如某人 2019—2024 年每个年度都满 183 天，且没有一个单年一次离境超过30 天，那么第 7 年满 183 天就是完全税收居民。但如果第 8 年也是满 183 天的，是否也是完全税收居民，那不一定。因为要看某人第 7 年虽然是满 183 天，但是否有一次离境超过 30 天的情况，如果有就不是，如果没有就还是完全税收居民。同样，第 9 年也要这么看。

四、无住所个人所得来源地的确定

（一）关于工资薪金所得来源地的规定

35 号公告第一条第（一）项规定，关于工资薪金所得来源地的按如下标准确定：

（1）个人取得归属于中国境内（以下称境内）工作期间的工资薪金所得为来源于境内的工资薪金所得。境内工作期间按照个人在境内工作天数计算，包括其在境内的实际工作日以及境内工作期间在境内、境外享受的公休假、个人休假、接受培训的天数。在境内、境外单位同时担任职务或者仅在境外单位任职的个人，在境内停留的当天不足 24 小时的，按照半天计算境内工作天数。

（2）无住所个人在境内、境外单位同时担任职务或者仅在境外单位任职，且当期同时在境内、境外工作的，按照工资薪金所属境内、境外工作天数占当期公历天数的比例计算确定来源于境内、境外工资薪金所得的收入额。境外工作天数按照当期公历天数减去当期境内工作天数计算。

无住所个人工资薪金收入在境内和境外之间的划分，详见下图：

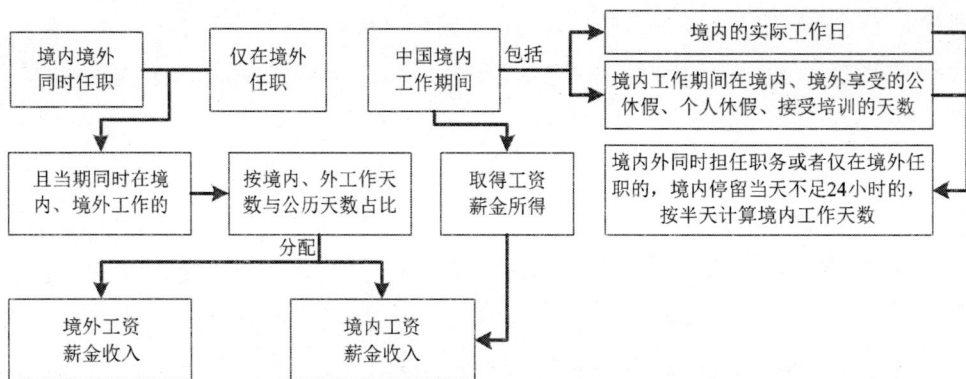

无住所个人工资薪金收入在境内和境外之间的划分处理

另外，《财政部关于外国来华工作人员缴纳个人所得税问题的通知》（财税字〔1980〕189号）第（三）款规定：外国来华工作人员，在我国服务而取得的工资，薪金，不论是我方支付，外国支付，我方和外国共同支付，均属于来源于中国的所得，除本通知第（一）项规定给予免税优惠外，其他均应按规定征收个人所得税。但对在中国境内连续居住不超过90天的，可只就我方支付的工资，薪金部分计算纳税，对外国支付的工资，薪金部分免予征税。

（二）关于数月奖金以及股权激励所得来源地的规定

35号公告第一条第（二）项规定：无住所个人取得的数月奖金或者股权激励所得按照本条第（一）项规定确定所得来源地的，无住所个人在境内履职或者执行职务时收到的数月奖金或者股权激励所得，归属于境外工作期间的部分，为来源于境外的工资薪金所得；无住所个人停止在境内履约或者执行职务离境后收到的数月奖金或者股权激励所得，对属于境内工作期间的部分，为来源于境内的工资薪金所得。具体计算方法为：数月奖金或者股权激励乘以数月奖金或者股权激励所属工作期间境内工作天数与所属工作期间公历天数之比。

无住所个人一个月内取得的境内外数月奖金或者股权激励包含归属于不同期间的多笔所得的，应当先分别按照本公告规定计算不同归属期间来源于境内的所得，然后再加总计算当月来源于境内的数月奖金或者股权激励收入额。

本公告所称数月奖金是指一次取得归属于数月的奖金、年终加薪、分红等工资薪金所得，不包括每月固定发放的奖金及一次性发放的数月工资。本公告所称股权激励包括股票期权、股权期权、限制性股票、股票增值权、股权奖励以及其他因认购股票等有价证券而从雇主取得的折扣或者补贴。

（三）关于董事、监事及高层管理人员取得报酬所得来源地的规定

35号公告第一条第（三）项规定：对于担任境内居民企业的董事、监事及高层管理职务的个人（以下统称高管人员），无论是否在境内履行职务，取得由境内居民企业支付或者负担的董事费、监事费、工资薪金或者其他类似报酬（以下统称高管人员报酬，包含数月奖金和股权激励），属于来源于境内的所得。

本公告所称高层管理职务包括企业正、副（总）经理、各职能总师、总监及其他类似公司管理层的职务。

（四）关于稿酬所得来源地的规定

由境内企业、事业单位、其他组织支付或者负担的稿酬所得，为来源于境内的所得。

五、无住所个人的征免情况和纳税义务总结

为了协调税收协定规定，我国《个人所得税法实施条例》第四条和第五条对无住所个人规定了免税政策，35 号公告规定的公式即是对该免税优惠的落地。

第四条规定：在中国境内无住所的个人，在中国境内居住累计满 183 天的年度连续不满六年的，经向主管税务机关备案，其来源于中国境外且由境外单位或者个人支付的所得，免予缴纳个人所得税。

第五条规定：在中国境内无住所的个人，在一个纳税年度内在中国境内居住累计不超过90 天的，其来源于中国境内的所得，由境外雇主支付并且不由该雇主在中国境内的机构、场所负担的部分，免予缴纳个人所得税。

根据上述规定及相关规定，无住所个人取得收入的征免情况和纳税义务总结见下表所示（不考虑税收协定）。

表 6-1　无住所个人工资薪金和劳务报酬所得征税情况

居住时间	来源于境内的所得		来源于境外的所得	
	境内支付	境外支付	境内支付	境外支付
不超过90天	征税	工资薪金免税 / 劳务报酬征税	无纳税义务	无纳税义务
90～183天	征税	征税	无纳税义务	无纳税义务
满183天不满6年	征税	征税	征税	免税
满183天且满6年	征税	征税	征税	征税

表 6-2　无住所个人除工薪和劳务报酬以外的所得征税情况

居住时间	来源于境内的所得		来源于境外的所得	
	境内支付	境外支付	境内支付	境外支付
不超过183天	征税	征税	无纳税义务	无纳税义务
满183天不满6年	征税	征税	征税	免税
满183天且满6年	征税	征税	征税	征税

第二节 境内居住天数和实际工作时间

居住天数和工作天数的计算方法是有差异的，居住天数是来就算，走就不算。

居住天数和工作天数在功能上有差异，居住天数就是用来判定非居民纳税人身份，判定纳税义务，从而决定用哪个公式来计算他的个人所得税。而真正到要计算他个人所得税时，去分收入时，则用的是工作天数。鉴于一般非居民都是按月纳税，一般工作天数都是按月计算，除非是数月奖金存在工作天数跨月计算问题。

一、中国境内累计居住天数的确定

根据《个人所得税法》第一条规定，无住所个人一个纳税年度内在中国境内居住累计天数是否满 183 天，是判定该人是否为居民个人的依据，从而决定其纳税义务。

对如何计算在中国境内居住天数，34 号公告第二条规定，无住所个人一个纳税年度内在中国境内累计居住天数，按照个人在中国境内累计停留的天数计算。在中国境内停留的当天满 24 小时的，计入中国境内居住天数，在中国境内停留的当天不足 24 小时的，不计入中国境内居住天数。

和《个人所得税法》修订前变化的地方在于，原先来华、离华当天都按 1 天计算在华居住天数。现在，入境、离境当天（不满 24 小时）都完全不算在华居住天数，这个是大变化。

二、中国境内工作天数的确定

35 号公告第一条第（一）款规定：个人取得归属于中国境内（以下称境内）工作期间的工资薪金所得为来源于境内的工资薪金所得。境内工作期间按照个人在境内工作天数计算，包括其在境内的实际工作日以及境内工作期间在境内、境外享受的公休假、个人休假、接受培训的天数。在境内、境外单位同时担任职务或者仅在境外单位任职的个人，在境内停留的当天不足 24 小时的，按照半天计算境内工作天数。

与居住天数计算规则相比较，入境、离境当天（不满 24 小时）都完全不算在华居住天数，而计算境内工作天数时要按照半天计算。

第三节 应纳收入与应纳税额的计算

无住所个人根据在中国境内居住时间的长短可划分为居民个人和非居民个人，不同的身份决定了不同的纳税义务。

根据新修订后的税法规定，应根据无住所个人在一个纳税年度内在中国境内居住时间长短确定其相应的纳税义务。在中国境内无住所个人，根据其在中国境内居住时间的长短不同，可以分为在一个纳税年度内不超过 90 天或 183 天、超过 90 天但不超过 183 天、居住满 183 天但不连续不满 6 年以及连续满 6 年后且满 183 天等几种情况。

一、不同情形下的工资薪金所得收入额计算

（一）工资薪金具体税务处理的步骤

无论是工资薪金所得或其他所得，个人所得税税务处理的核心问题，一是扣缴义务人如何履行扣缴义务，二是纳税义务人如何自行申报或汇算清缴，多退少补。

无住所个人取得工资薪金所得，扣缴义务人和纳税义务人可根据以下步骤作税务处理：第一步，预计境内累计居住时间（以下简称"预计居住时间"）；第二步，扣缴义务人根据预计居住时间准确运用公式计算应税收入；第三步，扣缴义务人就第二步计算的应税收入履行扣缴义务；第四步，无住所个人参照第二步，根据实际居住时间计算应税收入，自行申报多退少补。

扣缴义务人应当根据合同约定等情况预计一个纳税年度内境内居住天数。居住时间的计算，应将本年度内之前月份的居住情况计算在内，即使与本次受雇无关。

预计居住时间包括以下四种结果：不超过 90 天；90 ~ 183 天；满 183 天不满 6 年；满 183 天满 6 年。

扣缴义务人需根据预计境内居住时间，分别适用下列公式计算境内外工资收入的应税收入部分。

（二）非居民个人境内居住时间累计不超过 90 天

1. 应税收入的计算

根据 35 号公告第二条第（一）款第 1 项规定，除无住所个人为高管外，扣缴义务人预计无住所个人居住时间不超过 90 天的，无住所个人仅就归属于境内工作期间并由境内雇主支付或者负担的工资薪金所得计算缴纳个人所得税，具体计算公式如下（公式一）：

当月应税收入 = 当月境内雇主支付或负担工资薪金数额 ×（当月工资薪金所属工作期间境内工作天数 ÷ 当月工资薪金所属工作期间公历天数）

上述所称境内雇主包括雇佣员工的境内单位和个人以及境外单位或者个人在境内的机构、场所。凡境内雇主采取核定征收所得税或者无营业收入未征收所得税的，无住所个人为其工作取得工资薪金所得，不论是否在该境内雇主会计账簿中记载，均视为由该境内雇主支付或者负担。所称工资薪金所属工作期间公历天数，是指无住所个人取得工资薪金所属工作期间按公历计算的天数。

上述公式一中当月境内外工资薪金包含归属于不同期间的多笔工资薪金的，应当先分别按照本公告规定计算不同归属期间工资薪金收入额，然后再加总计算当月工资薪金收入额。

根据《个人所得税法实施条例》第三十二条规定，所得为人民币以外货币的，按照办理纳税申报或者扣缴申报的上一月最后一日人民币汇率中间价，折合成人民币计算应纳税所得额。

2. 境内雇主支付或负担的理解

一般而言，境内雇主支付或负担，即是指境内支付金额。但是，对于利用关联关系或者国际劳务雇佣，而转移至境外支付，从而少交个人所得税的，将面临调整风险。

根据《国家税务总局关于税收协定中有关确定雇主问题的通知》（国税发〔1997〕124号）规定，雇主是指对聘用人员的工作拥有权利并承担该项工作所产生的相应责任和风险的人或单位。雇主身份应作实质性判断，对于诸如形式上无住所个人仅受雇于境外单位，但实质受雇于境内单位的，即使由境外单位付款，也应作为境内雇主支付、负担计算。国税发〔1997〕124号规定："凡我国公司或企业采用'国际劳务雇用'方式，通过境外中介机构聘用人员来我国为其从事有关劳务活动，并且主要是由其承担上述受聘人员工作所产生的责任和风险，应认为我国公司或企业为上述受聘人员的实际雇主……其在我国从事受雇活动取得的报酬应在我国纳税……非协定国家的个人以上述'国际劳务雇用'方式来华提供劳务，其雇主的判定也按本通知规定执行。"

若满足境外雇主支付条件，但境外雇主在中国境内依据中国税法或税收协定受到中国政府所得税税收管辖的，则无论是查账征收、核定征收、有无营业收入、是否在境内机构、场所账簿中记载，均不符合免税条件，需计入当月境内雇主支付或负担工资薪金数额。

最后，凡境内雇主与境外单位或者个人存在关联关系，将本应由境内雇主支付的工资薪金所得，部分或者全部由境外关联方支付的，无住所个人可以自行申报缴纳税款，也可以委托境内雇主代为缴纳税款。无住所个人未委托境内雇主代为缴纳税款的，境内雇主应当在相关所得支付当月终了后15天内向主管税务机关报告相关信息，包括境内雇主与境外关联方对无住所个人的工作安排、境外支付情况以及无住所个人的联系方式等信息。

【案例6-1】无住所个人纳税义务的确定

杰克逊是美国公司A公司雇员，2019年4月15日被派遣至中国为某项目负责技术指导2个月，该项目由A公司与境内B公司签订设备安装合同，B公司支付A公司服务费100.00万美元，B公司是A公司的子公司。杰克逊每月自A公司取得工资5.00万元。

【情形一】如果根据合同约定，A公司就安装服务质量承担责任，杰克逊最终听命于A公司管理，A公司亦享受中美协定营业利润条款不向中国政府缴纳企业所得税，则杰克逊取得工资系由境外雇主A公司支付，且不由境内A公司的机构、场所负担，根据公式一计算应税收入为零，不缴纳个人所得税。

【情形二】如果根据合同约定，杰克逊听命于B公司指挥，对服务结果不负责任，则B公司是杰克逊税法意义上的雇主。尽管工资由境外A公司支付，但A公司并非境外雇主，从而不能享受免税优惠，杰克逊负有纳税义务。因为 B 公司并非扣缴义务人，A 公司在境外，因此属于没有扣缴义务人情形，杰克逊应当根据《个人所得税法》第十三条规定，在取得收入的次月 15 日内，自行申报缴纳个税。为了方便操作，杰克逊也可与 B 公司协商由 B 公司代扣代缴，但是 B 公司并不具有代扣代缴的法定义务，不承担征管法规定的扣缴义务人法律责任。

3. 天数的计算

境内工作期间按照个人在境内工作天数计算，包括其在境内的实际工作日以及境内工作期间在境内、境外享受的公休假、个人休假、接受培训的天数。在境内、境外单位同时担任职务或者仅在境外单位任职的个人，出入境当天按照半天计算境内工作天数。只在境内担任职务的，按一天计算。工资薪金所属工作期间的公历天数，是指无住所个人取得工资薪金所属工作期间按公历计算的天数。

【案例 6-2】无住所个人境内工作天数的计算

艾米莉亚任职美国 A 公司，2019 年 4 月 1 日被派遣至中国受雇于 B 公司，4 月 5 日入境，7 月 5 日解除与 B 公司劳动关系并返回美国。在此期间，艾米莉亚 5 月 1 日向 B 公司请假返回美国处理家庭事务，5 月 10 日返回中国。

【解析】5 月 1 日至 5 月 10 日属于境内工作天数纳入计算公式，但在判定居民身份、预计居住天数时不计入在内。

4. 当月工资来自多所属期的处理

当月境内外工资薪金包含归属于不同期间的多笔工资薪金的，在适用相关公式时，应当先分别计算不同归属期间工资薪金收入额，然后再加总计算当月工资薪金收入额。

【案例 6-3】无住所个人境内居住不超过 90 天的应税收入确定

艾米莉亚是美国公民，2019 年 4 月 15 日被美国雇主 A 公司派遣至中国工作 70 天，受雇于境内 B 公司，在此期间未离境。A 公司 4 月 20 日支付艾米莉亚 4 月在美国工作工资 10.00 万元，5 月 20 日和 6 月 20 日各支付艾米莉亚 5 月和 6 月境内工作工资 2.00 万元；B 公司于 2019 年 6 月 10 日支付艾米莉亚 70 天境内工作工资 20.00 万元。艾米莉亚 5 月被 B 公司派遣至越南从事工作 10 天（包括出入境当日）。

【解析】尽管艾米莉亚取得收入可以准确划分来源境内境外，但税法规定应当根据境内外工作天数就全部收入划分境内外所得部分。尽管 B 公司 6 月支付 20.00 万元是 4 月至 6 月的工资薪金，但由于个税是收付实现制，因此该 20 万元经计算后应计入 6 月应税收入。

4 月应税收入 $=0 \times （15.5 \div 30）=0$ 万元

5 月应税收入 $=0 \times （22 \div 31）=0$ 万元

6 月应税收入的计算，由于 A、B 公司支付工资对应归属期不同，因此只能根据公式原理作分别计算：A 公司支付 2.00 万元部分所属工作期间为 6 月，由于属于境外支付且不由境内负担部分，因此应税收入为零；B 公司支付 20.00 万元部分所属工作期间为 70 天，其中境内工作天数 61 天，因此：

6 月应税收入 =20×61÷70=17.43 万元。6 月应税收入合计 17.43 万元。

（三）非居民个人境内居住时间累计超过 90 天不满 183 天

根据 35 号公告第二条第（一）款第 2 项规定，除无住所个人为高管外，扣缴义务人预计无住所个人境内居住时间，以及纳税义务人实际居住时间在 90 ~ 183 天的，无住所个人需就来自境内所得缴纳个人所得税，应税收入具体计算公式如下（公式二）：

当月应税收入 = 当月境内外工资薪金总额 ×（当月工资薪金所属工作期间境内工作天数÷ 当月工资薪金所属工作期间公历天数）

无住所个人也可享受税收协定待遇，即在税收协定规定的期间内境内停留天数不超过 183天的对方税收居民个人，在境内从事受雇活动取得受雇所得，不是由境内居民雇主支付或者代其支付的，也不是由雇主在境内常设机构负担的，可不缴纳个人所得税。此时，应税收入的计算适用公式一。

根据《个人所得税扣缴申报管理办法（试行）》（国家税务总局公告 2018 年第 61 号）第十二条规定，纳税人需要享受税收协定待遇的，应当在取得应税所得时主动向扣缴义务人提出，并提交相关信息、资料，扣缴义务人代扣代缴税款时按照《非居民纳税人享受税收协定待遇管理办法》（国家税务总局公告 2015 年第 60 号）规定办理。无住所个人也可在自行申报、汇算清缴申报时申请享受，多缴税款作退税处理。

【案例 6-4】无住所居民个人享受税收协定的应税收入确定

艾米莉亚是美国公民，2019 年 4 月 15 日被美国雇主 A 公司派遣至中国，受雇于境内 B公司，此期间未离境。B 公司于 2019 年 4 月 20 日支付艾米莉亚 4 月工资 6.00 万元，A 公司4 月 30 日支付艾米莉亚 4 月工资 10.00 万元。假设预计艾米莉亚境内居住时间 110 天。

【解析】4 月应税收入 =（10+6）×15.5÷30=8.27 万元

若艾米莉亚根据中美协定第十四条"非独立个人劳务"第二款规定享受协定待遇的，则根据公式一计算，其 4 月应税收入为 3.1 万元 [（10+6）×15.5÷30×6÷（10+6）]。

（四）无住所居民个人在境内居住累计满 183 天的年度连续不满 6 年

根据 35 号公告第二条第（二）款第 1 项规定，无住所个人在中国境内居住满 183 天但不满 6 年的，除来自境外且由境外单位个人支付享受免税优惠外，均需缴纳个人所得税，应税收入具体计算公式如下（公式三）：

当月应税收入 = 当月境内外工资薪金总额 ×[1-（当月境外支付工资薪金数额÷当月境内外工资薪金总额）×（当月工资薪金所属工作期间境外工作天数÷当月工资薪金所属工作期间公历天数）]

【案例 6-5】无住所非居民个人居住时间满 183 天不满 6 年且享受税收协定应税收入确定

资料承【案例 6-4】，重新假设预计居住时间满 183 天不满 6 年，则：

4 月应税收入 =（10+6）×[1-（10÷16）×（14.5÷30）]=11.17 万元。

（五）无住所居民个人在境内居住累计满 183 天的年度连续满 6 年

无住所个人在中国境内居住满 183 天且满 6 年的，需要就境内外全部所得缴纳个人所得税，应税收入即为取得的全部工资薪金收入。

无住所个人也可享受税收协定待遇，即是指按照税收协定受雇所得条款规定，对方税收居民个人在境外从事受雇活动取得的受雇所得，可不缴纳个人所得税。此时，应税收入的计算适用公式二。

【案例 6-6】无住所非居民个人居住时间满 183 天累计满 6 年且享受税收协定应税收入的确定

资料承【案例 6-4】，假设预计居住时间满 183 天且满 6 年，则 4 月应税收入为 16.00 万元。

若艾米莉亚根据中美协定第十四条"非独立个人劳务"第一款规定享受协定待遇的，则 4 月应税收入的计算与【案例 6-4】完全相同。

二、高管人员应纳税所得额的计算

担任境内居民企业的董事、监事及高层管理职务的个人（以下统称高管人员），无论是否在境内履行职务，取得由境内居民企业支付或者负担的董事费、监事费、工资薪金或者其他类似报酬（以下统称高管人员报酬，包含数月奖金和股权激励），属于来源于境内的所得。

高层管理职务包括企业正、副（总）经理、各职能总师、总监及其他类似公司管理层的职务。35 号公告之所以对高管人员作特别规定，是为了协调实施条例第四条和第五条与税收协定。

（一）高管人员为居民个人的处理

高管人员如果在中国境内一个纳税年度内居住累计满 183 天，就是居民个人。根据 35 号公告第二条第（三）款规定，无住所居民个人为高管人员的，工资薪金收入额按照本条第（二）项规定计算纳税，也就是说按照公式二和公式三处理。

（二）高管人员在境内居住时间累计不超过 90 天

在一个纳税年度内，在境内累计居住不超过 90 天的高管人员，其取得由境内雇主支付或者负担的工资薪金所得应当计算缴纳个人所得税；不是由境内雇主支付或者负担的工资薪金所得，不缴纳个人所得税。当月工资薪金收入额为当月境内支付或者负担的工资薪金收入额。

当月应税收入 = 当月境内支付或者负担的工资薪金收入额

（三）高管人员在境内居住时间累计超过 90 天但不满 183 天

在一个纳税年度内，在境内居住累计超过 90 天但不满 183 天的高管人员，其取得的工资薪金所得，除归属于境外工作期间且不是由境内雇主支付或者负担的部分外，应当计算缴纳个人所得税。当月工资薪金收入额计算适用公式三。

（四）税收协定的适用

若适用税收协定的，则需根据协定条款区分处理：若税收协定未有董事费条款，或者有董事费条款，但该高管人员不属于董事费条款定义的高管范围从而不适用该条款的，该高管可照章适用独立个人劳务、非独立个人劳务等其他条款。否则，应按照前述国内法处理。

【案例 6-7】无住所非居民个人适用税收协定董事费条款的应税收入确定

甲、乙是德国公民，2019 年被德国母公司 A 派遣至中国受雇于子公司 B，并分别担任总经理和董事，预计居住时间均为 120 天。

【解析】根据 35 号公告规定，A、B 均为高管人员，并适用公式三计算应税收入。A、B 也可选择适用中德税收协定，根据协定第十六条董事费或监事费条款规定，甲作为总经理并非董事会或监事会成员，不适用该条款，因此可依据第十五条非独立个人劳务条款，适用公式一计算应税收入；乙作为董事会成员，适用协定董事费条款规定，应按照前述国内法处理，即适用公式三计算应税收入。

三、无住所居民个人税款的计算

（一）月度税款的计算

虽然是无住所个人，但是既然是居民个人或者预计将是居民个人，那么就按照《国家税务总局关于全面实施新个人所得税法若干征管衔接问题的公告》（国家税务总局公告 2018 年第 56 号）第一条"居民个人预扣预缴方法"规定计算及预扣预缴税款。

有扣缴义务人的，由扣缴义务人按月或者按次预扣预缴税款；无扣缴义务人或扣缴义务人没有代扣代缴的，无住所个人应自行申报纳税。

（二）年度汇算清缴

35 号公告第三条第（一）款规定，无住所居民个人取得综合所得，年度终了后，应按年计算个人所得税，需要办理汇算清缴的，按照规定办理汇算清缴，年度综合所得应纳税额计算公式如下（公式四）：

年度综合所得应纳税额 =（年度工资薪金收入额 + 年度劳务报酬收入额 + 年度稿酬收入额 + 年度特许权使用费收入额 – 减除费用 – 专项扣除 – 专项附加扣除 – 依法确定的其他扣除）× 适用税率 – 速算扣除数

无住所居民个人为外籍个人的，2022 年 1 月 1 日前计算工资薪金收入额时，已经按规定减除住房补贴、子女教育费、语言训练费等八项津补贴的，不能同时享受专项附加扣除。

年度工资薪金、劳务报酬、稿酬、特许权使用费收入额分别按年度内每月工资薪金以及每次劳务报酬、稿酬、特许权使用费收入额合计数额计算。

四、非居民个人税款的计算

（一）工资薪金所得

35 号公告第三条第（二）款第 1 项规定，非居民个人当月取得工资薪金所得，以按照本公告第二条规定计算的当月收入额，减去税法规定的减除费用后的余额，为应纳税所得额，适用本公告所附按月换算后的综合所得税率表（以下称月度税率表，见下表）计算应纳税额。

此处的"减除费用"是 5 000.00 元，因此：

应纳税额 =（当月收入额 -5 000.00）× 税率 - 速算扣除数

按月换算后的综合所得税率表

级数	全月应纳税所得额	税率（%）	速算扣除数
1	不超过3 000.00元的	3	0
2	超过3 000.00元至12 000.00元的部分	10	210
3	超过12 000.00元至25 000.00元的部分	20	1 410
4	超过25 000.00元至35 000.00元的部分	25	2 660
5	超过35 000.00元至55 000.00元的部分	30	4 410
6	超过55 000.00元至80 000.00元的部分	35	7 160
7	超过80 000.00元的部分	45	15 160

【案例 6-8】无住所非居民个人应缴税费的计算

爱丽丝受美国总公司委派，2019 年 3 月 5 日到中国 A 公司协助处理一个技术方案，2019 年 4 月 30 日顺利完成后离开中国，中途没有离开过中国。在中国期间，A 公司为其支付了两个月的工资，每个月折算为人民币为 60 000.00 元。在此期间，美国总公司也给爱丽丝支付了工资 10 000.00 美元 / 月。

问题：爱丽丝应在中国缴纳的个人所得税是多少？

【解析】爱丽丝来华累计居住时间从 2019 年 3 月 5 日至 2019 年 4 月 30 日计算，按照 34 号公告规定的计算规则，入境和出境的当日不计算在内，共计是 55 天。

按照 35 号公告规定的计算规则，入境和出境的当日按照半天计算，在境内工作天数计算包括其在境内的实际工作日以及境内工作期间在境内、境外享受的公休假、个人休假等，因此爱丽丝 3 月份在中国境内工作天数为 26.5 天，4 月份在中国境内工作天数为 29.5 天。

因此，按照 35 号公告公式一计算如下：

3 月应税收入 =60 000×（26.5÷31）=51 290.32 元

4 月应税收入 =60 000×（29.5÷30）=59 000.00 元

则：

3 月 应 纳 税 额 =（51 290.32-5 000）× 税率－速算扣除数 =46 290.32×30%-4 410=9 477.10 元

4 月 应 纳 税 额 =（59 000.00-5 000）× 税率－速算扣除数 =54 000.00×30%-4 410=11 790.00 元

（二）数月奖金（年终奖）所得

35 号公告第三条第（二）款第 2 项规定，非居民个人一个月内取得数月奖金，单独按照本公告第二条规定计算当月收入额，不与当月其他工资薪金合并，按 6 个月分摊计税，不减除费用，适用月度税率表计算应纳税额，在一个公历年度内，对每一个非居民个人，该计税办法只允许适用一次。计算公式如下（公式五）：

当月数月奖金应纳税额 =[（数月奖金收入额 ÷6）× 适用税率－速算扣除数]×6

该规定有点类似于居民个人对于全年一次性奖金（年终奖）单独计税办法。因此，在此办法或计税公式，我们也可以称为非居民个人年终奖计税办法。

【案例 6-9】无住所非居民个人取得数月奖金的个人所得税计算

爱普生受美国 D 公司委派，2019 年 3 月 10 日到中国 C 公司帮助处理一个技术方案，2019 年 5 月 30 日顺利完成后离开中国，中途没有离开过中国。在中国期间，C 公司为其支付了工资，折算为人民币为：3 月 40 000.00 元、4 月和 5 月 50 000.00 元。另外，考虑到爱普生工作成绩突出，C 公司在其离开时给予在华工作期间奖励 100 000.00 元（人民币）。在此期间，美国 D 公司也给爱普生支付了工资折合人民币 30 000.00 元 / 月。

问题：爱普生所得的奖金应在中国缴纳的个人所得税是多少？

【解析】每月工资薪金所得应纳个人所得税计算过程省略，此处只计算奖金应纳税额。

爱普生在中国境内累计居住时间 80 天，为非居民个人，在中国境内工作时间分别为：3 月 21.5 天、4 月 30 天、5 月 29.5 天，共计 81 天。

按照 35 号公告的规定，按下面的步骤计算：

第一步：计算数月奖金的收入额。

数月奖金收入额 =100 000.00×（81÷92）=88 043.48 万元

第二步：利用 35 号公告中的公式五计算应纳税额。

当月数月奖金应纳税额 =[（88 043.48÷6）× 适用税率－速算扣除数]×6=（14 673.91×20%-1 410.00）×6=9 148.70 元。

（三）股权激励所得

35 号公告第三条第（二）款第 3 项规定，非居民个人一个月内取得股权激励所得，单独按照本公告第二条规定计算当月收入额，不与当月其他工资薪金合并，按 6 个月分摊计税（一个公历年度内的股权激励所得应合并计算），不减除费用，适应月度税率表计算应纳税额，计算公式如下（公式六）：

当月股权激励所得应纳税额 =[（本公历年度内股权激励所得合计额 ÷6）× 适用税率 - 速算扣除数]×6- 本公历年度内股权激励所得已纳税额

股权激励所得应纳税额的计算步骤与数月奖金应纳税额的计算步骤基本一致，此处不再赘述。

（四）劳务报酬、稿酬、特许权使用费所得

35 号公告第三条第（二）款第 4 项规定，非居民个人取得来源于境内的劳务报酬所得、稿酬所得、特许权使用费所得，以税法规定的每次收入额为应纳税所得额，适用月度税率表计算应纳税额。

根据税法规定，劳务报酬所得、稿酬所得、特许权使用费所得以收入减除百分之二十的费用后的余额为收入额。稿酬所得的收入额减按百分之七十计算。

应纳税额 = 应纳税所得额 × 税率 - 速算扣除数

【案例 6-10】非居民个人取得稿酬所得应扣税金的计算

亨格瑞是美国某大学的教授，他著作的一本会计学教材，授权中国某出版社在中国大陆地区发行中文版本。2019 年 4 月，出版社与亨格瑞结算稿费，出版社共应向其支付税前稿酬 300 000.00 元人民币。

问题：出版社应代扣代缴多少个人所得税？

【解析】应纳税所得额 =300 000.00×（1-20%）×70%=168 000.00 元

代扣代缴税额 =168 000.00×45%-15 160.00=60 440.00 元

五、无住所个人境内居住时间的预判制度

35 号公告确立了无住所个人境内居住时间的预判制度：无住所个人在一个纳税年度内首次申报时，应当根据合同约定等情况预计一个纳税年度内境内居住天数以及在税收协定规定的期间内境内停留天数，按照预计情况计算缴纳税款。也就是说，无住所个人可以借助就业合同等约定条款，初步判断自己在境内停留的天数，是否会达到居民个人的时间条件。如果预计情况与实际执行情况一致，那么当然很方便。如果实际情况与预计情况不符的，分别按照以下规定处理。

无住所个人根据境内居住时间预判纳税人类型的税务处理

序号	预判结果	扣缴申报	特殊处理
1	非居民个人	无住所个人预先判定为非居民个人，因延长居住天数达到居民个人条件的，一个纳税年度内税款扣缴方法保持不变，年度终了后按照居民个人有关规定办理汇算清缴	该个人在当年离境且预计年度内不再入境的，可以选择在离境之前办理汇算清缴
2	居民个人	无住所个人预先判定为居民个人，因缩短居住天数不能达到居民个人条件的，在不能达到居民个人条件之日起至年度终了15天内，应当向主管税务机关报告，按照非居民个人重新计算应纳税额，申报补缴税款，不加收税收滞纳金	需要退税的，按照规定办理
3	不超过90/183天	无住所个人预计一个纳税年度境内居住天数累计不超过90天，但实际累计居住天数超过90天的，或者对方税收居民个人预计在税收协定规定的期间内境内停留天数不超过183天，但实际停留天数超过183天的，待达到90天或者183天的月度终了后15天内，应当向主管税务机关报告，就以前月份工资薪金所得重新计算应纳税款，并补缴税款，不加收税收滞纳金	90天的是居住天数，183天的是协定规定的停留天数

（1）预判为非居民的，按月扣缴适用月度税率表。非居民个人的工资、薪金所得，以每月收入额减除费用五千元后的余额为应纳税所得额。这里按照个人所得税法规定仅能扣除固定费用5 000.00元，不能扣除依法缴纳的社保费。劳务报酬所得、稿酬所得、特许权使用费所得不能扣除5 000.00元。

（2）预判为居民，无住所居民个人取得的工资薪金所得采用累计预扣法处理，扣除项目相对较多，且适用年度税率表，可能会出现预扣预缴金额较少较小的情形，但是后来发现居住天数不足，需要向税务机关报告调整补税，此时不加收滞纳金。

（3）预判居住天数/停留天数累计不超过90天/183天，但实际超标，起初一般未做扣缴，超标后应当向税务机关报告补税款，也同样不加收税收滞纳金。

六、扣缴义务的履行

扣缴义务人应当根据预计居住时间预估无住所个人是否为居民纳税人，进而确定扣缴办法。无住所个人是否为高管人员，只影响应税收入的计算，而不影响扣缴办法的适用和应纳税额的计算。后续情况与最先预计情况不符的，扣缴办法不作调整，且再次强调的是，如前所述，应税收入的计算公式应及时调整。

（一）非居民扣缴法

若预计居住时间不超过183天的，则无住所个人就为非居民个人。扣缴义务人应根据《个人所得税扣缴申报管理办法（试行）》（国家税务总局公告2018年第61号，以下简称61号公告）第九条规定的支付非居民综合所得扣缴办法（简称"非居民扣缴法"），计算的应税收入（以下简称"应税收入"）代扣代缴个人所得税。

由于非居民扣缴法以月为计税单元，月份工资发放不平均的，将导致税负增加，除非实际居住时间超过 183 天汇算清缴按年申报。

另外，根据《财政部关于个人所得税法修改后有关优惠政策衔接问题的通知》（财税〔2018〕164 号）文第七条第（二）款规定，自 2019 年 1 月 1 日至 2021 年 12 月 31 日，外籍个人取得住房补贴、语言训练费、子女教育费等津补贴的，可照章享受免税优惠，扣缴义务人在作扣缴申报时可依法扣除免税收入。

（二）累计预扣法

若预计居住时间超过 183 天的，扣缴义务人应根据 61 号公告第六条规定的累计预扣法，就计算的应税收入代扣代缴个人所得税，计算公式如下：

本期应预扣预缴税额 =（累计预扣预缴应纳税所得额 × 预扣率 - 速算扣除数）- 累计减免税额 - 累计已预扣预缴税额

累计预扣预缴应纳税所得额 = 累计应税收入（即上步骤计算的应税收入的各月累计数）- 累计免税收入 - 累计减除费用 - 累计专项扣除 - 累计专项附加扣除 - 累计依法确定的其他扣除

其中：累计减除费用，按照 5 000 元 / 月乘以纳税人当年截至本月在本单位的任职受雇月份数计算。

另外，根据财税〔2018〕164 号第七条第（一）款规定，2019 年 1 月 1 日至 2021 年 12 月 31 日期间，外籍无住所居民个人可以选择享受个人所得税专项附加扣除，也可以选择享受住房补贴、语言训练费、子女教育费等津补贴免税优惠政策，但不得同时享受。外籍个人一经选择，在一个纳税年度内不得变更。

（三）数月奖金和股权激励的扣缴

（1）预计为居民个人的（超过 183 天）

若预计时间超过 183 天的，应当根据财税〔2018〕164 号文规定适用年终奖或股权激励计税办法代扣代缴个人所得税。

（2）预计为非居民个人的（不超过 183 天）

若预计居住时间不超过 183 天的，根据 35 号公告规定，第二步计算的应税收入不与当月其他工资薪金合并，亦不减除费用，单独计算数月奖金或股权激励个人所得税并代扣代缴。

七、无住所个人的自行申报

由于扣缴计税办法和应纳税额计税办法的差异、预计居住时间和实际居住时间的差异、居民个人综合所得和非居民综合所得计税办法的差异、税收协定适用及时与否的问题，导致无住所个人自行申报的事由非常复杂。但把握最根本的一条，只要扣缴税额和应纳税额不一致的，无住所个人就需要作自行申报。为了简化讨论，假设在扣缴时及时最大化地享受了协定待遇。

（一）初始预计居住不超过 183 天

初始预计居住时间不超过 183 天，若实际居住时间仍在 183 天以内的，一般无须作自行申报，但根据《国家税务总局关于个人所得税自行纳税申报有关问题的公告》（国家税务总局公告 2018 年第 62 号）第六条规定，从两处以上取得工资、薪金所得的，应当在取得所得的次月 15 日内，向其中一处任职、受雇单位所在地主管税务机关办理纳税申报。

若实际居住时间超过 183 天的，应当在满 183 天的月度终了后 15 天内，向主管税务机关报告，就以前月份工资薪金，根据实际居住时间按照计算应税收入步骤，重新计算应税收入并重新计算应纳税额，补缴税款，不加收税收滞纳金。年度终了后按照居民个人有关规定办理汇算清缴，但该个人在当年离境且预计年度内不再入境的，可以选择在离境之前办理汇算清缴。无住所个人取得的年终奖和股权激励，亦应当根据财税〔2018〕164 号文规定重新计算缴纳个人所得税。

（二）初始预计居住时间超过 183 天

初始预计居住时间超过 183 天的，若实际居住时间超过 183 天的，若无住所个人取得劳务报酬所得、稿酬所得、特许权使用费所得中一项或者多项所得，且综合所得年收入额减除专项扣除的余额超过 6 万元的，应当办理汇算清缴。

若实际居住时间少于 183 天的，由于扣缴办法仍实行累计预扣法，结合 35 号公告规定，若预计本年度不再入境的，则在本次离境前向主管税务机关报告，按照非居民个人重新计算应纳税额，申报补缴税款，不加收税收滞纳金。需要退税的，按照规定办理。若预计本年度还入境的，则待下次入境后再作处理。

八、无住所个人境内雇主报告境外关联方支付工资薪金所得的规定

35 号公告第五条第（二）款规定：

无住所个人在境内任职、受雇取得来源于境内的工资薪金所得，凡境内雇主与境外单位或者个人存在关联关系，将本应由境内雇主支付的工资薪金所得，部分或者全部由境外关联方支付的，无住所个人可以自行申报缴纳税款，也可以委托境内雇主代为缴纳税款。无住所个人未委托境内雇主代为缴纳税款的，境内雇主应当在相关所得支付当月终了后 15 天内向主管税务机关报告相关信息，包括境内雇主与境外关联方对无住所个人的工作安排、境外支付情况以及无住所个人的联系方式等信息。

九、无住所个人适用税收协定

根据 35 号公告第四条规定，按照我国政府签订的避免双重征税协定、内地与香港、澳门

签订的避免双重征税安排（以下称税收协定）居民条款规定为缔约对方税收居民的个人（以下称对方税收居民个人），可以按照税收协定及财政部、税务总局有关规定享受税收协定待遇，也可以选择不享受税收协定待遇计算纳税。除税收协定及财政部、税务总局另有规定外，无住所个人适用税收协定的，按照以下规定执行。

（一）关于无住所个人适用受雇所得条款的规定

1. 无住所个人享受境外受雇所得协定待遇

境外受雇所得协定待遇，是指按照税收协定受雇所得条款规定，对方税收居民个人在境外从事受雇活动取得的受雇所得，可不缴纳个人所得税。

无住所个人为对方税收居民个人，其取得的工资薪金所得可享受境外受雇所得协定待遇的，可不缴纳个人所得税。工资薪金收入额计算适用本公告公式二。

无住所居民个人为对方税收居民个人的，可在预扣预缴和汇算清缴时按前款规定享受协定待遇；非居民个人为对方税收居民个人的，可在取得所得时按前款规定享受协定待遇。

2. 无住所个人享受境内受雇所得协定待遇

境内受雇所得协定待遇，是指按照税收协定受雇所得条款规定，在税收协定规定的期间内境内停留天数不超过 183 天的对方税收居民个人，在境内从事受雇活动取得受雇所得，不是由境内居民雇主支付或者代其支付的，也不是由雇主在境内常设机构负担的，可不缴纳个人所得税。

无住所个人为对方税收居民个人，其取得的工资薪金所得可享受境内受雇所得协定待遇的，可不缴纳个人所得税。工资薪金收入额计算适用本公告公式一。

无住所居民个人为对方税收居民个人的，可在预扣预缴和汇算清缴时按前款规定享受协定待遇；非居民个人为对方税收居民个人的，可在取得所得时按前款规定享受协定待遇。

（二）关于无住所个人适用独立个人劳务或者营业利润条款的规定

独立个人劳务或者营业利润协定待遇，是指按照税收协定独立个人劳务或者营业利润条款规定，对方税收居民个人取得的独立个人劳务所得或者营业利润符合税收协定规定条件的，可不缴纳个人所得税。

无住所居民个人为对方税收居民个人，其取得的劳务报酬所得、稿酬所得可享受独立个人劳务或者营业利润协定待遇的，在预扣预缴和汇算清缴时，可不缴纳个人所得税。

非居民个人为对方税收居民个人，其取得的劳务报酬所得、稿酬所得可享受独立个人劳务或者营业利润协定待遇的，在取得所得时可不缴纳个人所得税。

（三）关于无住所个人适用董事费条款的规定

对方税收居民个人为高管人员，该个人适用的税收协定未纳入董事费条款，或者虽然纳入董事费条款但该个人不适用董事费条款，且该个人取得的高管人员报酬可享受税收协定受雇所得、独立个人劳务或者营业利润条款规定待遇的，该个人取得的高管人员报酬可不适用本公告第二条第（三）项规定，分别按照本条第（一）项、第（二）项规定执行。

对方税收居民个人为高管人员，该个人取得的高管人员报酬按照税收协定董事费条款规定可以在境内征收个人所得税的，应按照有关工资薪金所得或者劳务报酬所得规定缴纳个人所得税。

（四）关于无住所个人适用特许权使用费或者技术服务费条款的规定

特许权使用费或者技术服务费协定待遇，是指按照税收协定特许权使用费或者技术服务费条款规定，对方税收居民个人取得符合规定的特许权使用费或者技术服务费，可按照税收协定规定的计税所得额和征税比例计算纳税。

无住所居民个人为对方税收居民个人，其取得的特许权使用费所得、稿酬所得或者劳务报酬所得可享受特许权使用费或者技术服务费协定待遇的，可不纳入综合所得，在取得当月按照税收协定规定的计税所得额和征税比例计算应纳税额，并预扣预缴税款。年度汇算清缴时，该个人取得的已享受特许权使用费或者技术服务费协定待遇的所得不纳入年度综合所得，单独按照税收协定规定的计税所得额和征税比例计算年度应纳税额及补退税额。

非居民个人为对方税收居民个人，其取得的特许权使用费所得、稿酬所得或者劳务报酬所得可享受特许权使用费或者技术服务费协定待遇的，可按照税收协定规定的计税所得额和征税比例计算应纳税额。

第四节　外籍个人所得税政策

外籍人员（包含无国籍人员，下同），个人所得税方面有专门的一些规定。

一、居住累计满183天的年度连续不满六年以下无住所个人境外所得境外支付部分免税

《个人所得税法实施条例》第四条规定：在中国境内无住所的个人，在中国境内居住累计满183天的年度连续不满六年的，经向主管税务机关备案，其来源于中国境外且由境外单位或者个人支付的所得，免予缴纳个人所得税；在中国境内居住累计满183天的任一年度中有一次离境超过30天的，其在中国境内居住累计满183天的年度的连续年限重新起算。

（一）免税项目

《个人所得税法实施条例》第四条规定的"来源于中国境外且由境外单位或者个人支付的所得"，是指《企业所得税法》第二条列举的9项所得，并不局限于工资薪金所得。

（二）操作要求

与修订前需要经过主管税务机关批准相比，修订后只需要备案即可享受免税政策。

（三）连续居住时间计算规则变化

由修订前的"五年以下"改为"连续不满六年"，且计算规则也发生了改变，具体参看本章第二节内容。

二、居住不超过 90 天无住所个人境内所得境外雇主支付部分免税

《个人所得税法实施条例》第五条规定：在中国境内无住所的个人，在一个纳税年度内在中国境内居住累计不超过 90 天的，其来源于中国境内的所得，由境外雇主支付并且不由该雇主在中国境内的机构、场所负担的部分，免予缴纳个人所得税。

三、符合条件的外籍专家的工资、薪金所得优惠政策

《财政部、国家税务总局关于个人所得税若干政策问题的通知》（财税字〔1994〕20号）第二条第（九）项规定，凡符合下列条件之一的外籍专家取得的工资、薪金所得可免征个人所得税：

1. 根据世界银行专项贷款协议由世界银行直接派往我国工作的外国专家。

2. 联合国组织直接派往我国工作的专家。

针对上述两条规定中"直接派往"等问题，《国家税务总局关于世界银行、联合国直接派遣来华工作的专家享受免征个人所得税有关问题的通知》（国税函〔1996〕417号）进一步明确：世界银行或联合国"直接派往"是指世界银行或联合国组织直接与该专家签订提供技术服务的协议或与该专家的雇主签订技术服务协议，并指定该专家为有关项目提供技术服务，由世界银行或联合国支付该外国专家的工资，薪金报酬。该外国专家办理上述免税时，应提供其与世界银行签订的有关合同和其工资薪金所得由世界银行或联合国组织支付，负担的证明。

联合国组织是指联合国的有关组织，包括联合国开发计划署，联合国人口活动基金，联合国儿童基金会，联合国技术合作部，联合国工业发展组织，联合国粮农组织，世界粮食计划署，世界卫生组织，世界气象组织，联合国教科文等。

除上述由世界银行或联合国组织直接派往中国工作的外国专家以外，其他外国专家从事与世界银行贷款项目有关的技术服务所取得的工资薪金所得或劳务报酬所得，均应依法征收个人所得税。

3. 为联合国援助项目来华工作的专家。

4. 援助国派往我国专为该国无偿援助项目工作的专家。

《财政部关于外国来华工作人员缴纳个人所得税问题的通知》（财税字〔1980〕189号）第

一条规定，援助国派往我国专为该国无偿援助我国的建设项目服务的工作人员，取得的工资，生活津贴，不论是我方支付或外国支付，均可免征个人所得税。

5. 根据两国政府签订文化交流项目来华工作两年以内的文教专家，其工资、薪金所得由该国负担的。

6. 根据我国大专院校国际交流项目来华工作两年以内的文教专家，其工资、薪金所得由该国负担的。

财税字〔1980〕189 号第二条规定，外国来华文教专家，在我国服务期间，由我方发工资，薪金，并对其住房，使用汽车，医疗实行免费"三包"，可只就工资，薪金所得按照税法规定征收个人所得税；对我方免费提供的住房，使用汽车，医疗，可免予计算纳税。

7. 通过民间科研协定来华工作的专家，其工资、薪金所得由该国政府机构负担的。

四、留学生生活津贴、奖学金和勤工俭学收入

财税字〔1980〕189 号第四条规定，外国来华留学生，领取的生活津贴费、奖学金，不属于工资，薪金范畴，不征个人所得税。

但是需要注意的是，根据《国家税务总局关于个人所得税若干业务问题的批复》（国税函〔2002〕146 号）第四条规定，在校学生因参与勤工俭学活动（包括参与学校组织的勤工俭学活动）而取得属于个人所得税法规定的应税项目的所得，应依法缴纳个人所得税。因此，留学生在校期间参与勤工俭学活动而取得属于个人所得税规定的应税项目，要依法征税，应该与生活津贴、奖学金进行区分。

五、外籍个人符合规定的津贴可免税

（一）最新规定

《财政部关于个人所得税法修改后有关优惠政策衔接问题的通知》（财税〔2018〕164 号）第七条，关于外籍个人有关津补贴的政策规定：

1. 2019 年 1 月 1 日至 2021 年 12 月 31 日期间，外籍个人符合居民个人条件的，可以选择享受个人所得税专项附加扣除，也可以选择按照《财政部 国家税务总局关于个人所得税若干政策问题的通知》（财税〔1994〕20 号）、《国家税务总局关于外籍个人取得有关补贴征免个人所得税执行问题的通知》（国税发〔1997〕54 号）和《财政部 国家税务总局关于外籍个人取得港澳地区住房等补贴征免个人所得税的通知》（财税〔2004〕29 号）规定，享受住房补贴、语言训练费、子女教育费等津补贴免税优惠政策，但不得同时享受。外籍个人一经选择，在一个纳税年度内不得变更。

2. 自 2022 年 1 月 1 日起，外籍个人不再享受住房补贴、语言训练费、子女教育费津补贴免税优惠政策，应按规定享受专项附加扣除。

（二）住房和伙食补贴、搬迁费、洗衣费

根据《财政部 国家税务总局关于个人所得税若干政策问题的通知》（财税字〔1994〕20号）第二条第（一）项规定，外籍个人以非现金形式或实报实销形式取得的住房补贴、伙食补贴、搬迁费、洗衣费暂免征收个人所得税。

1. 住房补贴、伙食补贴和洗衣费免税的具体界定及管理

《国家税务总局关于外籍个人取得有关补贴征免个人所得税执行问题的通知》（国税发〔1997〕54号）第一条规定，对外籍个人以非现金形式或实报实销形式取得的合理的住房补贴、伙食补贴和洗衣费免征个人所得税，应由纳税人在初次取上述补贴或上述补贴数额、支付方式发生变化的月份的次月进行工资薪金所得纳税申报时，向主管税务机关提供上述补贴的有效凭证，由主管税务机关核准确认免税。

2. 搬迁收入免税的界定及管理

国税发〔1997〕54号第二条规定，对外籍个人因到中国任职或离职，以实报实销形式取得的搬迁收入免征个人所得税，应由纳税人提供有效凭证，由主管税务机关审核认定，就其合理的部分免税。外商投资企业和外国企业在中国境内的机构、场所，以搬迁费名义每月或定期向其外籍雇员支付的费用，应计入工资薪金所得征收个人所得税。

3. 外籍个人取得港澳地区住房等补贴

香港、澳门地区与内地地理位置毗邻，交通便利，在内地企业工作的部分外籍人员选择居住在港、澳地区，每个工作日往返于内地与港澳之间。对此类外籍个人在港澳专区居住时公司给予住房、伙食、洗衣等非现金形式或实报实销形式的补贴，能否按照有关规定免予征收个人所得税问题，《财政部 国家税务总局关于外籍个人取得港澳地区住房等补贴征免个人所得税的通知》（财税〔2004〕29号）规定如下：

受雇于我国境内企业的外籍个人（不包括香港澳门居民个人），因家庭等原因居住在香港、澳门，每个工作日往返于内地与香港、澳门等地区，由此境内企业（包括其关联企业）给予在香港或澳门住房、伙食、洗衣、搬迁等非现金形式或实报实销形式的补贴，凡能提供有效凭证的，经主管税务机关审核确认后，可以依照《财政部、国家税务总局关于个人所得税若干政策问题的通知》财税字〔1994〕20号第二条以及《国家税务总局关于外籍个人取得有关补贴征免个人所得税执行问题的通知》（国税发〔1997〕54号）第一条、第二条的规定，免予征收个人所得税。

4. 外籍职员的在华住房费的处理

《财政部税务总局关于对外籍职员的在华住房费准予扣除计算纳税的通知》（财税外字〔1988〕21号）规定：

外商投资企业和外商驻华机构租房或购买房屋免费供外籍职员居住，可以不计入其职员

的工资、薪金所得缴纳个人所得税。在缴纳企业所得税时，其购买的房屋可以提取折旧计入费用，租房的租金可列为费用支出。

外商投资企业和外商驻华机构将住房费定额发给外籍职员，可以列为费用支出，但应计入其职员的工资、薪金所得。该职员能够提供准确的住房费用凭证单据的，可准其按实际支出额，从应纳税所得额中扣除。

（三）境内外出差补贴

根据《财政部、国家税务总局关于个人所得税若干政策问题的通知》（财税字〔1994〕20号）第二条第（二）项规定，外籍个人按合理标准取得的境内、外出差补贴暂免征收个人所得税。

国税发〔1997〕54号第三条进一步明确规定，对外籍个人按合理标准取得的境内、外出差补贴免征个人所得税，应由纳税人提供出差的交通费、住宿费凭证（复印件）或企业安排出差的有关计划，由主管税务机关确认免税。

（四）探亲、语言训练和子女教育费

根据《财政部、国家税务总局关于个人所得税若干政策问题的通知》（财税字〔1994〕20号）第二条第（二）项规定，外籍个人取得的探亲费、语言训练费、子女教育费等，经当地税务机关审核批准为合理的部分暂免征收个人所得税。

国税发〔1997〕54号第四条和第五条进一步明确规定：

对外籍个人取得的探亲费免征个人所得税，应由纳税人提供探亲的交通支出凭证（复印件），由主管税务机关审核，对其实际用于本人探亲，且每年探亲的次数和支付的标准合理的部分给予免税。

对外籍个人取得的语言培训费和子女教育费补贴免征个人所得税，应由纳税人提供在中国境内接受上述教育的支出凭证和期限证明材料，由主管税务机关审核，对其在中国境内接受语言培训以及子女在中国境内接受教育取得的语言培训费和子女教育费补贴，且在合理数额内的部分免予纳税。

财税〔2004〕29号规定，受雇于我国境内企业的外籍个人（不包括香港澳门居民个人），因家庭等原因居住在香港、澳门，每个工作日往返于内地与香港、澳门等地区，就其在香港或澳门进行语言培训、子女教育而取得的费用补贴，凡能提供有效支出凭证等材料的，经主管税务机关审核确认为合理的部分，可以依照上述财税字〔1994〕20号第二条以及国税发〔1997〕54号通知第五条的规定，免予征收个人所得税。

（五）外国派出单位发给包干款项

财税字〔1980〕189号第五条规定，外国来华工作人员，由外国派出单位发给包干款项，其中包括个人工资，公用经费（邮电费，办公费，广告费，业务上往来必要的交际费），生活

津贴费（住房费，差旅费），凡对上述所得能够划分清楚的，可只就工资薪金所得部分按照规定征收个人所得税。

六、外籍个人从外商投资企业取得的股息、红利所得优惠政策

根据财政部、国家税务局下发的《关于个人所得税若干政策问题的通知》（财税字〔1994〕20号）第二条第（八）项规定：外籍个人从外商投资企业取得的股息、红利所得可暂免征个人所得税。该文件仍然有效。即外籍个人从外商投资企业取得的股息、红利所得可暂免征个人所得税。需要注意的是，适用对象仅限于外籍个人；适用范围仅限于外籍个人从投资企业取得的股息、红利所得。

2013年2月3日，《国务院批转发展改革委等部门关于深化收入分配制度改革若干意见的通知》（国发〔2013〕6号）在第14条提出：取消对外籍个人从外商投资企业取得的股息、红利所得免征个人所得税等税收优惠。但是，目前尚未见到废止财税字〔1994〕20号第二条第（八）项规定出台。

七、外籍个人享受1 300.00元/月的附加减除费用的问题

此次《个人所得税法》修订后基本减除费用提高到5 000.00元/月，统一了国内外人员基本减除费用标准，外籍人员不再享受1 300.00元/月的附加减除费用。这样处理，符合世界贸易组织（WTO）有关国民待遇原则，有利于公平税负、调节收入分配，完善和规范税制。

因此，外籍个人在计算个人所得税时，只要减除了费用5 000.00元/月的，就不能在享受1 300.00元/月的附加减除费用，因此从2018年10月1日起实际上就废止了该项规定。

第七章

个人所得税的优惠政策

税收的本质是国家为满足社会公共需要，凭借公共权力，按照法律所规定的标准和程序，参与国民收入分配，强制取得财政收入所形成的一种特殊分配关系。

个人所得税作为调节个人收入分配最重要的工具，为了体现税收的奖励和照顾政策，我国现行《个人所得税法》对纳税人因特定行为取得的所得和特定纳税人取得的所得，分别规定了一系列的免税和减税等优惠政策。

《个人所得税法》修订后，除了《个人所得税法》及其实施条例直接规定的减免税优惠政策外，《财政部 税务总局关于继续有效的个人所得税优惠政策目录的公告》（财政部 税务总局公告 2018 年第 177 号）以附件清单《继续有效的个人所得税优惠政策涉及的文件目录》的形式列举了继续有效的个人所得税优惠政策。

第一节 个人所得税减免规定

一、税法关于免征个人所得税的基本规定

《个人所得税法》第四条规定，下列各项个人所得，免征个人所得税：

（一）省级人民政府、国务院部委和中国人民解放军军以上单位，以及外国组织、国际组织颁发的科学、教育、技术、文化、卫生、体育、环境保护等方面的奖金；

（二）国债和国家发行的金融债券利息；

（三）按照国家统一规定发给的补贴、津贴；

（四）福利费、抚恤金、救济金；

（五）保险赔款；

（六）军人的转业费、复员费、退役金；

（七）按照国家统一规定发给干部、职工的安家费、退职费、基本养老金或者退休费、离

休费、离休生活补助费；

（八）依照有关法律规定应予免税的各国驻华使馆、领事馆的外交代表、领事官员和其他人员的所得；

（九）中国政府参加的国际公约、签订的协议中规定免税的所得；

（十）国务院规定的其他免税所得。

前款第十项免税规定，由国务院报全国人民代表大会常务委员会备案。

二、税法关于减征个人所得税的基本规定

《个人所得税法》第五条规定，有下列情形之一的，可以减征个人所得税，具体幅度和期限，由省、自治区、直辖市人民政府规定，并报同级人民代表大会常务委员会备案：

（一）残疾、孤老人员和烈属的所得；

（二）因自然灾害遭受重大损失的。

国务院可以规定其他减税情形，报全国人民代表大会常务委员会备案。

三、补贴、津贴等收入的征免规定

（一）按照国家统一规定发给的补贴、津贴免税

《个人所得税法》第四条第一款第三项规定，按照国家统一规定发给的补贴、津贴，免征个人所得税。

《个人所得税法实施条例》第十条明确，个人所得税法第四条第一款第三项所称按照国家统一规定发给的补贴、津贴，是指按照国务院规定发给的政府特殊津贴、院士津贴，以及国务院规定免予缴纳个人所得税的其他补贴、津贴。

因此，一定要注意的是，免税的补贴和津贴是有限制的，必须是指按照国务院规定发给的政府特殊津贴、院士津贴，以及国务院规定免予缴纳个人所得税的其他补贴、津贴，否则就应依法纳税。

（二）不属于工资薪金所得的补贴、津贴不征税

《国家税务总局关于印发〈征收个人所得税若干问题的规定〉的通知》（国税发〔1994〕89号）规定，下列不属于工资、薪金性质的补贴、津贴或者不属于纳税人本人工资、薪金所得项目的收入，不征税：

1. 独生子女补贴；

2. 执行公务员工资制度未纳入基本工资总额的补贴、津贴差额和家属成员的副食品补贴；

3. 托儿补助费；

4. 差旅费津贴、误餐补助。

（三）西藏自治区艰苦边远地区津贴等免征

《财政部 国家税务总局关于西藏自治区贯彻施行〈中华人民共和国个人所得税法〉有关问题的批复》（财税字〔1994〕021号）规定，为了照顾西藏的实际情况，保持国家对西藏的特别优惠政策，对个人从西藏自治区内取得的下列所得，免征个人所得税：

1. 艰苦边远地区津贴；

2. 经国家批准或者同意，由自治区人民政府或者有关部门发给在藏长期工作的人员和大中专毕业生的浮动工资，增发的工龄工资，离退休人员的安家费和建房补贴费。

（四）西藏特殊津贴免征

《财政部 国家税务总局关于西藏特殊津贴免征个人所得税的批复》（财税字〔1996〕91号）规定：经国务院批准，自1994年1月1日起发放的西藏特殊津贴，体现了党中央、国务院对西藏各族职工的关怀，对进一步促进西藏的改革、发展和稳定具有重要意义，因此，根据《中华人民共和国个人所得税法》和《中华人民共和国个人所得税法实施条例》的规定，对在西藏自治区区域内工作的机关、事业单位职工、按照国家统一规定取得的西藏特殊津贴，免征个人所得税。

（五）安家费、退职费、基本养老金或者退休费、离休费、离休生活补助费免税

《个人所得税法》第四条第一款第七项规定，按照国家统一规定发给干部、职工的安家费、退职费、基本养老金或者退休费、离休费、离休生活补助费，免征个人所得税。

需要说明的是，根据《国家税务总局关于离退休人员取得单位发放离退休工资以外奖金补贴征收个人所得税的批复》（国税函〔2008〕723号）规定，离退休人员除按规定领取离退休工资或养老金外，另从原任职单位取得的各类补贴、奖金、实物，不属于《中华人民共和国个人所得税法》第四条规定可以免税的退休工资、离休工资、离休生活补助费。

根据《中华人民共和国个人所得税法》及其实施条例的有关规定，离退休人员从原任职单位取得的各类补贴、奖金、实物，应在减除费用扣除标准后，按"工资、薪金所得"应税项目缴纳个人所得税。

（六）单位低价向职工售房的优惠政策

（1）《财政部 国家税务总局关于单位低价向职工售房有关个人所得税问题的通知》（财税〔2007〕13号）第一条规定，根据住房制度改革政策的有关规定，国家机关、企事业单位及其他组织在住房制度改革期间，按照所在地县级以上人民政府规定的房改成本价格向职工出售公有住房，职工因支付的房改成本价格低于房屋建造成本价格或市场价格而取得的差价收益，免征个人所得税。

（2）《财政部关于个人所得税法修改后有关优惠政策衔接问题的通知》（财税〔2018〕164

号）第六条规定：单位按低于购置或建造成本价格出售住房给职工，职工因此而少支出的差价部分，符合《财政部 国家税务总局关于单位低价向职工售房有关个人所得税问题的通知》（财税〔2007〕13号）第二条规定的，不并入当年综合所得，以差价收入除以12个月得到的数额，按照月度税率表确定适用税率和速算扣除数，单独计算纳税。计算公式为：

应纳税额＝职工实际支付的购房价款低于该房屋的购置或建造成本价格的差额 × 适用税率 − 速算扣除数

（七）符合规定的住房租赁补贴免税

《财政部 税务总局关于公共租赁住房税收优惠政策的公告》（财政部 税务总局公告2019年第61号）第六条规定：对符合地方政府规定条件的城镇住房保障家庭从地方政府领取的住房租赁补贴，免征个人所得税。

四、参加国际公约、签订的协议中规定免税的所得

中国政府参加的国际公约、签订的协议中规定免税的所得，是指我国政府参加的国际公约、签订的国际税收协定中明确规定免征个人所得税的所得，此项免税主要涉及工资薪金所得。国际公约和税收协定中没有明确规定的，应依照我国税法规定依法征税。

《财政部 国家税务总局关于〈建立亚洲开发银行协定〉有关个人所得税问题的补充通知》（财税〔2007〕93号）规定："《建立亚洲开发银行协定》（以下简称《协定》）第五十六条第二款规定："对亚行付给董事、副董事、官员和雇员（包括为亚行执行任务的专家）的薪金和津贴不得征税。除非成员在递交批准书或接受书时，声明对亚行向其本国公民或国民支付的薪金和津贴该成员及其行政部门保留征税的权力。"鉴于我国在加入亚洲开发银行时，未作相关声明，因此，对由亚洲开发银行支付给我国公民或国民（包括为亚行执行任务的专家）的薪金和津贴，凡经亚洲开发银行确认这些人员为亚洲开发银行雇员或执行项目专家的，其取得的符合我国税法规定的有关薪金和津贴等报酬，应依《协定》的约定，免征个人所得税。"

五、各国驻华使馆、领事馆的外交代表、领事官员和其他人员的所得免税

《个人所得税法实施条例》第十二条规定，个人所得税法第四条第一款第八项所称依照有关法律规定应予免税的各国驻华使馆、领事馆的外交代表、领事官员和其他人员的所得，是指依照《中华人民共和国外交特权与豁免条例》和《中华人民共和国领事特权与豁免条例》规定免税的所得。

《中华人民共和国外交特权与豁免条例》第十六条规定，外交代表免纳捐税，但下列各项除外：

（一）通常计入商品价格或者服务价格内的捐税；

（二）有关遗产的各种捐税，但外交代表亡故，其在中国境内的动产不在此限；

（三）对来源于中国境内的私人收入所征的捐税；

（四）为其提供特定服务所收的费用。

《中华人民共和国外交特权与豁免条例》第二十条规定，与外交代表共同生活的配偶及未成年子女，如果不是中国公民，享有第十六条所规定的免纳捐税待遇。外交代表是指使馆馆长或者使馆外交人员。

《中华人民共和国领事特权与豁免条例》第十七条规定，领事官员和领馆行政技术人员免纳捐税，但下列各项除外：

（一）通常计入商品价格或者服务价格内的捐税；

（二）对在中国境内私有不动产所征的捐税，但用作领馆馆舍的不在此限；

（三）有关遗产的各种捐税，但领事官员亡故，其在中国境内的动产的有关遗产的各种捐税免纳；

（四）对来源于中国境内的私人收入所征的捐税；

（五）为其提拱特定服务所收的费用。

领馆服务人员在领馆服务所得工资，免纳捐税。

《中华人民共和国领事特权与豁免条例》第二十一条规定，与领事官员、领馆行政技术人员、领馆服务人员共同生活的配偶及未成年子女，分别享有领事官员、领馆行政技术人员、领馆服务人员根据本条例第十七条规定所享有的免税待遇，但身为中国公民或者在中国永久居留的外国人除外。领事官员是指总领事、副总领事、领事、副领事、领事随员或领事代理人。领事行政技术人员是指从事领馆行政或技术工作的人员。

此外，《国家税务总局关于国际组织驻华机构外国政府驻华使领馆和驻华新闻机构雇员个人所得税征收方式的通知》（国税函〔2004〕808号）规定：

（一）根据《维也纳外交关系公约》和国际组织有关章程规定，对于在国际组织驻华机构、外国政府驻华使领馆工作的中方雇员和在外国驻华新闻机构的中外籍雇员，均应按照《中华人民共和国个人所得税法》规定缴纳个人所得税。

（二）根据国际惯例，在国际组织驻华机构、外国政府驻华使领馆工作的非外交官身份的外籍雇员，如是"永久居留"者，亦应在驻在国缴纳个人所得税，但由于我国税法对"永久居留"者尚未作出明确的法律定义和解释，因此，对于仅在国际组织驻华机构和外国政府驻华使领馆工作的外籍雇员，暂不征收个人所得税。在中国境内，若国际驻华机构和外国政府驻华使领馆中工作的外交人员、外籍雇员在该机构或使领馆之外，从事非公务活动所取得的收入，应缴纳个人所得税。

六、外籍人员相关收入优惠政策

详见本书第六章内容。

七、国务院规定的其他免税所得

（一）代扣代缴税款手续费免征个人所得税

《财政部、国家税务总局关于个人所得税若干政策问题的通知》（财税字〔1994〕20号）第二条第五项规定，个人办理代扣代缴税款手续，按规定取得的扣缴手续费，暂免征收个人所得税。

（二）高级专家延长离退休期间工资薪金免税

《财政部 国家税务总局关于个人所得税若干政策问题的通知》（财税字〔1994〕20号）第二条第（七）项规定，对按国发〔1983〕141号《国务院关于高级专家离休退休若干问题的暂行规定》和国办发〔1991〕40号《国务院办公厅关于杰出高级专家暂缓离退休审批问题的通知》精神，达到离休、退休年龄，但确因工作需要，适当延长离休退休年龄的高级专家（指享受国家发放的政府特殊津贴的专家、学者），其在延长离休退休期间的工资、薪金所得，视同退休工资、离休工资免征个人所得税。

《财政部、国家税务总局关于高级专家延长离休退休期间取得工资薪金所得有关个人所得税问题的通知》（财税〔2008〕7号）补充规定：

（一）《财政部 国家税务总局关于个人所得税若干政策问题的通知》（财税字〔1994〕20号）第二条第（七）项中所称延长离休退休年龄的高级专家是指：

1. 享受国家发放的政府特殊津贴的专家、学者；

2. 中国科学院、中国工程院院士。

（二）高级专家延长离休退休期间取得的工资薪金所得，其免征个人所得税政策口径按下列标准执行：

（1）对高级专家从其劳动人事关系所在单位取得的，单位按国家有关规定向职工统一发放的工资、薪金、奖金、津贴、补贴等收入，视同离休、退休工资，免征个人所得税；

（2）除上述第1项所述收入以外各种名目的津补贴收入等，以及高级专家从其劳动人事关系所在单位之外的其他地方取得的培训费、讲课费、顾问费、稿酬等各种收入，依法计征个人所得税。

（三）高级专家从两处以上取得应税工资、薪金所得以及具有税法规定应当自行纳税申报的其他情形的，应在税法规定的期限内自行向主管税务机关办理纳税申报。

第二节　支持各项事业的优惠政策

为支持各项事业的发展，税法对其涉及所得给予一定优惠政策是必要的。

一、支持三农的优惠政策

（一）取消农业税后四业继续暂免征收个人所得税

《财政部、国家税务总局关于个人所得税若干政策问题的通知》（财税字〔1994〕20号）第一条第（二）项规定：个体工商户或个人专营种植业、养殖业、饲养业、捕捞业，其经营项目属于农业税（包括农业特产税，下同）、牧业税征税范围并已征收了农业税、牧业税的，不再征收个人所得税；不属于农业税、牧业税征税范围的，应对其所得征收个人所得税。兼营上述四业并四业的所得单独核算的，比照上述原则办理，对于属于征收个人所得税的，应与其他行业的生产、经营所得合并计征个人所得税；对于四业的所得不能单独核算的，应就其全部所得计征个人所得税。

《财政部 国家税务总局关于农村税费改革试点地区有关个人所得税问题的通知》（财税〔2004〕30号）规定，自2004年1月1日起，农村税费改革试点期间，取消农业特产税、减征或免征农业税后，对个人或个体户从事种植业、养殖业、饲养业、捕捞业，且经营项目属于农业税（包括农业特产税）、牧业税征税范围的，其取得的"四业"所得暂不征收个人所得税。

（二）个人独资企业和合伙企业投资者取得四业所得暂不征收个人所得税

《财政部 国家税务总局关于个人独资企业和合伙企业投资者取得种植业 养殖业 饲养业 捕捞业所得有关个人所得税问题的批复》（财税〔2010〕96号）明确，对个人独资企业和合伙企业从事种植业、养殖业、饲养业和捕捞业（以下简称"四业"），其投资者取得的"四业"所得暂不征收个人所得税。

（三）个人取得青苗补偿费收入暂免征收个人所得税

《国家税务总局关于个人取得青苗补偿费收入征免个人所得税的批复》（国税函发〔1995〕79号）规定，乡镇企业的职工和农民取得的青苗补偿费，属种植业的收益范围，同时，也属经济损失的补偿性收入，因此，对他们取得的青苗补偿费收入暂不征收个人所得税。

二、个人住房的优惠政策

（一）个人转让5年以上唯一住房的免税优惠政策

根据《财政部、国家税务总局关于个人所得税若干政策问题的通知》（财税字〔1994〕20号）第二条第（六）项规定，个人转让自用达五年以上、并且是唯一的家庭生活用房取得的所得暂免征收个人所得税。

《国家税务总局关于个人转让房屋有关税收征管问题的通知》（国税发〔2007〕33号）第三条规定，根据《财税字〔1999〕278号 财政部 国家税务总局 建设部关于个人出售住房所得征收个人所得税有关问题的通知》的规定，个人转让自用5年以上，并且是家庭唯一生活用房，取得的所得免征个人所得税。

1. 自用5年的界定

国税发〔2007〕33号文件所称"自用5年以上"，是指个人购房至转让房屋的时间达5年以上。

（1）个人购房日期的确定。个人按照国家房改政策购买的公有住房，以其购房合同的生效时间、房款收据开具日期或房屋产权证上注明的时间，依照孰先原则确定；个人购买的其他住房，以其房屋产权证注明日期或契税完税凭证注明日期，按照孰先原则确定。

（2）个人转让房屋的日期，以销售发票上注明的时间为准。

2. 家庭唯一生活用房的认定

"家庭唯一生活用房"是指在同一省、自治区、直辖市范围内纳税人（有配偶的为夫妻双方）仅拥有一套住房。

3. 出售商业用房不得享受5年以上唯一住房免税的优惠政策

国税发〔2007〕33号第二条规定，个人出售商业用房取得的所得，应按规定缴纳个人所得税，不得享受1年内换购住房退还保证金和自用5年以上的家庭唯一生活用房免税的政策。

（二）离婚析产分割房屋产权不征个人所得税

《国家税务总局关于明确个人所得税若干政策执行问题的通知》（国税发〔2009〕121号）第四条关于个人转让离婚析产房屋的征税问题规定：

1. 通过离婚析产的方式分割房屋产权是夫妻双方对共同共有财产的处置，个人因离婚办理房屋产权过户手续，不征收个人所得税。

2. 个人转让离婚析产房屋所取得的收入，允许扣除其相应的财产原值和合理费用后，余额按照规定的税率缴纳个人所得税；其相应的财产原值，为房屋初次购置全部原值和相关税费之和乘以转让者占房屋所有权的比例。

3. 个人转让离婚析产房屋所取得的收入，符合家庭生活自用五年以上唯一住房的，可以申请免征个人所得税，其购置时间按照《国家税务总局关于房地产税收政策执行中几个具体问题的通知》（国税发〔2005〕172号）执行。

（三）符合条件的房屋赠与免征个人所得税

《财政部、国家税务总局关于个人无偿受赠房屋有关个人所得税问题的通知》（财税〔2009〕78号）第一条规定，以下情形的房屋产权无偿赠与，对当事双方不征收个人所得税：

1. 房屋产权所有人将房屋产权无偿赠与配偶、父母、子女、祖父母、外祖父母、孙子女、外孙子女、兄弟姐妹；

2. 房屋产权所有人将房屋产权无偿赠与对其承担直接抚养或者赡养义务的抚养人或者赡养人；

3. 房屋产权所有人死亡，依法取得房屋产权的法定继承人、遗嘱继承人或者受遗赠人。

财税〔2009〕78 号第三条规定，除本通知第一条规定情形以外，房屋产权所有人将房屋产权无偿赠与他人的，受赠人因无偿受赠房屋取得的受赠所得，按照"经国务院财政部门确定征税的其他所得"项目缴纳个人所得税，税率为 20%。《个人所得税法》修订后，取消了"其他所得"项目，但是财税〔2009〕78 号第三条规定却依然有效，纳税人需要关注后续修订。

（四）房屋拆迁补偿款免征个人所得税

《财政部 国家税务总局关于城镇房屋拆迁有关税收政策的通知》（财税〔2005〕45 号）第一条规定，对被拆迁人按照国家有关城镇房屋拆迁管理办法规定的标准取得的拆迁补偿款，免征个人所得税。

《财政部 国家税务总局关于棚户区改造有关税收政策的通知》（财税〔2013〕101 号）第五条规定，个人因房屋被征收而取得货币补偿并用于购买改造安置住房，或因房屋被征收而进行房屋产权调换并取得改造安置住房，按有关规定减免契税。个人取得的拆迁补偿款按有关规定免征个人所得税。

（五）廉租住房货币补贴免税

《财政部 国家税务总局关于廉租住房、经济适用住房和住房租赁有关税收政策的通知》（财税〔2008〕24 号）第一条第七项规定，对个人按《廉租住房保障办法》（建设部等 9 部委令第 162 号）规定取得的廉租住房货币补贴，免征个人所得税；对于所在单位以廉租住房名义发放的不符合规定的补贴，应征收个人所得税。

（六）个人出租房屋减征个人所得税

《财政部、国家税务总局关于廉租住房、经济适用住房和住房租赁有关税收政策的通知》（财税〔2008〕24 号）第二条第一项规定，对个人出租住房取得的所得减按 10% 的税率征收个人所得税。

三、支持金融资本市场发展的优惠政策

为支持金融资本市场的发展，对上市公司股息红利以及中小企业股份转让系统挂牌公司（俗称新三板）股息红利实行差别化征税的优惠政策，详见本书第五章第一节相关内容，此处不再赘述。

（一）转让上市公司股票所得免征

《财政部 国家税务总局关于个人转让股票所得继续暂免征收个人所得税的通知》（财税字

〔1998〕61号）规定，从1997年1月1日起，对个人转让上市公司股票取得的所得继续暂免征收个人所得税。

《财政部 国家税务总局 证监会关于个人转让上市公司限售股所得征收个人所得税有关问题的通知》（财税〔2009〕167号）第八条进一步明确规定，对个人在上海证券交易所、深圳证券交易所转让从上市公司公开发行和转让市场取得的上市公司股票所得，继续免征个人所得税。

（二）个人通过沪港通取得的股票转让差价所得暂免征收

《财政部 国家税务总局 证监会关于沪港股票市场交易互联互通机制试点有关税收政策的通知》（财税〔2014〕81号）第一条规定，对内地个人投资者通过沪港通投资香港联交所上市股票取得的转让差价所得，自2014年11月17日起至2017年11月16日止，暂免征收个人所得税。

《财政部 国家税务总局 中国证券监督管理委员会关于继续执行沪港股票市场交易互联互通机制有关个人所得税政策的通知》（财税〔2017〕78号）规定，对内地个人投资者通过沪港通投资香港联交所上市股票取得的转让差价所得，自2017年11月17日起至2019年12月4日止，继续暂免征收个人所得税。

（三）个人通过深港通取得的股票转让差价暂免征收

《财政部 国家税务总局 证监会关于深港股票市场交易互联互通机制试点有关税收政策的通知》（财税〔2016〕127号）第一条规定，对内地个人投资者通过深港通投资香港联交所上市股票取得的转让差价所得，自2016年12月5日起至2019年12月4日止，暂免征收个人所得税。

（四）外籍个人从外商投资企业取得的股息红利所得免征

详见本书第六章第四节"六、外籍个人从外商投资企业取得的股息、红利所得优惠政策"，不再赘述。

（五）股权分置改革非流通股股东向流通股股东支付对价免税

《财政部 国家税务总局关于股权分置试点改革有关税收政策问题的通知》（财税〔2005〕103号）第二条规定，股权分置改革中非流通股股东通过对价方式向流通股股东支付的股份、现金等收入，暂免征收流通股股东应缴纳的企业所得税和个人所得税。

（六）国债和国家发行的金融债券利息免税

《个人所得税法》第四条第（二）项规定，国债和国家发行的金融债券利息免征个人所得税。

（七）地方政府债券利息免税

《财政部 国家税务总局关于地方政府债券利息免征所得税问题的通知》（财税〔2013〕5号）第一条规定，对企业和个人取得的2012年及以后年度发行的地方政府债券利息收入，免征企业所得税和个人所得税。

（八）储蓄存款利息免税

《财政部 国家税务总局关于储蓄存款利息所得有关个人所得税政策的通知》（财税〔2008〕132号）规定：自2008年10月9日起，对储蓄存款利息所得暂免征收个人所得税。即储蓄存款在1999年10月31日前孳生的利息所得，不征收个人所得税；储蓄存款在1999年11月1日至2007年8月14日孳生的利息所得，按照20%的比例税率征收个人所得税；储蓄存款在2007年8月15日至2008年10月8日孳生的利息所得，按照5%的比例税率征收个人所得税；储蓄存款在2008年10月9日后（含10月9日）孳生的利息所得，暂免征收个人所得税。

《国家税务总局 中国人民银行 教育部 关于印发〈教育储蓄存款利息所得免征个人所得税实施办法〉的通知》（国税发〔2005〕148号）规定，个人为其子女（或被监护人）接受非义务教育（指九年义务教育之外的全日制高中、大中专、大学本科、硕士和博士研究生）在储蓄机构开立教育储蓄专户，并享受利率优惠的存款，其取得的利息免征个人所得税。

开立教育储蓄的对象（即储户）为在校小学4年级（含4年级）以上学生；享受免征利息税优惠政策的对象必须是正在接受非义务教育的在校学生，其在就读全日制高中（中专）、大专和大学本科、硕士和博士研究生时，每个学习阶段可分别享受一次2万元教育储蓄的免税优惠。

（九）证券交易结算资金利息免税

《财政部 国家税务总局关于证券市场个人投资者证券交易结算资金利息所得有关个人所得税政策的通知》（财税〔2008〕140号）规定，自2008年10月9日起，对证券市场个人投资者取得的证券交易结算资金利息所得，暂免征收个人所得税，即证券市场个人投资者的证券交易结算资金在2008年10月9日后（含10月9日）孳生的利息所得，暂免征收个人所得税。

（十）"三险一金"存款利息免税

《财政部 国家税务总局关于住房公积金、医疗保险金、基本养老保险金、失业保险基金个人账户存款利息所得免征个人所得税的通知》（财税字〔1999〕267号）规定，按照国家或省级地方政府规定的比例缴付的下列专项基金或资金存入银行个人账户所取得的利息收入免征个人所得税：1.住房公积金；2.医疗保险金；3.基本养老保险金；4.失业保险金。

（十一）保险赔款免税

《个人所得税法》第四条第（五）项规定，保险赔款免征个人所得税。

保险赔款，是指投保人按照规定向保险公司支付保险费，但因各种灾害、事故而给自身造成损失后，保险公司给予的相应数额的赔偿。

（十二）个人投资者取得的行政和解金免征

《财政部 国家税务总局关于行政和解金有关税收政策问题的通知》（财税〔2016〕100号）规定，对个人投资者从投保基金公司取得的行政和解金，暂免征收个人所得税。

行政和解金是指证监会与行政相对人就其涉嫌违法行为的处理达成行政和解协议，行政相对人按照行政和解协议约定交纳的资金。行政和解金可以用于补偿同一案件中投资者因行政相对人的涉嫌违法行为所受损失，投保基金公司履行行政和解金的管理、使用职责。

（十三）开放式证券基金差价收入暂免征收

《财政部 国家税务总局关于开放式证券投资基金有关税收问题的通知》（财税〔2002〕128号）第二条第2款规定，对个人投资者申购和赎回基金单位取得的差价收入，在对个人买卖股票的差价收入未恢复征收个人所得税以前，暂不征收个人所得税。

根据《财政部 税务总局关于继续有效的个人所得税优惠政策目录的公告》（财政部 税务总局公告2018年第177号）规定，财税〔2002〕128号关于个人所得税条款继续有效。

（十四）境外个人投资者投资中国境内原油期货取得的所得三年内暂免征

《财政部 国家税务总局 中国证券监督管理委员会关于支持原油等货物期货市场对外开放税收政策的通知》（财税〔2018〕21号）规定，自原油期货对外开放之日起，对境外个人投资者投资中国境内原油期货取得的所得，三年内暂免征收个人所得税。

经国务院批准对外开放的其他货物期货品种，按照通知规定的税收政策执行。

（十五）转让新三板挂牌公司非原始股取得的所得免征

《财政部 国家税务总局 中国证券监督管理委员会关于个人转让全国中小企业股份转让系统挂牌公司股票有关个人所得税政策的通知》（财税〔2018〕137号）第一条规定，自2018年11月1日（含）起，对个人转让新三板挂牌公司非原始股取得的所得，暂免征收个人所得税。

上述所称非原始股是指个人在新三板挂牌公司挂牌后取得的股票，以及由上述股票孳生的送、转股。

四、有关奖金收入的优惠政策

（一）见义勇为奖金免税

《财政部 国家税务总局关于发给见义勇为者的奖金免征个人所得税问题的通知》（财税字〔1995〕25号）规定，为了鼓励广大人民群众见义勇为，维护社会治安，对乡、镇（含乡、镇）以上人民政府或经县（含县）以上人民政府主管部门批准成立的有机构、有章程的见义勇为基金会或者类似组织，奖励见义勇为者的奖金或奖品，经主管税务机关核准，免予征收个人所得税。

（二）体育彩票中奖 1 万元以下免税

《财政部 国家税务总局关于个人取得体育彩票中奖所得征免个人所得税问题的通知》（财税字〔1998〕12 号）规定，对个人购买体育彩票中奖收入，凡一次中奖收入不超过 1 万元的，暂免征收个人所得税；超过 1 万元的，应按税法规定全额征收个人所得税。

（三）社会福利有奖募捐中奖所得 1 万元以下免税

《国家税务总局关于社会福利有奖募捐发行收入税收问题的通知》（国税发〔1994〕127 号）第二条规定，对个人购买社会福利有奖募捐奖券一次中奖收入不超过 10 000 元的暂免征收个人所得税，对一次中奖收入超过 10 000 元的，应按税法法规全额征税。

（四）有奖发票中奖所得 800 元以下暂免征收

《财政部、国家税务总局关于个人取得有奖发票奖金征免个人所得税问题的通知》（财税〔2007〕34 号）规定，个人取得单张有奖发票奖金所得不超过 800 元（含 800 元）的，暂免征收个人所得税；个人取得单张有奖发票奖金所得超过 800 元的，应金额按照个人所得税法规定的"偶然所得"目征收个人所得税。

（五）举报、协查违法犯罪奖金暂免征收

《财政部 国家税务总局关于个人所得税若干政策问题的通知》（财税字〔1994〕20 号）第二条第（四）项规定，个人举报、协查各种违法、犯罪行为而获得的奖金暂免征收个人所得税。

（六）省级、部委、军级以及外国组织、国际组织颁发的奖学金免税

《财政部 国家税务总局关于教育税收政策的通知》（财税〔2004〕39 号）第一条第 11 项规定，对省级人民政府、国务院各部委和中国人民解放军军以上单位，以及外国组织、国际组织颁发的教育方面的奖学金，免征个人所得税。

（七）省级、部委、军级以及外国组织、国际组织颁发的奖金免征所得税

《个人所得税法》第四条规定，省级人民政府、国务院部委和中国人民解放军军以上单位，以及外国组织、国际组织颁发的科学、教育、技术、文化、卫生、体育、环境保护等方面的奖金，免征个人所得税。

（八）部分基金会颁奖和特殊奖金等免征个人所得税

1. 曾宪梓教育基金会教师奖的奖金免征

根据《国家税务总局关于曾宪梓教育基金会教师奖免征个人所得税的函》（国税函发

〔1994〕376 号）规定，对个人获得曾宪梓教育基金会教师奖的奖金，可视为国务院部委颁发的教育方面的奖金，免予征收个人所得税。

2. 国际青少年消除贫困奖免征

根据《财政部 国家税务总局关于国际青少年消除贫困奖免征个人所得税的通知》（财税字〔1997〕51 号）规定，特对个人取得的"国际青少年消除贫困奖"，视同从国际组织取得的教育、文化方面的奖金，免予征收个人所得税。

3. "长江学者成就奖"的奖金免征

根据《国家税务总局关于"长江学者奖励计划"有关个人收入免征个人所得税的通知》（国税函〔1998〕632 号）规定，为了鼓励特聘教授积极履行岗位职责，带领本学科在其前沿领域赶超或保持国际先进水平，对特聘教授获得"长江学者成就奖"的奖金，可视为国务院部委颁发的教育方面的奖金，免予征收个人所得税。

4. "特聘教授奖金"免征

根据《国家税务总局关于"特聘教授奖金"免征个人所得税的通知》（国税函〔1999〕525 号）规定，对教育部颁发的"特聘教授奖金"免予征收个人所得税。

5. "长江小小科学家"奖金免征

根据《国家税务总局关于"长江小小科学家"奖金免征个人所得税的通知》（国税函〔2000〕688 号）规定，对学生个人参与"长江小小科学家"活动并获得的奖金，免予征收个人所得税。

6. "母亲河（波司登）奖"奖金所得免征

《国家税务总局关于个人取得"母亲河（波司登）奖"奖金所得免征个人所得税问题的批复》（国税函〔2003〕961 号）规定，中国青年乡镇企业家协会是共青团中央直属的社会团体，其组织评选的"母亲河（波司登）奖"是经共青团中央、全国人大环资委、国家环保总局等九部门联合批准设立的环境保护方面的奖项。依据《中华人民共和国个人所得税法》第四条第一款规定，该奖项可以认定为国务院部委颁发的环境保护方面的奖金。个人取得的上述奖金收入，免予征收个人所得税。

7. 陈嘉庚科学奖获奖个人取得的奖金收入免征

根据《国家税务总局关于陈嘉庚科学奖获奖个人取得的奖金收入免征个人所得税的通知》（国税函〔2006〕561 号）规定，对陈嘉庚科学奖 2006 年度获奖者个人取得的奖金收入（见附件），免予征收个人所得税。

在陈嘉庚科学奖业务主管、组织结构、评选办法不变的情况下，以后年度的陈嘉庚科学奖获奖个人的奖金收入，可根据《中华人民共和国个人所得税法》第四条第一款的规定，继续免征个人所得税。

8.刘东生青年科学家奖和刘东生地球科学奖学金获奖者奖金免征

《国家税务总局关于刘东生青年科学家奖和刘东生地球科学奖学金获奖者奖金免征个人所得税的通知》（国税函〔2010〕74号）规定，对中国科学院颁发的"刘东生青年科学家奖"、"刘东生地球科学奖学金"的奖金收入免予征收个人所得税。

9.全国职工职业技能大赛奖金免征

《国家税务总局关于全国职工职业技能大赛奖金免征个人所得税的通知》（国税函〔2010〕78号）规定，对全国职工职业技能大赛获奖者取得的奖金免征个人所得税。

10.中华环境优秀奖奖金免征

《国家税务总局关于中华宝钢环境优秀奖奖金免征个人所得税问题的通知》（国税函〔2010〕130号）规定，中华环境保护基金会设立的中华环境奖（冠名中华宝钢环境优秀奖），对中华宝钢环境优秀奖获奖者个人所获奖金，免予征收个人所得税。

11.李四光地质科学奖奖金免征

《国家税务总局关于2011年度李四光地质科学奖奖金免征个人所得税的公告》（国家税务总局公告2011年第68号）规定，对李四光地质科学奖获奖者个人所获奖金，免予征收个人所得税。

12.黄汲清青年地质科学技术奖奖金免征

《国家税务总局关于第五届黄汲清青年地质科学技术奖奖金免征个人所得税问题的公告》（国家税务总局公告2012年第4号）规定，对黄汲清青年地质科学技术奖获奖者所获奖金，免予征收个人所得税。

13.明天小小科学家奖金免征

《国家税务总局关于明天小小科学家奖金免征个人所得税问题的公告》（国家税务总局公告2012年第28号）规定，对学生个人参与"明天小小科学家"活动获得的奖金，免予征收个人所得税。

上述基金会奖金之所以能够免税，主要是由国家部委直接设立或者国家部委与基金会合作设立奖项等，使其奖项满足《个人所得税法》第四条第（一）项规定，以后也许还会增加。

（九）科技人员取得职务科技成果转化现金奖励减征

《财政部 税务总局 科技部关于科技人员取得职务科技成果转化现金奖励有关个人所得税政策的通知》（财税〔2018〕58号）规定，依法批准设立的非营利性研究开发机构和高等学校根据《中华人民共和国促进科技成果转化法》规定，从职务科技成果转化收入中给予科技人员的现金奖励，可减按50%计入科技人员当月"工资、薪金所得"，依法缴纳个人所得税。

五、支持体育事业的优惠政策

（一）支持北京 2022 年冬奥会和冬残奥会的优惠政策

《财政部 税务总局 海关总署关于北京 2022 年冬奥会和冬残奥会税收政策的通知》（财税〔2017〕60 号）第三条规定：

（1）个人捐赠北京 2022 年冬奥会、冬残奥会、测试赛的资金和物资支出可在计算个人应纳税所得额时予以全额扣除。

（2）对受北京冬奥组委邀请的，在北京 2022 年冬奥会、冬残奥会、测试赛期间临时来华，从事奥运相关工作的外籍顾问以及裁判员等外籍技术官员取得的由北京冬奥组委、测试赛赛事组委会支付的劳务报酬免征增值税和个人所得税。

（3）对于参赛运动员因北京 2022 年冬奥会、冬残奥会、测试赛比赛获得的奖金和其他奖赏收入，按现行税收法律法规的有关规定免征应缴纳的个人所得税。

（二）支持第七届世界军人运动会的优惠政策

《财政部 税务总局 海关总署关于第七届世界军人运动会税收政策的通知》（财税〔2018〕119 号）规定，对参赛运动员因武汉军运会比赛获得的奖金和其他奖赏收入，按现行税收法律法规的有关规定免征应缴纳的个人所得税。

特别说明，一般来说，对于具有重大影响的国际性体育运动会，国家都会出台一些优惠正常，如果以后有国际性运动会也会有类似的优惠政策。

六、支持易地扶贫搬迁税收的优惠政策

《财政部 国家税务总局关于易地扶贫搬迁税收优惠政策的通知》（财税〔2018〕135 号）第一条第一项规定，对易地扶贫搬迁贫困人口按规定取得的住房建设补助资金、拆旧复垦奖励资金等与易地扶贫搬迁相关的货币化补偿和易地扶贫搬迁安置住房，免征个人所得税。

七、支持天使投资的优惠政策

详见第四章第二节相关内容。

八、企业改组改制过程中个人取得的量化资产的优惠政策

《国家税务总局关于企业改组改制过程中个人取得的量化资产征收个人所得税问题的通知》（国税发〔2000〕60 号）规定：

根据国家有关规定，允许集体所有制企业在改制为股份合作制企业时可以将有关资产量化给职工个人。为了支持企业改组改制的顺利进行，对于企业在这一改革过程中个人取得量化资产的有关个人所得税问题，现明确如下：

（一）对职工个人以股份形式取得的仅作为分红依据，不拥有所有权的企业量化资产，不征收个人所得税。

（二）对职工个人以股份形式取得的拥有所有权的企业量化资产，暂缓征收个人所得税；待个人将股份转让时，就其转让收入额，减除个人取得该股份时实际支付的费用支出和合理转让费用后的余额，按"财产转让所得"项目计征个人所得税。

（三）对职工个人以股份形式取得的企业量化资产参与企业分配而获得的股息、红利，应按"利息、股息、红利"项目征收个人所得税。

九、支持粤港澳大湾区建设个人所得税优惠政策

《财政部 税务总局关于粤港澳大湾区个人所得税优惠政策的通知》（财税〔2019〕31号）规定：

为支持粤港澳大湾区建设，现就大湾区有关个人所得税优惠政策通知如下：

（一）广东省、深圳市按内地与香港个人所得税税负差额，对在大湾区工作的境外（含港澳台，下同）高端人才和紧缺人才给予补贴，该补贴免征个人所得税。

（二）在大湾区工作的境外高端人才和紧缺人才的认定和补贴办法，按照广东省、深圳市的有关规定执行。

（三）本通知适用范围包括广东省广州市、深圳市、珠海市、佛山市、惠州市、东莞市、中山市、江门市和肇庆市等大湾区珠三角九市。

（四）本通知自2019年1月1日起至2023年12月31日止执行。

十、支持平潭实验区建设个人所得税优惠政策

《财政部 国家税务总局关于福建平潭综合实验区个人所得税优惠政策的通知》（财税〔2014〕24号）规定，福建省人民政府根据《国务院关于平潭综合实验区总体发展规划的批复》（国函〔2011〕142号）以及《平潭综合实验区总体发展规划》有关规定，按不超过内地与台湾地区个人所得税负差额，给予在平潭综合实验区工作的台湾居民的补贴，免征个人所得税。

这里所称台湾居民，是指持有《台湾居民来往大陆通行证》的个人。

执行时间：自2013年1月1日起至2020年12月31日止。

十一、支持科技成果转化、技术入股等优惠政策

国家对于促进科技成果转化、技术入股等都有一系列的优惠政策，按照财政部 税务总局公告2018第177号《继续有效的个人所得税优惠政策涉及的文件目录》，下列文件规定的政策继续有效：

1.《财政部 国家税务总局关于促进科技成果转化有关税收政策的通知》（财税字〔1999〕

45号）；

2.《国家税务总局关于促进科技成果转化有关个人所得税问题的通知》（国税发〔1999〕125号）；

3.《财政部 国家税务总局关于个人非货币性资产投资有关个人所得税政策的通知》（财税〔2015〕41号）；

4.《财政部 国家税务总局关于将国家自主创新示范区有关税收试点政策推广到全国范围实施的通知》（财税〔2015〕116号）；

5.《财政部 国家税务总局关于完善股权激励和技术入股有关所得税政策的通知》（财税〔2016〕101号）。

上述有效的政策已经在本书第三章中有详细讲解，此处不再赘述。

第三节　民生与社会保障等优惠政策

一、因自然灾害遭受重大损失减征个人所得税

《个人所得税法》第五条第二项规定，因自然灾害遭受重大损失的，由省、自治区、直辖市人民政府规定，并报同级人民代表大会常务委员会备案，可以减征个人所得税。

此外，《财政部 国家税务总局关于认真落实抗震救灾及灾后重建税收政策问题的通知》（财税〔2008〕62号）规定：

（1）因地震灾害造成重大损失的个人，可减征个人所得税。具体减征幅度和期限由受灾地区省、自治区、直辖市人民政府确定。

（2）对受灾地区个人取得的抚恤金、救济金，免征个人所得税。

（3）个人将其所得向地震灾区的捐赠，按照个人所得税法的有关规定从应纳税所得中扣除。

二、社会保障方面的优惠政策

（一）工伤保险待遇免征

《财政部 国家税务总局关于工伤职工取得的工伤保险待遇有关个人所得税政策的通知》（财税〔2012〕40号，自2011年1月1日起执行）第一条规定，对工伤职工及其近亲属按照《工伤保险条例》（国务院令第586号）规定取得的工伤保险待遇，免征个人所得税。

上述所称的工伤保险待遇，包括工伤职工按照《工伤保险条例》（国务院令第586号）规定取得的一次性伤残补助金、伤残津贴、一次性工伤医疗补助金、一次性伤残就业补助金、工伤医疗待遇、住院伙食补助费、外地就医交通食宿费用、工伤康复费用、辅助器具费用、

生活护理费等，以及职工因工死亡，其近亲属按照《工伤保险条例》（国务院令第 586 号）规定取得的丧葬补助金、供养亲属抚恤金和一次性工亡补助金等。

（二）生育津贴和生育医疗费免税

《财政部 国家税务总局关于生育津贴和生育医疗费有关个人所得税政策的通知》（财税〔2008〕8 号）规定，生育妇女按照县级以上人民政府根据国家有关规定制定的生育保险办法，取得的生育津贴、生育医疗费或其他属于生育保险性质的津贴、补贴，免征个人所得税。

（三）按规定缴纳的"三险一金"后实际领取免征

《个人所得税法》第六条规定，包括居民个人按照国家规定的范围和标准缴纳的基本养老保险、基本医疗保险、失业保险等社会保险费和住房公积金等专项扣除可以依法税前扣除。

《财政部 国家税务总局关于基本养老保险费、基本医疗保险费、失业保险费住房公积金有关个人所得税政策的通知》（财税〔2006〕10 号）规定，个人超过规定的比例和标准缴付的基本养老保险、基本医疗保险费和失业保险费，应将超出部分并入当期的工资薪金收入计征个人所得税；个人实际领（支）取原提存的基本养老保险金、基本医疗保险金、失业保险金和住房公积金时，免征个人所得税。

（四）个人税收递延型商业养老保险优惠政策

《财政部 税务总局 人力资源社会保障部 中国银行保险监督管理委员会 证监会关于开展个人税收递延型商业养老保险试点的通知》（财税〔2018〕22 号）规定：

自 2018 年 5 月 1 日起，在上海市、福建省（含厦门市）和苏州工业园区实施个人税收递延型商业养老保险试点。试点期限暂定一年。

对试点地区个人通过个人商业养老资金账户购买符合规定的商业养老保险产品的支出，允许在一定标准内税前扣除；计入个人商业养老资金账户的投资收益，暂不征收个人所得税；个人领取商业养老金时再征收个人所得税。

（五）年金缴纳时暂不缴纳个人所得税

《财政部 国家税务总局 人力资源和社会保障部关于企业年金 职业年金个人所得税有关问题的通知》（财税〔2013〕103 号）规定：

1. 企业和事业单位（以下统称单位）根据国家有关政策规定的办法和标准，为在本单位任职或者受雇的全体职工缴付的企业年金或职业年金（以下统称年金）单位缴费部分，在计入个人账户时，个人暂不缴纳个人所得税。

2. 个人根据国家有关政策规定缴付的年金个人缴费部分，在不超过本人缴费工资计税基数的 4% 标准内的部分，暂从个人当期的应纳税所得额中扣除。

3. 年金基金投资运营收益分配计入个人账户时，个人暂不缴纳个人所得税。

（六）年金领取时不并入综合所得

《财政部 税务总局关于个人所得税法修改后有关优惠政策衔接问题的通知》（财税〔2018〕164号）第四条规定，个人达到国家规定的退休年龄，领取的企业年金、职业年金，符合《财政部 人力资源社会保障部 国家税务总局关于企业年金 职业年金个人所得税有关问题的通知》（财税〔2013〕103号）规定的，不并入综合所得，全额单独计算应纳税款。其中按月领取的，适用月度税率表计算纳税；按季领取的，平均分摊计入各月，按每月领取额适用月度税率表计算纳税；按年领取的，适用综合所得税率表计算纳税。

个人因出境定居而一次性领取的年金个人账户资金，或个人死亡后，其指定的受益人或法定继承人一次性领取的年金个人账户余额，适用综合所得税率表计算纳税。对个人除上述特殊原因外一次性领取年金个人账户资金或余额的，适用月度税率表计算纳税。

（七）个人与用人单位解除劳动关系取得的一次性补偿收入的优惠政策

《财政部 税务总局关于个人所得税法修改后有关优惠政策衔接问题的通知》（财税〔2018〕164号）第五条第一项规定，个人与用人单位解除劳动关系取得一次性补偿收入（包括用人单位发放的经济补偿金、生活补助费和其他补助费），在当地上年职工平均工资3倍数额以内的部分，免征个人所得税；超过3倍数额的部分，不并入当年综合所得，单独适用综合所得税率表，计算纳税。

《财政部 国家税务总局关于个人与用人单位解除劳动关系取得的一次性补偿收入征免个人所得税问题的通知》（财税〔2001〕157号）第三条规定，企业依照国家有关法律规定宣告破产，企业职工从该破产企业取得的一次性安置费收入，免征个人所得税。

（八）提前退休取得一次性补贴收入可平均分摊且单独计缴税金

《财政部 税务总局关于个人所得税法修改后有关优惠政策衔接问题的通知》（财税〔2018〕164号）第五条第二项规定，个人办理提前退休手续而取得的一次性补贴收入，应按照办理提前退休手续至法定离退休年龄之间实际年度数平均分摊，确定适用税率和速算扣除数，单独适用综合所得税率表，计算纳税。计算公式：

应纳税额＝{[（一次性补贴收入÷办理提前退休手续至法定退休年龄的实际年度数）－费用扣除标准]×适用税率－速算扣除数}×办理提前退休手续至法定退休年龄的实际年度数

（九）内部退养取得一次性补贴收入优惠政策

《财政部 税务总局关于个人所得税法修改后有关优惠政策衔接问题的通知》（财税〔2018〕164号）第五条第三项规定，个人办理内部退养手续而取得的一次性补贴收入，按照《国家税务总局关于个人所得税有关政策问题的通知》（国税发〔1999〕58号）规定计算纳税。

《国家税务总局关于个人所得税有关政策问题的通知》（国税发〔1999〕58号）规定，实行内部退养的个人在其办理内部退养手续后至法定离退休年龄之间从原任职单位取得的工资、薪金，不属于离退休工资，应按"工资、薪金所得"项目计征个人所得税。

个人在办理内部退养手续后从原任职单位取得的一次性收入，应按办理内部退养手续后至法定离退休年龄之间的所属月份进行平均，并与领取当月的"工资、薪金"所得合并后减除当月费用扣除标准，以余额为基数确定适用税率，再将当月工资、薪金加上取得的一次性收入，减去费用扣除标准，按适用税率计征个人所得税。

个人在办理内部退养手续后至法定离退休年龄之间重新就业取得的"工资、薪金"所得，应与其从原任职单位取得的同一月份的"工资、薪金"所得合并，并依法自行向主管税务机关申报缴纳个人所得税。

三、支持和促进重点群体创业就业的优惠政策

《财政部 税务总局 人力资源社会保障部关于继续实施支持和促进重点群体创业就业有关税收政策的通知》（财税〔2017〕49号）第一条规定：

对持《就业创业证》（注明"自主创业税收政策"或"毕业年度内自主创业税收政策"）或《就业失业登记证》（注明"自主创业税收政策"或附着《高校毕业生自主创业证》）的人员从事个体经营的，在3年内按每户每年8 000元为限额依次扣减其当年实际应缴纳的增值税、城市维护建设税、教育费附加、地方教育附加和个人所得税。限额标准最高可上浮20%，各省、自治区、直辖市人民政府可根据本地区实际情况在此幅度内确定具体限额标准，并报财政部和税务总局备案。

纳税人年度应缴纳税款小于上述扣减限额的，以其实际缴纳的税款为限；大于上述扣减限额的，以上述扣减限额为限。

上述人员是指：1.在人力资源社会保障部门公共就业服务机构登记失业半年以上的人员；2.零就业家庭、享受城市居民最低生活保障家庭劳动年龄内的登记失业人员；3.毕业年度内高校毕业生。高校毕业生是指实施高等学历教育的普通高等学校、成人高等学校应届毕业的学生；毕业年度是指毕业所在自然年，即1月1日至12月31日。

四、军队人员个人所得税优惠政策

（一）军队干部的免税或不征税补贴

《财政部、国家税务总局关于军队干部工资薪金收入征收个人所得税的通知》（财税字〔1996〕14号）规定：

1.按照政策法规，属于免税项目或者不属本人所得的补贴、津贴有8项，不计入工资、薪金所得项目征税。即：

（1）政府特殊津贴；

（2）福利补助；

（3）夫妻分居补助费；

（4）随军家属无工作生活困难补助；

（5）独生子女保健费；

（6）子女保教补助费；

（7）机关在职军以上干部公勤费（保姆费）；

（8）军粮差价补贴。

2. 对以下 5 项补贴、津贴，暂不征税：

（1）军人职业津贴；

（2）军队设立的艰苦地区补助；

（3）专业性补助；

（4）基层军官岗位津贴（营连排长岗位津贴）；

（5）伙食补贴。

（二）随军家属从事个体经营免征 3 年个人所得税

《财政部 国家税务总局关于随军家属就业有关税收政策的通知》（财税〔2000〕84 号）规定，对从事个体经营的随军家属，自领取税务登记证之日起，3 年内免征个人所得税。

（三）军队转业干部从事个体经营免征 3 年个人所得税

《财政部 国家税务总局关于自主择业的军队转业干部有关税收政策问题的通知》（财税〔2003〕26 号）规定，从事个体经营的军队转业干部，经主管税务机关批准，自领取税务登记证之日起，3 年内免征个人所得税。

（四）退役士兵退役金和经济补助免征

《财政部 国家税务总局关于退役士兵退役金和经济补助免征个人所得税问题的通知》（财税〔2011〕109 号）规定，对退役士兵按照《退役士兵安置条例》（国务院、中央军委令第 608 号）规定，取得的一次性退役金以及地方政府发放的一次性经济补助，免征个人所得税。

（五）自主就业退役士兵创业税收优惠政策

《财政部 税务总局 退役军人部关于进一步扶持自主就业退役士兵创业就业有关税收政策的通知》（财税〔2019〕21 号）规定：

自主就业退役士兵从事个体经营的，自办理个体工商户登记当月起，在 3 年（36 个月，下同）内按每户每年 12 000 元为限额依次扣减其当年实际应缴纳的增值税、城市维护建设税、教育费附加、地方教育附加和个人所得税。限额标准最高可上浮 20%，各省、自治区、直辖市人民政府可根据本地区实际情况在此幅度内确定具体限额标准。

纳税人年度应缴纳税款小于上述扣减限额的，减免税额以其实际缴纳的税款为限；大于上述扣减限额的，以上述扣减限额为限。纳税人的实际经营期不足 1 年的，应当按月换算其减免税限额。换算公式为：减免税限额 = 年度减免税限额 ÷ 12 × 实际经营月数。城市维护建设税、教育费附加、地方教育附加的计税依据是享受本项税收优惠政策前的增值税应纳税额。

第八章

境外已纳税额抵免与反避税条款

第一节　境外已纳税额抵免与应纳税额计算

主权国家都要行使自己的税收主权，而税收抵免则是国家间消除重复征税、减轻纳税人税收负担的一种途径，对于促进国家间资本、技术和人才的交流和全球经济的发展都将产生积极的作用。

目前世界各国缓解和消除国家间所得税重复征税的主要方法通常有：免税法、扣除法、减免法和抵免法。

我国个人所得税在选择避免重复征税的方法时，认真地权衡各种方法的利弊，为保留我国对居民纳税人境外所得的征税权，同时，又尽可能使所得来源国（地区）与我国共同对该项所得征税的重复部分予以完全消除，我国个人所得税法采用了税额抵免法。另外，考虑到全额抵免法有可能侵蚀到纳税人居住国的税基，所以，我国个人所得税法采用的是限额抵免法。

一、境外所得的界定

《财政部　税务总局关于境外所得有关个人所得税政策的公告》（财政部　税务总局公告 2020 年第 3 号，以下简称财税公告 2020 年第 3 号）第一条规定，下列所得为来源于中国境外的所得：

（一）因任职、受雇、履约等在中国境外提供劳务取得的所得

《个人所得税法实施条例》第三条规定，因任职、受雇、履约等在中国境内提供劳务取得的所得，不论支付地点是否在中国境内，均为来源于中国境内的所得。

因此，区分劳务所得是否为境外所得，决定因素是提供劳务的所在地，而不是支付地点或负担方所在地。比如某人因受公司委派到非洲某项目从事工程管理工作，该人在非洲工作

期间取得工资收入就属于境外所得。

说明：此处"劳务"不能简单的理解为"劳务报酬所得"，而是应包括工资薪金所得和劳务报酬所得。

（二）中国境外企业以及其他组织支付且负担的稿酬所得

需同时满足上述两个条件才能算为境外所得，如果只是其中一个条件则应算为境内所得。如虽然是中国境外企业支付，但是实际上中国境内企业负担的，就不能算为境外所得。

比如，张某是旅美学者，在美国出版了一本专著（英文版），美国出版企业支付并负担的稿酬，就属于境外所得。

假如中国境内某出版集团与张某谈妥了在中国大陆的版权合约，张某专著由该出版集团在中国大陆出版简体中文版。该出版集团是委托其在美国子公司与张某签约并支付稿酬的。由于该简体中文版稿酬的实际负担方，是中国大陆的出版集团，虽然是境外企业支付，但是依然不能算为境外所得。

（三）许可各种特许权在中国境外使用而取得的所得

《个人所得税法实施条例》第三条规定，许可各种特许权在中国境内使用而取得的所得，不论支付地点是否在中国境内，均为来源于中国境内的所得。

因此，区分特许权使用费所得是否为境外所得，是由特许权使用地决定，使用地在境外的则属于境外所得，与谁支付或谁负担无关。

（四）在中国境外从事生产、经营活动而取得的与生产、经营活动相关的所得

这个比较容易理解，个人在中国境外从事生产、经营活动取得的"经营所得"，理应属于境外所得。

（五）从中国境外企业、其他组织以及非居民个人取得的利息、股息、红利所得

《个人所得税法实施条例》第三条规定，从中国境内企业、事业单位、其他组织以及居民个人取得的利息、股息、红利所得，不论支付地点是否在中国境内，均为来源于中国境内的所得。

相反的，个人从境外企业、其他组织以及非居民个人取得，则属于境外所得。

（六）将财产出租给承租人在中国境外使用而取得的所得

《个人所得税法实施条例》第三条规定，将财产出租给承租人在中国境内使用而取得的所得，不论支付地点是否在中国境内，均为来源于中国境内的所得。

因此，区分财产租赁所得是否为境外所得，取决于承租人使用地点，如果在境外使用，则取得的租金收入就属于境外所得。

（七）转让中国境外的不动产、权益性资产以及其他资产所得

财税公告 2020 年第 3 号第一条第（七）款规定：转让中国境外的不动产、转让对中国境外企业以及其他组织投资形成的股票、股权以及其他权益性资产（以下称权益性资产）或者在中国境外转让其他财产取得的所得。但转让对中国境外企业以及其他组织投资形成的权益性资产，该权益性资产被转让前三年（连续 36 个公历月份）内的任一时间，被投资企业或其他组织的资产公允价值 50% 以上直接或间接来自位于中国境内的不动产的，取得的所得为来源于中国境内的所得。

上述规定包含了 3 类资产：1. 中国境外的不动产；2. 境外的权益性资产；3. 境外的其他资产。确认是否属于境外所得，重点在于资产属于"境外"，与支付点无关，只要资产在境外，其转让所得就属于境外所得。

另外，对于境外权益性资产转让 36 个月的限制，是属于反避税条款的设计，主要是为了避免高净值人群利用境外的"避税天堂"来转移应负的纳税义务。

（八）中国境外企业、其他组织以及非居民个人支付且负担的偶然所得

判断偶然所得是否属于境外所得，要求同时满足支付方和负担方均为境外企业、其他组织以及非居民个人，二者缺一不可，否则就为境内所得。

（九）财政部税务总局另有规定的所得

财税公告 2020 年第 3 号第一条第（九）款规定：财政部、税务总局另有规定的，按照相关规定执行。

《个人所得税法实施条例》第三条规定，除国务院财政、税务主管部门另有规定外，下列所得，不论支付地点是否在中国境内，均为来源于中国境内的所得。

由于经济发展日新月异，未来可能出现现有规定未能列举的个人所得形式或种类，因此税法授权财政部和税务总局，可以及时在职责范围内规定属于境内所得还是境外所得，避免产生税法"漏洞"。

二、当期境内和境外所得应纳税额的计算

（一）来源于境外的综合所得

来源于境外的综合所得，包括来源于境外的工资薪金所得、劳务报酬所得、稿酬所得和特许权使用费所得，应当与境内综合所得合并计算应纳税额，应按税法规定进行综合所得年度汇算。具体年度汇算规定与操作，详见本书第九章的内容。

（二）来源于境外的经营所得

1. 居民个人来源于中国境外的经营所得，应当与境内经营所得合并计算应纳税额，应按

税法规定进行经营所得年度汇算。具体年度汇算规定与操作，详见本书第九章的内容。

2. 居民个人来源于境外的经营所得，按照个人所得税法及其实施条例的有关规定计算的亏损，不得抵减其境内或他国（地区）的应纳税所得额，但可以用来源于同一国家（地区）以后年度的经营所得按中国税法规定弥补。

需要注意以下 4 点：1. 居民个人境外经营所得的亏损，是按照中国税法规定计算的，不是按照境外税法计算的；2. 境外经营所得的亏损，不得抵减其境内或他国（地区）的经营所得（应纳税所得额）；3. 境外经营所得的亏损，可用来源于同一国家（地区）以后年度的经营所得弥补，但是按中国税法规定进行弥补，而不是境外税法规定；4. 境内经营所得的亏损，也不能用境外经营所得来抵减。

（三）来源于境外的其他分类所得

居民个人来源于中国境外的利息、股息、红利所得，财产租赁所得，财产转让所得和偶然所得（以下称其他分类所得），不与境内所得合并，应当分别单独计算应纳税额。

由于其他分类所得，按照税法规定是分项征税且不需要进行年度汇算，因此无需与境内所得合并，应当单独计税。

三、来源于一国（地区）境外所得的抵免限额规定及计算

财税公告 2020 年第 3 号第三条规定：居民个人在一个纳税年度内来源于中国境外的所得，依照所得来源国家（地区）税收法律规定在中国境外已缴纳的所得税税额允许在抵免限额内从其该纳税年度应纳税额中抵免。

按照新个税法规定，综合所得和经营所得是按照年度计税的，而其他分类所得则是单独分项目按次计税。因此，对于境外所得需要分综合所得、经营所得和其他分类所得计算抵免限额：

（一）来源于一国（地区）综合所得的抵免限额

来源于一国（地区）综合所得的抵免限额＝中国境内和境外综合所得合并后依照中国税法规定计算的综合所得应纳税额 × 来源于该国（地区）的综合所得收入额 ÷ 中国境内和境外综合所得收入额合计

【案例 8-1】来源于一国综合所得的抵免限额的计算

资料：居民个人张某，任职于某集团公司，2019 年被公司委派到东南亚 A 国子公司担任财务总监。根据该集团公司的规定，国内集团公司每月支付工资 15 000.00 元，境外子公司支付工资 10 000.00 元人民币（等值的外币）。

假定：1. 张某专项扣除、专项附加扣除以及其他可依法扣除金额全年为 5.00 万元；2. 张某除上述的境内和境外工资收入外无其他综合所得收入。

问题：计算张某 A 国综合所得的抵免限额

【解析】（1）将张某境内和境外综合所得合并，按照中国税法计算综合所得应纳税额：

合并后应纳税所得额 =（15 000.00+10 000.00）×12-60 000.00-50 000.00=190 000.00 元

查询综合所得税率表，张某 2019 年度综合所得应适用税率 20%，速算扣除数为 16 920，因此：综合所得合并后应纳税额 =190 000.00×20%-16 920.00=21 080.00 元。

（2）张某来源于 A 国综合所得的抵免限额 =21 080.00×（10 000.00×12）÷（15 000.00+10 000.00）×12=8 432.00 元。

（二）来源于一国（地区）经营所得的抵免限额

来源于一国（地区）经营所得的抵免限额 = 中国境内和境外经营所得合并后依照中国税法规定计算的经营所得应纳税额 × 来源于该国（地区）的经营所得应纳税所得额 ÷ 中国境内和境外经营所得应纳税所得额合计

【案例 8-2】来源于一国经营所得的抵免限额计算

资料：钱某在中国境内开办了一家独资的 A 旅行社，同时在中东 T 国与当地人合伙开办了一家 B 旅行社（合伙企业，钱某拥有分配比例 50%）。2019 年度，A 旅行社经营盈利 60.00 万元，从 B 旅行社分得折合人民币 50.00 万元人民币。

假定钱某 2019 年度无综合所得和除上述以外的其他经营所得，专项扣除、专项附加扣除及其他可依法扣除金额合计为 12.00 万元。

问题：钱某来源于 T 国经营所得的抵免限额

【解析】（1）钱某境内和境外经营所得合并后的应纳税所得额合计 =（60.00+50.00）-6.00-12.00=92.00 万元

查询经营所得的税率表，钱某 2019 年度经营所得应适用税率 35%，速算扣除数为 65 500.00，因此：

经营所得合并后应纳税额 =920 000.00×35%-65 500.00=256 500.00 元。

（2）钱某来源于 T 国经营所得的抵免限额 =256 500.00×50.00 万元 /92.00 万元 =139 402.17 元。

（三）来源于一国（地区）其他分类所得的抵免限额

来源于一国（地区）其他分类所得的抵免限额 = 该国（地区）的其他分类所得依照中国税法规定计算的应纳税额

由于其他分类所得，无须与境内的同类所得合并计税，只需要单独按照中国税法计算即可。

【案例 8-3】来源于一国的其他分类所得的抵免限额计算

资料：居民个人陈某在 2019 年度去往 M 国旅游，在旅游期间一时兴起购买了当地发行的彩票，意外中奖，获得奖金折合人民币 680.00 万元（税前），扣除税费后实际到手奖金折合人民币 500.00 万元（其中所得税税额折合人民币 170 万元）。陈某将奖金存入在当地办理的国际银行卡，2019 年获得利息收入折合人民币 9.00 万元（税后金额，当地利息收入的税率为 10%）。

问题：计算陈某来源于 M 国分类所得的抵免限额

【解析】（1）偶然所得抵免限额的计算

购买彩票中奖所得属于偶然所得，按照中国税法规定税率为 20%，且不能做任何的扣除，因此：

钱某来源于 M 国偶然所得的抵免限额 =680.00 万元 ×20%=136.00 万元

（2）利息所得抵免限额的计算

由于资料中的利息收入是境外税后收入，需要先换算为税前收入：

利息税前收入额 =9.00 万元 ÷（1-10%）=10.00 万元；

利息收入按照中国税法属于"利息、股息、红利所得"，税率 20%，且不能做任何扣除，因此：

钱某来源于 M 国利息所得的抵免限额 =10.00 万元 ×20%=2.00 万元

（四）来源于一国（地区）所得的抵免限额

来源于一国（地区）所得的抵免限额 = 来源于该国（地区）综合所得抵免限额 + 来源于该国（地区）经营所得抵免限额 + 来源于该国（地区）其他分类所得抵免限额

来源于一国（地区）所得的抵免限额等于综合所得、经营所得和其他分类所得抵免限额的合计。

对于居民个人境外所得，实际在境外缴纳的所得税税额，采取的是分国（地区）而不分项目的抵免方式，所以对来源于一国（地区）所得的抵免限额要合计在一起。

（五）来源于一国（地区）的所得实际已经缴纳所得税税额的抵免规定

财税公告 2020 年第 3 号第六条规定：居民个人一个纳税年度内来源于一国（地区）的所得实际已经缴纳的所得税税额，低于依照本公告第三条规定计算出的来源于该国（地区）该纳税年度所得的抵免限额的，应以实际缴纳税额作为抵免额进行抵免；超过来源于该国（地区）该纳税年度所得的抵免限额的，应在限额内进行抵免，超过部分可以在以后五个纳税年度内结转抵免。

因此，对居民个人境外所得实际已经缴纳的所得税税额抵免规定，归纳总结如下图所示。

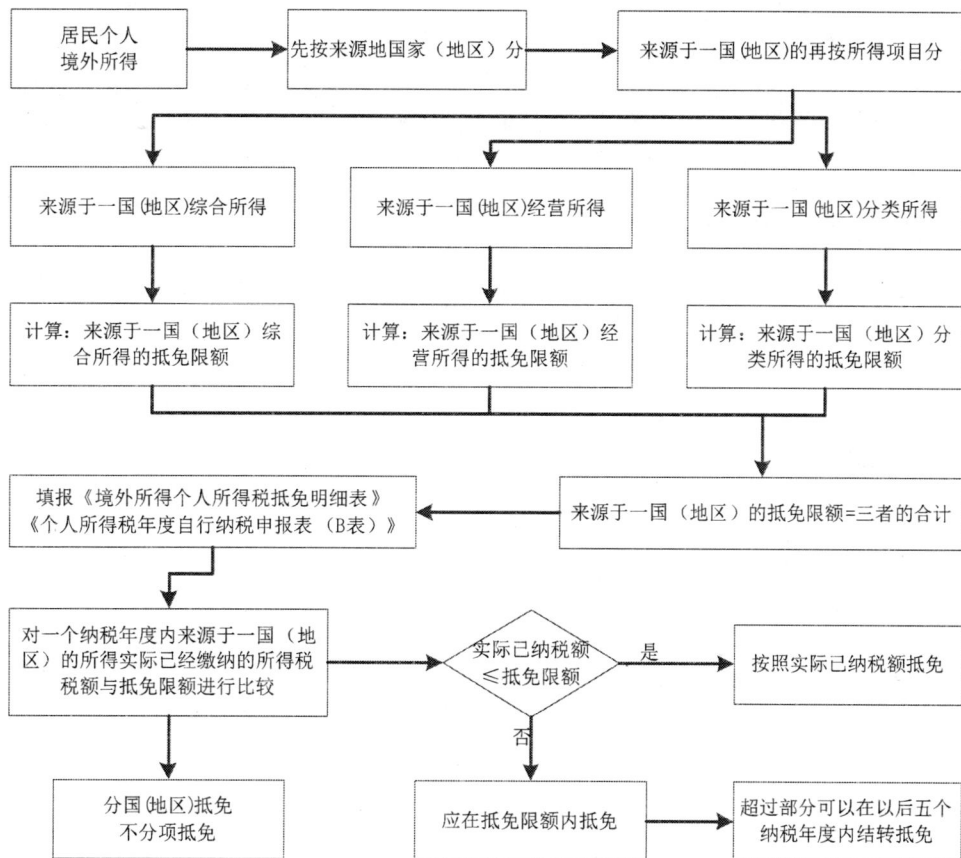

居民个人境外所得实际纳税抵免规定

【案例 8-4】来源于一国的所得实际已经缴纳所得税税额的抵免

资料：沿用【案例 8-3】的资料

问题：计算陈某 2019 年度来源于 M 国所得实际已纳所得税税额的抵免金额

【解析】（1）陈某 2019 年度来源于 M 国偶然所得在境外实际已缴纳所得税税额为 170 万元，但是钱某来源于 M 国偶然所得的抵免限额为 136.00 万元（计算过程见【案例 8-3】，下同）。

（2）陈某 2019 年度来源于 M 国的利息所得，实际在 M 国缴纳所得税 1 万元，而抵免限额为 2 万元。

（3）因此，陈某来源于 M 国的抵免限额 =136.00 万元 +2.00 万元 =138.00 万元；

陈某来源于 M 国所得，在 M 国实际已纳所得税税额 =170.00 万元 +1.00 万元 =171.00 万元；

因为实际已纳税税额大于抵免限额，应在限额内抵免，所以陈某来源于 M 国所得抵免限额应为 138.00 万元。

四、不可抵免的境外所得税税额的情形

《个人所得税法》第七条规定，居民个人从中国境外取得的所得，可以从其应纳税额中抵

免已在境外缴纳的个人所得税税额，但抵免额不得超过该纳税人境外所得依照本法规定计算的应纳税额。

财税公告 2020 年第 3 号第四条规定：可抵免的境外所得税税额，是指居民个人取得境外所得，依照该所得来源国（地区）税收法律应当缴纳且实际已经缴纳的所得税性质的税额。可抵免的境外所得税额不包括以下情形：

（1）按照境外所得税法律属于错缴或错征的境外所得税税额；

（2）按照我国政府签订的避免双重征税协定以及内地与香港、澳门签订的避免双重征税安排（以下统称税收协定）规定不应征收的境外所得税税额；

（3）因少缴或迟缴境外所得税而追加的利息、滞纳金或罚款；

（4）境外所得税纳税人或者其利害关系人从境外征税主体得到实际返还或补偿的境外所得税税款；

（5）按照我国个人所得税法及其实施条例规定，已经免税的境外所得负担的境外所得税税款。

五、视同已纳税额抵免规定

财税公告 2020 年第 3 号第五条规定：居民个人从与我国签订税收协定的国家（地区）取得的所得，按照该国（地区）税收法律享受免税或减税待遇，且该免税或减税的数额按照税收协定饶让条款规定应视同已缴税额在中国的应纳税额中抵免的，该免税或减税数额可作为居民个人实际缴纳的境外所得税税额按规定申报税收抵免。

根据国际条约优先原则，若中国与其他国家或地区有税收协定饶让条款，则该免税或减税数额可作为居民个人实际缴纳的境外所得税税额按规定申报税收抵免。

税收饶让，又称"虚拟抵免"和"饶让抵免"，是指居住国政府对其居民在国外得到减免税优惠的那一部分，视同已经缴纳，同样给予税收抵免待遇不再按居住国税法规定的税率予以补征。税收饶让是配合抵免方法的一种特殊方式，是税收抵免内容的附加。

六、境外所得纳税申报期限

《个人所得税法》第十三条规定，居民个人从中国境外取得所得的，应当在取得所得的次年三月一日至六月三十日内申报纳税。

财税公告 2020 年第 3 号第七条也规定：居民个人从中国境外取得所得的，应当在取得所得的次年 3 月 1 日至 6 月 30 日内申报纳税。

七、境外所得纳税申报地点

根据财税公告 2020 年第 3 号第八条规定，居民个人取得境外所得纳税申报地点分四种情况：

（1）在境内有任职、受雇单位，则向中国境内任职、受雇单位所在地主管税务机关办理纳税申报。

（2）在境内没有任职、受雇单位，则向户籍所在地或中国境内经常居住地主管税务机关办理纳税申报。

（3）在境内没有任职、受雇单位，且户籍所在地与中国境内经常居住地不一致，则选择其中一地主管税务机关办理纳税申报。

（4）在境内没有任职、受雇单位，在中国境内没有户籍的，向中国境内经常居住地主管税务机关办理纳税申报。

对上述规定，归纳如下图所示。

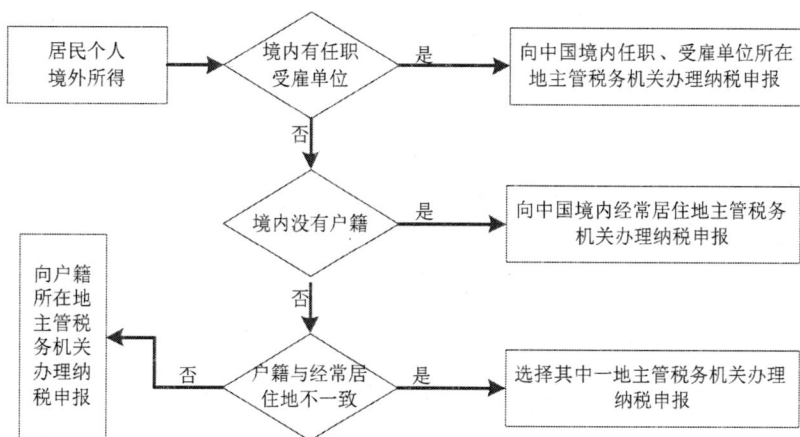

居民个人境外所得纳税申报地点规定

八、境内境外纳税年度不一致的处理办法

财税公告 2020 年第 3 号第九条规定，居民个人取得境外所得的境外纳税年度与公历年度不一致的，取得境外所得的境外纳税年度最后一日所在的公历年度，为境外所得对应的我国纳税年度。

我国《个人所得税法》第一条规定，纳税年度，自公历 1 月 1 日起至 12 月 31 日止。

境外国家或地区，有可能纳税年度与我国大陆不一致。

例如 B 国的纳税年度是从上年的 4 月 1 日到次年的 3 月 31 日，居民个人张某 2019 年 5 月至 12 月期间在该国取得境外所得，按其境外纳税年度计算最后一日是 2020 年 3 月 31 日，对应的公历年度是 2020 年度。

因此，虽然张某是公历 2019 年度取得的境外所得，但是纳税年度按上述规定要算为 2020 年度。

九、抵免凭证的要求与追溯抵免规定

（一）抵免凭证的要求

《个人所得税法实施条例》第二十二条规定，居民个人申请抵免已在境外缴纳的个人所得税税额，应当提供境外税务机关出具的税款所属年度的有关纳税凭证。

财税公告 2020 年第 3 号第十条规定，居民个人申报境外所得税收抵免时，除另有规定外，应当提供境外征税主体出具的税款所属年度的完税证明、税收缴款书或者纳税记录等纳税凭证，未提供符合要求的纳税凭证，不予抵免。纳税人确实无法提供纳税凭证的，可同时凭境外所得纳税申报表（或者境外征税主体确认的缴税通知书）以及对应的银行缴款凭证办理境外所得抵免事宜。

与原《个人所得税法》实施条例第三十四条相比，删除了原件要求，也就是复印件在一定情况下也可行，更加切合实际了。

（二）追溯抵免规定

财税公告 2020 年第 3 号第十条规定，居民个人已申报境外所得、未进行税收抵免，在以后纳税年度取得纳税凭证并申报境外所得税收抵免的，可以追溯至该境外所得所属纳税年度进行抵免，但追溯年度不得超过五年。自取得该项境外所得的五个年度内，境外征税主体出具的税款所属纳税年度纳税凭证载明的实际缴纳税额发生变化的，按实际缴纳税额重新计算并办理补退税，不加收税收滞纳金，不退还利息。

对上述规定，归纳总结如下图所示。

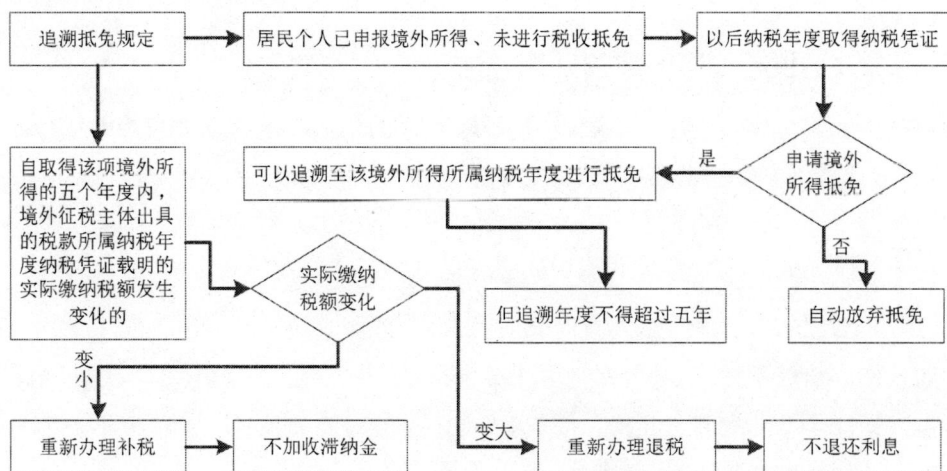

境外所得实际缴纳税额追溯抵免规定

十、境外所得的预扣预缴与自行申报

（一）境外所得的预扣预缴

财税公告 2020 年第 3 号第十一条规定：

居民个人被境内企业、单位、其他组织（以下称派出单位）派往境外工作，取得的工资薪金所得或者劳务报酬所得，由派出单位或者其他境内单位支付或负担的，派出单位或者其他境内单位应按照个人所得税法及其实施条例规定预扣预缴税款。

居民个人被派出单位派往境外工作，取得的工资薪金所得或者劳务报酬所得，由境外单位支付或负担的，如果境外单位为境外任职、受雇的中方机构（以下称中方机构）的，可以由境外任职、受雇的中方机构预扣税款，并委托派出单位向主管税务机关申报纳税。中方机构未预扣税款的或者境外单位不是中方机构的，派出单位应当于次年 2 月 28 日前向其主管税务机关报送外派人员情况，包括：外派人员的姓名、身份证件类型及身份证件号码、职务、派往国家和地区、境外工作单位名称和地址、派遣期限、境内外收入及缴税情况等。

中方机构包括中国境内企业、事业单位、其他经济组织以及国家机关所属的境外分支机构、子公司、使（领）馆、代表处等。

对上述规定，通过流程图来理顺一下思路如下图所示。

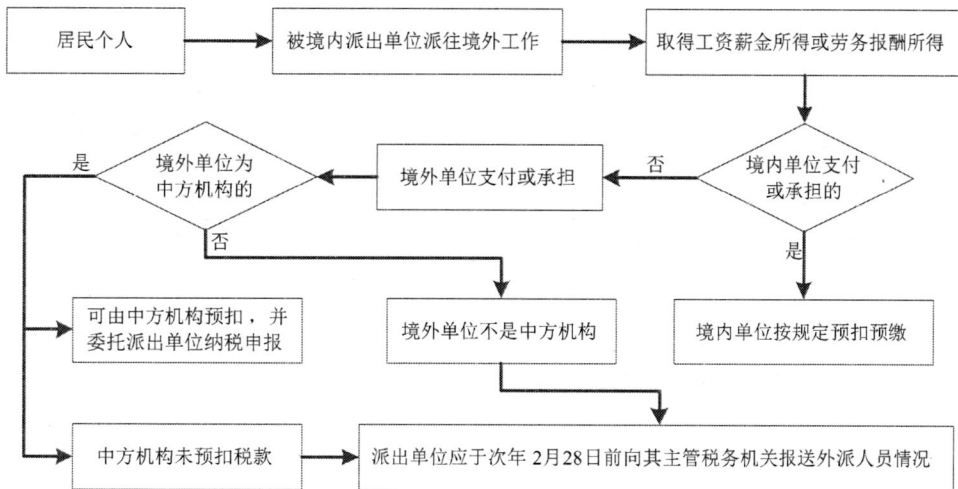

居民个人被境内单位派往境外工作涉税规定

（二）境外所得的自行申报

国税发〔1998〕126 号第九条规定，纳税人有下列情形的，应自行申报纳税：

（1）境外所得来源于两处以上的；

（2）取得境外所得没有扣缴义务人、代征人的（包括扣缴义务人、代征人未按规定扣缴或征缴税款的）。

根据规定须自行申报纳税的纳税人，应在次年的 3 月 1 日至 6 月 30 日之间，向中国主管税务机关申报缴纳个人所得税。这里所称的中国主管税务机关是指派出单位所在地的税务机关。无派出单位的，是指纳税人离境前户籍所在地的税务机关；户籍所在地与经常居住地不一致的，是指经常居住地税务机关。

说明：财税公告 2020 年第 3 号并未涉及到居民个人境外所得自行申报问题的专门规定，同时《国家税务总局关于个人所得税自行纳税申报有关问题的公告》（国家税务总局公告 2018 年第 62 号）也没有专门规定。国税发 [1998]126 号部分条款与财税公告 2020 年第 3 号等现行规定明显不符了，但是国家税务总局仍然没有明确作废，所以上述的境外所得自行申报的规定依然有效。

（三）居民个人取得境外所得年度汇算

居民个人负有完全纳税义务，需要就境内和境外所得向中国政府纳税。

根据规定，居民个人取得境外所得，申请抵免境外缴纳的个人所得税，应通过年度汇算办理。

根据《国家税务总局关于修订部分个人所得税申报表的公告》（国家税务总局公告 2019 年第 46 号）和《国家税务总局关于修订部分个人所得税申报表的公告》（国家税务总局公告 2019 年第 46 号）规定，取得境外所得的居民个人，应在次年 3 月 1 日至 6 月 30 日年度汇算期缴，填报《个人所得税年度自行纳税申报表（B 表）》和《境外所得个人所得税抵免明细表》。

【案例 8-5】境外多国所得已纳税额的计算

居民个人张某 2019 年 1 月至 12 月在 A 国取得工薪收入 600 000.00 元（人民币，下同），特许权使用费收入 70 000.00 元，按 A 国的规定实际缴纳所得税税款合计 70 100.00 元；同时，又在 B 国取得利息收入 10 000.00 元和出版书籍取得稿酬 100 000.00 元，按 B 国税法规定实际缴纳了所得税税额合计 20 500.00 元；在中国境内出版书籍，取得稿酬所得 50 000.00 元，出版社依法预扣预缴了个人所得税（没有扣除专项附加扣除等项目）。

假定张某在 2019 年度除稿酬所得外，在中国境内再无其他收入；假定张某可依法税前扣除的专项扣除、专项附加扣除以及其他可依法扣除项目合计金额为 90 000.00 元。

假定 A 国和 B 国的纳税年度与中国相同。

问题：张某 2019 年度境外所得年度汇算后应补缴税款是多少？

【解析】（一）张某境内和境外的综合所得及境外抵免限额的计算

（1）境内综合所得收入额 =50 000.00×(1-20%)×70%=28 000.00 元；

（2）A 国综合所得收入额 =600 000.00+70 000.00×(1-20%)=656 000.00 元；

（3）B 国综合所得收入额 =100 000.00×(1-20%)×70%=56 000.00 元；

（4）张某 2019 年度综合所得收入额合计 =28 000.00+656 000.00+56 000.00=740 000.00 元；

（5）依照中国税法规定境内外合并后综合所得应纳税额 =(740 000.00-60 000.00-90 000.00)× 适用税率 - 速算扣除数 =590 000.00×30%-52 920.00=124 080.00 元；

（6）A 国综合所得抵免限额 =124 080.00×656 000.00/740 000.00=109 995.24 元

（7）B 国综合所得抵免限额 =124 080.00×56 000.00/740 000.00=9 389.84 元

（二）张某境外利息所得的抵免限额计算

B 国利息收入抵免限额 =10 000.00×20%=2 000.00 元

（三）张某分国抵免限额及实际抵免额的计算

A 国抵免限额 =109 995.24 元，实际缴纳所得税税款 70 100.00 元，抵免限额超过实际缴纳税额，应按照实际缴纳额 70 100.00 元抵免；

B 国抵免限额 =9 389.84 元 +2 000.00 元 =11 389.84 元，实际缴纳所得税税额 20 500.00 元，实际缴纳额超过抵免限额，应按抵免限额 11 389.84 元抵免，超过部分 9 110.16 元结转以后 5 个年度内抵免。

（四）张某境内稿酬所得预扣预缴税款 =50 000.00×(1-20%)×70%×20%=5 600.00 元；

（五）张某境内境外合并后应缴税额 = 综合所得应交税额 + 利息所得应交税额 =124 080.00 元 +10 000.00 元 ×20%=126 080.00 元。

应补缴税额 =126 080.00-（70 100.00 元 +11 389.84 元）-5 600.00 元 =38 990.16 元

第二节　反避税条款

第十三届全国人民代表大会常务委员会第五次会议通过了全国人民代表大会常务委员会关于修改《中华人民共和国个人所得税法》的决定。修正案草案中，为堵塞税收漏洞，首次增加了反避税条款。

长期以来，我国所得税管理的重点在于企业，相应的反避税措施也主要针对企业法人进行设计。有了反避税条款，意味着将相关个人避税行为也纳入反避税体系。

一、反避税条款规定

《个人所得税法》第八条是此次修法新增的主要反避税条款，该条规定，有下列情形之一的，税务机关有权按照合理方法进行纳税调整：

（一）个人与其关联方之间的业务往来不符合独立交易原则而减少本人或者其关联方应纳税额，且无正当理由；

（二）居民个人控制的，或者居民个人和居民企业共同控制的设立在实际税负明显偏低的国家（地区）的企业，无合理经营需要，对应当归属于居民个人的利润不作分配或者减少分配；

（三）个人实施其他不具有合理商业目的的安排而获取不当税收利益。

税务机关依照前款规定作出纳税调整，需要补征税款的，应当补征税款，并依法加收利息。

本来在《个人所得税法实施条例（修订征求意见稿）》中对上述反避税条款规定有较多的明细解释和规定，但是最后以国务院令第707号发布的《中华人民共和国个人所得税法实施条例》却删除了，最后只是保留了第二十三条的规定。

《个人所得税法实施条例》第二十三条规定，个人所得税法第八条第二款规定的利息，应当按照税款所属纳税申报期最后一日中国人民银行公布的与补税期间同期的人民币贷款基准利率计算，自税款纳税申报期满次日起至补缴税款期限届满之日止按日加收。纳税人在补缴税款期限届满前补缴税款的，利息加收至补缴税款之日。

虽然，最终修订的《个人所得税法实施条例》没有保留草案中大部分反避税条款，但是对于正确理解《个人所得税法》第八条关于反避税条款还是有帮助的。

《个人所得税法》和《个人所得税法实施条例（征求意见稿）》中的反避税条款

新个人所得税法	新个人所得税法实施条例（征求意见稿）
第八条 有下列情形之一的，税务机关有权按照合理方法进行纳税调整：	第二十九条 个人所得税法第八条规定的纳税调整具体方法由国务院财政、税务主管部门制定。
（一）个人与其关联方之间的业务往来不符合独立交易原则而减少本人或者其关联方应纳税额，且无正当理由；	第二十五条 个人所得税法第八条第一款第一项所称关联方，是指与个人有下列关联关系之一的个人、企业或者其他经济组织： （一）夫妻、直系血亲、兄弟姐妹，以及其他抚养、赡养、扶养关系； （二）资金、经营、购销等方面的直接或者间接控制关系； （三）其他经济利益关系。 个人之间有前款第一项关联关系的，其中一方个人与企业或者其他组织存在前款第二项和第三项关联关系的，另一方个人与该企业或者其他组织构成关联方。 个人所得税法第八条第一款第一项所称独立交易原则，是指没有关联关系的交易各方，按照公平成交价格和营业常规进行业务往来遵循的原则。
（二）居民个人控制的，或者居民个人和居民企业共同控制的设立在实际税负明显偏低的国家（地区）的企业，无合理经营需要，对应当归属于居民个人的利润不作分配或者减少分配；	第二十六条 个人所得税法第八条第一款第二项所称控制，是指： （一）居民个人、居民企业直接或者间接单一持有外国企业10%以上有表决权股份，且由其共同持有该外国企业50%以上股份； （二）居民个人、居民企业持股比例未达到第一项规定的标准，但在股份、资金、经营、购销等方面对该外国企业构成实质控制。 个人所得税法第八条第一款第二项所称实际税负明显偏低，是指实际税负低于《中华人民共和国企业所得税法》规定的税率的50%。 居民个人或者居民企业能够提供资料证明其控制的企业满足国务院财政、税务主管部门规定的条件的，可免予纳税调整。
（三）个人实施其他不具有合理商业目的的安排而获取不当税收利益。	第二十七条 个人所得税法第八条第一款第三项所称不具有合理商业目的，是指以减少、免除或者推迟缴纳税款为主要目的。
税务机关依照前款规定作出纳税调整，需要补征税款的，应当补征税款，并依法加收利息。	第二十八条 个人所得税法第八条第二款规定的利息，应当按照税款所属纳税年度最后一日中国人民银行公布的同期人民币贷款基准利率加5个百分点计算，自税款纳税申报期满次日起至补缴税款期限届满之日止按日加收。纳税人在补缴税款期限届满前补缴税款的，加收利息至补缴税款之日。 个人如实向税务机关提供有关资料，配合税务机关补征税款的，利息可以按照前款规定的人民币贷款基准利率计算。

个人所得税方面引入反避税条款还是一个新事物，最终公布确定的新修订的《个人所得税法实施条例》之所以删除了《征求意见稿》中的条款，估计是立法者在征求意见过程中发现也许还有不完善或者有争议的地方，纳税人应关注后续的相关规定出台。

二、与个人所得税反避税相关的情况介绍

反避税是一个世界性课题，需要各国（地区）政府之间相互配合，因此中国政府也参与了国际间的反避税工作。

CRS（common reporting standard，共同申报准则，又称统一报告标准），是经济合作与发展组织（OECD）受二十国集团（G20）委托，于 2014 年 7 月发布的《金融账户涉税信息自动交换标准》，即为全球范围内的金融账户涉税信息自动交换"统一报告标准"（以下简称"标准"），获得当年 G20 布里斯班峰会的核准，为各国加强国际税收合作、打击跨境逃避税提供了强有力的信息工具。在 G20 的大力推动下，目前已有 100 个国家（地区）承诺实施"标准"。所有签署 CRS 的国家和地区都要在本国金融机构实行这一统一标准，并与其他签署国家和地区交换掌握的对方居民的金融账户信息。

在 CRS 的影响下，由于离岸金融工具也作为信息而被申报，再想通过离岸金融来达到隐藏资产、逃税、避税变得困难。另外，对于高净值的"富人"而言，如果信息不正确披露或没有披露，不但资产会被冻结，也将面临税务机关的罚款、诉讼，涉及欺诈、造假、逃税的将负严厉的刑事责任。

国家税务总局、财政部、中国人民银行、中国银行业监督管理委员会、中国证券监督管理委员会、中国保险监督管理委员会等六部委于 2017 年 5 月 9 日联合发布了《非居民金融账户涉税信息尽职调查管理办法》（国家税务总局公告 2017 年第 14 号发布）。

经国务院批准，我国向 G20 承诺实施"标准"，首次对外交换信息的时间为 2018 年 9月。2015 年 7 月，《多边税收征管互助公约》由十二届全国人大常委会第十五次会议批准，于2016 年 2 月对我国生效，为我国实施"标准"奠定了多边法律基础。2015 年 12 月，国家税务总局签署了《金融账户涉税信息自动交换多边主管当局间协议》，为我国与其他国家（地区）间相互交换金融账户涉税信息提供了操作层面的依据。

全球已有超过 100 个国家承诺实施最迟在 2018 年 9 月实现 CRS 下第一次金融账户信息交换。目前，中国已经加入《多边税收征管公约》（MCAA）并实现配对。OECD 公布数据显示，中国目前已经与多个国家和地区在 MCAA 下"配对"成功，信息自动交换关系正式被"激活"。这些国家或地区中，不乏英属维尔京群岛、开曼、百慕大这样的"避税天堂"。

从 2018 年 9 月份开始，国家税务总局同多个国家（地区）税务主管当局，第一次交换金融账户涉税信息。其实就是这样：外国税收居民在中国的账户信息，中国将交给他们的税务机关；中国税收居民在国外的账户信息，该国也会交给中国的税务机关。

这意味着，中国国家税务总局将清楚掌握我国居民在上百国家地区开设银行账户情况。这一行动是全球百余国家地区围绕一项名为 CRS 的共同协议进行的。

需要注意的是，中国实施 CRS 后，将以"税收居民"身份而非国籍信息来判定进行信息交换。

举例来说，李某是法国国籍，但是长居中国，并且在中国工作，那么李某就是中国的税收居民，在境外的金融账户信息需要交换给中国税务当局，而非法国税务当局。

一旦被查询到海外巨额收入，相关人员可能面临巨额的个税补缴，以及海外设立公司的 25% 企业所得税。

在大数据支持下，各种收入来源越来越多地存有可查的电子痕迹，所有个人收入未来将按照个人身份证号码即个人纳税号码记录归堆，税务机关能够更快、更全面地查清纳税人的真实情况，存在侥幸心理式逃税被发现的概率将大大提高。

第九章

个人所得税的征收管理

由支付的单位或个人代扣代缴税款和纳税人自行申报缴税是世界各国征收个人所得税的通行做法。我国税法对个人所得税的征收也采用了这两种方法相结合的做法。

《个人所得税法》第九条规定，个人所得税以所得人为纳税人，以支付所得的单位或者个人为扣缴义务人；而《个人所得税法》第十条则规定了几种情况下应该由纳税人自行申报。

新修订的个人所得税法引入了综合所得的概念，所以在原个体工商户生产经营所得需要汇算清缴的基础上，对综合所得等也要求进行汇算清缴。

第一节　个人所得税的代扣代缴

代扣代缴是个人所得税的主要征收方式，它是加强源泉控制，堵塞税收漏洞的重要手段。受我国法治建设状况的制约，公民自觉纳税意识不强，良好的纳税习惯尚未普遍形成，代扣代缴在我国个人所得税征管中显得非常重要。

为配合新修订后的个人所得税法实施，国家税务总局于2018年12月21日发布了《个人所得税扣缴申报管理办法（试行）》（国家税务总局公告2018年第61号发布，以下简称"《扣缴办法》"）。

一、扣缴义务人

《扣缴办法》第二条规定，扣缴义务人，是指向个人支付所得的单位或者个人。

（一）扣缴义务人的认定

《国家税务总局关于个人所得税偷税案件查处中有关问题的补充通知》（国税函发〔1996〕602号）规定，扣缴义务人的认定，按照个人所得税法的法规，向个人支付所得的单位和个人为扣缴义务人。由于支付所得的单位和个人与取得所得的人之间有多重支付的现象，有时难以确定扣缴义务人。为保证全国执行的统一，现将认定标准规定为：凡税务机关认定对所得的支付对象和支付数额有决定权的单位和个人，即为扣缴义务人。

（二）限售股所得的扣缴义务人

《财政部 国家税务总局 证监会关于个人转让上市公司限售股所得征收个人所得税有关问题的通知》（财税〔2009〕167号）第四条规定，限售股转让所得个人所得税，以限售股持有者为纳税义务人，以个人股东开户的证券机构为扣缴义务人。限售股个人所得税由证券机构所在地主管税务机关负责征收管理。

（三）行政事业单位扣缴义务人的确定

《国家税务总局关于行政机关、事业单位工资发放方式改革后扣缴个人所得税问题的通知》（国税发〔2001〕19号）规定，财政部门（或机关事务管理、人事等部门）向行政机关、事业单位工作人员发放工资时应依法代扣代缴个人所得税。行政机关、事业单位再向个人支付与任职、受雇有关的其他所得时，应将个人的这部分所得与财政部门（或机关事务管理、人事等部门）发放的工资合并计算应纳税所得额和应纳税额，并就应纳税额与财政部门（或机关事务管理、人事等部门）已扣缴税款的差额部分代扣代缴个人所得税。

（四）企业债券利息的扣缴义务人

《国家税务总局关于加强企业债券利息个人所得税代扣代缴工作的通知》（国税函〔2003〕612号）规定，企业债券利息个人所得税统一由各兑付机构在向持有债券的个人兑付利息时负责代扣代缴，就地入库。各兑付机构应按照个人所得税法的有关规定做好代扣代缴个人所得税工作。

（五）驻华机构、驻华使领馆雇员的扣缴义务人

《国家税务总局关于国际组织驻华机构、外国政府驻华使领馆和驻华新闻机构雇员个人所得税征收方式的通知》（国税函〔2004〕808号）规定：

（1）根据《中华人民共和国个人所得税法》规定，对于在国际组织驻华机构和外国政府驻华使领馆中工作的中方雇员的个人所得税，应以直接支付所得的单位或者个人作为代扣代缴义务人，考虑到国际组织驻华机构和外国政府驻华使领馆的特殊性，各级地方税务机关可暂不要求国际组织驻华机构和外国政府驻华使领馆履行个人所得税代扣代缴义务。

（2）鉴于北京外交人员服务局和各省（市）省级人民政府指定的外事服务单位等机构，通过一定途径能够掌握在国际组织驻华机构、外国政府驻华使领馆工作的中方雇员受雇情况，根据《中华人民共和国税收征收管理法实施细则》第四十四条规定，各主管税务机关可委托外交人员服务机构代征上述中方雇员的个人所得税。各主管税务机关要加强与外事服务单位联系，及时办理国际组织驻华机构和外国政府驻华使领馆中方雇员个人所得税委托代征手续。

（3）接受委托代征个人所得税的各外事服务单位应采取有效措施，掌握国际组织驻华机构和外国政府驻华使领馆中方雇员受雇及收入情况，严格依照法律规定征收解缴税款，并按月向主管税务机关通报有关信息。

（4）北京、上海、广东、四川等有外国驻当地新闻媒体机构的省（市）地方税务局应定期向省级人民政府外事办公室索要《外国驻华新闻媒体名册》，了解、掌握外国驻当地新闻媒体机构以及外籍人员变动情况，并据此要求上述驻华新闻机构做好中外籍记者、雇员个人所得税扣缴工作。

（六）财产拍卖所得的扣缴义务人

《国家税务总局关于加强和规范个人取得拍卖收入征收个人所得税有关问题的通知》（国税发〔2007〕38号）第七条规定，个人财产拍卖所得应纳的个人所得税税款，由拍卖单位负责代扣代缴，并按规定向拍卖单位所在地主管税务机关办理纳税申报。

二、全员全额扣缴申报

《个人所得税法》第十条规定，扣缴义务人应当按照国家规定办理全员全额扣缴申报，并向纳税人提供其个人所得和已扣缴税款等信息。

《扣缴办法》明确，全员全额扣缴申报，是指扣缴义务人应当在代扣税款的次月十五日内，向主管税务机关报送其支付所得的所有个人的有关信息、支付所得数额、扣除事项和数额、扣缴税款的具体数额和总额以及其他相关涉税信息资料。

特别说明，根据规定，全员全额扣缴申报是针对的"全员"与"全额"，与取得收入的个人是否应该缴税无关，也就是说只要有人从本单位取得了所得，即便是应缴税额为0，扣缴义务人也应如实的申报。

（一）全员全额扣缴的应税所得项目

《扣缴办法》第四条规定，实行个人所得税全员全额扣缴申报的应税所得包括：

（1）工资、薪金所得；

（2）劳务报酬所得；

（3）稿酬所得；

（4）特许权使用费所得：

（5）利息、股息、红利所得；

（6）财产租赁所得；

（7）财产转让所得；

（8）偶然所得。

（二）扣缴申报

1. 基础信息的报送

扣缴义务人首次向纳税人支付所得时，应当按照纳税人提供的纳税人识别号等基础信息，填写《个人所得税基础信息表（A表）》，并于次月扣缴申报时向税务机关报送。

扣缴义务人对纳税人向其报告的相关基础信息变化情况，应当于次月扣缴申报时向税务机关报送。

2. 扣缴申报的时限规定

《扣缴办法》规定，扣缴义务人每月或者每次预扣、代扣的税款，应当在次月十五日内缴入国库，并向税务机关报送《个人所得税扣缴申报表》。

三、主要应税项目扣缴税额的计算

（一）向居民个人支付工资、薪金所得的扣缴计算

具体参看本书第二章第二节内容。

（二）支付劳务报酬所得、稿酬所得、特许权使用费所得的扣缴计算

具体参看本书第二章第三节内容。

（三）向非居民个人支付工资、薪金所得和劳务报酬所得、稿酬所得和特许权使用费所得的扣缴计算

具体参看本书第六章第三节内容。

四、扣缴义务人的法律义务

扣缴义务人应当按照纳税人提供的信息计算税款、办理扣缴申报，不得擅自更改纳税人提供的信息。

扣缴义务人发现纳税人提供的信息与实际情况不符的，可以要求纳税人修改。纳税人拒绝修改的，扣缴义务人应当报告税务机关，税务机关应当及时处理。

纳税人发现扣缴义务人提供或者扣缴申报的个人信息、支付所得、扣缴税款等信息与实际情况不符的，有权要求扣缴义务人修改。扣缴义务人拒绝修改的，纳税人应当报告税务机关，税务机关应当及时处理。

扣缴义务人对纳税人提供的《个人所得税专项附加扣除信息表》，应当按照规定妥善保存备查。

扣缴义务人应当依法对纳税人报送的专项附加扣除等相关涉税信息和资料保密。

扣缴义务人有未按照规定向税务机关报送资料和信息、未按照纳税人提供信息虚报虚扣专项附加扣除、应扣未扣税款、不缴或少缴已扣税款、借用或冒用他人身份等行为的，依照

《中华人民共和国税收征收管理法》等相关法律、行政法规处理。

五、对扣缴义务人的鼓励

对扣缴义务人按照规定扣缴的税款，按年付给百分之二的手续费。不包括税务机关、司法机关等查补或者责令补扣的税款。

扣缴义务人领取的扣缴手续费可用于提升办税能力、奖励办税人员。根据规定，扣缴手续费用于奖励办税人员可免个人所得税。

第二节　个人所得税的自行申报

自行申报是我国个人所得税的另一种重要的征收方式，也是未来个人所得税改革的方向之一。

一、自行申报的项目

根据《个人所得税法》第十条的规定，有下列情形之一的，纳税人应当依法办理纳税申报：

（一）取得综合所得需要办理汇算清缴；

（二）取得应税所得没有扣缴义务人；

（三）取得应税所得，扣缴义务人未扣缴税款；

（四）取得境外所得；

（五）因移居境外注销中国户籍；

（六）非居民个人在中国境内从两处以上取得工资、薪金所得；

（七）国务院规定的其他情形。

二、取得经营所得的纳税申报

《国家税务总局关于个人所得税自行纳税申报有关问题的公告》（国家税务总局公告2018年第62号）第二条规定，个体工商户业主、个人独资企业投资者、合伙企业个人合伙人、承包承租经营者个人以及其他从事生产、经营活动的个人取得经营所得，包括以下情形：

（一）个体工商户从事生产、经营活动取得的所得，个人独资企业投资人、合伙企业的个人合伙人来源于境内注册的个人独资企业、合伙企业生产、经营的所得；

（二）个人依法从事办学、医疗、咨询以及其他有偿服务活动取得的所得；

（三）个人对企业、事业单位承包经营、承租经营以及转包、转租取得的所得；

（四）个人从事其他生产、经营活动取得的所得。

纳税人取得经营所得，按年计算个人所得税，由纳税人在月度或季度终了后 15 日内，向经营管理所在地主管税务机关办理预缴纳税申报，并报送《个人所得税经营所得纳税申报表（A 表）》。

在取得所得的次年 3 月 31 日前，向经营管理所在地主管税务机关办理汇算清缴，并报送《个人所得税经营所得纳税申报表（B 表）》；从两处以上取得经营所得的，选择向其中一处经营管理所在地主管税务机关办理年度汇总申报，并报送《个人所得税经营所得纳税申报表（C 表）》。

三、取得应税所得扣缴义务人未扣缴税款的纳税申报

《国家税务总局关于个人所得税自行纳税申报有关问题的公告》（国家税务总局公告 2018 年第 62 号）第三条规定，纳税人取得应税所得，扣缴义务人未扣缴税款的，应当区别以下情形办理纳税申报：

（一）居民个人取得综合所得的，按照本公告第一条办理。

（二）非居民个人取得工资、薪金所得，劳务报酬所得，稿酬所得，特许权使用费所得的，应当在取得所得的次年 6 月 30 日前，向扣缴义务人所在地主管税务机关办理纳税申报，并报送《个人所得税自行纳税申报表（A 表）》。有两个以上扣缴义务人均未扣缴税款的，选择向其中一处扣缴义务人所在地主管税务机关办理纳税申报。

非居民个人在次年 6 月 30 日前离境（临时离境除外）的，应当在离境前办理纳税申报。

（三）纳税人取得利息、股息、红利所得，财产租赁所得，财产转让所得和偶然所得的，应当在取得所得的次年 6 月 30 日前，按相关规定向主管税务机关办理纳税申报，并报送《个人所得税自行纳税申报表（A 表）》。

税务机关通知限期缴纳的，纳税人应当按照期限缴纳税款。

四、取得境外所得的纳税申报

《国家税务总局关于个人所得税自行纳税申报有关问题的公告》（国家税务总局公告 2018 年第 62 号）第四条规定，居民个人从中国境外取得所得的，应当在取得所得的次年 3 月 1 日至 6 月 30 日内，向中国境内任职、受雇单位所在地主管税务机关办理纳税申报；在中国境内没有任职、受雇单位的，向户籍所在地或中国境内经常居住地主管税务机关办理纳税申报；户籍所在地与中国境内经常居住地不一致的，选择其中一地主管税务机关办理纳税申报；在中国境内没有户籍的，向中国境内经常居住地主管税务机关办理纳税申报。

五、因移居境外注销中国户籍的纳税申报

国家税务总局公告 2018 年第 62 号第五条规定，纳税人因移居境外注销中国户籍的，应

当在申请注销中国户籍前，向户籍所在地主管税务机关办理纳税申报，进行税款清算。

（1）纳税人在注销户籍年度取得综合所得的，应当在注销户籍前，办理当年综合所得的汇算清缴，并报送《个人所得税年度自行纳税申报表》。尚未办理上一年度综合所得汇算清缴的，应当在办理注销户籍纳税申报时一并办理。

（2）纳税人在注销户籍年度取得经营所得的，应当在注销户籍前，办理当年经营所得的汇算清缴，并报送《个人所得税经营所得纳税申报表（B表）》。从两处以上取得经营所得的，还应当一并报送《个人所得税经营所得纳税申报表（C表）》。尚未办理上一年度经营所得汇算清缴的，应当在办理注销户籍纳税申报时一并办理。

（3）纳税人在注销户籍当年取得利息、股息、红利所得，财产租赁所得，财产转让所得和偶然所得的，应当在注销户籍前，申报当年上述所得的完税情况，并报送《个人所得税自行纳税申报表（A表）》。

（4）纳税人有未缴或者少缴税款的，应当在注销户籍前，结清欠缴或未缴的税款。纳税人存在分期缴税且未缴纳完毕的，应当在注销户籍前，结清尚未缴纳的税款。

（5）纳税人办理注销户籍纳税申报时，需要办理专项附加扣除、依法确定的其他扣除的，应当向税务机关报送《个人所得税专项附加扣除信息表》、《商业健康保险税前扣除情况明细表》、《个人税收递延型商业养老保险税前扣除情况明细表》等。

六、非居民个人在中国境内从两处以上取得工资、薪金所得的纳税申报

国家税务总局公告 2018 年第 62 号第六条规定，非居民个人在中国境内从两处以上取得工资、薪金所得的，应当在取得所得的次月 15 日内，向其中一处任职、受雇单位所在地主管税务机关办理纳税申报，并报送《个人所得税自行纳税申报表（A表）》。

七、纳税申报方式

纳税人可以采用远程办税端、邮寄等方式申报，也可以直接到主管税务机关申报。

八、《个人所得税减免税事项报告表》填报

纳税人根据税法规定或税收协定规定，可以享受减免税政策的，需要在纳税申报享受时，应向税务机关填报《个人所得税减免税事项报告表》。

本表可以是扣缴义务人根据个人提供的信息，在扣缴申报时填报；也可以是个人自行申报时填报。

《个人所得税减免税事项报告表》主要填报内容如下：

减免税情况						
编号	勾选	减免税事项	减免人数	免税收入	减免税额	备注
1	☐	残疾、孤老、烈属减征个人所得税				
2	☐	个人转让5年以上唯一住房免征个人所得税		—		
3	☐	随军家属从事个体经营免征个人所得税		—		
4	☐	军转干部从事个体经营免征个人所得税		—		
5	☐	退役士兵从事个体经营免征个人所得税		—		
6	☐	建档立卡贫困人口从事个体经营扣减个人所得税		—		
7	☐	登记失业半年以上人员，零就业家庭、享受城市低保登记失业人员，毕业年度内高校毕业生从事个体经营扣减个人所得税		—		
8	☐	取消农业税从事"四业"所得暂免征收个人所得税		—		
9	☐	符合条件的房屋赠与免征个人所得税		—		
10	☐	科技人员取得职务科技成果转化现金奖励			—	
11	☐	外籍个人出差补贴、探亲费、语言训练费、子女教育费等津补贴			—	
12	☐	税收协定 股息 税收协定名称及条款：		—		
13	☐	利息 税收协定名称及条款：		—		
14	☐	特许权使用费 税收协定名称及条款：		—		
15	☐	财产收益 税收协定名称及条款：		—		
16	☐	受雇所得 税收协定名称及条款：		—		
17	☐	其他 税收协定名称及条款：		—		
18		其他 减免税事项名称及减免性质代码：				
19	☐	减免税事项名称及减免性质代码：				
20		减免税事项名称及减免性质代码：				
合计						

减免税人员名单						
序号	姓名	纳税人识别号	减免税事项（编号或减免性质代码）	所得项目	免税收入	减免税额	备注

九、自行申报的其他征管问题

（1）纳税人办理自行纳税申报时，应当一并报送税务机关要求报送的其他有关资料。首次申报或者个人基础信息发生变化的，还应报送《个人所得税基础信息表（B表）》。

（2）纳税人在办理纳税申报时需要享受税收协定待遇的，按照享受税收协定待遇有关办法办理。

第三节　综合所得的汇算清缴申报

2019 年 1 月 1 日，新修改的个人所得税法全面实施。这次个人所得税改革，除提高"起征点"和增加六项专项附加扣除外，还在我国历史上首次建立了综合与分类相结合的个人所得税制。这样有利于平衡不同所得税负，能更好发挥个人所得税收入分配调节作用。

综合税制，通俗讲就是"合并全年收入，按年计算税款"，这与我国原先一直实行的分类税制相比，个人所得税的计算方法发生了改变。即将纳税人取得的工资薪金、劳务报酬、稿酬、特许权使用费收入合并为"综合所得"，以"年"为一个周期计算应该缴纳的个人所得税。平时取得这四项收入时，先由支付方（即扣缴义务人）依税法规定按月或者按次预扣预缴税款。年度终了，纳税人需要将上述四项所得的全年收入和可以扣除的费用进行汇总，收入减去费用后，适用 3%—45% 的综合所得年度税率表，计算全年应纳个人所得税，再减去年度内已经预缴的税款，向税务机关办理年度纳税申报并结清应退或应补税款，这个过程就是汇算清缴。简言之，就是在平时已预缴税款的基础上"查遗补漏，汇总收支，按年算账，多退少补"，这也是国际通行做法。

一、综合所得的汇算清缴的内容和范围

所谓综合所得的汇算清缴，是指依据个人所得税法规定，在一个纳税年度终了后，居民个人需要汇总纳税年度内 1 月 1 日至 12 月 31 日取得的工资薪金、劳务报酬、稿酬、特许权使用费等四项所得（以下称综合所得）的收入额，减除费用 6.00 万元以及专项扣除、专项附加扣除和依法确定的其他扣除后，适用综合所得个人所得税税率并减去速算扣除数，计算本年度最终应纳税额，再减去纳税年度已预缴税额，得出本年度应退或者应补税额，向税务机关申报并办理退税或补税。

（一）纳税人范围

综合所得的汇算清缴仅限于居民个人，非居民个人不需要汇算。

特殊情况：《国家税务总局关于发布＜个人所得税扣缴申报管理办法（试行）＞的公告》（国家税务总局公告 2018 年第 61 号）第九条规定：非居民个人在一个纳税年度内税款扣缴方法保持不变，达到居民个人条件时，应当告知扣缴义务人基础信息变化情况，年度终了后按照居民个人有关规定办理汇算清缴。

（二）时间范围

综合所得年度汇算仅计算并结清汇算年度综合所得的应退或者应补税款，不涉及以前或往后年度。比如，2019 年度的汇算，就只是针对 2019 年度的收入，不涉及 2018 年及以前，也不涉及 2020 年及以后。

（三）所得项目范围

汇算清缴仅指个人所得税改革纳入综合所得范围的工资薪金、劳务报酬、稿酬、特许权使用费等四项所得。

因此，利息、股息、红利所得和财产租赁、财产转让、偶然所得，不在年度汇算范围内。

按照《财政部 税务总局关于个人所得税法修改后有关优惠政策衔接问题的通知》（财税〔2018〕164号）规定，纳税人取得按规定可以不并入综合所得计算纳税的收入，纳税人选择不并入的，如全年一次性奖金、解除劳动关系、提前退休、内部退养取得的一次性补偿收入以及上市公司股权激励等等，也不在年度汇算范围内。当然，如果纳税人选择并入的话，就在年度汇算范围内。

二、需要办理汇算清缴的情形

（一）一般规定

《个人所得税法实施条例》第二十五条规定，取得综合所得需要办理汇算清缴的情形包括：

（1）从两处以上取得综合所得，且综合所得年收入额减除专项扣除的余额超过6.00万元；

（2）取得劳务报酬所得、稿酬所得、特许权使用费所得中一项或者多项所得，且综合所得年收入额减除专项扣除的余额超过6.00万元；

（3）纳税年度内预缴税额低于应纳税额；

（4）纳税人申请退税。

（二）2019年度需要办理年度汇算的纳税人

根据《国家税务总局关于办理2019年度个人所得税综合所得汇算清缴事项的公告》（国家税务总局公告2019年第44号）规定，符合下列情形之一的，纳税人需要办理年度汇算：

（一）2019年度已预缴税额大于年度应纳税额且申请退税的。包括2019年度综合所得收入额不超过6.00万元但已预缴个人所得税；年度中间劳务报酬、稿酬、特许权使用费适用的预扣率高于综合所得年适用税率；预缴税款时，未申报扣除或未足额扣除减除费用、专项扣除、专项附加扣除、依法确定的其他扣除或捐赠，以及未申报享受或未足额享受综合所得税收优惠等情形。

（二）2019年度综合所得收入超过12.00万元且需要补税金额超过400.00元的。包括取得两处及以上综合所得，合并后适用税率提高导致已预缴税额小于年度应纳税额等情形。

三、无需办理年度汇算的纳税人

（一）税法规定

经国务院批准，依据《财政部 税务总局关于个人所得税综合所得汇算清缴涉及有关政策问题的公告》（财政部 税务总局公告 2019 年第 94 号）有关规定，符合下列情形之一的，纳税人不需要办理年度汇算：

（一）纳税人需要补税但综合所得年收入不超过 12.00 万元的；

（二）纳税人年度汇算需补税金额不超过 400.00 元的；

（三）纳税人已预缴税额与年度应纳税额一致或不申请年度汇算退税的。

说明：上述（一）、（二）适用于 2019 年度和 2020 年度的综合所得年度汇算清缴，到期后是否继续沿用需要关注届时的政策规定。

（二）纳税人了解是否符合豁免汇算条件的渠道

很多纳税人都不太清楚地记得自己全年收入到底有多少，或者怎么才能算出自己应该补税还是退税，具体补多少或者退多少，是否符合豁免政策的要求，等等。

纳税人有如下 3 个渠道了解自己是否满足豁免汇算的要求：

（1）纳税人可以向扣缴单位提出要求，按照税法规定，单位有责任将已发放的收入和已预缴税款等情况告诉纳税人；

（2）纳税人可以登录电子税务局网站，查询本人 2019 年度的收入和纳税申报记录；

（3）2020 年汇算前，税务机关将通过网上税务局（包括个人所得税手机 APP、网页端），根据一定规则为纳税人提供申报表预填服务，如果纳税人对预填的结果没有异议，系统就会自动计算出应补或应退税款，纳税人就可以知道自己是否符合豁免政策要求了。

上述 2 和 3 虽然只是针对 2019 年度汇算，但是随着"放管服"改革的深入和网络科技的持续进步，税务机关必将提供越来越好的服务供纳税人了解自己权利与义务，所以不用担心以后年度就没有该项服务了。

四、汇算清缴申报的时间和地点

根据《国家税务总局关于个人所得税自行纳税申报有关问题的公告》（国家税务总局公告 2018 年第 62 号）和《国家税务总局关于办理 2019 年度个人所得税综合所得汇算清缴事项的公告》（国家税务总局公告 2019 年第 44 号）规定：

（一）汇算清缴申报的时间

（1）取得所得的次年 3 月 1 日至 6 月 30 日内；

（2）在中国境内无住所的纳税人在此期限前离境的，可以在离境前办理年度汇算。

（3）纳税人因移居境外注销中国户籍的，应当在申请注销中国户籍前，办理当年综合所得的汇算清缴，尚未办理上一年度综合所得汇算清缴的，应当在办理注销户籍纳税申报时一并办理。（《国家税务总局关于个人所得税自行纳税申报有关问题的公告》（国家税务总局公告 2018 年第 62 号）第五条第（一）款规定）

（二）汇算清缴申报的地点

汇算清缴申报的地点分 4 种情况，据实选择确定：

（1）向任职、受雇单位所在地主管税务机关办理纳税申报。

（2）纳税人有两处以上任职、受雇单位的，选择向其中一处任职、受雇单位所在地主管税务机关办理纳税申报。

其中，扣缴义务人在年度汇算期内为纳税人代办年度汇算的，向代办扣缴义务人的主管税务机关申报。

（3）纳税人没有任职、受雇单位的，向户籍所在地或经常居住地主管税务机关办理纳税申报。

居民个人已在中国境内申领居住证的，以居住证登载的居住地住址为经常居住地；没有申领居住证的，以当前实际居住地址为经常居住地。

（4）纳税人因移居境外注销中国户籍的，应当在申请注销中国户籍前，向户籍所在地主管税务机关办理纳税申报，进行税款清算。

五、汇算清缴应补（退）税额的计算

（一）计税公式及税率

（1）居民个人年度综合所得的应纳税额＝综合所得的全年应纳税所得额 × 适用税率－速算扣除数

（2）汇算清缴应补（退）税额＝全年综合所得的应纳税额－已预扣预缴税额

（3）综合所得的全年应纳税所得额＝全年综合所得收入额－免税收入额－准予扣除额

（4）年度综合所得收入额＝全年工资薪金所得收入＋全年劳务报酬所得收入 ×（1-20%）＋全年稿酬所得收入 ×（1-20%）× 70%＋全年特许权使用费所得收入 ×（1-20%）

（5）准予扣除额＝基本扣除费用 6.00 万元＋专项扣除＋专项附加扣除＋依法确定的其他扣除

具体的"准予扣除"内容，参见本书第二章相关内容。

（6）适用税率和速算扣除数，根据"全年应纳税所得额"对照下表确定。

个人所得税税率表（综合所得适用）

级数	全年应纳税所得额	税率（%）	速算扣除数
1	不超过36 000.00元的	3	0
2	超过36 000.00元至144 000.00元的部分	10	2 520.00
3	超过144 000.00元至300 000.00元的部分	20	16 920.00
4	超过300 000.00元至420 000.00元的部分	25	31 920.00

续上表

级数	全年应纳税所得额	税率（%）	速算扣除数
5	超过420 000.00元至660 000.00元的部分	30	52 920.00
6	超过660 000.00元至960 000.00元的部分	35	85 920.00
7	超过960 000.00元的部分	45	181 920.00

（二）可继续享受的税前扣除

下列未扣除或未足额扣除的税前扣除项目，纳税人可在年度汇算期间办理扣除或补充扣除：

（1）纳税人及其配偶、未成年子女在纳税年度发生的，符合条件的大病医疗支出；

（2）纳税人在纳税年度未申请享受或者未足额享受的子女教育等专项附加扣除，以及专项扣除、依法确定的其他扣除；

（3）纳税人在纳税年度发生的符合条件的公益性捐赠支出。

（三）注意事项

（1）劳务报酬所得、稿酬所得、特许权使用费所得（以下简称三项所得）预扣预缴环节税款的计算与汇算清缴环节税款的计算存在差异。

① 应税收入额的计算不同：年度汇算清缴时，三项所得减除费用的标准都是20%；而预扣预缴时，不足4 000.00元时减除的是800.00元，只有超过4 000.00元才是减除20%。

② 可扣除的项目不同：在预扣预缴环节，三项所得不得扣除基本费用、专项扣除、专项附加扣除等；在汇算清缴环节，与工资薪金所得一起，可以依法扣除。

③ 适用的税率/预扣率不同：在汇算清缴时，各项综合所得合并适用3%~45%的超额累进税率；预扣预缴环节，劳务报酬所得适用20%～40%的预扣率，而稿酬所得和特许权使用费所得适用20%的比例预扣率。

（2）大病医疗，在预扣预缴时不能扣除，只能在汇算清缴时扣除。

（3）汇算清缴时基本扣除费用统一扣除6.00万元，在预扣预缴时，只能按纳税人在扣缴义务人任职月份数扣除，每月限扣5 000.00元，可能扣除不足。

（4）专项附加扣除和符合条件的公益性捐赠支出在预扣环节扣除不足或未扣除的，可以在汇算环节补扣。

（5）残疾、孤老人员和烈属取得综合所得办理汇算清缴时，汇算清缴地与预扣预缴地规定不一致的，用预扣预缴地规定计算的减免税额与用汇算清缴地规定计算的减免税额相比较，按照孰高值确定减免税额。（《财政部 税务总局关于个人所得税综合所得汇算清缴涉及有关政策问题的公告》（财政部 税务总局2019年第94号）第二条规定）

六、汇算清缴办理方式

纳税人可自主选择以下三种方式办理：即自己办、单位办、请人办。

（一）自己办

自己办，即纳税人自行办理。纳税人可以自行办理年度汇算。

税务机关推出系列优化服务措施，加大年度汇算的政策解读和操作辅导力度，分类编制办税指引，通俗解释政策口径、专业术语和操作流程，通过个人所得税手机 APP、网页端、12366 自然人专线等渠道提供涉税咨询，解决办理年度汇算中的疑难问题，帮助纳税人顺利完成年度汇算。对于因年长、行动不便等独立完成年度汇算存在特殊困难的，纳税人提出申请，税务机关还可以提供个性化年度汇算服务。

（二）单位办

单位办，通过取得工资薪金或连续性取得劳务报酬所得的扣缴义务人代为办理。纳税人向扣缴义务人提出代办要求的，扣缴义务人应当代为办理，或者培训、辅导纳税人通过网上税务局（包括手机个人所得税 APP）完成年度汇算申报和退（补）税。由扣缴义务人代为办理的，纳税人应在 2020 年 4 月 30 日前与扣缴义务人进行书面确认，补充提供其 2019 年度在本单位以外取得的综合所得收入、相关扣除、享受税收优惠等信息资料，并对所提交信息的真实性、准确性、完整性负责。

这样有利于继续发挥源泉扣缴的传统优势，尽最大努力降低纳税人办税难度和负担。同时，税务机关将为扣缴单位提供申报软件，方便扣缴义务人为本单位职工集中办理年度汇算申报。

由单位代办，无疑就是由单位财务人员代办，无形之中给财务人员增加了额外工作，所以在税务总局征求意见时就有很多人反对这一条。但是，为了做好历史首次的年度汇算，税务总局宁愿背着"骂名"也还是坚持该条款，只是在征求意见稿的基础上适当修订。

（三）请人办

请人办，即可以委托涉税专业服务机构或其他单位及个人代办。纳税人可根据自己的情况和条件，自主委托涉税专业服务机构或其他单位、个人（以下称受托人）代为办理年度汇算。选择这种方式，受托人需与纳税人签订委托授权书并妥善留存，明确双方的权利、责任和义务。

需要提醒的是，扣缴义务人或者受托人为纳税人办理年度汇算后，应当及时将办理情况告知纳税人。纳税人如果发现申报信息存在错误，可以要求其办理更正申报，也可以自行办理更正申报。

七、汇算清缴办理渠道

为便利纳税人，税务机关为纳税人提供高效、快捷的网络办税渠道。纳税人可优先通过网上税务局（包括手机个人所得税 APP）办理年度汇算，税务机关将按规定为纳税人提供申报表预填服务；不方便通过上述方式办理的，也可以通过邮寄方式或到办税服务厅办理。

选择邮寄申报的，纳税人需将申报表寄送至任职受雇单位（没有任职受雇单位的，为户籍或者经常居住地）所在省、自治区、直辖市、计划单列市税务局公告指定的税务机关。

因此，办理渠道有：

（1）网上税务局（包括手机个人所得税 APP）；

（2）邮寄申报；

（3）办税服务厅。

八、汇算清缴退税与补税

（一）汇算退税

1.纳税人需提供在境内开设符合条件的银行账户

如果年度汇算后有应退税额，则纳税人可以申请退税。只要纳税人在申报表的相应栏次勾选"申请退税"，即完成了申请提交。税务机关按规定履行必要的审核程序后即可为纳税人办理退税，退税款直达个人银行账户。特别需要注意的是，为避免税款不能及时、准确退付，纳税人一定要准确填写身份信息资料和在中国境内开设的符合条件的银行账户。

纳税人未提供本人有效银行账户，或者提供的信息资料有误的，税务机关将通知纳税人更正，纳税人按要求更正后依法办理退税。

2.退税地点

税务机关按规定审核后，按照国库管理有关规定，在汇算清缴地就地办理税款退库。

3.便捷退税

对 2019 年度综合所得年收入额不足 6.00 万元，但因月度间工资薪金收入不均衡，或者仅取得劳务报酬、稿酬、特许权使用费所得，偶发性被预扣预缴了个人所得税，税务机关将提前推送服务提示、预填简易申报表，纳税人只需确认已预缴税额、填写本人银行账户信息，即可通过网络实现快捷退税。同时，为让纳税人尽早获取退税，建议这部分纳税人在 3 月 1 日至 5 月 31 日期间，通过该简易方式办理退税。

说明：该政策是否会继续适用于以后年度，需要纳税人及时关注国家税务总局的公告。

扣缴义务人未将扣缴的税款解缴入库的，不影响纳税人按照规定申请退税，税务机关应当凭纳税人提供的有关资料办理退税。

（二）汇算补税

纳税人办理年度汇算补税的，可以通过网上银行、办税服务厅 POS 机刷卡、银行柜台、非银行支付机构等方式缴纳。

九、申报信息及资料留存

纳税人办理年度汇算时，除向税务机关报送年度汇算申报表外，如需修改本人相关基础信息，新增享受扣除或者税收优惠的，还应按规定一并填报相关信息。填报的信息，纳税人需仔细核对，确保真实、准确、完整。

其中，纳税人在办理 2019 年度个人所得税综合所得汇算清缴填写免税收入时，暂不附报《个人所得税减免税事项报告表》。（《国家税务总局关于修订部分个人所得税申报表的公告》（国家税务总局公告 2019 年第 46 号）第二条规定）

纳税人以及代办年度汇算的扣缴义务人，需将年度汇算申报表以及与纳税人综合所得收入、扣除、已缴税额或税收优惠等相关资料，自年度汇算期结束之日起留存 5 年。比如，2019 年度的汇算资料，需要保存至 2025 年 6 月 30 日。

十、需要填报的申报表

居民个人进行综合所得汇算清缴时，需要填报《个人所得税年度自行纳税申报表》。为了便于纳税人理解，《国家税务总局关于修订部分个人所得税申报表的公告》（国家税务总局公告 2019 年第 46 号）对该表进行了修订，以便分别适用于不同的纳税人。

（一）仅取得境内综合所得

1.《个人所得税年度自行纳税申报表》（A 表）（仅取得境内综合所得年度汇算适用）

本表适用于居民个人纳税年度内仅从中国境内取得工资薪金所得、劳务报酬所得、稿酬所得、特许权使用费所得（以下称"综合所得"），按照税法规定进行个人所得税综合所得汇算清缴。居民个人纳税年度内取得境外所得的，不适用本表。

2.《个人所得税年度自行纳税申报表（简易版）》

本表适用于年综合所得收入额不超过 6.00 万元且在纳税年度内未取得境外所得的，可以在纳税年度的次年 3 月 1 日至 5 月 31 日使用本表办理汇算清缴申报，并在该期限内申请退税。

3.《个人所得税年度自行纳税申报表（问答版）》

本表适用于需要办理个人所得税综合所得汇算清缴，并且未在纳税年度内取得境外所得的。

（二）取得境外所得

居民个人取得境外所得，需要填报《个人所得税年度自行纳税申报表》（B 表）。

本表适用于居民个人纳税年度内取得境外所得，按照税法规定办理取得境外所得个人所得税自行申报；同时取得境内的，需要办理年度汇算，也应填报本表。申报本表时应当一并附报《境外所得个人所得税抵免明细表》。

十一、税务机关提供的年度汇算服务

税务机关推出系列优化服务措施，加强年度汇算的政策解读和操作辅导力度，分类编制办税指引，通俗解释政策口径、专业术语和操作流程，多渠道、多形式开展提示提醒服务，分阶段、分梯次引导纳税人错峰办税，并通过个人所得税手机 APP、网页端、12366 自然人专线等渠道提供涉税咨询，帮助纳税人解决办理年度汇算中的疑难问题，积极回应纳税人诉求。对于因年长、行动不便等独立完成年度汇算存在特殊困难的，纳税人提出申请，税务机关可提供个性化年度汇算服务。

十二、实务案例解析

（一）年度综合所得年收入额不足 6.00 万元，但平时预缴过个人所得税的

【案例 9-1】年度综合所得年收入额不足 6.00 万元，但平时预缴过个人所得税的

2019 年度赵某 1 月领取工资 1.00 万元、个人缴付"三险一金"2 000.00 元，假设没有专项附加扣除，预缴个税 90.00 元；其他月份每月工资 4 000.00 元，无须预缴个税。

解析：全年综合所得收入额 =1.00 万元 +11×0.40 万元 =54 000.00 元；

全年应税所得额 =54 000.00-60 000.00-2 000.00×12 ＜ 0.00 元；

全年应纳税额 =0.00 元，小于预缴税额 90.00 元，应退税；

应退税额 = 预缴税额 − 应纳税额 =90.00-0.00=90.00 元。

因此，赵某预缴的 90 元税款可以在 2020 年 3 月 1 日至 5 月 31 日期间，通过汇算清缴申请便捷退税；也在 2020 年 3 月 1 日至 6 月 30 日期间，通过汇算申请退税。

（二）有符合享受条件的专项附加扣除，但预缴税款时没有扣除的

【案例 9-2】有符合享受条件的专项附加扣除，但预缴税款时没有扣除的

2019 年度钱某每月工资 1.00 万元、个人缴付"三险一金"2 000.00 元，有两个上小学的孩子，按规定可以每月享受 2 000.00 元（全年 24 000.00 元）的子女教育专项附加扣除。但因其在预缴环节未填报，使得计算个税时未减除子女教育附加扣除，全年预缴个税 1 080.00 元。

解析：全年收入额 =1.00 万元 ×12=12.00 万元；

全年应税所得额 =12.00-6.00-0.20×12-2.40=1.20 万元

全年应纳税额 =12 000.00×3%-0=360.00 元，小于全年预缴税款 1 080.00 元，应退税；

应退税额 =1 080.00-360.00=720.00 元

因此，钱某可以在 2020 年 3 月 1 日至 6 月 30 日期间，按规定通过综合所得汇算清缴申请退税 720.00 元。

（三）因年中就业、退职或者部分月份没有收入等原因，减除费用 6.00 万元、"三险一金"等专项扣除、专项附加扣除、企业（职业）年金以及商业健康保险、税收递延型养老保险等扣除不充分的

【案例 9-3】因年中就业、退职或者部分月份没有收入等原因，扣除不充分的

孙某于 2019 年 8 月底退休，退休前每月工资 1.00 万元、个人缴付"三险一金"2 000.00 元，退休后领取基本养老金。假设没有专项附加扣除，1-8 月预缴个税 720.00 元；后 4 个月基本养老金按规定免征个税。

解析：全年应税所得额 =1.00 万元 ×8.00-6.00 万元 -0.20 万元 ×8=4 000.00 元；

全年应纳税额 =4 000.00×3%=120.00 元，小于预缴税款 720.00 元，应退税；

应退税额 =720.00-120.00=600.00 元。

因此，孙某可以在 2020 年 3 月 1 日至 6 月 30 日期间，通过综合所得汇算清缴申请退税 600.00 元。

需要说明的是，孙某虽然实际工作期限只有 8 个月，但是汇算清缴仍然可以扣除基本费用 6.00 万元，因为这是《个人所得税法》直接规定的，属于法定扣除。法律并没有注明按照实际工作月份数要扣除，所以全年汇算时一定是扣除 6.00 万元。

（四）没有任职受雇单位，仅取得劳务报酬、稿酬、特许权使用费所得，需要通过年度汇算办理各种税前扣除的

【案例 9-4】没有任职受雇单位，仅取得劳务报酬、稿酬、特许权使用费所得的

李某是一名作家，无任职单位。2019 年出版小说取得稿酬 20.00 万元，预扣预缴个税 2.24 万元；培训班讲课取得报酬 6.00 万元，预扣预缴个税 0.96 万元；已发表的小说交由某影视公司改编为剧本，收取剧本使用费 50.00 万元，预扣预缴个税 8.00 万元。

假定李某个人缴纳"三险一金"2 000.00 元 / 月，符合扣除条件的专项附加扣除合计金额 5.00 万元，满足扣除条件的公益性捐赠 2.00 万元（全额扣除）。

解析：全年收入额 =20.00 万元 ×（1-20%）×70%+6.00×（1-20%）+50.00×（1-20%）=56.00 万元；

全年应纳税所得额 =56.00 万元 -6.00 万元 -12×0.20 万元 -5.00 万元 -2.00 万元 =40.60 万元；

全年已预缴税款 =2.24 万元 +0.96 万元 +8.00 万元 =11.20 万元；

全年应纳税额 =406 000.00×25%-31920=69 580.00 元，小于全年预缴税款，应退税；

应退税额 =112 000.00-69 580.00=42 420.00 元。

因此，李某可以在 2020 年 3 月 1 日至 6 月 30 日期间，通过汇算清缴申请退税 42 420.00 元。

说明：影视剧本使用费属于特许权使用费所得，不属于稿酬所得。

（五）纳税人取得劳务报酬、稿酬、特许权使用费所得，年度中间适用的预扣预缴率高于全年综合所得年适用税率的

【案例 9-5】纳税人取得劳务报酬、稿酬、特许权使用费所得，年度中间适用的预扣预缴率高于全年综合所得年适用税率的

周某纳税人每月固定一处取得劳务报酬 1.00 万元，适用 20% 预扣率后预缴个税 1 600.00 元，全年 19 200.00 元；全年算账，全年劳务报酬 12.00 万元，减除 6.00 万元费用（不考虑其他扣除）后，适用 10% 的综合所得税率，全年应纳税款 3 480.00 元。

因此，周某可以在 2020 年 3 月 1 日至 6 月 30 日期间，通过汇算清缴申请 15 720.00 元退税。

（六）预缴税款时，未享受或者未足额享受综合所得税收优惠的

【案例 9-6】预缴税款时，未享受或者未足额享受综合所得税收优惠的

武某是一名残疾人，符合税法规定的减征条件。2019 年度每月工资 2.00 万元，每月个人交纳“三险一金”1 500.00 元，每月专项附加扣除 4 000.00 元，累计预扣预缴个人所得税 8 880.00 元。

假定武某所在省份残疾人减征个人所得税优惠政策规定，残疾人每人每年可定额减征应纳税额 6000.00 元；年度汇算无其他可扣除项目。

解析：全年收入额 =2.00×12=240 000.00 元；

全年应税所得额 =240 000.00-60 000.00-1 500.00×12-4 000.00×12=114 000.00 元；

全年应纳税额 =11 400.00×10%-2 520.00=8 880.00 元；

由于是残疾人，可以减征应纳税额 6 000.00 元，故考虑优惠政策后实际应纳税额 =8 880.00-6 000.00=2 880.00 元，小于已预缴税款，应退税；

应退税额 =8 880.00-2 880.00=6 000.00 元。

因此，武某可以在 2020 年 3 月 1 日至 6 月 30 日期间，通过汇算清缴申请退税 6 000.00 元。

（七）有符合条件的公益慈善捐赠支出，但预缴税款时未办理扣除的等

【案例 9-7】有符合条件的公益慈善捐赠支出，但预缴税款时未办理扣除的

王某 2019 年度每月工资收入 2.50 万元，个人“三险一金”2 000.00 元 / 月，专项附加扣除 4500.00 元 / 月，平时没有扣除其他项目，全年累计预扣预缴个人所得税 15 480 .00 元。

假定：1. 王某 2019 年公益慈善捐赠可税前扣除金额为 2.00 万元，预扣预缴时没有扣除；2. 无其他项目综合所得收入。

解析：全年收入额 =2.50 万元 ×12=30.00 万元；

全年应纳税所得额 =300 000.00-60 000.00-2 000.00×12-4 500.00×12-20 000.00=142 000.00 元；

全年应纳税额 =14 200.00×10%-2 520.00=11 680.00 元，小于已预缴税款，应退税；

应退税额 =15 480.00-11 680.00=3 800.00 元。

因此，王某可以在 2020 年 3 月 1 日至 6 月 30 日期间，通过汇算清缴申请退税 3 800.00 元。

（八）在两个以上单位任职受雇并领取工资薪金，预缴税款时重复扣除了基本减除费用（5 000.00 元 / 月）

【案例 9-8】在两个以上单位任职受雇并领取工资薪金，预缴税款时重复扣除了基本减除费用

2019 年度冯某作为外派的财务总监，同时从派出单位和派驻单位领取了两份工资。派出单位每月发 5 000.00 元工资，扣除基本费用 5 000.00 元后不交税，实际领取 5 000.00 元 / 月。派驻单位每月工资 2.00 万元，每月扣除基本费用 5 000.00 元、"三险一金" 2 000.00 元、专项附加 4 500.00 元，全年累计预扣预缴税款 7 680.00 元。

假定年度汇算时无其他扣除项目和综合所得收入。

解析：全年收入额 =（5 000.00+20 000.00）×12=300 000.00 元；

全年应纳税所得额 =300 000.00-600 00.00-2 000.00×12-4 500.00×12=162 000.00 元；

全年应纳税额 =162 000.00×20%-16 920.00=15 480.00 元，大于已预缴税款，应补税；

应补税额 =15 480.00-7 680.00=7 800.00 元。

因此，冯某需在 2020 年 3 月 1 日至 6 月 30 日期间，通过汇算清缴补缴税款 7 800.00 元。

（九）除工资薪金外，纳税人还有劳务报酬、稿酬、特许权使用费，各项综合所得的收入加总后，导致适用综合所得年税率高于预扣预缴率等

【案例 9-9】除工资薪金外，纳税人还有劳务报酬、稿酬、特许权使用费，各项综合所得的收入加总后，导致适用综合所得年税率高于预扣预缴率

陈某是一名企业财务总监，2019 年度平均每月工资 36 000.00 元，扣除 "三险一金" 2 000.00 元 / 月、专项附加扣除 4 000.00 元，全年累计预扣预缴个人所得税 43 080.00 元。

陈某利用业务时间在网络上讲课，培训机构每月税前报酬 8 000.00 元，共计 12 个月，累计预扣预缴个人所得税 15 360.00 元；出版专业书籍，取得稿酬 100 000 元（税前），出版社预扣预缴隔热所得税 11 200.00 元。

假定陈某汇算时无其他可扣除项目。

解析：全年应税收入额 =36 000.00×12+8 000.00×12×（1-20%）+100 000.00×（1-20%）×70%=564 800.00 元；

全年应纳税所得额 =564 800.00-60 000.00-2 000.00×12-4 000.00×12=432 800 元；

全年累计预缴税额 =43 080.00+15 360.00+11 200.00=69 640.00 元；

全年应纳税额 =432 800.00×30%-52 920.00=76 920.00 元，大于已预缴税款，应补税；

应补税额 =76 920.00-69 640.00=7 280.00 元。

因此，陈某需在 2020 年 3 月 1 日至 6 月 30 日期间，通过汇算清缴补缴税款 7 280.00 元。

第四节　经营所得的汇算清缴及两处以上所得汇总申报

《个人所得税法》第十二条规定：纳税人取得经营所得，按年计算个人所得税，由纳税人在月度或者季度终了后十五日内向税务机关报送纳税申报表，并预缴税款；在取得所得的次年三月三十一日前办理汇算清缴。

《国家税务总局关于个人所得税自行纳税申报有关问题的公告》（国家税务总局公告 2018 年第 62 号）第二条"取得经营所得的纳税申报"规定：

个体工商户业主、个人独资企业投资者、合伙企业个人合伙人、承包承租经营者个人以及其他从事生产、经营活动的个人取得经营所得，包括以下情形：

（1）个体工商户从事生产、经营活动取得的所得，个人独资企业投资人、合伙企业的个人合伙人来源于境内注册的个人独资企业、合伙企业生产、经营的所得；

（2）个人依法从事办学、医疗、咨询以及其他有偿服务活动取得的所得；

（3）个人对企业、事业单位承包经营、承租经营以及转包、转租取得的所得；

（4）个人从事其他生产、经营活动取得的所得。

纳税人取得经营所得，按年计算个人所得税，由纳税人在月度或季度终了后 15 日内，向经营管理所在地主管税务机关办理预缴纳税申报，并报送《个人所得税经营所得纳税申报表（A 表）》。在取得所得的次年 3 月 31 日前，向经营管理所在地主管税务机关办理汇算清缴，并报送《个人所得税经营所得纳税申报表（B 表）》；从两处以上取得经营所得的，选择向其中一处经营管理所在地主管税务机关办理年度汇总申报，并报送《个人所得税经营所得纳税申报表（C 表）》。

一、经营所得汇算清缴申报

（一）需要报送的资料

实行查账征收个人所得税方式的个体工商户、企事业单位的承包承租经营者、个人独资企业投资人和合伙企业个人合伙人的个人所得税年度汇算清缴申报时，应报送如下资料：

（1）《个人所得税经营所得纳税申报表（B 表）》：合伙企业有两个或两个以上个人合伙人的，应分别填报。

（2）《商业健康保险税前扣除情况明细表》：享受商业健康保险税前扣除政策的，随《个人所得税生产经营所得纳税申报表（B 表）》一并报送。

（3）《个人税收递延型商业养老保险税前扣除情况明细表》：享受个人税收递延型商业养

老保险税前扣除的，随《个人所得税生产经营所得纳税申报表（B表）》一并报送；实行核定征收的，可单独报送。

（4）《个人所得税减免税事项报告表》：享受个人所得税减免优惠政策的，随《个人所得税生产经营所得纳税申报表（B表）》一并报送。

（5）《合伙创投企业个人所得税投资抵扣备案表》：享受合伙创投企业个人所得税投资抵扣政策的个人合伙人，还应报送合伙创投企业主管税务机关受理反馈的《合伙创投企业个人所得税投资抵扣备案表》。

上述材料中，第2、3、4、5项不属于必须报送资料，有涉及才报送。

上述材料中，凡是带书名号的材料均是由国家税务总局监制的特定报表，可在各级税务局官网上下载电子版，也可在税务大厅索取纸质空白申报表。

（二）填报方法

经营所得汇算清缴，主要是填报《个人所得税经营所得纳税申报表（B表）》。

个人所得税经营所得纳税申报表（B表）

税款所属期： 年 月 日至 年 月 日
纳税人姓名：
纳税人识别号：□□□□□□□□□□□□□□□□□□ 　　　　　　　　金额单位：人民币元（列至角分）

被投资单位信息	名称		纳税人识别号（统一社会信用代码）	
项目			行次	金额/比例
一、收入总额			1	
其中：国债利息收入			2	
二、成本费用（3=4+5+6+7+8+9+10）			3	
（一）营业成本			4	
（二）营业费用			5	
（三）管理费用			6	
（四）财务费用			7	
（五）税金			8	
（六）损失			9	
（七）其他支出			10	
三、利润总额（11=1-2-3）			11	
四、纳税调整增加额（12=13+27）			12	
（一）超过规定标准的扣除项目金额（13=14+15+16+17+18+19+20+21+22+23+24+25+26）			13	
1.职工福利费			14	
2.职工教育经费			15	
3.工会经费			16	
4.利息支出			17	

续上表

项目	行次	金额/比例
5.业务招待费	18	
6.广告费和业务宣传费	19	
7.教育和公益事业捐赠	20	
8.住房公积金	21	
9.社会保险费	22	
10.折旧费用	23	
11.无形资产摊销	24	
12.资产损失	25	
13.其他	26	
（二）不允许扣除的项目金额（27=28+29+30+31+32+33+34+35+36）	27	
1.个人所得税税款	28	
2.税收滞纳金	29	
3.罚金、罚款和被没收财物的损失	30	
4.不符合扣除规定的捐赠支出	31	
5.赞助支出	32	
项目	行次	金额/比例
6.用于个人和家庭的支出	33	
7.与取得生产经营收入无关的其他支出	34	
8.投资者工资薪金支出	35	
9.其他不允许扣除的支出	36	
五、纳税调整减少额	37	
六、纳税调整后所得（38=11+12-37）	38	
七、弥补以前年度亏损	39	
八、合伙企业个人合伙人分配比例（%）	40	
九、允许扣除的个人费用及其他扣除（41=42+43+48+55）	41	
（一）投资者减除费用	42	
（二）专项扣除（43=44+45+46+47）	43	
1.基本养老保险费	44	
2.基本医疗保险费	45	
3.失业保险费	46	
4.住房公积金	47	
（三）专项附加扣除（48=49+50+51+52+53+54）	48	
1.子女教育	49	
2.继续教育	50	
3.大病医疗	51	
4.住房贷款利息	52	

续上表

5.住房租金	53	
6.赡养老人	54	
（四）依法确定的其他扣除（55=56+57+58+59）	55	
1.商业健康保险	56	
2.税延养老保险	57	
3.	58	
4.	59	
十、投资抵扣	60	
十一、准予扣除的个人捐赠支出	61	
十二、应纳税所得额（62=38-39-41-60-61）或[62=（38-39）×40-41-60-61]	62	
十三、税率（%）	63	
十四、速算扣除数	64	
十五、应纳税额（65=62×63-64）	65	
十六、减免税额（附报《个人所得税减免税事项报告表》）	66	
十七、已缴税额	67	
十八、应补/退税额（68=65-66-67）	68	

谨声明：本表是根据国家税收法律法规及相关规定填报的，是真实的、可靠的、完整的。
纳税人签字：　　　年 月 日

经办人： 经办人身份证件号码： 代理机构签章： 代理机构统一社会信用代码：	受理人： 受理税务机关（章）： 受理日期：　　年 月 日

国家税务总局监制

1.适用范围

本表适用于个体工商户业主、个人独资企业投资人、合伙企业个人合伙人、承包承租经营者个人以及其他从事生产、经营活动的个人在中国境内取得经营所得，且实行查账征收的，在办理个人所得税汇算清缴纳税申报时，向税务机关报送。

合伙企业有两个或者两个以上个人合伙人的，应分别填报本表。

2.报送期限

纳税人在取得经营所得的次年3月31日前，向税务机关办理汇算清缴。

3.其余"填报说明"内容较多，此处省略，建议纳税人在填报前认真阅读。

二、取得两处以上经营所得的年度汇总纳税申报

个体工商户业主、个人独资企业投资人、合伙企业个人合伙人、承包承租经营者个人以及其他从事生产、经营活动的个人在中国境内两处以上取得经营所得，需要办理合并计算个人所得税的年度汇总纳税申报。

（一）需要报送的资料

办理合并计算个人所得税的年度汇总纳税申报时，需要报送《个人所得税经营所得纳税申报表（C表）》。

有享受个人所得税减免优惠政策的，随《个人所得税生产经营所得纳税申报表（C表）》一并报送《个人所得税减免税事项报告表》。

（二）填报方法

取得两处以上经营所得的年度汇总纳税申报，主要是填报《个人所得税经营所得纳税申报表（C表）》。

个人所得税经营所得纳税申报表（C表）

税款所属期： 年 月 日至 年 月 日

纳税人姓名：

纳税人识别号：□□□□□□□□□□□□□□□□□□ 金额单位：人民币元（列至角分）

被投资单位信息	单位名称			纳税人识别号（统一社会信用代码）	投资者应纳税所得额
	汇总地				
	非汇总地	1			
		2			
		3			
		4			
		5			

项目	行次	金额/比例
一、投资者应纳税所得额合计	1	
二、应调整的个人费用及其他扣除（2=3+4+5+6）	2	
（一）投资者减除费用	3	
（二）专项扣除	4	
（三）专项附加扣除	5	
（四）依法确定的其他扣除	6	
三、应调整的其他项目	7	
四、调整后应纳税所得额（8=1+2+7）	8	
五、税率（%）	9	
六、速算扣除数	10	
七、应纳税额（11=8×9-10）	11	
八、减免税额（附报《个人所得税减免税事项报告表》）	12	
九、已缴税额	13	
十、应补/退税额（14=11-12-13）	14	

谨声明：本表是根据国家税收法律法规及相关规定填报的，是真实的、可靠的、完整的。	
纳税人签字：　　　　年　月　日	
经办人： 经办人身份证件号码： 代理机构签章： 代理机构统一社会信用代码：	受理人： 受理税务机关（章）： 受理日期：　　年　月　日

国家税务总局监制

（1）适用范围。

本表适用于个体工商户业主、个人独资企业投资人、合伙企业个人合伙人、承包承租经营者个人以及其他从事生产、经营活动的个人在中国境内两处以上取得经营所得，办理合并计算个人所得税的年度汇总纳税申报时，向税务机关报送。

（2）报送期限。

纳税人从两处以上取得经营所得，应当于取得所得的次年3月31日前办理年度汇总纳税申报。

（3）其余"填报说明"内容较多，此处省略，建议纳税人在填报前认真阅读。

第五节　与个人所得税征管的相关事项

一、纳税人和扣缴义务人的法律责任

《个人所得税法》第十九条规定，纳税人、扣缴义务人和税务机关及其工作人员违反本法规定的，依照《中华人民共和国税收征收管理法》和有关法律法规的规定追究法律责任。

二、自然人纳税人识别号规定

《个人所得税法》第九条规定，纳税人有中国公民身份号码的，以中国公民身份号码为纳税人识别号；纳税人没有中国公民身份号码的，由税务机关赋予其纳税人识别号。

《国家税务总局关于自然人纳税人识别号有关事项的公告》（国家税务总局公告2018年第59号）规定：

（一）纳税人首次办理涉税事项时，应当向税务机关或者扣缴义务人出示有效身份证件，并报送相关基础信息。

（二）税务机关应当在赋予自然人纳税人识别号后告知或者通过扣缴义务人告知纳税人其纳税人识别号，并为自然人纳税人查询本人纳税人识别号提供便利。

（三）自然人纳税人办理纳税申报、税款缴纳、申请退税、开具完税凭证、纳税查询等涉税事项时应当向税务机关或扣缴义务人提供纳税人识别号。

（四）本公告所称"有效身份证件"，是指：

（1）纳税人为中国公民且持有有效《中华人民共和国居民身份证》（以下简称"居民身份证"）的，为居民身份证。

（2）纳税人为华侨且没有居民身份证的，为有效的《中华人民共和国护照》和华侨身份证明。

（3）纳税人为港澳居民的，为有效的《港澳居民来往内地通行证》或《中华人民共和国港澳居民居住证》。

（4）纳税人为台湾居民的，为有效的《台湾居民来往大陆通行证》或《中华人民共和国台湾居民居住证》。

（5）纳税人为持有有效《中华人民共和国外国人永久居留身份证》（以下简称永久居留证）的外籍个人的，为永久居留证和外国护照；未持有永久居留证但持有有效《中华人民共和国外国人工作许可证》（以下简称工作许可证）的，为工作许可证和外国护照；其他外籍个人，为有效的外国护照。

三、个人所得税纳税记录证明

纳税人经常会因为办理个人事务需要自己的个人所得税纳税证明，作为税务机关也有责任开具。个人所得税实现从分类税制向综合与分类相结合税制的转变，个人所得税的征收将由过去以扣缴义务人代扣代缴为主转为扣缴义务人代扣代缴和自然人纳税人自行申报相结合。为进一步贯彻落实党中央、国务院关于减证便民、优化服务的部署要求，适应个人所得税制度改革需要，国家税务总局将个人所得税《税收完税证明》（文书式）调整为《纳税记录》。

（一）开具范围

《国家税务总局关于将个人所得税〈税收完税证明〉（文书式）调整为〈纳税记录〉有关事项的公告》（国家税务总局公告2018年第55号，以下简称55号公告）规定，纳税人可就其税款所属期为2019年1月1日（含）以后的个人所得税税缴（退）税情况，向税务机关申请开具个人所得税《纳税记录》。

纳税人申请开具税款所属期为2018年12月31日（含）以前个人所得税税缴（退）税情况的，税务机关继续开具个人所得税《税收完税证明》（文书式）。

纳税人2019年1月1日以后取得应税所得并由扣缴义务人向税务机关办理了全员全额扣缴申报，或根据税法规定自行向税务机关办理纳税申报的，不论是否实际缴纳税款，均可以申请开具《纳税记录》。

也就是说，"零纳税"情形下《纳税记录》也是可以开具的。"零纳税"是指纳税人取得了应税收入但未达到起征点而没有实际缴纳税款的情形，在这种情形下仍然可以开具《纳税记录》。不会因税法修订或起征点提高而中断纳税人的纳税记录。

（二）开具方式

55号公告规定，纳税人可以通过电子税务局、手机APP、办税服务厅等渠道申请开具本人的个人所得税《纳税记录》。

纳税人可以委托他人代为开具。由于个人所得税《纳税记录》涉及纳税人敏感信息，为更好地保护纳税人隐私，代为开具将实行更为严格的管理：一是受托人必须到办税服务厅办理，其他渠道不提供代为开具服务；二是受托人须提供本人和委托人有效身份证件原件以及委托人签发的书面授权，确保授权的真实性和合法性。

（三）信息验证

为防止篡改、伪造个人所得税《纳税记录》，55号公告规定，税务机关提供两种验证服务。一是纳税人、政府部门和其他第三方可以通过扫描个人所得税《纳税记录》中的二维码对相关信息进行验证；二是个人所得税《纳税记录》中还设有验证码，也可以通过登录电子税务局对个人所得税《纳税记录》进行验证。

（四）异议处理

55号公告规定，纳税人对个人所得税《纳税记录》存在异议的，可通过电子税务局、手机APP渠道申请核实。纳税人也可到异议信息列明的税务机关申请核实。